Manès Sperber:
Bis man mir Scherben auf die Augen legt
All das Vergangene ...

Deutscher
Taschenbuch
Verlag

dtv

Von Manès Sperber
sind im Deutschen Taschenbuch Verlag erschienen:
Sieben Fragen zur Gewalt (1351)
Die Wasserträger Gottes (1398)
Die vergebliche Warnung (1485)
Wie eine Träne im Ozean (1579)
Gespräche mit Manès Sperber und Leszek Kolakowski (10036)
Churban oder Die unfaßbare Gewißheit (10071)

Ungekürzte Ausgabe
1. Auflage März 1982
3. Auflage Juli 1983: 19. bis 28. Tausend
Deutscher Taschenbuch Verlag GmbH & Co. KG,
München

ISBN 3-203-50642-4
Umschlaggestaltung: Celestino Piatti
Gesamtherstellung: C. H. Beck'sche Buchdruckerei,
Nördlingen
Printed in Germany · ISBN 3-423-01757-0

Das Buch

»Das werd' ich nicht vergessen, bis man mir Scherben auf die Augen legt.« Manès Sperber hat dieses seltsam suggestive Wort aus dem heimatlichen Städtel zum Titel des abschließenden Bandes seiner Lebenserinnerungen gemacht. 1933, nach der Haftentlassung, emigriert er aus Berlin über Prag und Wien nach Jugoslawien, schließlich nach Paris. Unter dem Eindruck der stalinistischen Schauprozesse bricht er endgültig mit der kommunistischen Partei und schließt sich als Kriegsfreiwilliger der französischen Armee an. Nach dem Zusammenbruch Frankreichs muß er unter abenteuerlichen Umständen in die Schweiz fliehen. Die gewaltigen Spannungen der Zeit spiegeln sich in Begegnungen mit Willi Münzenberg, Alfred Döblin, Anna Seghers, Kisch, Koestler und Regler, mit André Gide, Malraux und Raymond Aron. Im unmittelbaren Kontakt auch mit den Namenlosen, den Geschundenen und Getriebenen vollendet sich die Autobiographie zum Selbstporträt der Epoche.

Der Autor

Manès Sperber, geboren am 12. Dezember 1905 in Ostgalizien. Jugend in Wien. Schüler und Mitarbeiter Alfred Adlers, über den er 1926 sein erstes Buch schreibt. 1927 bis 1933 als Lehrer für Individualpsychologie in Berlin. Emigration über Jugoslawien nach Paris, wo er seit 1934 lebt. Essaybände: ›Zur Analyse der Tyrannis‹ (1938/1975), ›Die Achillesferse‹ (1957), ›Zur täglichen Weltgeschichte‹ (1967). Biographie und Autobiographie: ›Alfred Adler oder Das Elend der Psychologie‹ (1970), ›Leben in dieser Zeit‹ (1972), ›Die Wasserträger Gottes‹ (1974), ›Die vergebliche Warnung‹ (1975). Die Romane ›Der verbrannte Dornbusch‹, ›Tiefer als der Abgrund‹ und ›Die verlorene Bucht‹ wurden 1961 zu der Trilogie ›Wie eine Träne im Ozean‹ zusammengefaßt. Manès Sperber wurde mehrfach mit literarischen Preisen ausgezeichnet. 1975 erhielt er den Georg-Büchner-Preis der Deutschen Akademie für Sprache und Dichtung.

Erster Teil

Mit dem D-Zug, der vom Anhalter Bahnhof über Dresden und Prag nach Wien fuhr, verließen an diesem düsteren, unangenehm warmen Apriltag zahlreiche Männer und Frauen ihre Heimat. Die meisten saßen im Coupé der zweiten Klasse, einige in der ersten und nicht wenige in der dritten Klasse. Hatte es der Zufall so gefügt, daß Bekannte im selben Wagen zu sitzen kamen, so taten sie, als ob sie einander nicht kennten. Jeder verhielt sich, als könnte seine Anwesenheit unbemerkt bleiben, wenn es ihm nur gelang, seine Vergangenheit von sich abzutun und so unbeachtlich zu werden wie »echte« Passagiere, etwa solche, die sich zu einem Geschäftsjubiläum oder zu einer Familienfeier begeben.

Ich aber konnte auffallen, denn ich war so abgemagert wie einer, der nach einer schweren Operation das Spital zu früh verlassen hatte. Ein Polizist mochte hingegen beim Anblick meines verhärmten Gesichts vermuten, ich wäre soeben aus einem Gefängnis freigelassen worden. Ich hatte den Entlassungsschein in der Tasche; er konnte mich gegebenenfalls vor einer Verhaftung im Zug oder an der Grenze bewahren oder umgekehrt neuen Verdacht gegen mich wecken. Knapp vor der Grenzstation zerriß ich ihn im WC und ließ seine Reste unter den Rädern aufs Geleis flattern. Und da mein »langsamer« Blick die Aufmerksamkeit auf mich lenken konnte, schloß ich die Augen, wie von einem Schlummer überrascht, eingeschläfert von dem gleichmäßigen Geratter und den singenden Schienen.

Die Kontrolle verlief in unserem Abteil und wahrscheinlich im ganzen Zug wie üblich, die Pässe wurden flüchtig geprüft und den Reisenden sofort zurückerstattet. Man blieb nur noch eine kurze Weile auf deutschem Boden, die tschechische Paß- und Zollkontrolle war etwas genauer, aber auch sie endete ohne Zwischenfall. Erst als der böhmische Schaffner die Türe unseres Abteils öffnete und uns mit betonter Freundlichkeit ersuchte, ihm die Fahrscheine zu zeigen, wurde es offenbar, daß von den sechs Fahrgästen vier eben keine üblichen Passagiere waren, sondern Menschen auf der Flucht, die nun erst, in der Fremde, aufatmeten und miteinander Gespräche anknüpften, die laut und so hastig geführt wurden, als gälte es, verlorene Zeit wieder einzuholen, schleunigst zur stumm verleugneten Vergangenheit zurückzufinden, sich wieder zum eigenen Wesen zu bekennen. In wenigen Minuten erfuhr man, was die Gesprächspartner seit Hitlers Machtergreifung befürchtet, erlebt, erlitten hatten.

Ich blieb stumm, in einer gedankenarmen, unartikulierten Nachdenklichkeit. Die Gewißheit, nun endlich gerettet zu sein, rief in mir jene merkwürdige Freude hervor, die eher einem befriedenden Verzicht gleicht, den man sich leidvoll abgerungen hat; sie erweckte in mir den sehnlichen Wunsch nach einer vollkommenen Stille, nach einem sehr langen, tiefen Schlaf, aus dem man wie zu einem ersten Tage erwachen möchte.

Ich war nicht ein Emigrant, Wien war für mich nicht ein Asyl, sondern die Heimat, in die ich nun zurückkehrte, da mir Berlin – wohl für einige Zeit – verloren, verschlossen bleiben mußte. Die drei Reisegefährten erwogen, wann sie heimkehren würden. Einer erklärte, im Herbst werde Hitler abgehalftert sein, indes die anderen meinten, daß sich die Nazis wohl ein Jahr, vielleicht sogar bis zum späten Herbst 1934 halten könnten. Bis dahin, bis zur Heimkehr, hatte jeder von ihnen recht viel vor, noch keine fertigen Projekte, gewiß, aber mancherlei Aussicht. Ohne dessen gewahr zu werden, gerieten die drei Berliner in eine wohltuende Ferienstimmung; einander überbietend, priesen sie alles, was das alte »goldene« Prag für sie bereithielt. War ihre Familie erst aus Berlin nachgekommen, so sollte es gar nicht so übel sein, in Böhmen die Hitlerzeit zu überwintern. »Ja, vor allem, wenn dieser Winter den Sommer nicht überdauert«, scherzte einer und erntete Beifall.

An diesem Tag, dem 24. April 1933, begann ihre Emigration. Gewiß hatten sie in Berlin Bekannte und Freunde unter jenen politischen Flüchtlingen, die seit 1919 aus Rußland, Ungarn, Italien oder aus Polen in Deutschland ein Asyl gefunden hatten. Für einige Wochen oder Monate nur, hieß es zuerst, bis der Spuk zu Hause zerstoben und die Heimkehr möglich sein würde. Die beredten, ja aufgeräumten Emigranten in meinem Coupé erwogen offenbar nicht einen Augenblick lang, daß auch in ihrem Lande der Spuk dauerhaft werden und ihr Schicksal dem jener Flüchtlinge gleichen könnte. Man weiß, es gibt eine Art von Unglück, die nur anderen widerfahren kann – fast jedem anderen, nur nicht einem selbst. Das Exil ist solch ein schicksalhaftes Unglück.

Siebzehn Jahre vorher, im Sommer 1916, war ich – damals

zehnjährig – ein Flüchtling geworden. Daher dachte ich, während ich in meiner Ecke unbeteiligt diesen Emigrationsneulingen mit mäßigem Interesse zuhörte, daß ich sehr wohl wüßte, welchen Enttäuschungen sie entgegengingen. Ich irrte mich in jener Stunde und auch nachher, obschon ich mich über das Ausmaß unserer Niederlage keineswegs täuschte. Denn erst nach und nach sollte ich wie alle Zeitgenossen erfahren, daß dies eine andauernde, eine endlose Niederlage war und daß die von ihr herbeigeführte moralische Katastrophe selbst den Sturz ihrer Verursacher, unserer Feinde, überdauern konnte.

In Prag unterbrach ich die Reise und blieb bei Freunden, die mich wie einen Rekonvaleszenten rührend umsorgten. Meine Eltern konnten sich gedulden, nun da sie wußten, daß ich der Gefahr entronnen und frei war.

Die Stadt war in jenen fiebrigen Wochen noch mehr als sonst der Ort erwünschter oder zufälliger, bizarrer oder folgenreicher Begegnungen. Sozialisten und Kommunisten fanden bei ihren einheimischen Genossen warmes Mitgefühl und tätige Solidarität. In den nicht enden wollenden Diskussionen kehrte man immer wieder zur Frage zurück: Wie war das alles möglich? Die stärkste kommunistische Partei außerhalb der Sowjetunion, ein seit vielen Jahrzehnten gewerkschaftlich organisiertes Proletariat, eine sozialdemokratische Massenorganisation, die trotz allen Rückschlägen intakt geblieben war – das als vorbildlich gerühmte deutsche Proletariat akzeptiert kampflos, widerstandslos eine Niederlage, deren Folgen für ganz Europa, ja für die ganze Welt katastrophal zu werden drohen?

Die Euphorie der glücklich Entkommenen währte nur Stunden, höchstens ein bis zwei Tage, ehe sie einer Unruhe, einer hektischen Betriebsamkeit wich, die mit düsterer Apathie abwechselte. Man redete zu schnell, zu viel und verstummte zwischendurch, als ob man keine Worte mehr hätte und nie mehr etwas würde sagen wollen.

In Prag erfuhr ich, daß die KPD-Führung eine von der Komintern gebilligte, das heißt von den Russen anbefohlene Resolution angenommen hatte, in der sie sich selbst zu dem in voller Ordnung ausgeführten Rückzug beglückwünschte und erklärte, daß ihre stets richtige Linie unverändert bleiben mußte. Das Zentralorgan der tschechischen KP stellte auf der ersten Seite die Frage: »Was ist denn der Unterschied zwischen dem Benesch-Faschismus und dem Nazismus?« und antwortete, daß es in der Tat keinen Unterschied gebe. Überdies wiederholte man, daß die Sozialdemokraten Sozialfaschisten und daher nach wie vor die Hauptfeinde der Arbeiterklasse waren. Das las ich in der deutschsprachigen Ausgabe dieses Blattes kurz nach meiner Ankunft, während ich im Café Continental auf eine Genossin wartete, eine Unbekannte, die mir eine Botschaft überbringen sollte. Ich bemerkte sie erst, als sie mich ansprach: »Ich bin Ilse und soll dich benachrichtigen«, flüsterte sie mir hastig zu. Meine Aufforderung, sich zu mir zu setzen, lehnte sie ab, denn sie hätte mir nur mitzuteilen, wo, zu welcher Stunde ich meinen »Treff« hatte. Alles an ihrem Gesicht, ihrer Figur, ihrer Kleidung war so unscheinbar, daß sie in diesem Café auffallen mußte, besonders wenn sie noch länger stehenblieb. An ihr vorbeiblickend, klärte ich sie darüber auf, daß jegliche Hast unkonspirativ sei, ebenso ihre Art, mir die Nachricht zu überbringen, ohne sich vorher vergewissert zu haben, daß ich tatsächlich jener war, den sie erreichen sollte. Sie antwortete: »Sei pünktlich, gewartet wird nicht. Tach!«

Zu der von Ilse angegebenen Nachmittagsstunde fand ich mich im Bierlokal ein, kurz danach kam der Parteimann, schritt auf mich zu und schlug mit geballter Faust auf den Tisch. Diese auffällige Begrüßung war, so hieß es, im Roten Frontkämpferbund üblich geworden; anstatt die Faust herausfordernd hochzustrecken und kräftig »Rot Front!« zu rufen, schlug man sie im Lokal gleichsam insgeheim auf den Tisch. Diese Geste kennzeichnete, das merkte ich erst in jenem Augenblick, den für die Partei charakteristischen Widerspruch: die Herausforderungen mit einer töricht selbstverräterischen, »konspirativen Technik« zu verbinden, die während langer Jahre unnötig gewesen und nun gefährlich geworden war.

Leo – so wollte der Funktionär genannt werden – war ein etwa vierzigjähriger, beleibter Mann, dessen breites Gesicht jedes Lächeln so lange bewahrte, daß es von den Worten, die es begleitete, desavouiert wurde. Auch deshalb erkannte ich Leo, den ich nur wenige Male bei Sitzungen gesehen hatte, ohne Zögern. In einigen Worten drückte er mir seine Freude über meine Befreiung aus, informierte mich über die Ankunft von Genossen, die mir – das wußte er – nahestanden und mich gewiß gerne wiedersehen würden. Sodann erkundigte er sich nach meinen Plänen. Er fand es gut, daß ich nicht in Prag bleiben wollte, wo sich bereits zu viele Emigranten eingefunden hatten, und riet mir, ob ich schließlich in Wien bliebe oder nach Jugoslawien ginge, mit der deutschen KP, am besten durch ihn selbst, Tuchfühlung zu bewahren. Er hatte keine Zeit, mußte gleich zu einem anderen Treff eilen, doch wollte er mir freundlich raten, in meinen Äußerungen über die Linie der Partei vorsichtig zu sein und nicht, *niemals*, mit Ironie über die Hekkert-Resolution der Komintern zu sprechen. Er wartete meine Antwort nicht ab, sondern fuhr fort: »Ja, auch das wollte ich dir gerade noch sagen: laß dich mit Edgar, Edgar Köhler, nie wieder ein. Querverbindungen muß man unbedingt vermeiden, ganz besonders in der Illegalität, also auch in der Emigration.«

Edgar, das war einer der vielen Namen, unter denen ein Mann auftrat, der zweifellos zum »Apparat«, das heißt zu einem der Geheimdienste der Partei gehörte. Er hatte mich zwei Monate vorher aufgesucht und gebeten, ich sollte ihm helfen, Unterkünfte, Abstellkammern und Anlaufstellen für Post und Kuriere zu beschaffen. Bei dieser Gelegenheit – wenige Tage vor dem Reichstagsbrand – legte Edgar mir dar, daß die Nazis spätestens im Herbst in Schwierigkeiten geraten würden und daß bald danach »unsere Zeit« anbrechen mußte.

Leo, dessen Masken-Lächeln mir mit jeder Minute unbehaglicher wurde, warnte mich also vor der Querverbindung mit jenem Mann; ich verstand, daß er das Gespräch nur herbeigeführt hatte, um mir dieses Verbot zu übermitteln. Ich antwortete: »Vielleicht solltest du eher Edgar vor mir warnen. Er hat mir das letzte Mal einen Vortrag gehalten, um mich zu überzeugen, daß wir – wie es in der Resolution heißt – überhaupt keine Niederlage erlitten haben. Und er hat mich einen Defaitisten geschimpft, weil ich dabei blieb, daß da, wo Hitler siegt, wir geschlagen sind.«

»Nein, das verstehst du nicht richtig. Überhaupt ihr Intellektuellen ...« Ich ließ ihn nicht ausreden, die Botschaft hatte er schon ausgerichtet, und ich meinerseits würde es gut vertragen, Edgar nie wiederzusehen und ebenso das Geschwätz über die Intellektuellen nie wieder zu hören. Endlich verschwand sein Lächeln. Er sah mich forschend an. Es geschah ihm wohl zum ersten Mal, daß ein intellektueller Genosse nicht eifrig, ja begeistert zustimmte, wenn man ihm und seinesgleichen vorwarf, daß sie die Politik nicht recht verstehen konnten, weil sie ja leider keine Proletarier waren. Er selbst hob bei jeder Gelegenheit hervor, daß er Arbeiter und Sohn eines Arbeiters war und sprach von sich selbst und von den Arbeitern als Kumpeln. Um mich zurechtzuweisen, begann er: »Ich alter Kumpel ...« Er merkte meine Ungeduld und ging.

Ich war schon vor 1933 einige Male in Prag gewesen, jedes Mal zu kurz, und beabsichtigte, diesmal etwas länger dazubleiben, um mit dieser ungewöhnlichen Stadt vertraut zu werden. Diesmal erwog ich mit Freunden, ob ich mich nicht in Prag niederlassen und da meine psychologische Arbeit aufnehmen sollte. Wir ließen die Frage offen, weil nichts zu einer sofortigen Entscheidung drängte, aber ich wollte da jedenfalls noch mehrere Tage verweilen, um mit Kollegen Kontakt aufzunehmen. Doch schon am Tage nach dem Gespräch mit Leo fuhr ich nach Wien – nicht ohne Bangnis vor der Begegnung mit den Eltern. Ich ermaß die Qual der Unruhe, in der sie auf Nachricht warten und das Schlimmste hatten befürchten müssen. So bewirkte fremde Gewalt, daß ich mich ihnen gegenüber schuldig fühlte, und ich konnte nicht versprechen, daß ich fortab aller Gefahr ausweichen und alles unterlassen würde, um sie vor der Wiederkehr solcher Drohungen zu schützen.

Ein Traum, nach der Begegnung mit Leo geträumt, bestimmte mich, Prag zu verlassen: Ich war aus der Haft entlassen worden, wußte aber, daß ich zurückkehren, mich den Nazis stellen und von ihnen wieder einkerkern lassen müßte; somit war ich nur auf Urlaub. Alle um mich herum – ich sah im Traum kein einziges Gesicht deutlich genug –, alle warteten darauf, daß ich keinen Tag mehr zögerte, da sonst anderen Genossen schlimmste Repressalien drohten. Ich wehrte mich nicht. Jedoch warf ich es mir selber mit jener Bitternis und extremen Intoleranz vor, deren ich mich auch im Wachen nicht erwehren kann, sooft ich die Torheit oder Sinnwidrigkeit meines Tuns entdecke. Welch ein Wahnwitz, in eine so teuflisch bedingte Befreiung eingewilligt zu haben. Und wie unerträglich wird mir die Gefangenschaft nunmehr sein.

Ich wurde wach, noch war es Nacht, ich wartete auf die Dämmerung. Das Bewußtsein, daß ich wirklich frei war, löste die Beklemmung nur allmählich; sie wich auch nicht, als ich schon im Zug saß, der mich nach Wien brachte. Dieser Traum sollte während einiger Jahre fast unverändert wiederkehren. Er verschwand erst, nachdem ich mit der Partei gebrochen hatte. Doch ist die Erinnerung an ihn kummervoll geblieben – an ihn, an die heftigen Selbstvorwürfe und an die Trauer, in der er mich während mehrerer Jahre jedesmal aufs neue zurückließ.

Es war eine Heimkehr. Meine Eltern, von meinem Bruder Milo und einigen meiner Freunde begleitet, erwarteten mich am Bahnhof. Als sie mich erblickten, klatschte die Mutter wie ein kleines Mädchen in die Hände und rief aus: »Er ist da! Du bist da!« Ihre Augen füllten sich mit Tränen, sie verstummte; der Vater stand leicht vornübergebeugt, wie am Ende der Schemone-Esra, des Gebetes der 18 Segenssprüche, das man unhörbar zu verrichten hat.

Während der Tage, die folgten, war ich den Eltern dankbar dafür, daß sie mit keinem Worte erwähnten, wie sehr sie während meiner Haft gelitten hatten. Sie spürten wohl, daß ich ihre Klage wie einen verdienten Vorwurf empfinden würde. Durch einen Freund aus dem Adler-Kreis, den Anwalt Dr. Edmund Schlesinger, erfuhr ich, was mein Vater alles unternommen hatte, um mich zu retten. Indes jeder, auch Dr. Schlesinger, daran gezweifelt hatte, daß man irgend etwas bei den Nazis ausrichten konnte, war mein Vater, getreu einer tausendjährigen Tradition, unfähig, sich vorzustellen, daß es keine Hoffnung mehr gibt. Mit Hilfe Dr. Schlesingers und anderer gelang es ihm, diplomatische Demarchen zu erwirken, die meine Freilassung erreicht oder zumindest beschleunigt haben. Als ich ihm davon sprechen wollte, winkte er ab. In der Tat wünschten die Mutter und er, niemals an jene Wochen erinnert zu werden. Habe ich ihnen in den Tagen nach meiner Heimkehr oder irgendwann später für ihre Zurückhaltung gedankt? Ich kann mich nicht erinnern, es getan zu haben. Die Worte waren bereit, nichts leichter, als sie auszusprechen. Es geschah wohl eben deshalb nicht. Ein jeglicher kennt dieses schwer begreifliche Verschweigen, das Ungesagte, das man erst dann über die Lippen bringt, wenn es zu spät ist: Worte, die man den Toten sagen würde, denen sie zu Lebzeiten etwas bedeutet hätten.

Die vom Christlichsozialen Dollfuß autoritär geführte Regierung drängte die Arbeiterbewegung immer energischer in die Defensive, der Kampfgeist des durch wachsende Arbeitslosigkeit entmutigten Proletariats sank unaufhaltsam. Dollfuß schaltete das Parlament aus; er konnte es wagen, den Republikanischen Schutzbund für illegal zu erklären und die Manifestationen zum Ersten Mai zu verbieten. Die Sozialisten und ihre Gewerkschaften antworteten mit Parolen, die ebenso wortreich wie kraftlos waren. Es kam überdies zu einigen Demonstrationen, die sich schnell auflösten. Wer sich an die riesigen, feierlich-freudigen Aufzüge früherer Jahre erinnerte, sah in diesen

Versuchen eines verspäteten Widerstandes viel eher ein Rückzugsgeplänkel kampflos Geschlagener als die Anfänge einer Konteroffensive.

Bald nach meiner Ankunft in Wien nahm ich mit Freunden und Genossen Kontakt auf. Man sprach stundenlang über die Lage, immer in der gewohnten Mischung von überzeugendem Pessimismus und jener sarkastischen Leichtfertigkeit, mit der man die schlimmsten Gefahren zur Kenntnis nahm und gleichzeitig so lächerlich machte, daß sie Gegenstand von Bonmots und Witzen wurden. Ich wiederholte unermüdlich, daß die kampflose Niederlage die schlimmste war, und rief bei manchen Zustimmung, doch zugleich Polemik und Streit hervor. Die KPD, die jahrelang das unmittelbar bevorstehende »letzte Gefecht« angekündigt und im entscheidenden Augenblick vor den Nazis das Feld widerstandslos geräumt hatte – diese Partei, ihre Führer, Mitglieder und Anhänger waren ja gewiß nicht geeignet, den österreichischen Sozialisten Ratschläge, geschweige denn Anweisungen zu geben. Ich bestritt das nicht, sondern versuchte nur zu erklären, warum die KP so völlig versagt hatte. Es gelang mir nicht, vielleicht auch, weil ich selbst es noch nicht völlig begriffen hatte.

Auch heute, dreiundvierzig Jahre nach jenen Geschehnissen, ist es nicht leicht, alle Faktoren gegeneinander abzuwägen, die damals die Entscheidungen der Sowjetunion, der KPD und ihrer Führer, sowie die Haltung der Massen und der sich selbst überlassenen einzelnen bestimmt haben. Es bleiben so viele Restprobleme zurück, manche sichtbar, die meisten aber wie durch Zufall oder mit Absicht in den »Falten der Geschichte« verborgen. Seit dem Ersten Weltkrieg, noch ehe ich der Kindheit entwachsen war, habe ich die Ereignisse unserer Zeit stets als aufmerksamer, zuweilen tätiger Zeuge verfolgt. In Wahrheit bin ich mit ihnen nie fertig geworden. Was der heutige Tag heranträgt und der morgige bringen mag, ich erlebe es als Folge von Geschehnissen und Entwicklungen, die in Zeit und Raum weit zurückliegen. Im Friedhof des Vergangenen liegen die Toten nicht unter den Grabsteinen, sie kauern auf ihnen: die Verfolger neben ihren Opfern – alle: jene, die an ihrem Mut zugrunde gegangen sind, so gut wie jene, die aus Gleichgültigkeit oder Mutlosigkeit Komplizen ihrer Verderber geworden sind – alle!

Wer aus nächster Nähe den Ersten Weltkrieg und seine noch immer unermessene Absurdität erlebt hat, sodann die kurzatmigen Revolutionen und die von ihnen herausgeforderten Konterrevolutionen, die Krise, den Aufstieg der Nazis, die Triumphe Stalins, Hitlers, Mussolinis, Francos, dann den Zweiten Weltkrieg, den nicht nur die Nazis verloren haben, sondern alle jene, die auf das Ende *aller Diktaturen der Lüge* gehofft hatten – wer all das und was auf diesem Erdenrund seither gefolgt ist, erlebt hat, der wird zum besessenen Erben des Vergangenen, das in einem riesigen, doch einzigen Zeit-Raum untergebracht ist. Er vergißt nichts, auch nicht, wie leicht man sich in diesem Zeit-Raum verirren kann.

Spricht hier ein Traumatisierter, der nicht nur das Gras wachsen hört, sondern auch den Marschtritt jener, die es zertreten werden? Vielleicht. Ich bin nicht mißtrauisch geworden, nein, ich habe nur gelernt, alles in Frage zu stellen, besonders jede Gewißheit, auf die sich jene berufen, die schrankenlose Freiheit und zukünftiges Glück versprechen und Verzicht, Unterwerfung, Mord und Tod propagieren.

In den endlosen, zumeist nächtlichen Diskussionen, die Klarheit bringen sollten, verteidigte ich keineswegs die Politik der KP; ich kritisierte die Taktik der österreichischen Sozialisten – aber mit Maß. Wie viele meiner Freunde war ich zwar für einen entschiedenen Widerstand gegen das autoritäre Regime und seine faschistischen Verbände, doch zugleich bestand ich darauf, daß die Linke mitten in diesem Kampfe den weit gefährlichern Feind, den Nazismus, keinen Augenblick vergessen dürfte. Damals, im Frühjahr 1933, steckten die österreichischen Antifaschisten in der Falle, sie waren vor eine Alternative gestellt, deren beide Möglichkeiten sie ohne Zögern zurückweisen mußten. So engte sich ihr Spielraum fortgesetzt ein – auf dem schmalen Grat drohte der Sturz bei jeder Bewegung, also durfte man sich bis auf weiteres nicht provozieren lassen, meinten die Vernünftigeren unter uns. Einige von diesen erwiesen sich während der blutigen Kämpfe, die nur zehn Monate später unvermeidlich wurden, als die Tapfersten.

In jenen Wochen, den ersten meiner wiedergewonnenen Freiheit, wurde ich von einem anderen Wiederholungstraum heimgesucht; in ihm geschah nichts – es wurde nur gesprochen. Die Worte stürmten auf mich ein wie ein sintflutlicher Regen. Sie überfielen mich, erfüllten die Luft, den Raum, so daß ich das Gefühl hatte, in ihnen zu ertrinken und von ihnen gleichzeitig erdrückt zu werden. Ich empfand weder Angst noch Schrecken, sondern eine unaufhörliche Belästigung, die durch ihre wachsende Eindringlichkeit zur Pein und schließlich zu einer unentrinnbaren Qual wurde, die mich endlich aus dem Schlaf riß. Minutenlang ließ ich im Geiste Bilder abrollen, um mich dem Denken, den eigenen Worten zu entziehen. Mir, der seit seiner frühesten Jugend Sprachen so sehr geliebt und ihren Eigenheiten stets besondere Reize abgewonnen hatte, mir wurden die Worte zum Ekel. Auch dieser Traum sollte während einiger Jahrzehnte wiederkommen, so lange, bis ich mich endlich damit abgefunden hatte, das Geschehen, die *tägliche Weltgeschichte*, so tatenlos zu ertragen, wie der Bauer stumm, mit griesgrämiger Geduld die Launen des Wetters erleidet, die verkehrte Reihenfolge von Regen und Sonne, den Frost, der die frühen Blüten vernichtet, den Hagel, der die reifende Frucht zerschlägt.

Ich war im 28. Lebensjahr, als ich aus Berlin nach Wien zurückkam. Damals und noch lange Jahre nachher blieb ich unfähig, das Geschehen tatenlos zu erleben, denn alles war Forderung und Herausforderung: nicht nur reagieren, sondern agieren, das heißt sich das Gesetz des Handelns nicht aufzwingen lassen, sondern sich seiner bemächtigen. Das entsprach nicht nur der Auffassung, in der wir alle übereinstimmten, sondern auch meinem Bedürfnis, meinem Charakter. Denn auch in der Politik wählt man Standort, Gegner und Kampfziel gemäß dem eigenen Charakter.

Während jener langen Gespräche schien fast alles äußerlich unverändert. Wir saßen an unseren Stammtischen im Café Herrenhof oder lagen auf einer Wiese im Wienerwald und sprachen uns »den Mund fusselig«, wie der Berliner sagt. Große Kämpfe nahten, aber nicht die Linke war in der Offensive, nicht die Arbeiterklasse stieß in dieser furchtbaren Weltwirtschaftskrise vor – wir waren überall in der Defensive. In Österreich gehörten nunmehr fast 40 Prozent der organisierten Arbeiter reaktionären Gewerkschaften an, denn die furchtbare Notlage erzeugte keineswegs den Willen zur Revolution, sondern lehrte sozusagen beten. Niemals verloren wir die Nazigefahr aus den Augen, jedoch minderte dies nicht im geringsten unseren »Endphase-Optimismus«, der auf der Gewißheit beruhte, daß auch unsere schlimmsten Niederlagen nichts anderes sein konnten als umwegige Etappen zum Siege der großen Sache, der proletarischen Revolution.

Ohne daß wir es je ernsthaft erwogen hatten, veränderte sich vor unseren Augen das Bild des historisch bewußten Proletariats, verdunkelte sich die marxistische Bilderbuch-Vorstellung von der Arbeiterklasse, die allein berufen, willens und fähig wäre, eine klassenlose Gesellschaft zu errichten. Der Parteifunktionär Leo war so überrascht, daß ich ihn das nicht aussprechen ließ, was damals zum festen Bestand der Parteiphraseologie gehörte: daß ein Kumpel dank seiner proletarischen Natur unfehlbar die Dialektik der Politik, alle kühnen Wendungen und jede Kapitulation der Komintern verstand, indes die »kleinbürgerliche Mentalität« es selbst dem parteitreuen Intellektuellen sehr erschwerte, das gleiche Verständnis aufzubringen, ohne welches man in Gefahr geriet, von der Parteilinie abzuweichen und »auf dem Misthaufen der Geschichte« zu landen.

Ich hatte dieses Gerede von der kleinbürgerlichen Mentalität der Intellektuellen niemals ernst genommen, doch in diesen Monaten der faschistischen Triumphe begann sich – nicht nur mir – der marxistische Mythos von der Arbeiterklasse und ihrer historischen Rolle in einer Sintflut von Worten aufzulösen. In meinen Träumen schlugen sie auf meine Ohren ein und aggregierten sich zu schweren Gewichten, die mir die Brust eindrückten.

Wien war eine gut verwaltete Stadt mit sauberen Straßen und gepflegten Parkanlagen, doch überall, in den verkehrsreichen Bezirken wie in den armen Vierteln, überall stieß man auf Bettler und jämmerliche Hausierer. Damals gab es in dem kleinen Österreich etwa 600000 Arbeitslose, von denen fast die Hälfte ausgesteuert war, das heißt keine Unterstützung mehr erhielt. Gewiß, niemand verhungerte, die Not war anders als in den Kriegsjahren, aber für das Empfinden der Betroffenen noch schmerzlicher: Der durch die Arbeitslosigkeit Verelendete betrachtete seine Lage häufig so, als hätte er sie, ohne es zu wollen, selbst herbeigeführt und trüge unschuldig Schuld an ihr. Wieder wie im Kriege, als ich noch ein Kind war, wurde ich Zeuge fremder Not: Diesmal geschah es nicht auf den Stufen, die zum Donaukanal herunterführten oder beim Schlangestehen, sondern zumeist auf Parkbänken. Mich zog es in jenen Wochen, in denen ich mich, wie man mir wiederholte, sehr schonen sollte, in öffentliche Gärten. Durch den Gewichtsverlust war ich noch sehr geschwächt und mußte immer wieder ausruhen, wenn ich durch die Stadt wanderte. So wurde ich in

Gespräche verwickelt, in denen meine Banknachbarn nicht nur über eigenes und allgemeines Elend klagten, sondern ihre Meinung über die Lage äußerten und jene anklagten, die sie aus Unvermögen oder Eigennutz herbeigeführt hätten. Erstaunlich oft kam der Stoßseufzer wieder: »Aber mich will doch niemand hören!« oder: »Was nützt's, wenn heute doch ein jeder gescheiter sein will als alle anderen?« Die Empörung war mit Wehleidigkeit, der Zorn über das große Unrecht mit Raunzerei gepaart. Man fragte selten nach der Meinung des Nachbarn, aber man bat ihn zwischendurch um eine Zigarette oder um die Zeitung, wenn er sie vielleicht schon ausgelesen hätte.

Ich begegnete einer Frau wieder, der ich einmal während einiger Wochen den Hof gemacht hatte. Als ich sie ansprach, sah sie mich erstaunt und nachdenklich an, sie wollte genau abschätzen, wie sehr ich mich inzwischen verändert hatte, und erraten, ob Krankheit oder Armut mein schlechtes Aussehen verursachte. Endlich sagte sie: »Weißt, heutzutage sehen manche Leute schon aus, als ob sie grad aus dem Gefängnis kommen möchten.« Als ich ihr gestand, daß ich tatsächlich in der Haft so abgemagert war, meinte sie kopfschüttelnd: »Ja, was du immer für Einfälle hast. Und was kannst denn du schon angestellt haben?«

Wir setzten uns auf eine Caféterrasse. Eigentlich wollte sie sofort nach Hause, denn auf ihre neue Köchin wäre kein Verlaß, aber dann blieb sie, bis sie mir alles über ihre nahe Vergangenheit und über ihre neue, zweite Ehe erzählt hatte. Was sie nicht unmittelbar berührte, existierte für sie nicht oder verflüchtigte sich spurlos. Und erwähnte sie die Umwelt, so nur, indem sie das Geschehen auf ihr eigenes Leben bezog. Am Ende lud sie mich ein, sie oft zu besuchen, jedenfalls zum nächsten Jour fixe ihrer stadtbekannt kunstsinnigen Stiefmutter zu kommen. Ich sollte ihr dann schließlich schwören oder zumindest versprechen, daß ich mich unverzüglich an sie wenden würde, sollte ich einmal wegen der verfluchten Politik, wie sie sagte, Schwierigkeiten haben oder sonst irgendwelche Hilfe brauchen.

Ich habe sie nie wiedergesehen, jedoch zuweilen – anscheinend grundlos – an sie gedacht. Erst viele Jahre später ging es mir auf, daß von uns beiden sie die »Normalere«, auf ihre Weise die Lebensklügere war. Und daß sie mich mit Recht als einen Verschwender meiner Kräfte ansehen konnte, da ich nach Schatten haschte und nichts Besseres zu tun wußte. Haschte auch sie selbst nach Schatten, so war es doch was anderes, denn sie tat es, um zu lieben und geliebt zu werden, indes alle Motive meines Handelns ihr fragwürdig erschienen. Damals aber und während langer Jahre nachher blieb ich unfähig, mir auch nur vorzustellen, daß man irgendeinen Sinn in einem Leben um des Lebens willen finden könnte. Nicht das Sein, sondern das Seinsollende schien mir sinngebend, sinnschaffend. So erschüttert ich gerade in jenen Wochen war, geschwächt, seelisch überempfindlich und Träumen der Selbstquälerei ausgeliefert, so erwog ich dennoch keinen Augenblick, anders zu leben als vorher. In meinen Augen war die Partei entwertet, ihre Führung subaltern im Geist und unfähig, ihre Aufgaben zu erfüllen, aber der Kommunismus blieb für mich auch weiterhin die – trotz allem – unvergiftete Quelle, aus der man den Sinn des Lebens schöpfen konnte, wie ihn sonst nur die Religion zu bieten vorgab. Ich aber hatte den Glauben von mir abgetan. Mir und meinesgleichen war nichts versprochen, was wir nicht selbst erfüllen sollten. Es gab kein Jenseits, das Diesseits war überall; wo immer man stand, war Rhodos, wo man sein Leben erprobte, indem man sich selbst und die Selbsterweiterung durch Teilnahme am Überpersönlichen auf die Probe stellte.

Schon in der Einzelzelle hatte ich es mir versprochen, daß ich nur einige Zeit in Wien bleiben und dann nach Jugoslawien gehen würde, um dort meine Freunde wiederzufinden und mit ihnen an die Adria zu fahren. Auch diese Frist kürzte ich ab.

Zagreb kannte ich recht gut. Dort hatte ich mich schon vor 1933 mehrmals aufgehalten, das erste Mal im Frühling 1929, als Vera und Beno Stein mich eingeladen hatten, in Jugoslawien Vorträge zu halten. Meine Ankunft am frühen Morgen in der Hauptstadt Kroatiens, die in der Doppelmonarchie Agram geheißen hatte, ist mir deutlich in Erinnerung geblieben. Ein Träger machte sich erbötig, das Gepäck in das nahe gelegene Hotel zu bringen, ich sollte ihm zu Fuß folgen. Der Platz vor dem kleinstädtischen Bahnhof lag in der schon heißen, prallen Sonne; kleine Gruppen bäuerlich gekleideter Männer standen herum, als ob sie geduldig auf etwas oder auf jemanden warteten.

»Die Lackel glauben, daß sie Arbeit finden werden«, informierte mich der Gepäckträger, der wahrscheinlich in der k. und k. Armee gedient hatte und leidlich deutsch sprach. »Das hier ist der Zrinjevac, berühmt, sehr berühmt«, fügte er hinzu. Vor uns breitete sich eine Avenue aus, in deren Mitte ein länglicher Park angelegt war; auf den Bänken lagen Schläfer. Plötzlich tauchten einige bewaffnete Männer auf, sie brüllten wie Viehtreiber, noch ehe sie die Bänke erreicht hatten, dann stürzten sie sich auf die Schläfer, rissen sie hoch, stießen ihnen die Fäuste in die Rippen, zerrten an ihren Hemden und verjagten sie schließlich mit Fußtritten und Flüchen.

Man hätte glauben mögen, daß es sich um eine sorgfältig einstudierte Szene handelte, die Spontaneität der wilden Gesten schien viel zu echt. Natürlich wußte ich, daß dem nicht so war, und vermutete, daß die arbeitslosen Dorfbewohner kein Obdach hatten und sich deshalb einige Stunden Schlaf auf den Parkbänken »erschwindeln« mußten, wie ihnen die Wächter sittlich empört vorwarfen. Ich dachte nur deshalb an eine Filmregie, weil dieser herausfordernde Anblick, der allererste, den mir Zagreb bot, so durchaus zu meinem *Anti-Baedekerismus* paßte und jener gesellschaftlichen Ordnung gemäß war, die die Not nicht abschaffen konnte und deshalb wohlorganisierte Gewalttaten gegen Notleidende verübte. Die jungen Männer liefen zum Bahnhof, die roten Muster ihrer farbigen Gewänder leuchteten in der Sonne; unter dem hohen blauen Himmel sah die Welt an diesem Morgen heiter aus – heiter und empörend.

Der Kellner, der mir im Hotel das Frühstück servierte, klärte mich auf: Die Polizisten wären ja gar nicht so schlimm, die kämen ja selbst vom Lande; sie ließen die Bauern in der Nacht schlafen, aber am Tage mußten sie sie wegjagen, um den schlechten Eindruck nicht nur auf die Touristen, sondern auf die Hiesigen zu vermeiden. »Schließlich ist ja eine Parkbank zum Sitzen da und nicht zum Schlafen.« Er war davon überzeugt, daß ich mit ihm übereinstimmte, und wünschte mir ohne Übergang guten Appetit.

Ich habe in jener Stadt sehr viel Gutes und Schönes erlebt, wertvolle Menschen kennengelernt und Einsichten in die Verhältnisse gewonnen, aber wann immer ich an jenes Zagreb denke, stellt sich unabweisbar zuerst die Erinnerung an die im leuchtenden Morgen aus dem Schlaf gerissenen, verjagten Bauernburschen ein. Zweifellos führt ein Weg von dieser Episode zu einem Schulerlebnis zurück: Ein dörflich gekleideter ukrainischer Junge, der, vom langen Schulweg ermüdet, in der Pause neben dem Ofen einzuschlummern pflegte, wurde einmal durch polnische Mitschüler in demütigender Weise geweckt. Damals mag ich sieben oder acht Jahre alt gewesen sein. . . .

Im Städtel hörte man oft die merkwürdige Beteuerung: »Das werd' ich nicht vergessen, bis man mir Scherben auf die Augen legen wird.« Nun, diese Vorfälle bewahren in meinem Gedächtnis seit meiner frühen Kindheit einen ungewöhnlichen, sachlich unangemessenen Platz – und es wird wohl so bleiben, bis man mir Scherben auf die Augen legen wird. Warum aber, was steckt dahinter? Eine unauslöschliche Erinnerung an eine Demütigung in früher Kindheit oder das früh ausgeprägte Bewußtsein des besonderen Schicksals meines Volkes, das, entwaffnet und erniedrigt, fast zwei Jahrtausende lang außerstande blieb, sich zu wehren? Und es ist wohl bezeichnend, daß ich, fast noch ein Kind, ›Schuld und Sühne‹ lesend, von der Gewißheit ergriffen wurde, daß der Dichter dieses Romans selbst ein gedemütigter Mensch war. Später entdeckte ich in Werken anderer Autoren dieselbe Intensität, mit der Dostojewski Szenen der Erniedrigung beschreibt. Ich stieß häufig auf jene extremen Situationen, in denen der Held, durch sich selbst, durch eigenes Versagen aufs äußerste entwertet, am Ende in ungewöhnlichen Taten Zuflucht suchen muß.

Der Untergang der habsburgischen Monarchie setzte die Völker des alten Reiches frei: Die Nationalitäten verwandelten sich in Nationen, deren jede ohne Verzug ihren neuen Staat mit allen, insbesondere militärischen Mitteln zu sichern suchte. Meinesgleichen betrachtete dieses »Erwachen der Völker« als einen revolutionären Fortschritt, als einen Triumph der nationalen Freiheit, auf die, glaubten wir, die revolutionäre Befreiung von Armut und Klassenherrschaft sehr bald folgen müßte. Es sollte sich jedoch erweisen, wie trügerisch diese Hoffnung war: Die sogenannten Nachfolgestaaten lösten nicht das nationale Problem, an dem die Monarchie zugrunde gegangen war, sondern vervielfältigten es. Die Ukrainer und Litauer in Polen, die Ungarn in Rumänien und der Slowakei, die Deutschen in Böhmen blieben oder wurden benachteiligte Minderheiten, diskriminierte »Nationalitäten«, die auf Befreiung durch nahe oder ferne Konflikte hofften, selbst auf die Gefahr hin, daß diese sich in Anlässe zu Kriegen verwandelten.

Erst als ich dank Beno und Vera Stein mit vielen aufrechten und politisch klugen Menschen in Berührung kam, lernte ich die wirkliche Lage Jugoslawiens kennen. Mit Staunen, ja zu meinem Entsetzen entdeckte ich, daß zahllose Kroaten in den Serben – und nicht nur im König und in der ihm dienstwilligen Regierung – Unterdrücker sahen. Weniger als elf Jahre waren vergangen, seit die Träume dieses Volkes wahr geworden waren, seit es die Unabhängigkeit erlangt und sich, gleichberechtigt, mit den Serben und Slowenen vereinigt hatte. Und nun stieß man überall im Lande auf eine heftige Abneigung, ja auf Haß gegen die Serben und Abscheu vor dem jugoslawischen Staat. Als Volk und als Staatsbürger fühlten sich die Kroaten gleichermaßen entmündigt, des Rechts auf ihre Identität beraubt.

August Cesarec, Romancier, Novellist und Essayist, hatte sich sehr jung dem revolutionären Flügel der kroatischen Nationalbewegung angeschlossen und war wegen Teilnahme an einer Verschwörung gegen den Gouverneur des Landes vor Gericht gestellt worden. Nach dem Kriege stieß er zur kommunistischen Partei, wurde einer ihrer intellektuellen Repräsentanten und blieb es auch in der Illegalität. Von der Polizei häufig der Beteiligung an verbotenen Aktionen verdächtigt und in Haft genommen, wurde er zumeist mangels ausreichender Beweise recht bald wieder auf freien Fuß gesetzt. Obschon er äußerlich durch nichts auffiel, war er eine bekannte Figur in der Stadt; auch die Gegner respektierten ihn, seinen gleichsam stillen, doch unerschütterlichen Mut, seine wehmütige und zugleich fordernde Liebe zu den Kroaten, schließlich seine schriftstellerische Begabung und sein Wissen.

Mich zog es zu Cesarec von unserer ersten Begegnung an: Er lehrte mich, das so vielschichtige, zum Verzweifeln widerspruchsvolle Wesen seines Volkes und des merkwürdigen Staates Jugoslawien verstehen. Mit der fernen und nahen Geschichte, mit allen Schichten des Volkes, mit dem Alltag der Bauern wie der Arbeiter, der Beamten wie der Pfaffen war er so vertraut, als ob er einer von ihnen wäre. Im Unterschied zu seinem berühmten Freund und Genossen, dem überragenden Miroslav Krleža, dachte und schrieb August Cesarec so, als ob er mitten im Gedränge stünde; er blickte jeden aus Augenhöhe an, nicht von oben, nicht von unten. Ihm war jeder Raum überfüllter Lebensraum, voll von Menschen, die aneinander klebten, selbst wenn viele von ihnen so einsam waren wie der Flüchtige, der von niemandem erkannt werden will.

Im Zusammenhang mit unseren Gesprächen bemühte sich Cesarec seinerseits um eine Verbindung von Marxismus und Individualpsychologie. Seine in mehreren Arbeiten dargelegten Auffassungen verstärkten das Interesse jugoslawischer Intellektueller, besonders der studierenden Jugend, die in einer marxistischen Psychologie für ihre politische Protesthaltung neue, persönliche Beweggründe und neue Betrachtungsweisen fand.

Der Zufall fügte es, daß die Hrvatska Matica, eine kroatische Kulturorganisation und bedeutende Verlagsanstalt, mit der Cesarec häufig zu tun hatte, im gleichen Hause wie die Wohnung und die Ordination meines Freundes Beno Stein untergebracht war. So teilte Cesarec häufig unser Mittagessen; fast täglich stellten sich andere Freunde zum Kaffee ein. Um gegebenenfalls vor der Polizei die Häufigkeit ihrer Besuche zu begründen, wurden alle in Benos Kartothek als Patienten geführt. Natürlich wußte man in der Stadt und somit auch bei der Polizei, daß diese zumeist jungen Männer und Frauen bei Dr. Stein nicht nur Heilung suchten, sondern Gesinnungsgenossen, die aktive Mitglieder der verbotenen kommunistischen Partei waren oder es bald wurden.

Die balkanischen Diktaturen jener Jahre, denen Lateinamerikas nicht unähnlich, unterschieden sich in wesentlichen Hinsichten von dem faschistischen Italien und noch weit mehr von dem Regime der Sowjetunion und dem des Dritten Reiches. Die Polizei Jugoslawiens behandelte alle, die zum sogenannten einfachen Volk gehörten, mit ungehemmter Grobheit, wandte tätliche Drohungen oder Gewalt bei jeder Gelegenheit an, um ihre selbstherrliche Autorität zur Geltung zu bringen, sie erzwang brutal Gehorsam und Unterwerfung, wann immer »Ruhe und Ordnung« wiederhergestellt werden sollten. Um jede Regung der trotz Verbot organisierten Opposition zu unterdrücken, noch bevor sie irgendeine Bedeutung gewann, setzte die politische Polizei alle Mittel der Bespitzelung und der Einschüchterung ein; sie mißhandelte, folterte Verdächtige, sofern sie nicht den sozial und wirtschaftlich mächtigsten Schichten angehörten; sie scheute nicht die Ermordung von Untersuchungshäftlingen, wenn es galt, die Spuren grausamer Tortur zu verheimlichen oder durch eine Erschießung »bei einem Fluchtversuch« die Opposition in Schrecken zu versetzen.

Bei den Linken suchte die Polizei vor allem Literatur; dieses Wort bezeichnete keineswegs literarische Schöpfungen, sondern maschinengeschriebene, hektographierte oder gedruckte Flugzettel, Artikel, Zeitungen, Broschüren oder Bücher, die nur konspirativ hergestellt und illegal verbreitet werden konnten. Fand man bei jemandem solche Literatur – war's auch nur ein einziges Exemplar –, so legte man es darauf an, aus ihm den Namen der Person herauszupressen, die ihm das »illegale Material« übergeben hatte. Die Verfolger fanden so heraus, wer der Verteiler, Erzeuger oder der Kurier war, der diese Schriften –

gewöhnlich aus Wien – gebracht hatte. Zuweilen entdeckte die Polizei eine winzige Druckerei, eine Handpresse in einem Keller, oder sie fand die Spur, die ins Ausland führte, nach Österreich oder in die Schweiz, von wo aus größere Sendungen von Propagandamaterial eingeschleust wurden.

Zwar meinte ich, seit jeher das Wesentliche über das Leben unter einer Diktatur zu wissen, aber in Wirklichkeit erfaßte ich erst in Jugoslawien, unter welchen Vorwänden und mit welchen Finten die Mechanismen der Unterdrückung angewandt werden und wie verschieden sie auf die Betroffenen wirken. Widerstrebend nahm ich zur Kenntnis, daß die Gewaltherrschaft im Alltagsleben bei den meisten Gleichgültigkeit hervorruft, weil sie sich durch sie weder bedroht noch persönlich eingeengt fühlen. Unter der nichttotalitären Diktatur gewöhnt man sich daran, nur innerhalb der vier Wände oder im Gespräch mit Gleichgesinnten oder aber umgekehrt da, wo einen niemand kennt, auf das Regime zu schimpfen oder, ohne es genau zu bezeichnen, die von ihm getroffenen Maßnahmen zu kritisieren. Das Volk findet die jahrtausendealte Technik der Vorspiegelungen wieder, um mit dem Anschein des gebotenen Respekts sein Mißfallen über die Herrschenden auszudrücken. Es benutzt die hinterhältige, durchaus unauffällige Sklavensprache, die selbst der Dümmste blitzschnell erlernt. So beginnt und beendet man zum Beispiel jede Kritik mit dem so leicht zu variierenden Deckwort: »Wenn der König (oder Mussolini, oder Hitler, oder Stalin ...) es nur wüßte ...«

Im Januar 1928 war in offener Parlamentssitzung in Belgrad der geliebte Führer der Kroatischen Bauernbewegung, Stepan Radić, von einem serbischen Abgeordneten niedergeschossen worden. Auch sein Bruder und mehrere seiner Gefährten wurden zu Opfern dieser ungeheuerlichen Herausforderung. Als ich einige Jahre später durch Kroatien reiste, fand ich in zahllosen Bauernhäusern Radić' Bild wie eine Ikone aufgehängt und mit Kreuzen und Bändern in den kroatischen Nationalfarben geschmückt. Häufig brannten Öllämpchen und Kirchenkerzen unter dem Bild. Äußerlich bewahrte das Land Ruhe, griesgrämige Gleichgültigkeit. Die in ungarischen und italienischen Geheimlagern ausgebildeten Ustaschi, tatendurstige Terroristen, kehrten in winzigen Gruppen heim, wurden aber, zumeist noch ehe sie etwas unternehmen konnten, von Polizei und Gendarmen aufgespürt, umzingelt und vernichtet oder dem Gericht überliefert, das sie zu langen Kerkerstrafen verurteilte. Den einzigen Triumph errangen die Terroristen in Frankreich, wo sie den schlecht beschützten König Alexander gleich nach seiner Landung im Oktober 1934 umbrachten.

Die Flugzettel und Broschüren der Kommunisten gelangten nicht immer und nicht zahlreich bis zu den Arbeitern großer Betriebe, und nicht bei ihnen, sondern bei Studenten, Intellektuellen und linksliberalen Bürgern riefen sie wahres Interesse und Sympathie für die illegale Partei hervor. Manche von diesen wurden Mitglieder und schließlich Erzeuger und Verbreiter dieser sogenannten Literatur. Im ganzen aber blieb die Wirkung solcher Propaganda gering, ja unerheblich, wenn man sie mit den furchtbaren Folgen verglich, die sie für so viele Oppositionelle hatten. Doch nicht nur die Führung im Ausland und ihre Vertreter im Innern, sondern auch jene, die sich selbst der Gefahr aussetzten, erachteten es als selbstverständlich, daß die Stimme der Partei immer wieder und um jeden Preis laut werde. Auch die Ketzer, die mit der anbefohlenen Politik oft genug nicht einverstanden waren – selbst sie zögerten niemals, die ihnen von den Parteifunktionären erteilten Aufträge auszuführen und sich damit der Verfolgung auszusetzen.

In der Tat war es die Illegalität, die dem Propagandamaterial seine Bedeutung verlieh; es ging weniger um den Wert der Texte als darum, sie trotz des Verbotes zirkulieren zu lassen. Jedes Flugblatt wurde zum Beweis, daß die Diktatur nicht allmächtig und die Opposition nicht ohnmächtig war.

Das Regime und seine Polizei überschätzten die Wirkung dieser ärmlichen Propaganda, weil sie in ihr einen Vorwand für die unaufhörliche Terrorisierung der öffentlichen Meinung und für die Verfolgung der in die Konspiration abgedrängten Opposition fanden. Im Laufe meines ersten Aufenthaltes in Jugoslawien drängte sich mir die Frage auf, in welchem Maße jene, die durch Schrecken herrschen wollen, ihrerseits von Ängsten beherrscht werden, die sie geheimhalten wollen, so daß in der Diktatur die Angst von oben ununterbrochen die Angst von unten erzeugt. Daraus ergibt sich ein seltsames Zusammenwirken von Unterdrückern und Unterdrückten, zwischen jenen, die durch den Schrecken herrschen, um ihrer aggressiven Angst zu entgehen, und ihren Opfern, die sich bedingungslos unterwerfen, um ihre Furcht vor dem permanenten Schrecken zu mäßigen.

Erst sechs Jahre später schrieb ich ›Zur Analyse der Tyrannis‹, nicht zuletzt, um mich von der Wirkung der einen wie der anderen Angst endgültig freizumachen. Da hatte ich endlich das besondere Wesen der totalitären Regime, des Hitlerschen wie des Stalinschen, so erfaßt, daß ich sie in psychologischer Sicht darstellen konnte.

Als ich im Frühjahr 1933 nach Zagreb fuhr – es war meine vierte oder fünfte jugoslawische Reise –, da wußte ich bereits, durch die deutschen Ereignisse und meine Begegnungen in der Gemeinschaftszelle belehrt, daß es zwischen der im Balkan und in Lateinamerika von Cliquen und Juntas errichteten Diktatur einerseits und Hitlers Regime andererseits nicht nur einen quantitativen, sondern einen qualitativen, einen wesensbedingten Unterschied gab. Das leuchtete auch meinen jugoslawischen Freunden ein, doch fuhren sie fort, gemäß der Kominternlinie unterschiedslos alles als faschistisch zu brandmarken: die Hegemonie der Serben im jugoslawischen Königreich ebenso wie die sozialdemokratischen Koalitionsregierungen in verschiedenen europäischen Ländern sowie das Programm des »Faschisten« Roosevelt, der mit seinem New Deal, sagte man, sich nun offen enthüllte.

Eben weil die KP im Untergrund erbarmungslos verfolgt wurde, gelang es den Funktionären sehr leicht, die Zweifler und Kritiker unter den intellektuellen Kommunisten zum Schweigen und zu schnellem Einlenken zu bringen. »Angesichts des Feindes diskutiert man nicht, man gehorcht der Führung!« Das leuchtete auch den ketzerischsten Genossen ein, deshalb riefen sie Zwiste nur auf Nebenkriegsschauplätzen hervor. In den wenigen legalen Revuen der Linken, die scheinbar ausschließlich kulturellen Fragen gewidmet waren, wurden scharfe ideologische Kämpfe ausgetragen, die als ästhetische oder philosophische Auseinandersetzungen begannen und intern zu schweren politischen Konflikten führten. Am Ende entschied die Partei autoritär, es gab Ausschlüsse, irreparable Brüche alter Freundschaften. Hinter den Streitfragen, die sich zum Beispiel auf die Freiheit des künstlerischen Schaffens oder auf den sozialistischen Realismus oder auf den Empiriokritizismus Ernst Machs bezogen und auf die wissenschaftliche Verifizierbarkeit der in Friedrich Engels' ›Dialektik der Natur‹ enthaltenen Thesen – hinter alledem ging es um den Stalinschen Monolithismus, darum, daß selbst im letzten montenegrinischen Dorf niemand, der sich Kommunist nannte, auch nur um Haaresbreite von der Linie abwich, die Moskau allein bestimmte und von einem Tag auf den andern völlig ändern, ja umkehren mochte.

In diesen Zeitschriften waren die meisten Artikel mit Pseudonymen gezeichnet, die mehr oder minder enthüllbar waren. Ein Name aber ragte hervor: Miroslav Krleža. Der ihn trug, war sehr früh berühmt geworden; ihn kannten alle, er blieb in jeder Zeile unverkennbar. Auf ihn berief sich die Partei insgeheim, wo immer sie sein Prestige nutzen konnte, denn seinethalben kamen junge Intellektuelle zum Kommunismus. Gegen ihn entfachten nun die Parteifunktionäre mit Hilfe besonders aggressiver Neophyten Polemiken, in denen sie Krležas mangelnde Linientreue verdammten; es gelang ihnen aber nicht, ihn zum Schweigen oder zur Umkehr zu bewegen. Sein Beispiel war gefährlich, denn er zog es in jeder Situation vor, eher sich selber treu zu bleiben als sich zum sozialistischen Realismus zu bekennen, das heißt so zu schreiben, wie es den Parteifunktionären gepaßt hätte.

Miroslav Krleža war für eine militärische Karriere bestimmt gewesen, doch riß er aus der k. und k. Kadettenschule aus, schmuggelte sich über die Grenze, um sich der serbischen Armee, die gerade wieder einmal Krieg führte, zur Verfügung zu stellen. Die serbischen Brüder aber mißdeuteten seine Absichten, er wurde festgenommen und wegen Spionage im Dienste des Kaisers und Königs Franz Joseph zum Tode verurteilt. Es gelang, ihn zu retten; er kam rechtzeitig zurück, um im Weltkrieg an die russische Front geschickt zu werden. Dort wurde er zum Dichter, der schreiben mußte, weil er sich täglich durch die unfaßbare Sinnlosigkeit des organisierten Massensterbens, durch den skrupellosen Leichtsinn und die mörderische Schlampigkeit der Herrschenden ebenso herausgefordert fühlte wie durch die Untertänigkeit der Opfer. Mit den unter dem Titel ›Kroatischer Gott Mars‹ bald nach dem Krieg erschienenen Erzählungen errang Krleža eine einzigartige Position in der serbo-kroatischen Literatur, die er bis auf den Tag bewahrt hat. Obschon er sich von Anbeginn zur Oktoberrevolution bekannte, war sein Buch weder ein kommunistisches noch ein marxistisches Anti-Kriegsbuch. Es war das Requiem einer Menschheit, deren Tun nur als Absurdität erfaßt, verabscheut und bejammert werden konnte.

In völlig verschiedenen Formen haben drei österreichische Autoren den Ersten Weltkrieg als ein aberwitziges Geschehen dargestellt, dessen gigantisches Ausmaß sie jedesmal auf die Dimension der Individuen, ihrer Schuld und ihrer Misere zurückgeführt haben, auf ihr Vergehen und ihr Verkommen, auf ihre

Überansprüche und ihre Knechtseligkeit, auf ihre skrupellosen Listen und ihre unbesiegliche Dummheit. Karl Kraus, Jaroslav Hašek und Miroslav Krleža enthüllten das Gesicht der Weltkriegsmacher so, daß es einer von Gelächter und Todeskrampf geschüttelten Fratze glich. Es gab da im Übermaß zu lachen, zu hassen, zu verspotten und so vieles, das Angst machte – die Grenze zwischen den Mördern und den Ermordeten blieb fließend.

Als ich Krleža das erste Mal begegnete, war er im besten aller Alter: siebenunddreißigjährig, ein reifer Mann, dem man zutraute, daß er bis ans ferne Lebensende den juvenilen Elan bewahren könnte, den der Blick seiner leuchtend klugen, herausfordernd witzigen und traurigen Augen, seine Gesten und Wortkaskaden verrieten. Die Jugend bewunderte den Mann nicht weniger als sein Werk. In den Salons der noblen Zagreber Oberstadt und des reichen Villenviertels Tuškanac träumten Frauen von ihm mit offenen Augen; und da er, wie es hieß, Kommunist war, waren sie nicht abgeneigt, sich mit einer Revolution abzufinden, sich mit ihr irgendeinmal, später, sogar auszusöhnen.

Noch bevor ich einen seiner Texte gelesen hatte, erweckten die Gespräche mit diesem Dichter in mir das Gefühl, daß er ein liebevoller Sohn und ein unerbittlich kritischer Vater seines Volkes war. Ihn von Kroatien, von dessen Landschaften, Bauern, seinen Kleinbürgern, Würdenträgern und Adeligen sprechen zu hören, war für mich ein wahrhaft einzigartiges Erlebnis: Mit der bald melodiös weichen, bald spöttisch harten Stimme sprach aus ihm ein unterdrücktes Volk mit seiner schlauen Widerspenstigkeit, seiner fatalistischen Unterwürfigkeit und seinem Abscheu vor Gewalt und mit der Hemmungslosigkeit, mit der es sich ihr wie im Rausch ergab. Und dieser Krleža, sagte ich mir knabenhaft begeistert, der alles weiß, der mühelos von einer Sprache zu einer zweiten, einer dritten und vierten wechselt; der die Weltliteratur und die Weltgeschichte kennt, über alles auf dem laufenden ist – er steigt da in der Hauptstadt einer Provinz herum, von der Polizei überwacht, von der Zensur beengt; bedrängt von der Zwietracht seines Volkes, von den gefährlichen Irrtümern seiner Partei und dem wirtschaftlichen und geistigen Elend ringsum.

Ich bin damals, vom Frühling 1933 bis Mai 1934, in Jugoslawien geblieben, zwischendurch fuhr ich zu einem längeren Aufenthalt nach Wien und für eine Woche nach Prag. Nur wenige Tage nach meiner Ankunft in Zagreb begann ich Vorträge zu halten, die eine noch zahlreichere Hörerschaft anzogen als in den Jahren vorher. Unbekannte, jüngere und ältere Menschen, sprachen mich oft an, ihre Freude über meine Befreiung rührte mich, flößte mir Mut zu der für mich damals neuen Gewißheit ein: daß man auch aus Irrtümern und ihren Folgen und aus dem Leiden Rohstoff für den Sinn gewinnen kann, den man dem Leben gerade dann geben muß, wenn es aufs äußerste gefährdet ist und sein Sinn sich zu verlieren droht.

Dreiundvierzig Jahre trennen mich von jenem frühen Sommer 1933, dem Sommer einer Freundschaft, die mich fast hätte vergessen lassen, was geschehen war, und das Grauenhafte, das sich vorbereitete. Kaum einer von denen, deren Nähe mich mit Freude erfüllte und mir befriedendes Einverständnis bedeutete, ist noch am Leben; die meisten sind Opfer der Gewalt geworden, sie sind nicht eines »natürlichen« Todes gestorben, sondern am hellen Mittag ihres Lebens vernichtet worden. Daher ist meine Erinnerung an sie in ein Sonnenlicht getaucht, das immer wieder von Finsternis verschlungen wird – schmerzende, glückliche Erinnerungen ... Keine von ihnen will verblassen. Manchmal jedoch, im friedlich dahinfließenden Alltag, im anscheinend dauerhaft gesicherten Wechsel von Tun und Ruhen, von gemäßigter Erwartung und angemessener Erfüllung oder Enttäuschung – manchmal überfallen mich die bildhaften Vorstellungen, die mich den Untergang dieses Freundes oder jener Freundin so miterleben lassen, als ob ich verurteilt wäre, bis an mein Ende der tatenlose, hilflose Zeuge ihrer Vernichtung zu bleiben. Bewegungslos erstarre ich im Banne dieses Untergangs, mein Blick bleibt lange an irgend etwas haften, an der Wand gegenüber, an der Rückenlehne eines Stuhls, an einer weißen Wolkenbank. Es gelingt mir nicht immer, schnell genug zur Gegen-Erinnerung zurückzufinden, zur Helligkeit einer Stimme, die weit mehr durch Klang und Tonfall als durch Worte jeden Tag aufs neue zu mir in jene geheimste Einsamkeit drang, in der die gefährlichsten Zweifel am Sinn des eigenen Daseins nisten.

Das slawische Wort für Brüderlichkeit: »bratstvo« drängte sich mir damals häufig auf die Lippen, wenn wir in einem Dorf an einem Bauernfest teilnahmen, wenn uns die Sommernächte in Gärten und Wäldern viel zu schnell zu vergehen drohten. Wie waren wir jung, auch die ältesten unter uns! Und so jung werden sie, die nicht überleben durften, mir gegenwärtig bleiben, bis man, ja bis man mir Scherben auf die Augen legen wird.

In Zagreb erreichte mich Mirjams Nachricht, daß sie schwanger war. Unausgesprochen hatten wir es beide während der Tage, die ich nach meiner Freilassung bei ihr verbrachte, darauf ankommen lassen. In der Zelle hatte ich es mir vorgeworfen, daß ich ohne Nachkommen sterben und in niemandem weiterleben würde. Nicht gleiche, aber wohl ähnliche Gründe dürften Mirjam bewogen haben, einer Empfängnis nicht vorzubeugen. Und nun wir ein Kind erwarteten, fragten wir einander nicht, ob es uns fortab besser gelingen würde, zusammen zu leben. So schnell sie konnte, liquidierte Mirjam ihre und ihrer Eltern Wohnung in Berlin, sandte, was an beweglichem Gut zu retten war, nach Wien und kam zu mir nach Jugoslawien.

Wir verbrachten die Sommermonate auf der Insel Korčula, die mir der deutsche Maler und Graphiker Richard Ziegler und seine Frau Edith gerühmt hatten. Sie besaßen dort ein Haus mit einem großen Garten, der uns in den heißesten Stunden Schatten spendete und die Kühle des Maistrals, der, zahmer als der Mistral aus dem Rhônetal, sich meist am frühen Nachmittag einstellte.

Beno, Vera und viele unserer Zagreber Freunde verbrachten die Sommerferien mit uns im Hotel Bon Repos, auf dem Hügel über einer kleinen Bucht gegenüber der Halbinsel Pelešac, auf der pensionierte Offiziere der k. u. k. Marine friedlich ihre Blumen züchteten.

Uns vergingen jene Wochen in der dalmatinischen Landschaft, auf dieser Insel mit ihren Buchten, ihren Hügeln und biblischen Tälern, als ob wir exterritorial, von der Welt abgesondert wären. Wir waren glücklich, wenn wir die Augen aufschlugen und den schimmernden blauen Himmel über uns erblickten und weiße Segel auf dem Meer. Die Schiffe, die fast gleichzeitig, gewöhnlich um die Mittagszeit, aus dem Süden und aus dem Norden, aus Dubrovnik und aus Split kamen, brachten Zeitungen aus aller Welt. Während wir sie lasen und die Nachrichten besprachen, verloren wir die Exterritorialität, die Vorgänge in Deutschland warfen uns in die Zeit zurück. Es gab unter uns welche, die auf das plötzliche Erwachen der deutschen Arbeiterklasse hofften. Sie hatten dafür so viele theoretisch und politisch fundierte Gründe, daß man zögerte, ihnen zu widersprechen. Und war es nicht offenbar, daß Hitler an den

Problemen scheitern mußte, deren Lösung der Republik nicht gelungen war? Mit welchen Zaubermitteln wollte er die Arbeitslosigkeit abschaffen? Wie wollte er die »Versailler Ketten« brechen? Wollte er aufrüsten, so mußte er auf den unüberwindlichen Widerstand der Siegermächte stoßen.

Gewiß, wer den sieben Millionen Arbeitslosen wieder Arbeit verschaffen könnte, der würde die politische Gegnerschaft des Proletariats zwar nicht beseitigen, aber besänftigen und die Massen neutralisieren. Aber der Kapitalismus, mit oder ohne Hitler, war in seiner *Endkrise* hierzu gar nicht imstande. »Alle Zeichen deuten auf eines hin: daß in allernächster Zukunft gewaltsame Klassenkämpfe zu erwarten sind.« Das erklärte wörtlich die Führung der KPD, das glaubten jene unter uns, die mit kurzen Fristen rechneten.

Auch wer diesen Optimisten nicht zustimmte, widersprach nicht energisch genug, denn keiner von uns konnte sich vorstellen, daß Hitlers Regime die Arbeitslosigkeit auch nur erheblich vermindern würde. Und nun nahte überdies die fatale Stunde der Wahrheit – der auf den Herbst angesetzte Prozeß gegen Dimitrow und seine bulgarischen Genossen sowie gegen den deutschen Kommunisten Torgler mußte dem deutschen Volk unwiderleglich beweisen, daß nicht die Kommunisten, sondern die Nazis den Reichstag in Brand gesteckt hatten. Damit wird Hitler mitsamt seinen Göring, Röhm und Goebbels vor der ganzen Welt gerichtet sein, damit wird ihr schnelles Ende beginnen.

Inzwischen waren die Konzentrationslager errichtet worden; die Nachrichten, die zuerst nur spärlich durchsickerten, ließen Schlimmstes für das Schicksal der dort Internierten befürchten. Seit sie die Macht ergriffen hatten, verübten die Nazis zwar weniger Morde, als sie selbst angekündigt und wir befürchtet hatten, aber sie demütigten, mißhandelten, folterten ihre Gefangenen. Daß die so mächtige Kommunistische Partei Deutschlands mit ihren Millionen Wählern nicht das Allergeringste tun konnte, um den Insassen der *Konzlager* zu Hilfe zu eilen, zum Beispiel einen einzigen Ausbruch zu organisieren, verstärkte den Eindruck, daß die Folgen der Niederlage, die wir am 30. Januar 1933 erlitten hatten, viel weiter reichen konnten, als wir wahrhaben wollten, und daß niemand und nichts auf die Dauer Hitler daran hindern würde, in einem Krieg die unbegrenzte Erweiterung seiner Macht in Deutschland und schließlich die Herrschaft über den ganzen europäischen Kontinent zu suchen.

Es verging kein Tag, ohne daß wir über die bedrückende Gegenwart und die so bedrohliche Zukunft sprachen. Was wir als zukünftige Möglichkeiten erwogen, sollte innerhalb des Jahrzehnts eintreffen, aber im Grunde glaubten wir unseren eigenen Worten keineswegs. Fast glichen wir dem Hasardspieler, der das Letzte auf eine Karte setzt und ausruft: »Natürlich verlier' ich auch diesmal!« Wie er selbst es nicht immer wissen muß, ist dieser Ausruf ein jämmerlicher magischer Trick, denn er glaubt natürlich nicht, daß er verlieren wird.

Der vorstehende Satz hat mich so nachdenklich gestimmt, daß ich während einiger Tage nicht weiterschreiben mochte. Auf meinen Spaziergängen im Luxembourg nahm ich mir die Zeit, fast jeden einzelnen Kastanienbaum gründlich zu betrachten, um genau festzustellen, wie es mit seinem Erwachen, mit den auf den einzelnen Zweigen sich öffnenden Knospen oder gar den über Nacht aufgeschlossenen Blättern stand. Während ich den Vorsprung oder die Verspätung dieses oder jenes Baums feststellte, bemühte ich mich, rückblickend zu erfassen, wie wir das Geschehen erkannt oder verkannt hatten. Wir sahen viel voraus, wenn auch nicht alles, wir erwogen realistisch den Beginn und den Ablauf von Ereignissen und meinten: Ja, so könnte es kommen, so wird alles verlaufen, wenn man es nicht verhindert. Und doch lebten wir dahin, als ob sich nichts von alledem je wirklich ereignen müßte.

Wir waren davon überzeugt, daß das deutsche und natürlich auch das internationale Proletariat, daß die Sowjetunion, aber auch die Siegermächte des Ersten Weltkrieges und die von ihnen protegierten kleinen Staaten die Pläne Hitlers rechtzeitig durchkreuzen und ihn verhindern würden, Deutschland in den Krieg zu führen. Wir verabscheuten den imperialistischen Kapitalismus der Westmächte, doch rechneten wir darauf, daß er alles tun würde, um die Wiederauferstehung des deutschen Imperialismus zu verhindern.

Ich bin nun schon eine Stunde lang damit beschäftigt, einzelne Bäume so eingehend zu betrachten, als hinge davon etwas ab, das ich sofort oder in nächster Zeit unternehmen müßte. Ich bin einer der bejahrten Männer, die täglich im Luxembourg ihren Spaziergang machen, die im Herbst, das im Regen faulende Laub unter ihren Füßen, sich selbst mit kaum verhohlener Unruhe fragen, ob sie wohl noch da sein werden, wenn das neue Laub grünen wird. Und ich, der schon seit jeher ein »Erinnerer« sein wollte, ich sollte keine Schicksalsfragen an die Zukunft stellen, sondern nur rückblickend die Vergangenheit befragen? Und wie hätte der kaum Achtundzwanzigjährige damals reagiert, wenn – es klingt grotesk – wenn sich ihm plötzlich die Ereignisse der inzwischen vergangenen dreiundvierzig Jahre offenbart hätten? Hätte er resigniert zugegeben: »Es war eine unzulässige, weil unbegreifliche Gewißheit, wie es jedem sein eigener Tod ist.« Und wäre es anders gekommen, wenn wir diese unbegreifliche Gewißheit dennoch rechtzeitig erkannt hätten?

Ich weiß darauf keine Antwort. Die Disproportion ist zu groß zwischen dem Tun des einzelnen und der großen Strömung, die zahllose Menschen mitreißt und sie für Tage, Monate, Jahre dem eigenen, erhofften oder geplanten Dasein entfremdet. Wer sollte ermessen können, was es bedeutet hätte, wenn viele einzelne mit jener Gewißheit gerechnet und anders gehandelt hätten, als wir es getan haben? Ich bin kein hellenischer Tragiker, das Schicksal hat nie meinen Arm und gewiß nicht meine Feder geführt: Mich geht der Mensch an, so wie er ist und solange er für das, was er tut, die Verantwortung tragen kann. War es ein Verhängnis, daß wir alles als Eventualität vorhersehen konnten und nichts durchschauen sollten von alledem, was uns solch unnennbares Unglück und so vielen den verfrühten, gewaltsamen Tod bringen sollte? Doch was soll mir das Wort »Verhängnis« – ein Wort aus Schauerdramen. Wir sind dagewesen, und selbst jene, die nur Zeugen sein wollten, sind mitverantwortlich. Das Recht auf Gleichgültigkeit ist nicht unverbrüchlich, ebensowenig das Recht auf Unwissenheit.

In Wien, wo ich im Hause meiner Eltern die ersten Herbstwochen verbrachte, begann ich ›Menschenkenntnis als soziale Charakterologie‹ zu schreiben. Da das Buch eine Reihe von Vorlesungen enthalten sollte, denen jeweils eine Diskussion folgte, beschloß ich zu improvisieren, das heißt: diktierend den Text so zu sprechen wie meine Kurse und Vorträge, die ich stets ohne Manuskript gleichsam laut vordachte und in Gedankengängen entwickelte, statt fertige Gedanken anzubieten.

Als wir wieder nach Zagreb zurückkehrten, wo wir uns bis auf weiteres niederlassen wollten, fuhr ich mit dieser Arbeit fort. Statt des jungen Mannes, der für mich in Wien gegen ein bescheidenes Entgelt getippt hatte, weil er nichts Besseres zu tun fand und ihn die Sache interessierte, erklärte sich Dora

Rosner, die fehlerlos und ebensoschnell schrieb, bereit, das Buch zu tippen, so daß ich im gleichen Tempo wie in meinen Kursen den improvisierten Text sprechen konnte.

Ich denke sehr oft an Dora und stets so, als ob nicht schon mehr als vier Jahrzehnte seit unserer letzten Begegnung verstrichen wären, als ob der Tod sie nicht schon vor langem, seit 1941, in unerreichbare Ferne entrückt hätte. Es war eine eigenartige Freundschaft, die uns verband. Wir schrieben einander fast nie; ich habe ihr wohl nie gesagt, wieviel mir ihre Freundschaft bedeutete und welche Freude mir ihre besondere, nur selten in Worten oder Gebärden bekundete Zärtlichkeit bereitete. Die zierliche Frau mit dem Mädchengesicht hat für mich ihre Gegenwart bewahrt, ebenso das Lächeln ihrer hellbraunen Augen, in deren Blick, wenn sie zuhörte, eine spielerische Herausforderung und eine amüsierte Neugier einander ablösten.

Die ›Soziale Charakterologie‹ wollte ich ihr und Beno Stein widmen. Wie es einen jungen Menschen drängt, den Namen seiner Geliebten immer wieder, gleichviel in welchem Zusammenhang, zu nennen, so empfand ich das Bedürfnis, die Freundschaft zu erwähnen, die mich auf eigene Weise an diese Frau und in anderer Art an Beno band. Ich tue das auch weiterhin, doch nur im stummen Selbstgespräch, wie es ein allein gebliebener Vater tun mag, dem der Krieg den Sohn getötet hat.

Beno war viel älter als ich, ich war auch jünger als Dora. Nun aber bin ich sehr viel älter als beide – ja, als wäre ich ihr Vater geworden. Diese fortdauernde Beziehung zu ihr wie zu ihm ist ein Teil meines Verhältnisses zu mir selbst geworden. Und ich weiß seit langem, daß solch Überleben das Dasein gefährden kann. Auch deshalb schrieb ich einmal den nur scheinbar pathetischen Satz: »Wir werden zu den wandelnden Friedhöfen unserer ermordeten Freunde werden.«

Ein nicht von den Nazis oder den Ustaschi, sondern von Stalins Leuten ermordeter Freund ist mir Djuka Cvijić gewesen. Einer der ersten Führer der Kommunistischen Partei Jugoslawiens, war er auf Befehl der Russen ins Exil geschickt und später »abgehängt« worden. Ich lernte ihn in Wien kennen und traf ihn zeitweise beinahe täglich. Wir sprachen so gut wie nie von persönlichen Angelegenheiten, das Wesentliche wußten wir voneinander. Ich fragte ihn nicht, er sagte mir nicht, wo er in Wien wohnte; wir trafen einander stets in bürgerlichen Cafés. Obschon er legalen Status hatte – er war Korrespondent der sowjetischen Presseagentur TASS –, beachtete er die Regeln der Konspiration, deren wichtigste lautet: Nirgends, durch nichts auffallen! Er war ein gut gewachsener, schlanker, mit diskreter Eleganz gekleideter Mann; sein längliches, schmales Gesicht, in dem kein Zug hervorstach, ermutigte Kellner, ihn als Herr Doktor oder Professor zu begrüßen; das entsprach auch dem anständigen Trinkgeld, das sie von ihm empfingen. Das einzige, was ihre flüchtige Aufmerksamkeit erregen konnte, war die Zigarettenspitze, die sich so manipulieren ließ, daß der Stummel der ausgerauchten Zigarette mechanisch ausgestoßen wurde. Und noch kurioser war, daß fast alle Leute, mit denen er zusammensaß, daß seine engsten Genossen die gleiche »patentierte« Spitze benutzten. Djuka, der ein leidenschaftlicher Raucher war, unterstrich Sätze, die ihm wesentlich schienen, indem er die Zigarette auf den Aschenbecher legte und nicht wieder an den Mund führte, ehe er den so hervorgehobenen Text beendet hatte. Alle seine Bewegungen waren bedächtig, aber seine Gangart war schnell, als ob er auf einen dringenden Ruf hin wegeilen müßte.

Durch ihn kam ich mit jenen jugoslawischen Kommunisten in Verbindung, die von Wien aus die illegale Partei leiteten; unter anderen mit dem Generalsekretär Milan Gorkić, von dem noch die Rede sein wird, und mit Vertretern der Kroatischen Bauernbewegung, die nach der Ermordung ihres Führers Radić von Doktor Vladko Maček angeführt wurde. Doch von all diesen Männern war Djuka der einzige, zu dessen menschlicher Qualität und politischer Urteilsfähigkeit ich sofort Vertrauen faßte. Deshalb zögerte ich nie, Missionen auszuführen, die mich in Jugoslawien aufs schwerste gefährden konnten. Mir war es gewiß, daß er alles reiflich bedacht hatte und nicht ohne Grund gerade mir diese Aufgaben anvertraute. Natürlich hat auch er sich oft genug geirrt, wie es jedem widerfährt, der politische Meinungen faßt und der Notwendigkeit nicht ausweichen darf, schicksalhafte Entscheidungen zu treffen. Dennoch glaube ich noch heute, daß er ein ungewöhnlich kluger, zugleich leidenschaftlicher und skeptischer Politiker gewesen ist. Von frühester Jugend an der Sache ergeben, lehnte er es bis zum Ende ab, das Sacrificium intellectus zu bringen, und büßte es in Moskau mit seinem Leben.

Im Oktober oder spätestens im November 1933 gelangten wir beide, jeder auf seine Weise, zur Überzeugung, daß es in recht naher Zeit, noch vor dem Ende des Winters, in Österreich zu einem Aufstand der sozialistischen Partei und ihrer Zweigorganisationen, besonders des noch immer einsatzbereiten Republikanischen Schutzbundes, kommen könnte, ja kommen mußte, weil die Häuptlinge der Bürgerkriegsverbände es methodisch darauf anlegten, die Sozialisten zu dieser Auseinandersetzung zu zwingen.

Da um jene Zeit, neun Monate nach Hitlers Machtergreifung, die Kommunisten und ihre Sympathisanten noch immer die Sozialisten als Faschisten oder als Helfershelfer und gefährlichste Komplizen anprangerten und sie zumindest in Worten bekämpften, als wären sie nach wie vor der Hauptfeind, beschlossen wir, unverzüglich in Moskau auf die bevorstehenden Ereignisse hinzuweisen und entschiedenst vor der Verkennung der wahren Lage und der Stimmung im sozialistischen Lager zu warnen. Stunden und Stunden erwogen wir, auf welchem Wege, mit welchen Argumenten wir diese Auffassung wirksam zur Geltung bringen könnten. Ein Rapport, den Djuka in seiner Eigenschaft als politischer Auslandsbeobachter der TASS-Agentur abgesandt hatte, wurde mit einem scharfen Verweis beantwortet. Briefe an Bela Kun, der in der Komintern eine bedeutende Funktion ausübte, an Manuilski und einige andere im Kreml wohlangesehene Genossen blieben lange ohne Antwort. Schließlich kam der Bescheid: Man sollte solchen Kaffeehausklatsch unbeachtet lassen und aufhören, die Komintern damit zu behelligen.

Djuka wollte aber nicht aufgeben. So verfaßte er einen Bericht, den er nicht an eine kommunistische Organisation, sondern an das Narkomindjel, das Außenamt der Sowjetunion, richtete. Er war überzeugt, daß es dort genug Leute gab, die zumindest ernsthaft erwägen würden, ob, warum und unter welchen Umständen es zu diesem Aufstand überhaupt kommen könnte.

Man weiß, Moskau, das ja nicht an Tränen glaubt, Moskau, das die deutschen Kommunisten in die kampflose Niederlage geführt hatte, ließ die kommunistischen Tintenkulis nach wie vor gegen die Sozialisten hetzen, die bald danach, am 12. Februar 1934, in Österreich einen Kampf aufnahmen, den sie zwar verlieren mußten – aber sie, nicht die deutschen Kommunisten waren es, die sich zum bewaffneten Widerstand entschlossen.

Auch dadurch, daß er recht behielt, ist Djukas Schicksal besiegelt worden: Er wurde einige Zeit später nach Rußland gerufen und als einer der ersten unter den jugoslawischen Kommunisten ohne Prozeß durch die GPU ermordet. Nur daraus, daß ich nie eine Nachricht von ihm bekam und daß aus Moskau keiner irgendeine Botschaft von ihm brachte, mußte ich schließen, daß man ihn liquidiert hatte.

Als ich mit dem Kommunismus brach, geschah es auch seinethalb, denn der Gedanke, daß ich auf der Seite seiner Mörder bleiben sollte, war unerträglich geworden. Ich fühlte fast körperlich Djukas Nähe, als ich den ›Verbrannten Dornbusch‹ zu schreiben begann; einer der wesentlichen Figuren dieses Romans, Vasso Militsch, habe ich manche seiner Züge verliehen. Vasso denkt sich in der Zelle Briefe aus, die er nie schreiben wird; in einem von ihnen heißt es: »Wenn ich tot sein werde, wird dein Leben aufhören. Es wird dein Überleben beginnen, in dem ich mitbegriffen sein werde ... Mein Leben wird nur gerechtfertigt sein, wenn du meinem Tod einen Sinn gibst.«

Als wir im späten Herbst nach Zagreb zurückkehrten, mieteten wir uns in einer vornehmen Straße der Oberstadt ein, die in einen geschlossenen Park mündete, welcher zum Palais des Königs gehörte. Belgrad war die Residenzstadt, der Monarch erschien nur selten in Zagreb. Er, der seit früher Jugend überzeugende Beweise seines Muts erbracht hatte, scheute vor der Lebensgefahr zurück, der er sich in der kroatischen Hauptstadt aussetzte, wenn er sich da auch nur vorübergehend aufhielt. Ustaschi-Kommandos, die dank der Komplizität der Grenzpolizei benachbarter Staaten ein- und ausreisen konnten, spähten ständig nach einer Gelegenheit, den König zu ermorden.

Kurze Zeit, nachdem wir uns in der Oberstadt niedergelassen hatten, wurden wir Zeugen seltsamer Vorgänge, die erklärlich wurden, als man erfuhr, daß das jugoslawische Herrscherpaar zu einem längern Besuch in Zagreb einziehen, sich zu offiziellen Empfängen der Bevölkerung zeigen und an einem Abend die Honoratioren der Stadt zu einem Ball einladen würde. Jedes Mal, wenn wir nach Hause gingen, mußten wir größere Wachtposten passieren, mit Karabinern bewaffnete Polizisten und Agenten in Zivil, die beidseits von Straßensperren den Passanten die Identitätspapiere abverlangten und alles, was sie mit sich trugen, vorzeigen ließen.

Mirjam und ich hatten gewöhnlich weder Taschen noch Pakete, trotzdem löste unser Erscheinen bei den Wächtern, besonders bei den oberen Posten, eine ängstliche Unruhe aus. Mirjam war hochschwanger, das war sichtbar genug, aber die Agenten mußten sich selbst davon überzeugen, daß es sich da nicht um einen falschen Bauch handelte, in dem die junge Frau Bomben hätte schmuggeln können. Daher stürzten sie jedes Mal, wenn wir uns näherten, auf uns zu, als ob sie uns zu Boden werfen wollten, bremsten vor Mirjam, starrten ihr mißtrauisch ins Gesicht, streckten die Hände aus, wie um nach ihrem Bauch zu greifen, und hielten im letzten Augenblick inne, da ich ihnen die Sachlage erklärte. Sie zögerten, bevor sie von uns abließen.

Obschon sich diese Szene des öftern wiederholte, gewöhnten wir uns nicht an sie, nicht an die Sperrketten und nicht an diese einander stets abwechselnden Männer, die um so unruhiger waren, je mehr Waffen sie auf sich trugen und anderen Furcht einzuflößen suchten.

Eines Morgens aber war es aus: Über Nacht hatte die Königsfamilie unsere Straße, die Stadt, Kroatien verlassen – fluchtartig, denn man war einer Gruppe von Ustaschi auf die Spur gekommen, die sich anschickte, Alexander und seine Suite auf dem Ball oder auf dem Wege dorthin zu ermorden.

Natürlich wußten alle sogleich alles und noch weit mehr, als es zu wissen gab; man blieb gespannt und wartete auf explosive Ereignisse oder mindestens auf sensationelle, wahrhaft unerhörte Nachrichten.

Wenige Tage nachher, in der späten Stunde einer kalten, regnerischen Nacht wurden Cesarec und ich auf dem Jelačić-Platz im Herzen Zagrebs aufgehalten. Wir kamen von einem Nachtmahl mit Freunden, das sich zu lange hingezogen hatte, wo alle zuviel gegessen, getrunken und viel zu viel geredet hatten. Und nun wurden wir plötzlich Zeugen einer merkwürdigen, einer theatralisch übertriebenen Szene. Gendarmen überquerten den Platz, von Polizisten gefolgt, in deren Mitte drei Männer in aufgerissenen Hemden und kotigen Hosen, die Hände und nackten Füße in Ketten geschlagen, sich mühsam hintereinander dahinschleppten. Im gelben Licht von Pechfackeln und im weißen Schein von elektrischen Taschenlampen schwankten ihre blutig aufgeschwollenen Gesichter auf und ab, hin und her. Obschon sie von den Wächtern mit Zurufen und Fußtritten zu schneller Bewegung angetrieben wurden, kamen sie nur langsam vorwärts. Auch die Faustschläge, die ihre Rükken trafen, blieben ohne Wirkung.

Wir begriffen, daß die Gefangenen Ustaschi waren, die man wegen des versuchten Mords am König Tag und Nacht in Dörfern und Wäldern gesucht hatte, und daß ihre Flucht nun zu

Ende war. Als der Zug in der Nebengasse verschwunden war, blieben wir wie angewurzelt stehen. Nicht nur das Mitleid mit den jungen Gefangenen war es, das uns überwältigte, obschon wir wußten, daß sie uns noch mehr als ihre Verfolger haßten und daß ihre Partei, käme sie zur Macht, uns ohne Zögern ausrotten würde. Nein, nicht nur das Mitgefühl mit gefolterten Menschen ließ uns erstarren, sondern die Gewißheit, daß ihre Ermordung so viele andere, sinnlose, noch weit grausamere Gewalttaten entfesseln würde.

In meiner Erinnerung ist diese Begegnung mit der Empfindung durchdringender, feuchter Kälte verknüpft, als wenn Regenschauer pausenlos auf mich niedergegangen wären, und mit dem Gefühl, daß ich mich niemals von dem logisch leicht auflösbaren Widerspruch befreien würde, von dem inneren Zwang, mich mit den Opfern zu identifizieren, indes ich sie politisch verurteilte und ihre anerzogene Mordwut verabscheute.

Cesarec und ich blieben weiterhin stumm und nahmen nur mit einem Händedruck Abschied voneinander. Ihm wie mir war das Wort von der »Logik des Kampfes« vertraut; doch was mich seit jener Nacht immer wieder ängstigen sollte, war die »Logik des Hasses«. Und die Wahrscheinlichkeit, daß sie den Brudermord zwischen Serben und Kroaten unvermeidlich machen konnte, wenn nicht vorher die nationale Frage durch die soziale Revolution gelöst wurde, deren nahes Kommen wir erhofften und deren Verspätung wir befürchteten.

Am 29. Januar 1934 gebar Mirjam nach sehr langen, schweren Wehen unsern Sohn, dem wir im voraus einen slawischen, einen deutschen und einen hebräischen Namen gewählt hatten: Vladimir, Friedrich, Uri. Als ich an jenem frühen Wintermorgen die Klinik verließ, lag die Stadt unter der weißen Decke des Schnees, der über Nacht gefallen war. Unformuliert, gleichsam hinterrücks, fiel mich der Zweifel an: War es nicht unvernünftig, ja wahnwitzig, daß Leute wie wir im Jahre 1934 ein Kind in die Welt setzten? Ich wies den Gedanken daran ab. Wie zahllose Väter vor mir, empfand ich das Glück darüber, daß Mirjam die Entbindung gut überstanden hatte und daß wir nun ein gesundes Kind hatten. Die Freunde, schnell informiert, freuten sich mit uns. So war es leicht, die Drohungen der Gegenwart und der Zukunft zu vergessen, denen dieses Kind ausgesetzt sein würde, und seine Ankunft zu feiern, als ob wir im Morgenlichte eines Neubeginnens stünden.

Zwei Wochen später, am 12. Februar, brach der Aufstand in Österreich aus: in Linz, in Wien, in Bruck an der Mur und in anderen Städten. Noch ehe der kurze Wintertag zu Ende ging, war jedoch die Insurrektion besiegt, obschon die Kämpfe an verschiedenen Orten noch einige Tage andauerten. Besiegt, weil sie, ohne zentrale Führung, die Taktik von Belagerten wählte, die auf Entsatz rechnete. Doch kam keine Verstärkung, da große Teile der Arbeiter nicht kämpfen und nicht streiken wollten; die gefährdeten Arbeitsplätze waren ihnen wichtiger als alle Politik. Und auch die Hoffnung auf das hilfreiche Eingreifen der ausländischen Gewerkschaften, der sozialistischen und liberalen Parteien des Auslandes blieb unerfüllt. Der böse Zufall fügte es überdies, daß an diesem gleichen Tage in Paris antifaschistische Einheitsaktionen stattfanden, welche die Aufmerksamkeit der ganzen Welt auf Frankreich lenkten.

Am 13. übermittelte mir ein Freund Nachrichten, die er ohne Schwierigkeiten telephonisch aus Wien erhalten hatte: Die Eisenbahner streikten nicht, die Versorgung mit elektrischem Strom verbesserte sich von Stunde zu Stunde; man hörte durchs Telephon Einschläge und schwachen Kanonendonner; in einigen Außenbezirken wurde gekämpft, es ging um solche Wohnhauskomplexe wie den Reumannhof und den Karl-Marx-Hof.

Auch als alles zu Ende war, blieb es unmöglich, die Verluste der Aufständischen genau festzustellen. Man schätzte die Zahl der Toten auf 1200 und die der Verwundeten auf 5000. Man errechnete, daß es etwa 10.000 Verhaftete gab. Die gesamte sozialistische und gewerkschaftliche Bewegung wurde von dem triumphierenden Regime in die Illegalität verbannt.

In einer überfüllten Durchgangszelle lasse ich einen gefangenen Februarkämpfer, der da im Dunklen nicht weniger zu sich selbst als zu den schläfrigen Genossen spricht, sagen: »Wir im Arbeiterheim, wir haben gedacht, in a paar Stunden ist der ganze Bezirk unser, da gehn wir übern Gürtel hinüber, machen dann Ordnung in der Innern Stadt. Und plötzlich geht das Licht an, und aus war es mit'n Streik. Und dann hamma auf die Munition gewartet, nix is gekommen, wie wenn ma uns vergessen hätt. Der Bezirk hat sich nicht gerührt. Und mir haben die Verwundeten dagehabt, mir haben sie nicht einmal versorgen können, na ja, ich sag's ja, mir sind allein gewesen. Das Volk ist immer allein.«

In den Tagen des so schnell niedergeworfenen Aufstandes lauschten wir auf die immer schwächer werdenden Hilferufe von Kampfgruppen, die in einigen Arbeiterbezirken Wiens noch immer, doch hoffnungslos Widerstand leisteten. Das Leben aller anderen, auch das unsere natürlich, ging im Trott des Alltags weiter, aber mit unseren Gedanken und einem verströmenden Gefühl waren wir bei jenen sozialistischen Männern und Frauen, die als erste in Mitteleuropa gegen den überall zu einer Generaloffensive angetretenen Faschismus die Waffen ergriffen hatten und nun allein gelassen wurden.

Dachte ich an unsere kampflose Niederlage in Deutschland, so zweifelte ich nicht im mindesten daran, daß dieses letzte Gefecht Sinn hatte, daß es nur scheinbar ein Ende bezeichnete, in der Tat aber ein Neubeginnen der sozialistischen Partei Österreichs war, die eben, weil sie die Gegenwart aufs Spiel gesetzt hatte, sich eine Zukunft sicherte.

Gewiß, das glaubte ich ganz entschieden, doch sah ich gleichzeitig, als ob ich mittendrin wäre, daß Menschen starben und daß die Überlebenden neuen Gefahren und Demütigungen entgegengingen. Was sollte da der historische Sinn, was die – vorerst und für lange Zeit – abstrakten Hoffnungen auf eine Zukunft, die jedenfalls nicht die der Opfer sein würde? Die Vorstellung, daß ich unter Umständen selbst in die Lage geraten könnte, ähnliche Aktionen im kleinen, wenn nicht im großen anzuordnen, diese Vorstellung wurde und blieb mir unheimlich, denn es gelang mir nie, von den einzelnen abzusehen.

Man kennt die Gemälde, auf denen die zu einem Spektakel, einem gemeinsamen Marsch oder einer Schlacht in Massenteilchen verwandelten einzelnen abgebildet sind. Aus einiger Entfernung gesehen, täuschen sie Realität vor, aber aus der Nähe betrachtet, erweisen sich die meisten Menschen, beziehungsweise ihre Köpfe, als hingetupfte farbige Punkte, Tropfen von Farbe. Ich bleibe unfähig, mich mit der Farbtropfen-Metamorphose abzufinden. Obschon ich die Masse seit Jahrzehnten studiere, bleiben Menschen für mich einzelne, ihre Beziehungen und Verbindungen interessieren mich aufs äußerste. Genau wie die Person nicht auf diese oder jene ihrer Taten reduziert werden kann, und wären deren Folgen auch maßlos, so wird sie auch nicht von der Masse verschlungen, so bleibt sie trotz allem weit mehr und anderes als ein Farbtropfen im historischen Hintergrund.

Karl Münichreiter – als ich diesen Namen wie so viele Zeitgenossen zum ersten Mal vernahm, war es um seinen Träger bereits geschehen: Schwerverwundet, wurde dieser Schutzbundführer aufgrund des Standrechts sterbend unter den Galgen geschleppt und hingerichtet. Im Gedanken an ihn schrieb ich acht Jahre später:

»... ein Regime mag Tausende von Menschen töten, das Gewissen der Überlebenden bleibt träge und ungerührt, doch irgendeines einzelnen Sterben rührt alle Zeitgenossen auf, läßt einen Schauder noch der Nachwelt, weil das Unrecht, diesem einzelnen angetan, symbolträchtig ist. Und das symbolträchtige Unrecht allein bewegt alle, läßt in jedem das Gefühl entstehen, es wäre ihm geschehen.«

Das symbolträchtige Unrecht – ich habe schon oft davon gesprochen – bringt in mir weder Haß, noch Rachegelüste hervor. Es begleitet die undeutliche und dennoch bedrängende Ahnung, daß wir Zeitgenossen, die eine solche Missetat nicht verhindert, dem Opfer nicht beigestanden haben, schuldlos Schuld auf uns geladen haben.

Während langer Jahre, zwischen 1934 und 1972, geschah es manchmal in später Nacht, daß ich, aus irgendeinem Grund oder grundlos erwachend, wie aus weiter Ferne das Weinen eines Kindes vernahm. Lauschend wartete ich darauf, daß es aufhörte, daß das wohl kranke oder verängstigte Kind wieder einschliefe oder daß ihm jemand Hilfe oder Trost brächte. Es ist verwunderlich, daß ich erst recht spät den Verdacht geschöpft habe, es könnte sich in den meisten Fällen um eine psychisch bedingte Sinnestäuschung handeln. Ich hörte das maßlose Weinen in dichtbesiedelten Stadtvierteln und in abseits gelegenen Dorfhäusern. Es drang an mein Ohr in Kasernen und Internierungslagern – und das selbst mitten im grotesken Lärm, mit dem die schnarchenden, schnaufenden, stöhnenden oder schimpfenden oder aus dem Traum um Hilfe rufenden Schläfer den ungelüfteten Raum erfüllten.

Als Kind, im Städtel, wurde ich während der großen Epidemie durch das laute Weinen von Nachbarn geweckt, die einen Sterbenden umstanden. In Wien, als Halbwüchsiger, lebte ich stets im Banne der Gleichzeitigkeit von Glück und Elend: »Während wir im zitternden Licht der Morgendämmerung unsern Aufstieg zur Alpenspitze beginnen, steigen Grubenarbeiter, in deren Herzen ein steter Verzicht nistet, in tiefe Schluchten hinab.« Dieses Simultanitätsbewußtsein nährte damals täglich meine soziale Empörung.

Nach einem unbewußten Filtrierungsprozeß blieb nur das Gefühl der Hilflosigkeit dessen zurück, der helfen müßte und es in keiner Weise tun kann. Das manchmal wirklich vernommene, doch öfter nur in der Einbildung erlauschte kindliche Weinen erinnerte mich daran. Ich hätte es auch ohnedies nicht vergessen, aber der unüberwundene Schmerz erzeugt häufig eine Art von Wiederholungszwang.

Im späten Frühling erreichte mich ein Ruf der Partei. Ich sollte nach Paris kommen, hieß es, man brauchte mich für eine wichtige ideologische Arbeit im internationalen Maßstab. Zwar zog ich es damals noch immer vor, der Diskussion über die Politik der KPD und ihrer Rechtfertigung durch die Komintern auszuweichen, aber ich mußte der Aufforderung Folge leisten – und ich wollte auch aus persönlichen Gründen meinem »Glück im Winkel« entfliehen. Weder die verwöhnende Freundschaft noch die Anerkennung, die ich bei einer wachsenden Zahl junger Menschen gewann – nichts konnte mich darüber hinwegtäuschen, daß mich die *Provinzialisierung* bedrohte. Einige meiner Zagreber Freunde hätten es gewiß auch in der großen Welt sehr weit bringen können, doch nun waren sie die Stars einer Provinz geworden. Ich bewunderte sie und lernte viel von ihnen, aber je länger ich dablieb, um so besser konnte ich ermessen, wie schwer, wie unvollkommen es ihnen gelang, sich der Provinzialisierung, der Beschränkung durch die beschränkten Verhältnisse, zu entziehen. Der in weitem Abstand bedeutendste Dichter, der beste Essayist, der interessanteste Philosoph, der erfolgreichste Arzt, der klügste Advokat in der Stadt, im Lande zu sein – das ist, erkannte ich, auf die Dauer noch gefährlicher als für den Machtstrebigen der Erste in Rom, Cäsar zu sein.

In den Zentren des schöpferischen geistigen Lebens gibt es keine Superlative, oder es gibt sie nur im Plural als schmeichlerisch übertriebene Komparative. In Athen und in Rom, in Florenz und in Amsterdam gab es nicht den Einzigen, sondern mehrere Einzige zur gleichen Zeit in einem unvermeidlichen Nebeneinander, in einem seltenen Miteinander und häufigen Gegeneinander. Das galt, das gilt nicht nur für die Genies, die Leuchttürme, sondern für die Begabten in allen Bereichen. Mit dem Strom oder gegen ihn, doch niemals allein im Strom ... Schafft man zwar in der Einsamkeit, so bleibt man doch stets dessen gewahr, daß sie eine von vielen Einsamkeiten ist. Niemand entledigt sich seines Ichs, aber niemand entwindet sich dem Wir. So kommt es auf die Vielfalt und auf das Potential dieses Wir an.

Die Reise nach Paris unterbrach ich in Wien, wo sich später Mirjam mit dem Kind niederlassen sollte.

Jene meiner Freunde, die an den Februarkämpfen teilgenommen hatten, waren zumeist in einem Unterschlupf untergetaucht, wo sie mit falschen Papieren polizeilich angemeldet, also konspirativ legal waren. Sie hatten sich Bärte wachsen lassen oder die Haare gefärbt, sie kleideten sich anders als früher, manche änderten ihren Gang, hinkten zeitweise. Obschon der Aufstand, der nun drei Monate zurücklag, von der Bevölkerung vergessen schien, so blieb er doch im Mittelpunkt unserer Gespräche. Es erstaunte mich keineswegs, daß die Besiegten, eben weil sie gekämpft hatten, von der verlorenen Schlacht mit einer Genugtuung sprachen, als ob sie die Tatsache, daß es zu ihr überhaupt gekommen war, als einen Erfolg bewerteten und die Niederlage als die notwendige Voraussetzung künftiger sozialistischer Siege in Österreich. Für die meisten stand es fest, daß die alte Parteiführung schuld daran war, daß man zu lange in der Defensive geblieben und der Auseinandersetzung ausgewichen war, bis man sich am Rande des Abgrunds befand. Man nannte mir die Namen junger Männer, die die neue Führung im Lande bildeten; sie waren mir so unbekannt, daß ich nicht unterscheiden konnte, welche ihre wahren und welche ihre falschen Namen waren. Einige Zeit später erst sollte ich ihnen in Paris begegnen, oft in Anwesenheit ihrer Vorgänger, die ihnen so überlegen waren, daß man an eine Ablösung durch die Neuen kaum glauben konnte.

Ich traf Schutzbündler, die sich anschickten, sich jenen Kampfgenossen zuzugesellen, die über die Tschechoslowakei nach Rußland gefahren waren und nach triumphalen Empfängen beschlossen hatten, sich dort niederzulassen. Jene, die in Wien selbst oder in einer Vorstadt, illegal und von ihrer Familie getrennt, ein zwar materiell nicht zu hartes Dasein führten, das aber nicht dauern konnte, nicht dauern durfte, fühlten sich unwiderstehlich zu dem »Land des verwirklichten Sozialismus« hingezogen, wo sie mit offenen Armen und verschwenderischer Großzügigkeit aufgenommen würden und, mit ihrer Familie wieder vereint, ein neues Leben beginnen könnten. Als Gegenleistung genügte es, einige wortreiche Manifeste zu unterschreiben, in denen die Sozialdemokratie schimpflich herabgesetzt und die Sowjetunion und Stalin, der Führer des Weltproletariats, mit Superlativen geehrt wurden. Nun, dazu fanden sich jene bereit, die der Hoffnung so dringend bedurften, daß sie ihrethalb die eigene Vergangenheit und selbst das, was das Beste an ihr gewesen war, verleugneten.

Dem einen oder andern gab ich zu bedenken, daß die materielle Existenz der manuellen Arbeiter in Rußland zuweilen so schwierig war wie unter den Bedingungen einer Kriegswirtschaft. Doch löste diese Warnung bei den meisten ein Unbehagen aus, das von Mißtrauen gegen den Warner begleitet wurde; daher lenkte ich schnell genug ein. Meine Argumente waren um so schwächer, als ich sie ja nicht offen genug vorbrachte; in solcher Situation war ich schon damals und wurde immer mehr einer, den man in der Stalinschen Polizeisprache einen »Doppelzüngler« nannte. Meinesgleichen vertrug immer schwerer die Fiktion der gebieterischen Propaganda und mußte dennoch, wenn auch ungern und gegen den eigenen Widerstand, ihre Lügen wiederholen, bis sie zuweilen verräterisch wurden, das heißt fast genau – wenn auch antithetisch – die unbekennbare Wahrheit über die wirklichen Zustände und Geschehnisse enthüllten. Ob sie nun Gorki oder Bucharin heißen, diese Doppelzüngler wünschten keineswegs, gegen die Sowjetunion recht zu behalten oder deren Führung im Namen der Wahrheit vor aller Welt zu entlarven. Sie waren Doppelzüngler nicht nur innerhalb, sondern auch außerhalb des Machtbereichs der GPU und daher im voraus besiegt.

Wenige Tage vor meiner Weiterreise nach Paris traf ich Ludwig Wagner, der zusammen mit Ernst Fischer die Linksopposition im Rahmen der sozialistischen Partei, besonders aber bei den organisierten Betriebsbelegschaften geführt hatte. Der blonde Schnauzbart machte ihn nicht unkenntlich, die aus den tiefliegenden Höhlen hervorleuchtenden Augen verrieten ihn mir, sobald ich ihn in der Straßenbahn erblickte. Den Blick dieser Augen eines romantischen Liebhabers hatte ich oft mitten im ernsten Gespräch gesucht, als müßte ich in ihnen etwas völlig Ungewöhnliches entdecken.

Kaum mehr als zehn Jahre waren vergangen, seit wir einander das erste Mal begegnet waren – am Vorabend eines heißen Frühsommertags, auf der Halde des Tafelbergs im Wienerwald. Damals waren die schwedischen Reigentänze gerade in Mode gekommen; die Bewegung der etwa dreißig jungen Menschen, die unermüdlich den Reigen bald öffneten, bald schlossen, schien so leichtfüßig, vielleicht weil nicht Leidenschaft und nicht Gier sie in diesen Stunden zueinander drängten, sondern jene seltene Freude, die man zutreffend die helle nennt. Und auf

Ludwig Wagner, der mit seinen fünfundzwanzig Jahren einer der ältesten war, richteten sich alle Blicke. Nicht nur die Mädchen zog es zu ihm. In jenen Stunden schien's allen selbstverständlich, daß der Mittelpunkt stets dort war, wo er stand. Alle Freude war auf sein Da-sein bezogen. Und wir alle waren voller Hoffnung, es war gewiß: »Mit uns zieht die neue Zeit.«

Nun, ein Vierteljahr nach dem niedergeschlagenen Aufstand, saßen wir einander gegenüber, um weit mehr als um das Jahrzehnt gealtert, das seit jener ersten Begegnung verstrichen war. Unser Kontakt war lose gewesen, aber enger geworden in den Monaten, die unmittelbar dem Aufstand vorausgingen. Ludwig war einer jener Wiener Genossen, die an die Unabwendbarkeit des bewaffneten Konfliktes geglaubt und ihn vorbereitet hatten. Die Niederlage hatte seinen Mut nicht gebrochen, er sprach von all dem, was nunmehr getan werden mußte, und davon, was er und seine Genossen organisatorisch und propagandistisch trotz der Illegalität zustande bringen konnten. Die konspirativen Bedingungen seines Lebens schienen ihn fast zu amüsieren, doch fand er sich mit ihnen wohl schwerer ab, als er vorgab. Seine Freudigkeit glich eher einer Aufgeräumtheit, einer Fiebrigkeit, die ich gut kannte: Sie bemächtigt sich unser, wenn das Gefühl, ständig bedroht zu sein, der Hoffnung weicht, daß man das Schicksal, dem man »näher ist als sonst«, meistern wird.

Wir trafen einander noch einigemal, bevor ich Wien verließ. Als wir Abschied nahmen, erinnerte ich Ludwig an jenes Treffen auf dem Tafelberg und erzählte ihm, wie sehr er mich und alle, die dabei waren, beeindruckt hatte; er selbst hatte nur eine blasse Erinnerung daran bewahrt. Er war einer jener Menschen, die in jungen Jahren ihren Höchstpunkt erreichen und eine Saison lang die kühnsten Hoffnungen erwecken. Ludwig ist als politischer Emigrant nach Amerika gegangen und dort vor der Zeit gestorben.

Wann immer ich einer Gruppe von jungen Menschen begegne, halte ich Ausschau nach einem, der, wie Ludwig in jener fernen Jahreszeit, einem Johannes gleicht, der nicht das Kommen eines Heilands ankündigt, sondern einen Frühling, der dauern, und eine Jugend, die nicht enden wird, solange die Quelle ihrer Freude selbst mitten im wütendsten Getümmel unversiegbar bleibt.

Zweiter Teil

Von Paris kannte ich seit meinem ersten Besuch im Sommer 1929 vor allem das Quartier Latin, wo ich in einem Hotel garni abgestiegen war, in welchem mein Bruder Hesiu wohnte, der damals einige Semester in Paris verbrachte, um ein Zusatzstudium abzuschließen.

Vom ersten Augenblick an fühlte ich mich da zu Hause. Obschon ich damals natürlich alles Sehenswerte auch auf dem rechten Ufer besichtigte, so blieb die linksufrige Stadt das Paris, in dem ich vorhatte, von 1940 an zu leben – ich hatte beschlossen, mich mit fünfunddreißig Jahren von der Psychologie abzuwenden und nur noch zu schreiben. Im Juni 1934 war es sechs Jahre zu früh, ich kam, um an einem von deutschen Emigranten im Auftrag der Komintern gegründeten »Institut zum Studium des Faschismus«, INFA genannt, als »ideologischer« Leiter mitzuarbeiten.

Die jungen Leute, die mich an der Gare de l'Est erwarteten, waren zumeist Berliner, manche von ihnen kannte ich von meinen Kursen her. Sie brachten mich zuerst in ein Café, wo wir sogleich ein Gespräch begannen, das nicht »ordentlich« werden wollte. Sie wünschten zuviel auf einmal zu erfahren und drängten darauf, meine Meinung über die Lage im Reich zu kennen, mein Urteil über die nahe Vergangenheit, die Gegenwart und über die Dinge, die da kommen sollten. Das Gespräch wurde so fahrig, daß man denken mochte, ihm wäre eine zu kurze Dauer bemessen und jeder von uns müßte nachher eiligst seines Weges gehen, um nicht einen letzten Zug zu versäumen.

Erst gegen Mitternacht brachten sie mich ins Hotel. Einer von ihnen, ein sehr gut aussehender junger Mann, begleitete mich mit meinem Gepäck ins Zimmer und betrachtete mich sodann, als ich ihm danken wollte, mit so gespannter Aufmerksamkeit, daß ich zögerte und schließlich verstummte. Er fragte stammelnd, ob ich ihn nicht erkennte. Ich versuchte, mich dessen zu entsinnen, wann und wo ich ihn vorher gesehen haben mochte. Da verzogen sich seine Lippen zu dem gleichsam gestotterten Lächeln, das bei Kleinkindern durch eine enttäuschte Erwartung hervorgerufen und zumeist von Tränen weggewischt wird. In diesem Augenblick erkannte ich ihn: Er war der Jugendliche, der dem offenen Lastwagen nachgelaufen war, auf dem Polizei und SA mich zusammen mit anderen Bewohnern der Roten Künstlerkolonie fünfzehn Monate vorher abgeführt hatten. An ihn, seine Gesten und an die Tränen auf seinen Wangen hatte ich seither immer wieder zurückdenken müssen, und nun hatten wir stundenlang am gleichen Tisch gesessen und ich hatte ihn nicht erkannt. Ich versicherte ihm, daß ich seine so kühne Bekundung von Solidarität und Mitgefühl keineswegs vergessen hatte und daß die Erinnerung an sie, also an ihn, mich gewiß bis an mein Lebensende begleiten würde. Er unterbrach mich: »Ja, ich weiß, es war eher dumm als kühn gewesen. Es hat dir natürlich nichts genützt, nicht damals und nicht später. Aber es war so grauenhaft, daß ich irgend etwas tun mußte, nur damit du wissen sollst, daß . . .«

Ich fand nicht das rechte Wort; meinen Dank zu wiederholen wäre töricht gewesen. So ging ich mit ihm noch einmal hinunter, wir setzten uns auf die Terrasse der Capoulade, eines Studentencafés, das noch nicht geschlossen hatte. Er informierte mich über sein Leben: Er war kein Emigrant, denn er war nicht kompromittiert; er hatte einen Paß und konnte jederzeit zu seinen Eltern nach Berlin zurück. Man nannte ihn hier Bertold, nur zwei Leute kannten seinen wirklichen Namen. Er wollte in Paris bleiben, wenn er da etwas Wirksames gegen die Nazis tun konnte, sonst würde er zurückgehen und im Untergrund Gefährten und Aufgaben suchen.

Ich traf ihn noch häufig, bis er im Spätherbst oder Winter heimfuhr. Seither habe ich von ihm nichts mehr gehört und habe auch nach dem Kriege nirgends seine Spur entdeckt. Was immer er seither getan oder unterlassen haben mag, in meinem Leben hat er – während der schlimmsten Jahre – eine bedeutende Rolle gespielt: Bertold wurde zur Inkarnation des Deutschen, dessenthalben ich mich stets geweigert habe, an eine Kollektivschuld des deutschen Volkes zu glauben. In einer sozusagen filmischen Symbolik wurde er für mich eine Gallionsfigur: Die Tränen auf den Wangen des jungen Menschen mahnten mich, nie das andere Deutschland zu vergessen – selbst in jenen Stunden nicht, da meinesgleichen in Gedanken an Deutschland wie in einem Meer von Bitternis zu ertrinken drohte, manchmal darin zu ertrinken wünschte.

Ein Spaziergang von fünfzehn Minuten bringt mich zur Rue des Fossés St. Bernard, bis in den Hof des Hauses 22, auf den die Fenster der INFA blickten. Das Institut zum Studium des Faschismus war in einer mittelständischen Wohnung untergebracht – in allen Räumen gab es Kamine mit Marmorgesimsen, über denen große Spiegel jedem das eigene Bild mit goldener Randverzierung präsentierten. So wurde man sich selbst unvermeidbar und war geschmeichelt oder enttäuscht; am Ende fand sich wohl jeder mit seinem Äußern recht zufrieden ab.

Der Weg, der mich zu jener Straße führt oder zur Rue Buffon, wohin das Institut im Winter übersiedelte, erzeugt assoziative Erinnerungen, selbst wenn ich sie keineswegs suche. Hier wie sonst nur im engern Stadtbilde Wiens »erheben sich die Pflastersteine zu Denkmälern eines verflossenen Lebens, werden Pflastersteine, Parkbänke, Tramhaltestellen zu Anlässen fast endloser Erinnerungsketten, mit denen die Vergangenheit einen wieder einfängt«.

In der Tat hat sich dieses Viertel im Verlaufe der vierzig Jahre nur wenig verändert. Und selbst manch kleiner Laden, unansehnlich und vielleicht nur scheinbar von allen Käufern vergessen, hat seinen Platz bewahrt. Die verflossenen Jahrzehnte haben die ältere Frau nicht verändert – sie ist wohl die Enkelin der nicht mehr jungen, verwitweten oder geschiedenen Frau, die ich an einem Junimorgen 1934 nach dem kürzesten Weg zur Rue des Fossés St. Bernard gefragt hatte. Ehe sie mir die nicht ganz richtige Auskunft gab, maß mich ihr Blick mit jener seltsamen Mischung von Mißtrauen und Erwartung, mit der Großstädter abwehrend und dennoch neugierig auf die Annäherung eines Fremden reagieren.

Auch der kleine Laden mit den verschiedensprachigen Bibeln in den Schaufenstern hat sich der neuen Zeit bewahrt; und noch immer mache ich vor seinem Schaufenster halt und versuche, die Titel auf den exotischen Ausgaben zu entziffern. Und wie seinerzeit bleibe ich vor Kinos und Kirchen stehen, trete manchmal in St. Etienne du Mont ein und bleibe da einige Minuten sitzen. Das Panthéon, dessen Turmspitze ich von meinem jetzigen Schlafzimmer aus sehe und dessen weiße Säulen mir bei meinen täglichen Spaziergängen im Luxembourg entgegenleuchten, betrachte ich lieber aus der Ferne. In die Bibliothèque St. Geneviève, in der ich während mehrerer Jahre gearbeitet habe, setze ich nie mehr den Fuß. Mir ist da nichts Böses angetan worden, doch meide ich sie, als ob ich so der Erinnerung an das Emigrantendasein auswiche. Jedoch bleibe ich gerne vor dem Haus 69 in der Rue Cardinal Lemoine stehen; es war seinerzeit das Hotel des Sports, in dem ich fast drei Jahre gewohnt habe. Ich habe mein Zimmer beschrieben: »Alles, was sich darin befand, war von bescheidener Häßlichkeit: ein Bett, ein Nachttisch, drei Stühle, ein alter Lehnsessel, ein Kleiderschrank, der schlecht schloß, ein länglicher Spiegel, der boshaft jeden Betrachter noch häßlicher widerspiegelte, als er war. Die Papiertapeten an den Wänden vermittelten die Üppigkeit tropischer Pflanzen mit aufdringlicher Lebhaftigkeit. Im friedfertigsten Bewohner erzeugte ihr Anblick immer wieder das dringende Bedürfnis, mit einem Maschinengewehr Löcher in diese Wände zu schießen. Aber keiner tat das, man tötet die Häßlichkeit nicht.«

Das Hotel lag sehr günstig, nur wenige Minuten von der INFA entfernt; deshalb wohnten da auch viele Mitarbeiter des Instituts. Sie sparten das Fahrgeld, überdies konnten sie einigemal am Tag einen Sprung ins Hotel machen, um festzustellen, ob Post für sie gekommen war, besonders die erwartete Geldsendung, mit der sie die rückständige Miete bezahlen mußten. Doch ließ das Geld zumeist zu lange auf sich warten, die Hotelbesitzerin mußte mehr Großmut und Langmut aufbringen, als man, sagte sie, von irgendeinem Menschen, selbst von einer Heiligen verlangen dürfte; sie aber war keine Heilige.

Die etwa fünf oder sechs Zimmer der INFA waren in schlecht möblierte Büros verwandelt worden, in denen die Genossen, mit seltenen Ausnahmen junge Menschen, lasen, diktierten, schrieben. Aus allen Räumen klang das Klappern der Schreibmaschinen, das die Stimmen der Diskutierenden nicht übertönte. Unbeachtet ging ich aus einem Zimmer ins andere, ich kannte keine der Frauen und hatte nur zwei der Männer irgendeinmal in Berlin gesehen. Einer von ihnen begrüßte mich sehr herzlich und führte mich in sein Büro. Nicht nur er, alle wären froh, daß ich endlich da war – man hätte mich etwas früher erwartet. Wir könnten nun ungestört sprechen, das Zimmer war sein Büro und fortab auch das meine. »Hier heiße ich Peter«, fügte er hinzu. »Wie willst du dich nennen?« Ich nannte, ohne zu zögern, den Namen Paul – nicht weil ich ihn schon früher benutzt hatte, sondern einerseits weil die ärmliche Silbe mir so gar nicht gefiel, andererseits weil Paul als französisch, deutsch und englisch gelten konnte. Manche, die seit langem wußten, wie ich hieß, nannten mich in Paris Paul; ich gewöhnte mich schnell daran, es amüsierte mich, einen Namen zu tragen, den ich nicht mochte. Es paßte zu dem Leben in der Fremde, zu meinem häßlichen Hotelzimmer und der so schlecht verhohlenen Schäbigkeit aller Dinge, die sich darin befanden.

Peter oder Pierre Merin war in der Tat der Jugoslawe Otto Bihaly, der lange in Berlin gelebt hatte und in linken intellektuellen Kreisen wohlangesehen war. Er hatte in mehreren Arbeiten ästhetische Probleme mit Empfindsamkeit und Sachverstand behandelt. Sehr gewandt im Umgang mit Fremden wie mit Freunden, in der Tat ein seiner Wirkung bewußter Charmeur, nahm er jeden für sich ein, weil er seinerseits sich zu geben, ja zu verschwenden schien. Auch mir gefiel er in diesem ersten, langen Gespräch sehr gut; übrigens habe ich für ihn, den ich einige Monate später aus den Augen verlor und sodann erst nach einem Vierteljahrhundert, im Jahre 1960, in seiner Heimat wiedersah, das gleiche Gefühl bewahrt. Seine Studien über die naive Malerei, wie er sie vor allem in Jugoslawien entdeckt und umsichtig gefördert hat, sind höchst schätzenswert, ihr bedeutender Erfolg durchaus begründet.

Gleich nach der ersten Besprechung drängte sich mir die Vermutung auf, daß er fast unabsichtlich und dennoch methodisch den Eindruck zu erwecken suchte, daß hinter den Dingen, die er mit scharmanter Bescheidenheit vorbrachte, weit mehr steckte, als er sagen durfte, ohne wohlbehütete Geheimnisse preiszugeben. Es konnte Plusmacherei sein, eine Taktik, die ein Engländer witzig als »Upman-ploy« beschrieben hat. Peter war indes kein aggressiver, sondern ein gutmeinender, sanfter Plusmacher. Und er war es vielleicht nur in jener besonderen Situation, unter dem Einfluß einer Parteipolitik, die ihren Propagandisten auftrug, die tragisch begründete Klage über wehrlos erlittene, grausame Verfolgungen mit Hinweisen auf die eigene, unbesiegliche Kraft zu verzieren. (Man weiß heute besser als damals, daß sich in der totalitären Propaganda Verfolgungswahn und Verfolgungssucht vermischen, und dies gleichviel ob diese Parteien noch um die Macht kämpfen müssen oder sie bereits hemmungslos ausüben können.)

Peter und ich sprachen über die Parteilinie, als ob sie keineswegs in Frage gestellt werden könnte. Wir dachten an die Leiden und Gefahren, denen die Nazigegner im Dritten Reich ausgesetzt waren, und stimmten beide darin überein, daß ernste Studien über alle Spielarten des Faschismus und eine auf sachlichem Wissen beruhende Aufklärung über dessen Ursache, Wesen und Wirkung notwendiger waren als je. Nun, das war eben die Aufgabe dieses Instituts.

Wir besprachen eingehend die Arbeitsteilung, die Pläne zur Schaffung von Forschungsgemeinschaften und zur Gestaltung der mehrsprachigen Zeitschrift, deren erste Nummer bereits in Vorbereitung war. Man kam uns holen, denn in der großen Küche wurde das Essen ausgeteilt: Sandwiches aus langem, weißem Brot, das die Pariser »Flöte« nennen. Man hatte Anrecht auf einen Sandwich mit Leberpastete und einen mit Käsebelag. Dazu trank man den »gros rouge«, einen roten Wein, der billiger war als Limonade, und nachher Kaffee. Man aß sitzend, stehend oder auf- und abgehend. Mir gefiel diese Stimmung, sie erinnerte mich an die Jugendbewegung, an das Gruppenleben auf großen Wanderungen, an jene Eintracht, die die Gemüter befriedet und selbst durch Meinungsverschiedenheiten und laute Diskussionen nicht gestört wird. Ich kam mit vielen ins Gespräch; selbst jenen, denen ich zum ersten Mal begegnete, fühlte ich mich nahe wie seinerzeit den Kameraden im jüdischen Jugendverband Haschomer Hatzaïr.

Die meisten stammten aus Deutschland, einige aus Österreich, aus Polen und nicht wenige aus dem Balkan und aus Italien. Man hörte nur wenig Französisch, fast alle sprachen deutsch. Es gab Zeitungen aus allen Diktaturländern, aber das Dritte Reich stand im Mittelpunkt all unserer Erörterungen und der geplanten Studien. Ich las regelmäßig den ›Völkischen Beobachter‹, den ›Angriff‹, den ›Stürmer‹ und jene Zeitschriften, die das Denken der deutschen gebildeten Stände formen und widerspiegeln sollten. Übrigens blieb ich ein Leser der Nazipresse noch lange, nachdem die INFA liquidiert worden war. Der Widerwille, den sie in mir stetig nährte, minderte keineswegs meine Lernfähigkeit. Die Presse bot mir sozusagen öffentliche Privatissima in Individual- und Massenpsychologie, dank denen ich nicht nur das Übermaß sowie die Grenzen der tyrannischen Macht, sondern auch die seltsame, nicht nur erzwungene Komplizität der Beherrschten, der bedingungslos Unterworfenen zu ermessen lernte. Besser als irgendein anderes Deutungssystem half mir Alfred Adlers Lehre, die *Psychologik der Macht*, sowohl der angestrebten wie der durch die Schreckensherrschaft ausgeübten Macht, zu erfassen.

Als Hitler am 30. Juni 1934 den Chef der SA, den Hauptmann Röhm, und seine Gefährten tückisch umbringen ließ und überdies eine Anzahl von politischen und militärischen Persönlichkeiten »liquidierte«, versuchten wir, diese Gangster-Morde zu deuten und ihre Folgen für die unmittelbare und fernere Zukunft des Naziregimes vorauszusehen.

Ich übernahm es, in einem ausführlichen Referat diese überraschenden Ereignisse zu analysieren; es war mein erster öffentlicher Auftritt in Paris. Ich weiß nicht mehr, was ich im einzelnen während der etwa neunzig Minuten ausgeführt haben mag. Entgegen der durch das ungeheuerliche Geschehen neu entfachten, maßlosen Hoffnung auf ein unmittelbar bevorstehendes Ende des Regimes, vertrat ich die Auffassung, daß die Vertilgung der SA-Führer bei ihren Truppen gewiß bittere Enttäuschung und vereinzelt auch grimmige Empörung hervorrufen müßte. Jedoch wäre es eine gefährliche Illusion, auf eine offene oder geheime Revolte der SA gegen Hitler zu rechnen. Seine Position würde im Gegenteil im eigenen Kreis sowie der Rechten, der Armee und selbst dem deutschen Volk gegenüber nach einer schnell überwundenen Erschütterung stärker werden als je zuvor. Die sogenannte zweite Revolution, von der Röhm gesprochen hatte, würde es weder jetzt noch später geben, aber nach dem wohl sehr nahen Ende Hindenburgs würde Hitler ausnahmslos alle Kommandostellen legitim besetzen können. Ich verteidigte diese Auffassung gegen die zahlreichen Einwände, die in der vielstündigen Debatte vorgebracht wurden, ohne auch nur einmal das Beispiel anzuführen, das sich mir in der Diskussion immer wieder aufdrängte und von mir wie mit einem Schreckreflex abgewiesen wurde: Die radikale Ausschaltung der linken Sozialrevolutionäre, der Arbeiter-Opposition, der Trotzkisten und aller anderen Revolutionäre, die sich nicht rechtzeitig und bedingungslos dem Generalsekretär Stalin unterworfen hatten, schien die Kommunistische Partei, respektive ihre Führung gestärkt und keineswegs geschwächt zu haben. Stalins Macht war schrankenlos, unangreifbar.

Erst drei Jahre später sollte ich in meiner ›Analyse der Tyrannis‹ das Prinzip der totalitären Führermacht ausführlicher darlegen, wie es mir im Vortrag über die Röhm-Affäre immer wieder vorgeschwebt hatte – ein Prinzip, das auf Stalin ebenso anzuwenden wie auf Hitler ich mir wortlos und so radikal verbot, wie meine Vorfahren sich etwa das Übertreten ihrer rituellen Tabus verwehrten.

Ich kannte übrigens unter den Genossen niemanden, dem ich diese Erwägungen hätte anvertrauen können; mir selbst überlassen, suchte und fand ich auch deshalb Argumente, die ich nicht nur als ketzerisch und gefährlich, sondern auch als nicht oder falsch begründet verwerfen wollte. Indes gab es in der INFA jemanden, mit dem ich diese gefährlichen Thesen über »die Logik der Macht« hätte aufrichtig erörtern können, doch entdeckte ich das erst zwei Jahre später. Das war Arthur Koestler, dem ich viele Jahre vorher sehr flüchtig in Wien begegnet war und den ich erst später in Berlin kennengelernt hatte.

Wir trafen einander bei einer aus Ungarn stammenden Familie, deren Wohnung am Kurfürstendamm den Freunden ihrer Söhne und der einzigen Tochter immer so offenstand wie ein Wiener Kaffeehaus. Koestler, der an die fünfundzwanzig Jahre alt war, aber noch jünger aussah, hatte gerade einen der vielen Höhepunkte seiner journalistischen Karriere erreicht. Er gehörte zu den leitenden Redakteuren im Hause Ullstein, war maßgebend für das Feuilleton der ›Berliner Zeitung am Mittag‹ (B. Z.) und Chef der wissenschaftlichen Rubrik. In der Tat hatte er guten Grund, auf seine erstaunliche Laufbahn stolz zu sein, die er ausschließlich seiner Begabung verdankte, seinem Einfallsreichtum und seinen erfolgreichen Initiativen.

Er hatte eine knabenhafte Art, seine Erfolge zu rühmen – etwa wie ein Halbwüchsiger, der sich in das Bett einer vielbegehrten Frau hineinschmuggelt oder alle Frauen eines Harems in einer einzigen Nacht verführt und zum Überfluß vergewaltigt hätte. Koestler schien absichtlich Antipathie herauszufordern, sich aufs unangenehmste »unnütz zu machen«, wie der Berliner in solchem Falle sagt. Gewiß begriffen die meisten Stammgäste jener Geschwister, daß sie es da mit einer ungeschickten, überkompensatorischen Selbstinszenierung eines äußerst empfindlichen Menschen zu tun hatten, dessen Spott ihn – so hoffte er – vor jeder Verletzung bewahren würde. Auch wer – wie ich – seinen Witz und seine zynischen Repliken zu schätzen wußte, auch der hatte es oft schwer, ihn ernst zu nehmen und sich mit ihm in eine sachliche Diskussion einzulassen.

Und nun, im Sommer 1934, traf ich ihn wieder; er war ein besonders wichtiger Mitarbeiter der INFA, der er nicht nur seine ungewöhnliche journalistische Begabung zur Verfügung stellte, sondern auch seine Sprachkenntnisse und die Beziehungen, die er einige Zeit vorher als Pariser Ullstein-Korrespondent angeknüpft hatte.

Er war ein Jahr lang durch die Sowjetunion gereist, hatte bei meinem Freund Alex Weißberg gelebt, der in Charkow mit dem Aufbau eines thermodynamischen Instituts beschäftigt war. Ich war begierig auf die Nachrichten von Alex und seiner Frau Eva, überdies wollte ich erfahren, wie sich einem solch scharfen Beobachter die Sowjetunion nunmehr darstellte. Daß er Kommunist geworden war, hatte ich noch in Berlin erfahren – zu meiner Überraschung, denn er schien weder geeignet noch geneigt, sich einer Bewegung auf längere Zeit anzuschließen und damit auf die Rolle eines Zuschauers zu verzichten, der nur mitansehen will, was geschieht, und dann objektiv kommentieren kann, weil er niemand als sich selbst und seiner Einsicht verpflichtet ist.

Als wir nun an diesem Juninachmittag auf der Terrasse eines Passanten-Cafés an der Ecke des Boulevard St. Germain zum ersten Mal allein einander gegenübersaßen, war's mir, als ob das Bild, das ich seit den Berliner Tagen von ihm hatte, sich zwar unerheblich in Einzelheiten, aber im Gesamteindruck wesentlich verändert hatte. Er sprach über Rußland, über Alex, doch viel ausführlicher über sich selbst, über seine persönlichen Erlebnisse in der Emigration, über Enttäuschungen und Schwierigkeiten. Den leisen Unterton einer ungewollten, schwer gestehbaren Wehleidigkeit übertönte in jedem Satz die Selbstironie.

Sein Knabengesicht war unverändert geblieben, doch nun erst bemerkte ich die bald sinnlich auseinanderstrebenden, bald spöttisch oder vergrämt verkniffenen Lippen, deren untere jedesmal bebte, wenn er sich über jemanden besonders aggressiv oder entwertend geäußert hatte. Auch in seinen blauen Augen tauchte der Widerspruch auf: Sie widerspiegelten den Hohn und die Selbstironie und ohne Übergang eine ungewöhnliche Empfindlichkeit, eine Angst vor Täuschung und Enttäuschung, die Furcht, daß ein Schmerz, dessen man sich nicht versehen kann, die Kraft, ihn zu ertragen, vernichten könnte. In zwei Bänden seiner Autobiographie, in ›Arrow in the Blue‹ (1952) und ›The Invisible Writing‹ (1954) hat Arthur die Wurzel seiner Widersprüche aufgedeckt und das durch sie bedingte Widerspiel analysiert, in dem er seit frühen Jahren seine Beziehung zu sich selbst und zur Umwelt zu dramatisieren gewohnt ist.

An jenem Nachmittag faßte ich ein großes Zutrauen zu Koestler, denn da er nun wenigstens während einer Stunde auf Selbstinszenierung verzichtet hatte, wurde sein Wesen unverstellt sichtbar und mit ihm sein Streben nach innerer Wahrhaftigkeit, um den ihm fremden, doch schwer ersetzbaren

Ausdruck anzuwenden, der für die Jugendbewegung einst so viel bedeutet hat.

Seine in der Tat sehr schwierige materielle Lage besserte sich bald danach, auch andere Probleme fanden eine adäquate Lösung. Er schrieb eine Artikelserie über das ›Unterirdische Deutschland‹, die von der vielgelesenen Zeitung ›L'Intransigeant‹ mit großem Erfolg veröffentlicht wurde, andere Arbeiten folgten. Im wesentlichen wollte Koestler sich der Sache der Partei, dem antifaschistischen Kampfe widmen. Das änderte sich auch nicht, als er sich zusammen mit Peter von der INFA trennte.

Es nahte der Hochsommer, die Tätigkeit des Instituts sollte bis September sehr verlangsamt werden, so sandte man mich nach London, wo ich mit kommunistischen und sympathisierenden Intellektuellen Kontakte herstellen und Mitarbeiter für die kommenden Publikationen werben sollte. Die Engländer, die ich bei dieser Gelegenheit kennenlernte: Gewerkschaftler, Schriftsteller und Wissenschaftler, die fast alle insgeheim der Kommunistischen Partei angehörten, gefielen mir sehr gut, doch entdeckte ich zu meiner Überraschung, wie verschieden sie von denen des Kontinents sein konnten. Einerseits schienen viele von ihnen gar nicht davon überzeugt zu sein, daß der Zweck die Mittel in jedem Fall rechtfertige. Andererseits zeigten sich die meisten meiner Gesprächspartner nicht etwa unwillig, sondern unfähig, für wahr zu halten, was wir ihnen über die Gestapo und die Konzentrationslager erzählten. Und dies, obschon gerade in jenen Tagen auch die bürgerliche Weltpresse voll war von Berichten über den Naziputsch und die Ermordung des Bundeskanzlers Dollfuß in Wien. Wenige Wochen vorher hatte bereits die Röhm-Affäre selbst die Gleichgültigen aufgerüttelt und erregt.

Da die Kontakte, die ich in London herstellte, zwar nicht unnütz waren, aber für die INFA keine große Bedeutung haben konnten, kam ich früher als vorgesehen nach Paris zurück. Ich war glücklich, diese Stadt und in ihr die alten und die vielen neuen Freunde wiederzufinden. Überdies erwartete mich eine Überraschung; der Verlag NRF-Gallimard, bei dem ich vor meiner Abreise nach London das etwa 550seitige Manuskript meiner ›Sozialcharakterologie‹ eingereicht hatte, informierte mich, daß er das Buch annahm und es recht bald französisch veröffentlichen wollte.

NRF – diese drei Buchstaben bezeichneten die knapp vor dem Ersten Weltkrieg gegründete ›Nouvelle Revue Française‹, eine im wesentlichen literarische Zeitschrift, die in den zwanziger und dreißiger Jahren eine ungewöhnliche Bedeutung überall dort erlangte, wo man Französisch las. André Gide, einer ihrer Gründer und Inspiratoren, stand damals im Mittelpunkt des intellektuellen Lebens. Seine fortlaufend veröffentlichten Tagebücher, seine vom Publikum vorher wenig beachteten frühen Werke fanden einen starken Widerhall; sie und noch mehr seine neueren Bücher wurden von katholischen Polemikern als willkürlich gezielte Herausforderung bekämpft, als Dokumente moralischer und geistiger Verderbnis gebrandmarkt. Gide war der Sohn und materiell sorgenfreie Erbe einer streng protestantischen Familie; er bekannte sich in seinen autobiographischen Schriften und in seinen Tagebüchern zur Glaubenslosigkeit und gab Einblick in das Liebesleben eines Päderasten. Mit seiner Lebensphilosophie wie mit seinen literarischen Arbeiten, die für eine ganze Generation maßgebend wurden, ebnete er den Weg zu einer unbürgerlichen Ästhetik – dies mit Berufung auf Racine so gut wie als Vertreter eines Nietzscheschen Immoralismus und einer neuen, gleichsam nüchternen Empfindsamkeit, der das bürgerliche Bedürfnis nach Zierat und Künstlichkeit fremd und verächtlich geworden war. Von Gide und dessen Freunden gestützt und beraten, wurde Gaston Gallimard ein vorbildlicher Verleger und der Verlag NRF der interessanteste Frankreichs, wahrscheinlich sogar Europas.

Zu den zahlreichen Mitarbeitern der Zeitschrift und den vortrefflichen Autoren, mit denen Gallimard sich umgab, gehörte ein deutscher Historiker und Philosoph, der in Deutschland selbst wenig bekannte Bernhard Groethuysen. Er befand sich in Frankreich, als der Erste Weltkrieg ausbrach, wurde als Feindstaat-Angehöriger interniert und schließlich in eine Provinzstadt verwiesen. So lebte er sich in dem fremden Lande so gut ein, daß er sich schließlich einige Zeit nach Kriegsende in Paris ganz niederließ. Während langer Jahre und bis zu seinem Tode war er für die NRF weit mehr als ein Berater in Fragen, die die deutsche Literatur, Philosophie und Psychologie betrafen; allmählich wurde er der Sokrates dieses anspruchsvollen Kreises. Dazu paßte recht gut, daß er in der Mitte so vieler emsig schreibender Leute selbst nur wenig schrieb und noch weniger veröffentlichte. Er war mit der Vorbereitung eines sozialhistorischen Werkes beschäftigt, das, wiederholten seine Bewunderer oft und gerne, von unübertrefflicher Bedeutung und nachhaltigster Wirkung sein würde.

Groeth – so nannte man ihn in der NRF mit Respekt und Sympathie – war ein Mann von stattlicher Erscheinung, zu dieser paßte die ruhige, selbstsichere Art seiner Rede und der sie begleitenden Gebärden; auffällig war an ihm nur sein graumelierter Bart, da man ja weit und breit keinen andern sah. Er rauchte ununterbrochen, nach Pariser Manier nahm er die Zigarette erst aus dem Mund, wenn sie bis zu einem winzigen feuchten Stummel ausgeraucht war. Die Asche, die er somit niemals abstreifte, fiel auf seinen Bart, verstreute sich bald auf die eine, bald auf die andere Achsel, weil er im Sprechen den Kopf häufig in eine langsame Pendelbewegung brachte. Wir trafen einander bis zum Kriegsausbruch recht oft; ich holte ihn aus dem Verlag in ein nahe gelegenes kleines Bistro, wo wir gewöhnlich lange sitzen blieben. Ich sprach gerne mit ihm und hörte ihm ebenso gerne zu, aber während der allerersten Gespräche konnte ich mich nicht enthalten, in kindlicher Spannung auf den Aschenregen zu achten, der allmählich den Bart vollends ergrauen ließ.

Bei der ersten Begegnung sprach mir Groethuysen mit Kompetenz und Wohlwollen von meinem Manuskript; sein Lob tat mir gut, denn er war außerhalb meines engsten Freundeskreises dessen erster Leser. Ehe ich ihn verließ, stellte er mir Brice Parain vor, der mit mir die Einzelheiten des Vertrags besprach. Parain mochte ein Bauernsohn sein, der aus einem der spärlich bewohnten Dörfer Mittelfrankreichs in die Stadt gekommen war, um alles zu lernen, alles zu erfahren. Ein Mann von Geist und Charakter, folgte er in allem seinem eigenen Weg: als Slawist und Rußland-Kenner war er in offizieller Mission nach Rußland gegangen, weil er ein begeisterter Kommunist war. Doch lernte er schnell aus enttäuschenden Erfahrungen und wandte sich frühzeitig ab. Ein Linguist und Semantiker zu einer Zeit, als nur wenige Leser sich für die jetzt bis zum Überdruß modisch gewordene Disziplin interessierten, schrieb er einige Bücher von Bedeutung, die nur wenige Leser fanden. Zum Unterschied von Groeth, der sich, nicht zuletzt unter dem Einfluß seiner russischen Frau, dem Kommunismus zuwandte und kritische Äußerungen über die Sowjetunion bis zuletzt vermied, war Brice Parain ein nüchterner, entschiedener, doch zumeist schweigsamer Gegner der kommunistischen Ideologie geworden. Wir sprachen selten und wenig miteinander; oft genug erschien er mir wie ein Mensch, der verstummen und vereinsamen muß, weil man ihn mit der Wahrheit, die man nicht kennen will, allein läßt. Ich habe ihn somit in der Tat wenig gekannt, erst kurz vor dem Tode ergab sich eine besondere Gelegenheit, sein Gesicht näher zu betrachten: als Großaufnahme in einem Film von Godard, der ihn in den Mittelpunkt einer Szene stellte, die in einem Pariser Bistro spielte. Das vergrößerte Antlitz auf der Leinwand war zu einer kuriosen Landschaft geworden, in der die Falten schmalen, aus der Ferne erspähten Bergtälern glichen, in die nie ein Sonnenstrahl dringt.

Als ich in den Verlag kam, um den Vertrag zu unterzeichnen, teilte mir Groeth mit, daß André Malraux wünschte, mich kennenzulernen, und mich zum Tee erwartete; er wohnte gerade um die Ecke. Ich verstand, daß Groeth ihm von mir und meinem Manuskript gesprochen und so die Neugier des Dichters hervorgerufen hatte. Ich hatte Malraux' ›Condition humaine‹ trotz einer wenig gelungenen Übersetzung mit Begeisterung gelesen. Wie so viele Leser und Kritiker in der ganzen Welt, glaubte ich, aus der Handlung dieses Romans schließen zu können, daß der Autor selbst ein tätiger Zeuge der Ereignisse im revolutionären China gewesen war. So begab ich mich in einer geradezu adoleszent-freudigen Erwartung in die ganz nahe Rue du Bac, wo ich nicht nur einen bedeutenden Dichter kennenlernen, sondern die Gelegenheit ausnutzen wollte, von einem Chinakämpfer Näheres über manche Phasen jener Revolution zu erfahren, deren Sieg uns während einiger Jahre als gewiß erschienen war und deren Niederlage uns daher so unbegreiflich blieb wie ein besonders verworrener Alptraum.

Der noch nicht ganz dreiunddreißigjährige André Malraux hatte zehn Monate vorher den berühmtesten und einträglichsten aller französischen Literaturpreise, den Prix Goncourt, für die ›Condition humaine‹ erhalten. Viele Laureaten des Preises, die diese Auszeichnung nicht nur als Triumph, sondern als Gewähr für kommende Erfolge ausgekostet hatten, fielen eine Saison später in die Lage jener Schriftsteller zurück, an die man sich nur erinnert, wenn sie ein neues Buch veröffentlichen. Der am Fuße des Montmartre geborene André Malraux war jedoch schon Jahre vorher bekannt geworden, und dies nicht nur durch seine frühen Artikel und Schriften und nicht nur durch einen Prozeß, der ihm im Zusammenhang mit seinen Ausgrabungen in Indochina angehängt wurde, sondern durch die überraschende, ja faszinierende Wirkung seines Feuergeistes und durch die extreme Intensität, mit der er alles zu empfinden, wahrzunehmen schien und in frappanten Sätzen wie Raketen aufleuchten ließ: kondensierte Schlußfolgerungen aus Gedankengängen, die der Gesprächspartner nur vermuten konnte, da Malraux, anstatt sie darzulegen, bereits anderen Schlußfolgerungen zueilte. Der Zuhörer mußte stets wie ein »Haftelmacher« aufpassen, denn Malraux sprach mit einer atemberaubenden Schnelligkeit zu viel und undeutlich. Ein Läufer, der sich selbst zu überholen sucht, machte er selten halt. In den Tagebüchern, Erinnerungen und Artikeln all jener, die ihm je begegnet sind, findet man das Staunen wieder, das er beinahe stets hervorrief, und die Bewunderung, die dieser Zauberer in ihnen erweckte, doch viel seltener den Widerstand, mit dem sich die Bestrickten von der gar zu eindringlichen, ja vehementen Faszination nachher zu befreien suchten.

Schlank, groß gewachsen, hellbraunes Haar, eine breite Strähne wie ein Rufzeichen in der Mitte der Stirn, welche an die der romantischen Dichter der ersten Hälfte des 19. Jahrhunderts erinnert. Das längliche Gesicht mit den schnell bewegten, einen Augenblick lang nervös entstellten Zügen, ändert im Verlaufe des Gesprächs sein Alter: Zuweilen ist es das Antlitz eines hypersensiblen Jünglings, zuweilen läßt es die durch das noch ferne Alter degradierten Züge ahnen. Die großen, grünlichgrauen Augen passen bald zur romantischen Stirn, bald zur Beredtheit eines Intellektuellen, der souverän über seine Mittel verfügt und mit scharfem Blick ihre Wirkung genau ermißt.

Im mittelgroßen Raum, der gleichzeitig Salon und Speisezimmer war, saßen wir zu dritt um den runden Tisch, Clara Malraux zwischen ihrem Mann und mir. Sie übersetzte, was er und ich sagten, sprachlich und intellektuell so meisterhaft, daß wir bald vergaßen, daß unser Gespräch in zwei Sprachen geführt wurde. Malraux hätte mich über mancherlei, etwa über meine Person oder meine Arbeit ausfragen können, doch kaum hatte ich mich gesetzt, wollte er wissen, wie ich als Psychologe und Marxist die sterilisierende Wirkung erklärte, die der Faschismus ohne Zweifel auf das künstlerische Schaffen ausübte. In Wahrheit überraschte mich diese abrupte Interpellation nicht – erstens, weil sie so gut zu ihm paßte, und zweitens, weil ich merkte, ich weiß nicht woran, daß er sie wohl vorbereitet hatte. Meine Antwort dürfte, gelinde gesagt, überaus vorhersehbar gewesen sein. Sie schien jedoch auszureichen, um ein Gespräch anzuregen, das wir durch Jahrzehnte fortsetzen sollten. Was er an jenem Nachmittag zumeist monologisch darlegte, war wesentlich, in Ansätzen ein Stück jener Kunstphilosophie, die er später in mehreren Werken entwickeln sollte.

Als ich, einige Jahre vorher, meine kritische Stellung zu Freuds Arbeiten über Kunst und Literatur formulierte, drückte ich den Verdacht aus, daß die Psychologie zwar vielerlei zum Verständnis des Künstlers, aber fast nichts zur richtigen Einschätzung seiner Kunst und nur Unerhebliches zur Erklärung des künstlerischen Schaffens beitragen könnte. Auch deshalb nahm ich Malraux' brillante Formulierungen mit der gleichen Aufmerksamkeit auf, mit der ich ein Jahrzehnt vorher Adlers Analysen neurotischer Fälle gelauscht hatte; und mit der gleichen Gewißheit, einem genialen Menschen gegenüberzusitzen, der meine Begier, zu erkennen und zu verstehen, gleichermaßen steigerte und befriedigte.

Als ich im Verlaufe dieses ersten, ausgedehnten Gesprächs Malraux einige präzise Fragen über bestimmte Phasen der chinesischen Revolution stellte, erwiderte er zwar mit frappanten Sätzen, ohne indes irgend etwas vorzubringen, das mir unbekannt war oder auf unmittelbar an Ort und Stelle gewonnenen Erfahrungen beruhen mußte. Da ich gelesen hatte, daß er eine Zeitlang der Propaganda-Chef der Kuomintang gewesen war – und das erschien mir fabulös –, wollte ich schließlich auch wissen, wo er Chinesisch gelernt hatte. Seine chinesischen Sprachkenntnisse wären nur pragmatisch, nicht theoretisch, nicht grammatikalisch, gestand er, und fügte mit bescheidenem Stolz hinzu: »Genauso wie das Arabisch von T. E. Lawrence.«

Ich dankte Clara, ohne deren Übersetzungskunst das Gespräch nicht möglich gewesen wäre, und sprach den Wunsch aus, sie und ihren Mann oft wiederzusehen. Es war für Malraux gewiß nichts Ungewohntes mehr, im Gesicht eines Fremden, der ihn aufsuchte, Zeichen der Verehrung, der Verwunderung und Bewunderung zu entdecken. Nur die Unzulänglichkeit meines Französisch hinderte mich, ihm meinerseits solche Gefühle auszudrücken. Es war allerdings gar nicht nötig, auch wortlos waren sie wohl deutlich genug.

Wir sahen einander oft, immer öfter, in den ersten Jahren zumeist in Gegenwart Claras in ihrer Wohnung, wo antifaschistische Emigranten, insbesondere Italiener, aber auch Deutsche stets willkommen waren. Damals wurde Malraux der Saint-Just des Antifaschismus, die jungen Intellektuellen sahen in ihm ihren vorbildlichen Repräsentanten, den Chorführer, den Protagonisten. In seiner eigenartigen Rhetorik wechselten ironische

Herausforderungen an den Feind mit Anklagen und Klagen über Unrecht und Verfolgung ab, metaphysische Aphorismen und aggressive Beschwörungen folgten einander ohne vermittelnden Übergang und hielten die Hörerschaft in Bann, auch wenn ihr manche Worte, Satzteile und Gedanken entgingen oder unverständlich blieben.

Unter dem Einfluß Malraux', der selbst nie in die KP eingetreten ist, haben viele junge und ältere Intellektuelle den Weg zum Kommunismus eingeschlagen. Für viele war auch André Gides Stellungnahme zugunsten der Sowjetunion eine Gewähr dafür, daß dieser Weg der richtige war – jedenfalls bis zu seiner desillusionierenden Reise durch Rußland und der daraufhin unvermeidlich gewordenen Abwendung vom Kommunismus. Den gläubigen Katholiken und bürgerlichen Schriftsteller François Mauriac zog es in den stets überfüllten großen Saal der Mutualité (im Quartier Latin), um sarkastisch amüsiert, aber oft genug auch tief beeindruckt Gide als Versammlungsleiter walten zu sehen und Malraux' Inkantationen mit Skepsis, doch nicht ohne Bewunderung zu lauschen.

Damals setzte zögernd und noch recht undeutlich die Wendung der kommunistischen Politik ein: Die Sozialisten waren nicht mehr unbedingt die Hauptfeinde, bald darauf nicht einmal Nebenfeinde; die sogenannte *formelle Freiheit* wurde nicht mehr verspottet und als ein ganz besonders gefährlicher Schwindel, als eine Bewußtseinsvernebelung enthüllt; die demokratischen Regime hörten auf, als verhüllte und daher um so gefährlichere Varianten des Faschismus täglich entlarvt zu werden; die ›Marseillaise‹ wurde nicht mehr höhnisch niedergepfiffen, sondern unmittelbar vor oder nach der ›Internationale‹ mit übertriebenem Enthusiasmus gesungen. Einige Zeit danach hörte man auf, die nationale Armee als hassenswert und zugleich als lächerlich zu karikieren, die Kommunisten wurden auf Stalins Befehl die entschiedensten, ja chauvinistischsten Patrioten Frankreichs, bedingungslose Anhänger der Demokratie, wie sie in den fortgeschrittensten kapitalistischen Staaten existierte. Mit schmerzlichem Bedauern mußten wir immer daran denken, daß diese neue Politik Hitlers Triumph und alles Unglück, das noch drohte, hätte verhindern können, wenn die Komintern, das heißt Stalin, der KPD nicht eine diametral entgegengesetzte Strategie anbefohlen hätte.

Diese Wendung, die erst später auf dem VII. Kongreß der

Komintern durch die Proklamation der Volksfront-Politik für alle Kommunisten vorbildlich wurde, erlöste viele Mitglieder von der innern Zwietracht, in der jeder sich selber unerträglich wurde, sooft er öffentlich für eine Generallinie, für eine paranoische Taktik eintreten mußte, die er insgeheim für verkehrt und gefährlich hielt. Endlich konnte man wieder mit sich selber im Einklang sein.

Diese Wandlung verbesserte übrigens auch die Aussicht der INFA, auf Kreise einzuwirken, die man bis dahin gemieden hatte. Wurde unsere Bereitschaft, mit allen Demokraten zusammenzugehen, wirklich glaubwürdig, so konnte das zuerst neblige Projekt einer internationalen Ausstellung zur Aufklärung über den Faschismus nun mühelos in Angriff genommen werden. Vom späten Herbst an betrachteten wir die Realisierung dieses Plans als unsere vordringlichste Aufgabe. Persönliche Auseinandersetzungen, hinter denen Arthur Koestler wohl mit Recht eine rücksichtslos betriebene Intrige des die INFA überwachenden Komintern-Delegierten vermutete, hatten zur Folge, daß er selbst und Peter und mit ihnen einige andere sehr gute Genossen das Institut verließen. Andererseits strömten jedoch immer neue Mitarbeiter hinzu, manche von ihnen kamen aus faschistischen Zuchthäusern und Konzlagern. Ihr elender Zustand schwächte nicht im mindesten ihren Willen ab, auch unter materiellen Bedingungen mitzumachen, welche sich von Tag zu Tag verschlechterten. Der erwähnte »Delegierte«, ein Funktionär der Komintern, erhielt, sagte man, sein Gehalt regelmäßig, doch die für die INFA zugesagte monatliche Subvention ließ auf sich lange warten und traf manchen Monat überhaupt nicht ein.

Nach dem Attentat in Marseille, dem am 9. Oktober 1934 König Alexander von Jugoslawien und der Außenminister Barthou zum Opfer fielen, machte die Pariser Polizei auf Fremde ebenso unermüdlich wie nutzlos Jagd. Wurde ein sichtbar mittelloser Fremder angehalten, so mußte er neben seinen Ausweispapieren zumindest 20 Francs – damals etwa DM 3.50 – vorzeigen, andernfalls konnte er wegen Vagabondage festgenommen und ausgewiesen werden. Nicht wenige unserer Mitarbeiter verfügten gewöhnlich nicht über diese Summe, sie blieben tagelang fast ganz ohne Geld. So kriegte jeder von ihnen, ehe er auf die Straße ging, 20 Francs ausgehändigt, die er dann wieder im Büro ablieferte, damit sie einem andern als Weggeld dienten. Wir lachten darüber, aber es erheiterte uns keineswegs. Und jeden Tag aufs neue erhob sich das schwierige Problem, wie man all diese jungen Menschen ernähren sollte. Einmal ergatterte eine Freundin, die bei sehr reichen Leuten angestellt war, deren gesamte Jagdbeute an Hasen für uns. Ein köstlicher Schmaus während der ersten zwei, drei Mahlzeiten, ein gutes Essen nachher, schließlich aber konnte keine noch so überraschende kulinarische Metamorphose dieser Tiere die Leute vor dem Überdruß bewahren, so daß sie es vorzogen, lieber hungrig zu Bett zu gehen.

Ich selber wurde von meinem Freund Beno unterstützt, sooft er vermuten mußte, daß ich es nötig hatte. Überdies gab es wohlhabende Leute, die nach wie vor unbeirrbar an meine Zukunft glaubten, mir Geld liehen und geduldig warten wollten bis – wie ich, Schwejk zitierend, versprach – bis »um 6 Uhr nach dem Weltkrieg«. Fast meine ganze Zeit widmete ich der Vorbereitung der Ausstellung, deren Drehbuch ich schrieb; es wuchs sich schließlich zu einem Buch aus, das jedoch nie veröffentlicht werden sollte. Ich entsinne mich übrigens nicht, gelegentlich welcher meiner vielen Übersiedlungen es mir abhanden gekommen ist. Es mag auch sein, daß es erst im Juni 1940, als die Gestapo mich suchte, verschwunden ist mit allem, was ich besaß.

Die Ausstellung kam trotz allen materiellen Schwierigkeiten zustande, doch merkte man, daß die aufgewandten Mittel nicht gereicht hatten. Die zum Teil mobilen, recht einfallsreich ausgeklügelten elektrischen, mechanischen und optischen Schauobjekte wurden in allzu billiger Ausführung hergestellt, auf andere hatte man verzichten müssen, obschon ihnen das Drehbuch einen bedeutenden Platz eingeräumt hatte.

Denke ich zwar ungern an die INFA-Periode als an eine am Ende deprimierende Enttäuschung für so viele Menschen zurück, die bereit waren, sich auch unter den schlechtesten Bedingungen mit ihren besten Kräften für eine schwierige Aufgabe einzusetzen, so bewahre ich doch gerne die genaue Erinnerung an die Tage und Nächte, die wir in den Räumen jener Kunstgalerie in der Rue de la Boëtie mit der Vorbereitung und Installierung der Ausstellung verbrachten. Wie gewöhnlich ging es lärmend zu, das Hämmern und Sägen hörte selten auf, laute Auseinandersetzungen folgten einander, wurden aber durch viel Spaß und Gelächter unterbrochen. Erst lange nach Mitternacht, wenn viele schlafen gegangen waren und andere, an eine Wand gelehnt oder mit dem Rock als Kissen, Stille und Halbschlaf suchten, trat Ruhe ein. Zusammen mit dem »Werkmeister«

nahm ich Änderungen am Drehbuch vor und half ihm, den Arbeitsplan für den anbrechenden Tag festzulegen, als wir durch den leisen Gesang zweier Stimmen unterbrochen wurden. Die junge Sängerin war wenige Tage vorher aus Polen gekommen, wo sie während einer langen Untersuchungshaft schwer mißhandelt worden war; ihr Freund, der mit ihr zusammen festgenommen, aber schon nach wenigen Tagen wieder freigelassen worden war, vertrat bei uns in der INFA die polnische Fraktion. Am Tage nach ihrer Ankunft brachte er die junge Genossin zu uns, sie sprach nur polnisch und verstand Französisch, wenn es sehr langsam gesprochen wurde. Da ich etwas Polnisch verstand, kam es zwischen uns zu wortarmen, doch beinahe zärtlichen Gesprächen jedes Mal, wenn wir einander begegneten. Und das geschah in jenen Tagen sehr oft.

Nun lauschte ich ihrem Gesang, und mich übermannte die Lockung, alles zu vergessen: Die Politik, den Feind, das Exil, das immer beengender wurde, die Prozesse in Moskau, die immer unbegreiflicher und beängstigender wurden, und die INFA mit ihrer Ausstellung, die wegen der Ärmlichkeit der Mittel fortwährend zusammenschrumpfte, noch ehe sie fertig war – alles hätte ich vergessen wollen, um dieser Stimme zu folgen, in ein fernes Dorf, in eine Einsamkeit, aus der kein Weg zurückführt. Gewiß, das war die Wiederholung des so oft mit offenen Augen geträumten Traumes, den mir die Erinnerung an Tracz eingab, jenes Dorf unserer ersten Zuflucht nach dem Ausbruch des Krieges 1914. Und nun war's, als ob eine der Bäuerinnen aus jenem Dorf gegen Ende einer durchwachten Nacht mitten in Paris aufgetaucht wäre, eine Botin aus einem anderen Leben, in dem unsere Sorgen und Hoffnungen sich wie durch einen Zauber in nichts auflösen würden. Alles, was uns umgab, und wir selbst – all das würde wesenlos werden, nicht mehr sein, niemals gewesen sein.

Der Junge verstummte bald völlig, Rynia sang allein: polnische, ukrainische, russische Lieder. Ich suchte sie in ihrem Winkel erst auf, als sie lange stillgeblieben war. Sie lächelte mir zu in der Art, in der sie alles tat, allem begegnete: Ihre eigene Scheu rief Schüchternheit hervor; niemand scherzte mit ihr leichtsinnig dahin, man hätte sie keusch genannt, wenn dieses Wort nicht so lächerlich geworden wäre. Sie war nicht anders gekleidet als die jungen Mädchen im Städtel, auch ihre Haartracht war altmodisch, ihre Bewegungen waren furchtsam und etwas mißtrauisch.

Sie mochte mich vielleicht nur, weil sie wußte, daß ich sie so gerne sah und sie stets so freudig begrüßte, als ob ich gerade auf sie lange, beinahe zu lange gewartet hätte. In dieser Nacht sagte ich ihr, daß ihr Gesang meine Müdigkeit und meine unwillige Resignation weggewischt und mich mit Heimweh erfüllt hätte. Ich endete mit einem polnischen Dankeswort. Sie antwortete: »Dich habe ich sehr gern, aber ihn« – sie zeigte auf ihren Freund –, »ihn liebe ich.« Sie wandte sich dem Jungen zu, der sitzend zu schlummern schien. Sie senkte den Kopf und lehnte ihr Gesicht an seine hochgezogenen Knie.

Wir sahen einander noch während mehrerer Tage bis zur scheinbar erfolgreichen Eröffnung dieser ersten internationalen antifaschistischen Ausstellung und hie und da auch während einiger Wochen nachher, bis die INFA liquidiert wurde. Mit der Arbeitsgemeinschaft, zu der sich so viele bereit gefunden hatten, lösten sich auch die Bande, die so vielen das Exil erträglicher gemacht und es recht oft in ein passionierendes Abenteuer verwandelt hatten. Den Deutschen und Österreichern unter den Genossen begegnete ich noch oft in den wöchentlichen Veranstaltungen des Schutzverbandes deutscher Schriftsteller, in politischen Versammlungen und in den Kursen, die ich im Rahmen der Emigrations-Hochschule gab. Aber nur der Zufall fügte es, daß ich etwas von dem jungen Paar erfuhr. Es hieß, sie hätte ihn verlassen, weil er sich als Trotzkist entpuppt hätte; andere meinten, sie wäre in die Fangnetze der Trotzkisten geraten. Von den etwa sechzig Menschen, denen ich zum erstenmal in der INFA begegnet bin, ist mir Rynia allein in einer noch immer nicht ganz desaktualisierten Erinnerung geblieben – sie, die wie eine flüchtige Komparsin aufgetaucht und bald verschwunden war. Und sie hat mir nie ein Lebenszeichen gegeben, obschon sie meinen wahren Namen gekannt hat und mich – jedenfalls nach dem Kriege – leicht hätte finden können.

Nach einer langen Unterbrechung nehme ich wieder das Heft zur Hand. Ich bin viel auf Reisen gewesen, habe Freunde und alte Bekannte mit Vergnügen wiedergesehen und neue Bekanntschaften geschlossen: Gesichter, Gebärden, Worte haben sich meinem Gedächtnis eingeprägt, ihren Platz in dem schwebenden Bereich der Erinnerung gefunden, die mir häufig als eine nicht immer genehme, manchmal zudringliche, doch stets unentbehrliche Begleiterin erscheint, der man nachläuft, sobald sie sich zu entfernen droht.

Was hätte ich nicht alles von der INFA-Zeit erzählen müssen! Dinge, die historisch, politisch und nicht zuletzt persönlich aufschlußreich gewesen wären. Statt dessen habe ich ganze Seiten dieser Rynia gewidmet, von der ich ja weit weniger gewußt habe als von so vielen anderen, interessanteren Menschen. Und wie weit trifft es dann wirklich zu, daß ich an jenes Mädchen oft gedacht habe in den einundvierzig Jahren, die seit unserer letzten Begegnung verstrichen sind?

Während ich auf dieser Reise, zumeist in nächtlicher Zurückgezogenheit, diese Frage erwog, wurde ich immer wieder von ihr durch eine andere, vordringlichere abgedrängt: Was ist denn damals, in jener ersten Phase meiner Pariser Emigration, mit mir geschehen? Und wie erklären, daß mir von den so zahlreichen neuen Begegnungen, von meiner Arbeit nichts erinnernswert, erzählenswert erscheint als jene Begegnung mit dem fremden Mädchen und ihren Liedern, die ich nach einem anstrengenden Tag, wahrscheinlich nach deprimierenden Auseinandersetzungen, hatte singen hören? So ging es darum, diese Frage in den Zusammenhang zu stellen, in dem sie unverzüglich zu einem winzigen Teilchen eines umfassenden Sachverhalts zusammenschrumpft, der jenen Mann im dreißigsten Lebensjahr betrifft, der ich damals gewesen bin. Das aber scheint mir gar nicht leicht. Warum wohl?

Ich schreibe ohne die geringsten Notizen. Hätte ich welche gemacht, so wären sie längst verschwunden; und keinen Artikel, den ich damals veröffentlicht habe, habe ich zur Hand, keine Manuskripte, ganz zu schweigen von Arbeitsplänen, Projekten, Thesen, die als Basis für öffentliche und interne Diskussionen gedient haben. So muß ich mich auf mein selektives Gedächtnis verlassen und jenes Auswahlprinzip anwenden, das mich in der Wahl von Inhalt und Form all dessen lenkt, was ich schreibe.

Noch ehe ich das erste Pariser Kapitel zu schreiben begann, somit in den Tagen, als ich meine Erinnerungen gleichsam zu mobilisieren versuchte, änderte sich etwas in meinen nächtlichen Träumen. Das geschah auch während der Reise und wiederholte sich weiterhin:

In Episoden, deren Zeuge ich ungewollt, als zufälliger Beobachter werde, geschieht einer lose zusammenhängenden Gruppe von Menschen durch jemanden ein Unrecht, der mit der Zustimmung anderer handelt, die – nicht deutlich sichtbar – hinter ihm stehen. Der Vorgang ist nicht dramatisch, es handelt sich nicht um Mißhandlung oder Folter, sondern fast immer um eine scheinbar unwichtige Diskriminierung. So wenn, zum Beispiel, wartenden Menschen, die endlich an einem Tor, an einem Schalter, an einem Eingang angelangt sind, plötzlich schonungslos erklärt wird, daß andere, die noch gar nicht da sind, Vorrechte haben. Die Wartenden sollen sich noch länger gedulden und müssen schließlich unverrichteter Dinge nach Hause gehen. Der es ihnen ankündigt, verhehlt den Benachteiligten nicht seine Geringschätzung, seine Schadenfreude an ihrer Demütigung. Manchmal, doch nicht immer, versuche ich einzugreifen – stets vergeblich. Es ist, als ob meine Worte ungehört blieben. Schließlich werde ich in ein schlecht beleuchtetes, menschenleeres Gäßchen abgedrängt.

Es gibt für jedes Alter charakteristische Wiederholungsträume. Am häufigsten stellen sie sich in der Kindheit ein, begleiten manche Menschen ein Leben lang oder kehren nach langer Unterbrechung im fortgeschrittenen Alter wieder. Die Bejahrten werden von Träumen heimgesucht, in welchen ihnen, neben ihrer Hinfälligkeit und ihrem körperlichen Versagen, der Anblick einer Welt aufgedrängt wird, in der alles vergreist ist.

In den Unrechts-Träumen, die durch meine in der Erinnerung angebahnte Rückkehr zu den ersten Emigrationsjahren ausgelöst worden sind, bin ich zumeist ein Zeuge, doch scheinbar nur. Denn der Träumer steht auch dann im Mittelpunkt des Geschehens, wenn er sich als Zuschauer erblickt. Die häufig als Rechtfertigung der Eigensucht vorgebrachte Behauptung, daß jeder sich selbst der Nächste ist, bleibt leider auch im Traum wahr, ja ganz besonders in ihm. So bin ich da in mehr als einer Gestalt vorhanden: Ich bin der Beobachter, der manchmal, doch stets erfolglos eingreift, und zugleich einer der Wartenden, Benachteiligten, Gekränkten. Welche Erlebnisse, welche für das Schicksal der Emigranten kennzeichnenden Vorgänge transportiert hier der Wiederholungstraum?

Ich war in Paris anfangs kein typischer Emigrant, da ich jederzeit nach Wien zurückkonnte, wo ich zu Hause war, oder nach Zagreb, wo mich hilfreiche Freunde erwarteten. In vielen Hinsichten war es eine jener Perioden, in der alles, was uns anfordert, uns zugleich auch fördert, unsern Lebensbereich erweitert und uns gleichzeitig neue Energiequellen entdecken läßt. Daß ich in Paris so vielen Männern und Frauen begegnete, die ich bewundern konnte, bewahrte mich endgültig vor einer *Provinzialisierung*. Hier war ich in keiner Hinsicht der Erste, der Zweite oder Dritte, sondern einer von vielen, wenn auch keineswegs gesichtslos. In der Tat begegneten mir die meisten, an denen mir liegen konnte, mit wachsendem Interesse; die Aufmerksamkeit, mit der sie mir zuhörten, die Erwartungen, die sie in mich setzten – all das steigerte den Anspruch, den ich an mich zu stellen gewohnt war.

Was soll aber dann die besondere Selektion des Gedächtnisses, das gerade, ja fast ausschließlich die Frustration der INFA-Arbeit in den Vordergrund drängt und die Mittellosigkeit, in der Moskau entgegen allen Versprechungen alle Mitarbeiter ließ? Und warum empfand ich das Bedürfnis, von Rynia zu sprechen und nicht davon, daß ich zu jener Zeit liebte und geliebt wurde? Mag sein, daß ich dies nur deshalb verschwieg, weil ich – um der Wahrheit willen – nicht hätte verbergen können, daß ich, um der geliebten Frau stets nahe zu sein, während mehrerer Wochen in einem grenzenlos verwahrlosten, von wenigen Emigranten und sonst nur von Verkommenen bewohnten Hotel in einer der elendsten Gassen geblieben war – vielleicht als Selbstbestrafung dafür, daß ich die Liebe einer Frau erwiderte, die weiterhin mit einem anderen Mann lebte.

Um jene Zeit tat ich alles und unterließ vieles, nur um mich in Eintracht mit den Genossen zu fühlen. Ich vertrat die Sache der Partei nicht nur in öffentlichen Versammlungen und Sitzungen, sondern auch in persönlichen Gesprächen. Es war leicht, sobald man an den Feind dachte, es war schwer und erforderte immer öfter den Verzicht auf das eigene Urteil, sobald man den Blick dem eigenen Lager und jenen Vorgängen in der Sowjetunion zuwandte, die schließlich in den Moskauer Prozessen ihren abgrundlosen Tiefpunkt, den Höchstpunkt der Tyrannei erreichten.

Im Herbst 1934 stand im Mittelpunkt der Diskussionen das für den 13. Januar 1935 anberaumte Plebiszit im Saarland, das entscheiden sollte, ob es seine Rückgliederung an Deutschland, somit an das Dritte Reich, wünschte oder es vorzog, bis auf weiteres, das heißt bis zum Ende der Hitler-Herrschaft, unter dem Völkerbundsmandat zu bleiben.

Während langer Monate wiederholte die KPD die absurde Parole: »Stimmt für die Rote Saar!« und ignorierte somit die vom Völkerbund formulierte Alternative. Das war solch ein Wahnwitz wie etwa ein Versuch, durch das Manipulieren des Lenkrads ein motorloses Auto in Bewegung zu setzen. Erst sehr spät rief die Partei zur Einheitsfront mit allen saarländischen Antifaschisten auf, die sich für den Status quo einsetzen wollten. Fast alle Funktionäre, die in Frankreich Asyl gefunden hatten, nahmen an diesem Kampfe mit dem Aufwand ihrer ganzen Energie teil. Gewerkschaftler, Journalisten, Künstler aller Art wurden ins Saarland geschickt. Endlich, spät genug, geschah das Notwendige, das einzig Vernünftige – man kämpfte endlich geeint gegen den wirklichen Feind.

Die Pessimisten unter uns glaubten, daß vielleicht die Hälfte der Saarländer für »die Heimkehr ins Reich« stimmen würden – gewiß nicht aus Sympathie für die Nazis, sondern um ihre bedingungslose Zugehörigkeit zur deutschen Nation zu manifestieren. Trotz der Weltwirtschaftskrise, die überall eine revolutionäre Situation hätte herbeiführen sollen, entfalteten sich überall nationale Bewegungen, denen die Kommunisten übrigens in der Weimarer Republik aus strategischen Gründen propagandistisch zur Hilfe gekommen waren. Doch nur die Pessimisten glaubten, daß am 13. Januar 1935 der Nationalismus die Saarländer dazu bewegen könnte, die Regime-Frage außer acht zu lassen und gegen den Status quo zu stimmen. Ich glaubte wie alle meine Freunde, wie der Saarländer Gustav Regler und wie Arthur Koestler, die beide bis zur letzten Stunde an der Saar blieben, daß selbst im schlimmsten Falle nur wenig mehr als 50 Prozent der Saarländer für den Status quo, also für den Antifaschismus stimmen würden.

Man wußte, noch ehe der Tag des Referendums zu Ende war, daß die Beteiligung alle Erwartungen übertraf: 98 Prozent waren bei dieser freien Abstimmung zur Urne geeilt; das stimmte uns noch hoffnungsvoller. Um so furchtbarer wirkten die Resultate, sie waren niederschmetternd, und man mußte sich Gewalt antun, um an ihrer Richtigkeit nicht zu zweifeln. Ich wollte es dem Radio nicht glauben und wartete ungeduldig auf die Morgenzeitung. Wir waren nicht besiegt, sondern – wie die französischen Sportler nach einem Debakel sagen – pulverisiert worden. 90,3 Prozent wollten sofort »heim ins Reich«, nur 8,8 Prozent hatten dagegen gestimmt. In diesem Lande der Berg- und Industriearbeiter hatten Katholiken, Sozialisten, Kommunisten nicht einmal 10 Prozent gegen die Solidarisierung mit Nazideutschland zusammenbringen können. Diese Niederlage, die im Grunde nur eine Schlacht auf einem Nebenkriegsschauplatz beendete, habe ich zugleich als äußerst demütigend und als die Ankündigung größerer Katastrophen empfunden, die wir nicht würden verhindern können. Ich warf mir vor, daß ich das Ereignis maßlos überschätzte, daß es für die zukünftige Entwicklung der Lage keine besondere Bedeutung haben konnte. Dennoch blieb es lange, noch Jahre nach dem Zweiten Weltkrieg, in dem »Feigheits-Asyl« aufbewahrt, wohin ich alles abschiebe, was ich zwar nicht vergessen kann, aber aus meinem Blickfeld verbannen muß, weil ich nicht der Gefangene einer nutzlosen, sinnlos demütigenden Erinnerung werden will, die wie die Grammophonnadel auf einer schadhaften Platte stets in der gleichen Rille kreisen muß. In Wahrheit aber gelang das Abschieben so wenig, daß ich eben in jenen Wochen ein Spezialist für Niederlagen wurde. Ich lernte, scharf zu unterscheiden zwischen einer Niederlage, die zwar ein Ereignis von bestürzender Wirkung ist und nicht folgenlos bleiben kann, und einem Zusammenbruch, der sich aus einem Geschehen in einen Zustand verwandelt, in dem der festeste Boden zu einem alles verschlingenden Sumpfe wird. Jeder, auf dessen Hilfe man rechnet, wendet sich gleichgültig oder feindlich ab, selbst der dümmste Streich bringt dem Feind Erfolg und Ruhm ein. Inzwischen drängte sich dem Marxisten, der nie auf das Recht zu zweifeln verzichtet hatte, der Verdacht auf, daß die Weltgeschichte sich unzulässig verspätete und den Nationalismus keineswegs vergehen, sondern umgekehrt ihn in unserm Jahrhundert so schalten und wüten ließ, als ob gemäß dem geschichtsphilosophischen Fahrplan das »letzte Gefecht« des weltweiten Klassenkampfes nicht unmittelbar und nicht absehbar bevorstünde. Also verloren wir unsere Zeit mit Umwegen, die gemäß der gleichen Geschichtsphilosophie unnötig, nutzlos und furchtbar kostspielig waren.

Als wir, Gustav Regler, Koestler, ich und einige andere Genossen, in einem tragisch-zynischen Gespräch unsere Gedanken von dem Saardebakel abzulenken suchten, nahmen wir Zuflucht zu Anekdoten und suchten Erheiterung in Witzen, mit denen sich schon im Römischen Reich die Proskribierten auf der Flucht vor den außer Rand und Band geratenen Cäsaren und ihren Häschern aufzumuntern pflegen. Ach, wir waren Leute mit beträchtlichen Geschichtskenntnissen, auch sonst nicht ohne Bildung und nicht ohne waches Bewußtsein. Aber in jenen Tagen konnten wir uns nur schwer des Verdachts erwehren, daß alles, was wir wußten und unternahmen, unwirksam bleiben könnte, und daß es keineswegs genügte, sich verständlich zu machen, um verstanden zu werden. Die Augen kann man schließen, die Ohren nicht. Doch ist es leicht, nicht wahrzuhaben, was ans Ohr dringt – und wäre es der verzweifeltste Hilferuf.

Über die zuständliche Niederlage, ihre Hintergründe und ihre besonderen, unvermuteten Gründe, über die Rolle der Gleichgültigen und die Taubheit, die ihnen unbewußt bleiben kann wie der Zweck, dem sie feige dient, über den Prozeß, durch den Einschüchterung sich in Verführung und erzwungene Unterwerfung in begeisterte Zustimmung verwandelt – über all das dachte ich damals viel nach. Zuweilen mit solcher Intensität und Dringlichkeit, als ob die Antwort auf die so aufgeworfenen Fragen für eine unmittelbar bevorstehende Aktion von Bedeutung sein könnte.

Seit dem 1. Dezember 1934 beschäftigte mich überdies ein Problem, das zu einer stetig wachsenden Sorge wurde, die ich lange Zeit selbst meinen nächsten Freunden verschwieg. Ich erinnere mich mit unübertrefflicher Deutlichkeit der äußeren Umstände, unter denen es begann, obschon es auf diese nicht im mindesten ankam: Es war ein regnerischer Abend. Außer meiner Freundin befanden sich in meinem Zimmer zwei Männer, die mich kennenlernen wollten, französische Genossen, von denen einer perfekt deutsch sprach. Zu später Abendstunde öffnete ich das Radio, um die Nachrichtensendung aus Moskau zu hören. Nach der ›Internationale‹ kam die in einer gehoben-traurigen Tonlage vorgetragene offizielle Mitteilung, daß Sergej Kirow im Leningrader Parteihaus einem konterrevolutionären Attentat zum Opfer gefallen war. Die ganze Sowjetunion, hieß es, war über den Tod des besten Kampfgefährten Stalins von tiefster Trauer erfüllt. Am Ende wurde verkündet, daß das Schwert der Revolution die Verbrecher und deren Komplizen aufs härteste treffen würde.

Ein Kurzschluß, der das ganze Haus in Finsternis hüllte, unterbrach den Sprecher. Obschon wir von Kirow nicht viel wußten, hatten wir, die eine Weile stumm im Dunkeln sitzen geblieben waren, das Gefühl, daß mit diesem Tod etwas begann, was weit über den Einzelfall hinausgehen würde. Ich jedenfalls empfand, daß damit eine Kette furchtbarer Ereignisse beginnen könnte, doch wußte ich es nicht zu begründen, als meine Gäste mich erstaunt über den Grund meines Entsetzens befragten.

Als einige Monate später den längst ausgeschalteten, ständig überwachten alten Bolschewiki Sinowjew und Kamenjew und einigen anderen Genossen, die seit Jahren eingekerkert waren, der Prozeß wegen konspirativer Vorbereitung jenes Leningrader Attentats gemacht wurde, drängte sich nicht nur mir der Verdacht auf, daß Stalin beschlossen hatte, alle früheren Oppositionellen zu vernichten. Ja, die psychologische Deutung dieses Vorgehens machte mir nicht die geringste Schwierigkeit, aber ich gestand der Psychologie im Politischen nur eine laterale Rolle, etwa die einer Hilfswissenschaft, zu.

Das Ergebnis des Saarplebiszits hatte bewiesen, daß bis auf weiteres vom deutschen Proletariat keine Erhebung gegen das Naziregime zu erwarten war. Daß die westlichen Mächte bis unmittelbar an den Rand des Abgrunds vor Hitler zurückweichen würden, war auf den ersten Blick unglaubhaft, aber auf den zweiten durchaus wahrscheinlich. Somit blieb Sowjetrußland der einzige sichere, wohlgerüstete, kampfbereite Alliierte gegen Hitler – davon waren wir überzeugt. Und dies war einer der Gründe, warum ich mir trotz Stalin jede Kritik an der Sowjetunion verbot – auch deshalb war ich ein »Doppelzüngler«. So nannte der stalinistische Polizei- und Propagandaapparat jene, die trotz besserm Wissen vor ihnen kapitulierten, auf jegliche oppositionelle Tätigkeit verzichteten und sprachen und schrieben, als ob Stalin immer in allem recht behalten müßte.

Ich war nie ein Anhänger Trotzkis gewesen, hörte aber niemals auf, alles zu lesen, was er veröffentlichen ließ. Auch war ich stets dessen gewiß, daß Trotzki seit seiner frühen Jugend ein Revolutionär gewesen war und es bis ans Lebensende bleiben würde. Im Jahre 1935 hörte ich aber auf zu widersprechen, wenn jemand in meiner Gegenwart den Begründer der Roten Armee »als Agenten im Dienste des Monokapitalismus« bezeichnete – ich stimmte nicht zu, ich schwieg. Und ich zitierte in einer Rede – niemals schriftlich – Worte der Selbstanklage, die Sinowjew in seinem ersten Prozeß aussprach, um zu begründen, warum die Sowjetunion in der Vorbereitung auf den tödlich-gefährlichen Zusammenstoß mit dem Dritten Reich in eine Zwangssituation geraten sei, die es ihr bis auf weiteres nicht erlaubte, auch nur eine potentielle Opposition zu dulden.

Dies alles erwähne ich, um zu erklären, warum sich, als ich die Erinnerung an jene Jahre beleben wollte, Träume einstellten, die mich mit Bitternis und einer völlig wirkungslosen und um so entmutigenderen Empörung erfüllten. Deutet man diese Träume, so versteht man, daß mein Tun in jener Zeit nicht etwa Schuldgefühl, sondern eine schamvolle Befremdung in mir erzeugt hat über meine »selbstgewählte Unmündigkeit«. Die Träume verdecken und verkehren gerade das, was sie hervorgerufen hat, und lassen mich die schöne Rolle des Gerechten spielen, der die Opfer verteidigen und ermutigen will. So handelt es sich um eine sinnverkehrende Transposition. Mehrere Jahre gehörte ich zu jenen, die es vorzogen, geduldig darauf zu warten, daß das Krumme wieder gerade werde, daß die Lüge von selbst der Wahrheit weiche. Ich akzeptierte die erpresserische Behauptung, daß es nur die Alternative Hitler oder Stalin und nicht auch ein Drittes gäbe. Diese Träume täuschen, wie ich damals mich selbst und andere getäuscht habe. Doch hinter der Dramatisierung der Handlung zeichnet sich die Wahrheit erkennbar ab: Ich bin kein objektiver Zuschauer gewesen, kein die Wahrheit suchender Zeuge – ich war selbst mitten drin. Und die Stimmung, in der ich aus diesen Träumen erwache, gemahnt mich daran, daß ich eine Zeitlang im Namen einer zukünftigen gerechten Welt die Pflicht zur Unauthentizität widerwillig, doch tatsächlich auf mich genommen habe ... Man sieht, wie so viele Menschen lügen auch Träume mit dem Mund und offenbaren »mit dem Maul« die Wahrheit.

Neben der Arbeit in der INFA, die, wie erwähnt, schon im Sommer 1935 ein abruptes Ende fand, hatte ich andere Funktionen. Eine von diesen erforderte meine regelmäßige Teilnahme an öffentlichen Sitzungen des Schutzverbandes emigrierter deutscher Schriftsteller, der in Wirklichkeit *fraktionell* von den Kommunisten geleitet wurde. Fraktionell, das bedeutet, daß die kommunistischen Mitglieder eines »Harmlosen«-Vereins sich indirekt seiner Leitung bemächtigen, indem sie auf dekorative Posten Leute schieben, die sonst im Hintergrund geblieben wären und nun als Garanten für eine unparteiliche Leitung und die politische Unabhängigkeit des Vereins paradieren sollen. Obschon diese repräsentativen Figuren in der Tat gewöhnlich keine Parteimitglieder sind, ist es für die Fraktion ein Kinderspiel, sie als Strohmänner beliebig zu benutzen und so die Organisation total zu beherrschen. Es genügt, daß der Sekretär oder dessen aktive Mitarbeiterin zur Partei gehören. Die Honoratioren sind gewöhnlich reife oder überreife Männer, die ungern etwas Unwichtiges – etwa eine Unterschrift – verweigern oder sonst etwas einer liebenswürdigen Frau abschlagen, die ihnen jugendliche Bewunderung entgegenbringt. Der Erfolg des fraktionellen Einsatzes imponiert, aber es bedarf weder besonderer

Intelligenz noch irgendwelcher Kühnheit, ihn zu erringen. Eine zielbewußte Fraktion von fünf Leuten ist stärker als die etwa dreihundert Mitglieder des Vereins, weil diese einzelne sind und gewöhnlich nichts anderes wollen als das, was mit den statutarischen Aufgaben des Vereins zusammenhängt und zugleich ihren persönlichen Interessen förderlich sein könnte. Bringt dann irgend jemand eine Resolution ein zugunsten der Befreiung von politischen Gefangenen in einem fernen Lande, so ist es ihnen gleichgültig und sie stimmen jedenfalls nicht dagegen. Also wird die Resolution einstimmig angenommen. Für die Fraktion ist es ein taktischer Anfang; sie wird in richtiger Dosierung noch ganz andere Beschlüsse annehmen lassen und sachte alle Vorstandsposten mit Leuten besetzen, deren Ehrgeiz und unmäßiger Bedarf an Schmeicheleien sie besonders »manövrabel« macht.

In den Fraktionssitzungen des Schutzverbandes begegnete ich manchen Schriftstellern, die ich von Berlin her kannte, und anderen, die ich seit langem schätzte, ohne sie vorher getroffen zu haben. Zu diesen gehörte in erster Reihe Anna Seghers. Das rundliche, in seinen Zügen klare, helle Gesicht der jungen deutschen Jüdin wirkte weder deutsch noch jüdisch. Wenn wir einander gegenübersaßen und ich sie betrachtete, fragte ich mich manchmal, ob sie nicht Jeanne d'Arc ähnelte; ich nannte sie gerne die Jeanne d'Arc aus Mainz. Es überraschte mich daher auch nicht, daß sie später das Protokoll des Prozesses gegen die Jungfrau von Orléans dramaturgisch bearbeitete. Das Erstaunlichste am Gesicht dieser deutschen Dichterin war indes das Spähende ihres Blicks, ein plötzlich auftauchendes und verlöschendes Aufblitzen in ihren Augen. Man mußte an China denken und sich darüber verwundern, weil an Annas Gesicht nichts Chinesisches war, aber man war dessen nicht mehr gewiß, sobald man erfuhr, daß sie Sinologie studiert hatte. Und es ist eine kaum bestreitbare, doch schwer erklärliche Tatsache, daß bei älteren Sinologen, gewöhnlich nach einem langen Aufenthalt in China, chinesische Züge auftauchen. Anna aber war jung und hatte nie in China gelebt.

Zum Unterschied von den Fraktionsgenossen und der Mehrzahl der politischen Emigranten wohnte Anna mit Mann und Kindern nicht in einem Pariser Hotel garni, sondern in einer Villa in Bellevue bei Versailles. An Sonntagen fuhr man gerne zu ihr hinaus und wurde sehr gut aufgenommen. Man dachte so spät wie möglich an die Rückfahrt in die Stadt, in das sonntags gewöhnlich unaufgeräumte Zimmer, das einem dann noch viel miserabler erschien.

Ich habe Anna vom ersten Anblick an gemocht und es hat lange gedauert, ehe diese – in leisem Anklang amouröse – Sympathie völlig erloschen ist. Sie ihrerseits hat mich vielleicht auch gerne gehabt, denn sie kam mit mir noch einige Mal zusammen, nachdem ich bereits mit der Partei gebrochen hatte und somit in Verschiß geraten war. Sie mag es allerdings mit dem Einverständnis der zuständigen Instanz gemacht haben, die herausbekommen wollte, ob ich vorhatte, gegen die Partei offen aufzutreten. Jedoch habe ich diesen Verdacht erst viel später geschöpft, und zwar als sie mich bei einer zufälligen Begegnung in Paris nicht mehr erkannte und auch dann, als ich mich nannte, nicht erkennen wollte. Es hätte mir damals – im Jahre 1947 oder 48 – gleichgültig sein können, war es aber nicht und ist es wohl auch heute noch nicht. Denn was ich einmal an ihr bewundert habe, bewundere ich auch heute noch. Und ich erinnere mich gerne an ihr junges Gesicht, an ihre Lippen, die sich zu einem Dorfmädchen-Lächeln verzogen, sooft sie eine angenehme Überraschung quittierte oder mißtrauisch spöttisch ihre Unsicherheit verhüllte, während sie zögernd eine passende Replik suchte.

Ich traf sie manchmal in einem Café, von dem sie nur wenige Schritte zum Bahnhof Montparnasse machen mußte, um nach Hause zu fahren. In dem inzwischen verschwundenen banalen Passanten-Café schrieb sie emsig. Die vielen, schnell wechselnden Gesichter, die Gespräche an den Nebentischen, der manchmal plötzlich aufbrausende und schnell verhallende Lärm – all das hätte sie stören und ablenken müssen. Doch hatte es die gegenteilige Wirkung, sie wie eine Wand von der Welt zu isolieren.

Öfter, doch zu keiner Zeit sehr häufig, trafen wir uns in der ruhigen oberen Etage gewisser Cafés des Quartier Latin. Wir sprachen viel über Literatur; sie war belesen, kannte fast alle bedeutenden Werke der Weltliteratur und hatte sie kritisch durchdacht; mühelos erspähte sie deren Eigenheiten, die Vorzüge und Schwächen der charakteristischen Machart. Fast lieber noch sprach sie über Leute, über Genossen und gemeinsame Bekannte. Sie horchte mich mit einer gespielt verborgenen Neugier, mit einer zu auffälligen Geschicklichkeit aus – es hörte niemals auf, mich zu amüsieren. Wir sprachen selten über Politik, das fällt mir jetzt, sozusagen rückwirkend, auf. Nur zwei politische Gespräche sind mir stets gegenwärtig geblieben. Das eine ergab sich im Zusammenhang mit ihrem Buch über den österreichischen Februaraufstand, über das sie mir, während sie schrieb, einiges erzählte. Nach seinem Erscheinen diskutierten wir darüber ausführlich, weil ich ihre Darstellung und Deutung dieser Ereignisse nicht ohne weiteres gelten lassen konnte. Überdies sollte ich einen Artikel über ihren ›Weg in den Februar‹ für die ›Inprekorr‹ schreiben. (Es handelte sich um die ›Internationale Pressekorrespondenz‹, die in mehreren Sprachen herausgegebene, meistverbreitete Zeitschrift der Komintern, dank der die Kommunisten der ganzen Welt erfuhren, was in der Bewegung und in der Sowjetunion geschah, ebenso was gerade die Linie war, von der man nicht einen Zollbreit abweichen durfte.)

Gewiß habe ich da von Anna und ihrem Buch nur Gutes gesagt und fast all meine Einwände verschwiegen. Aber in jenem Gespräch mit ihr merkte ich zum ersten Mal, wie sehr sie entschlossen war, sich in keinem einzigen Fall von der jeweiligen Parteilinie zu entfernen. Alle spöttischen Bemerkungen, alle kritischen Anspielungen, die sie im Zwiegespräch anscheinend ohne Rückhalt, ja mit sichtbarem Vergnügen machte, waren vergessen, sobald es ernst wurde, das heißt sobald sie schrieb oder öffentlich auftrat. Doch brachte ich das nicht zur Sprache, auch nicht bei unserm letzten Rendezvous in dem düstern, verwahrlosten Obergeschoß eines Cafés auf der Schattenseite des Boulevard St. Michel, als sie mir im Ton eines geheimzuhaltenden Einverständnisses zuraunte: »Stalin hat also den Bucharin im Bett bei Unanständigkeiten mit Radek erwischt.« Sie zeigte dabei auf den Titel der Abendzeitung, die in großen Lettern die Verhaftung Bucharins meldete. Diese heute abstrus erscheinende Bemerkung war damals leicht verständlich, da sie eine Travestie des Satzes war, mit dem viele Deutsche die Erschießung Röhms begründeten: Hitler persönlich hätte ihn nächtens bei homosexueller Unzucht mit SA-Offizieren erwischt ... Anna erwartete wohl, daß ich laut auflachte, ich lächelte aber nur und wartete meinerseits, daß sie – Spott beiseite – mir endlich eröffne, was sie von den Prozessen hielt, derenthalben ich, das wußte sie, etwa ein Jahr vorher weggegangen war. Wir schwiegen eine Weile, beide mit verschlossenem Gesicht. Dann machte sie eine witzige Bemerkung über ein auffällig ungleiches Paar, das gerade heraufgekommen war und schlecht die Enttäuschung verbarg, diesen Saal nicht leer vorzufinden. Ehe wir das Café verließen, kam ich auf die Weltlage und den nunmehr schnell herannahenden Krieg zu sprechen. Sie ging darauf vorsichtig ein. Wie gewöhnlich war alles, was sie in zumeist einfachen, spröden Sätzen formulierte, klug, aber kurzatmig. Abrupt verließ sie die Politik und regte mich mit anspornender Neugier an, über dies und jenes Auskunft zu geben, über gewisse französische Schriftsteller und über das Mädchen, das sie zuletzt in meiner Begleitung gesehen hatte. Das dürfte unser letztes Rendezvous gewesen sein.

Nein, Anna Seghers war keine »Doppelzünglerin« und ist es gewiß auch heute nicht. Der gleiche Zynismus, der den atheistischen Aristokraten Frankreichs im 18. Jahrhundert erlaubte, von ihren Untergebenen, dem Volke, zu fordern, daß es fromm und kirchengläubig bleibe, ermöglichte es ihr, trotz ihrer Einsicht in die wirklichen Verhältnisse der Sowjetunion und der stalinistischen Bürokratie aller kommunistischen Parteien eine stalinistische, später ulbrichtsche Jasagerin zu bleiben. Die herrschende Schicht, der ihr Mann, ein professioneller Kommunist, angehörte, so wie sie selbst, eine mit Recht hochgelobte und daher repräsentative Dichterin, war in jeder Hinsicht von der herrschenden Clique Stalins abhängig – nicht zuletzt, wo es sich um ihre und ihrer Familie Sicherheit handelte.

Genau wie Brecht, bekannte sich Anna Seghers zur Arbeiterklasse, gesellte sich aber in der Tat nicht dem Proletariat zu, sondern der Bürokratie – dies zu einer Zeit, da die Führung der kommunistischen Parteien um so tyrannischer wurde, je willenloser sie sich Stalin und seinen Leuten unterwarf. Dennoch muß man die Haltung dieser beiden bedeutendsten Dichter im Lager der deutschen Kommunisten verschieden beurteilen. Zum Unterschied von Brecht ist Anna Seghers in ihrer Jugend eine Dichterin der ausgebeuteten, unterdrückten und im Widerstand unbesiegbaren Menschen des Alltags gewesen. Ihr Verderbnis hat wohl in der Emigration begonnen, sich aber erst vollendet, als Anna Seghers, nach Deutschland zurückgekehrt, Ulbrichts Dichterin wurde. Das taten auch andere, die im Exil für die Freiheit zu kämpfen meinten oder vorgaben. Von ihr aber habe ich hier so viel gesprochen, weil ich sie liebevoll bewundert habe, als wir und alle unsere Gefährten noch jung waren und weil mir manchmal ist, als wäre sie bald danach, noch in jungen Jahren, aus dem Leben geschieden.

»Die Toten bleiben jung«? Denke ich an die Dichterfürstin der DDR, so muß ich daran zweifeln.

Ovid, Dante, so viele Berühmte und Vergessene haben über das Exil geschrieben. Anders berichten über das Leben in der Fremde jene, die dort nicht zu lange leiden mußten, ehe sie, heimgerufen oder siegreich, zurückkehren konnten, und wieder anders geartet sind die Erinnerungen jener, die ihre Heimat nie wiedergefunden haben oder nur so spät, daß sie Mühe hatten, sie wiederzuerkennen, und sich darüber entsetzen mußten, daß man sie selbst bis zur Unkenntlichkeit verändert, gealtert fand oder vorgab, daß sie die gleichen geblieben wären – als wollten die Daheimgebliebenen so die Erinnerung an die Verbannung und die eigene Schuld an ihr auslöschen.

Gleichviel ob man die menschlichen Verhältnisse oder die außermenschliche Natur erforschen will, immer gilt es, zwischen den beherrschenden und den von ihnen abhängigen, beherrschten Widersprüchen zu unterscheiden. Nun bewirkt die Verquickung eben dieser Widersprüche im Leben der Verbannten häufiger als in jeder andern Lage Irrungen und Verwirrungen, die in erster Reihe dadurch begründet sind, daß der Exilierte der flüchtigsten und dennoch belangreichsten der drei Zeiten: der *Gegenwart* feindlich ist. Nur in der Vergangenheit findet er die eigene Rechtfertigung und Gründe, auf eine Zukunft zu hoffen, welche alles gutmachen, die Usurpatoren stürzen, die Verbannten aber in der wiedergefundenen Heimat erheben soll. Dieser gewollte und dennoch täglich aufs neue erlittene *Gegenwartsverlust* hindert ihn, im Asylland Fuß zu fassen. Er wünscht es ja gar nicht, denn er ist unterwegs, für ihn ist alles provisorisch, jedes Jetzt wird ihm ein flüchtiges Inzwischen. Dieser flagrante Widerspruch zur Realität der Gegenwart erzeugt einen höchst kuriosen Sachverhalt: eine Ferienstimmung jener Abart, die sich bei Ausbruch eines Krieges verbreitet, aber recht bald einer kummervollen Ernüchterung weicht. In dem von unkontrollierbaren Kräften abgeschafften Alltag werden die Gewohnheiten unbrauchbar, die gelungene, dauerhafte Anpassungen an sich gleichbleibende Umstände sind.

Im Exil sind die Betten anders als zu Hause, die Kost ist anders, der Umgang ist anders, wie der sonderbare Gruß »Msiödam« (Messieurs-Dames), mit dem man einen Laden betritt und verläßt. Auch der Feriengast ist in der Fremde, aber er findet alles kurios und amüsant; heult er mit den Wölfen, bellt er mit den Pudeln, so ist das ein Spiel, in dessen Kürze die Würze liegt. Der politische Emigrant ist in allem wesentlichen das Gegenbeispiel eines Touristen: Möchte er zwar so leben, als ob der Zug, der ihn heimbringen wird, schon unter Dampf stünde, so kann er doch nicht voraussehen, ob er bereits in einer Woche oder in einem Monat oder erst in einigen Jahren wieder zurückkehren wird. Er weiß auch nicht, ob und wie lange er die Miete wird auftreiben können, doch ahnt er, daß auch er wie viele seiner Leidensgenossen eine immer niedrigere Miete schuldig bleiben, immer armseliger wohnen wird. Notgedrungen wird er sich viel herumtreiben, stets mit seinesgleichen oder anderen Fremden, fast nie mit Einheimischen. Die radikale Gleichgültigkeit des Parisers, seine entschiedene Abneigung, in die Existenz eines Fremden einbezogen zu werden oder diesen in seine eigene Existenz eindringen zu lassen, diese Haltung gewährleistet jedem einzelnen eine persönliche Freiheit, dergleichen man sonst kaum anderswo kennt. Sie kam den Verbannten zugute, aber sie ermöglichte auch, daß die Ärmsten, die Einsamsten unter ihnen zugrunde gingen, daß sie »unter freiem Himmel, mitten unter vielen Menschen, auf den Pflastersteinen ertranken, ohne daß sich auch nur ein einziger Passant umdrehte«.

Die eigenartige Ferienstimmung der Emigranten läßt gegenüber allen Kümmernissen eine unangreifbare Enklave der Sorglosigkeit entstehen, wie sie der bankrotte Schuldner während eines allgemeinen Moratoriums genießt. Viele persönliche Probleme müßten den Flüchtling aufs äußerste bedrücken und zu einer sofortigen Lösung drängen. Da er aber ohne seine Schuld außerstande gesetzt ist, dies auch nur zu versuchen, gewöhnt er sich daran, alles in der Schwebe zu lassen. In den großen Ferien darf auch der schlechteste Schüler vergessen, daß Lehrer, Aufgaben und Prüfungen auf ihn warten.

Es gab unter den deutschen Emigranten eine beträchtliche Anzahl von erfahrenen, ja zum Teil hervorragenden Fachleuten, doch konnten sie ohne eine ordentliche Aufenthaltserlaubnis kein Ansuchen um eine Arbeitsbewilligung einreichen. Jedoch selbst dann, wenn der Emigrant die oft und lange genug verweigerte »Carte d'Identité« endlich erlangt hatte, erhielt er nur in den seltensten Fällen das Recht auf einen Arbeitsplatz. Die Arbeitslosigkeit, die in Frankreich im fünften Jahr der Weltwirtschaftskrise unvermindert anhielt, machte es den Ämtern, hieß es, zum Gebot, Ausländern jede Stelle vorzuenthalten, die einem Einheimischen zugute kommen konnte. Wer, ökonomischer Immigrant oder politischer Emigrant, in flagranti bei entlohnter Arbeit ertappt wurde, hatte die Ausweisung, manchmal die sofortige Überstellung an eine Grenze zu gewärtigen. Die Ausübung akademischer Berufe war von vornherein unmöglich, da den ausländischen Diplomen keinerlei Gültigkeit zuerkannt wurde. So waren denn die mittellosen Emigranten zu einer »Luftexistenz« verurteilt. Gewiß, es gab politische, konfessionelle und philanthropische Organisationen, die im Frühling 1933 den ersten Flüchtlingen halfen, aber schnell genug ermattete die tätige Solidarität, die Helfer waren hilflos und die Hilfsbedürftigen zu zahlreich. Überall begann man's zu spüren: Die Welt brauchte keine Emigranten und erwehrte sich nur schwer des Verdachts, daß diese Flüchtlinge ihre Niederlage nicht nur verschuldet, sondern auch verdient haben mußten.

Daß jemand in einer totalen Einsamkeit dahinlebt, das spüren die anderen so schnell wie einen unangenehmen Geruch. Und genauso spüren die Gleichgültigen, die sich ohne Bedenken hinter die Sieger und die Glücklichen stellen, den bittern Geschmack, der allem anhaftet, was von den Besiegten kommt, die aus ihrem Sturz nichts gelernt haben und deshalb darauf bestehen, den Zusammenbruch als einen äußerst schmerzlichen Unfall anzusehen, als einen Irrtum, den die Geschichte logischerweise sehr schnell wiedergutmachen würde.

Die deutsche Emigration war überall, besonders aber in Paris, nur eine von vielen. Nicht die unglücklichste, nicht die apathischste und nicht einmal die zersplittertste; sie war die unbeliebteste. Weil sie deutsch, weil sie deutsch und jüdisch war, weil sie sich nicht nur eindringlich, vordringlich, zudringlich bemerkbar machte, sondern die Heimischen mit einer Warnung belästigte, die man nicht vernehmen und jedenfalls unbeachtet lassen wollte. Und gemäß der Magie des Alltags verdächtigt man den Überbringer einer schlechten Botschaft seit jeher, an dem Unglück mitschuldig zu sein, von dem er berichtet, und wissentlich oder unabsichtlich Komplize jener, vor denen er warnen will.

Und das Mitleid? Nun ja, das dramatische Unglück: eine Naturkatastrophe, plötzlicher Tod durch Gewalt oder Unfall weckt das Mitgefühl auch der Gleichgültigen; es überdauert jedoch nur um ein weniges das vernichtende Ereignis. Der elende, bejammernswerte Zustand, den dieses hinterläßt, zieht nur während einiger Tage die Aufmerksamkeit auf sich, ehe es der Vergessenheit anheimfällt, die den seelischen Komfort der Gleichgültigen schützt. Seit dem Kriegsende 1918 hatten sich so viele Flüchtlingsströme über Mittel- und Westeuropa ergossen, daß die Gastländer sie nur noch mit bürokratischer Routine aufnahmen oder an den Grenzen zurückwiesen. Die Reichen konnten es sich, wie gewöhnlich, überall richten; die Armen, die keine Reisepapiere hatten und sich über die Grenzen schmuggeln mußten, blieben lange illegal und waren froh, endlich durch einen Ausweisungsbefehl ein gesetzlich identifizierendes Papier in die Hand zu kriegen. Es ging auch darum, die Ausweisungsfrist immer wieder verlängern zu lassen und es schließlich nach Monaten durch ein »Recipissé« zu ersetzen, eine polizeiliche Bestätigung, daß man um eine Aufenthaltsbewilligung ersucht hatte. Die Gültigkeit dieses Dokuments war zuerst auf einige Tage beschränkt, später gezählte Wochen und schließlich Monate gültig. So mußte der Emigrant zahllose Male zur Préfecture pilgern, dort klopfenden Herzens Stunden warten, zuerst um sein Gesuch einzureichen, dann um die Entscheidung entgegenzunehmen. Ich glaube nicht, daß einer von uns den Weg in die Préfecture und die Wartestunden ohne eine Störung seines Selbstwertgefühls überstanden hat. Gewiß, die Schalterbeamten, zumeist Frauen, die nur ungern die intimen Gespräche mit ihren Kollegen unterbrachen, waren nicht böswillig, aber sie hatten ihre religiösen, rassischen oder politischen Vorurteile gegen ihre Klienten, die »métèques« (Metöken), wie man unwillkommene Fremde nennt. Die Manieren dieser Beamten waren brüsk, wurden aber dem Gebenden gegenüber einnehmender: einige Schachteln Zigaretten in Geschenkpakkung kamen fast immer gelegen.

Der Mann, bei dem man in den schwersten Stunden Erheiterung fand, war der ebenso beliebte wie bewunderte »rasende Reporter« Egon Erwin Kisch. Der 1885 geborene deutschsprachige Prager Schriftsteller war einer der ältesten unter uns, ein vielgereister Mann, der die Welt und zahllose Menschen in vielen Ländern kannte. Kisch hatte den Weltkrieg mitgemacht, war während der Revolutionstage in Österreich einer der Führer der ebenso bedeutungslosen wie kurzlebigen Roten Armee gewesen, hatte sich in der Sowjetunion, in China und in Amerika herumgetrieben und alles mit weit offenen Augen angeschaut. Kisch tauchte im dramatischen Augenblick gerade dort auf, wo ein großes Abenteuer eben begann oder endete – er hatte Rendezvous mit Streiks, die zu politischen Generalstreiks werden konnten, und mit Aufständen und Bürgerkriegen. Und überall stieß er auch mit freudiger Überraschung auf etwas Pragerisches, am liebsten auf einen der von ihm so scharf gezeichneten Prager Typen, etwa auf einen kleinen Abenteurer, der ihn in tiefer Nacht beim Durchwaten einer Furt des Stromes Amur mit »Egonek« ansprach, wie so viele es im Café Continental in Prag, im Romanischen Café in Berlin und nun in den Bistros des Quartier Latin taten. Denn Kisch war überall zu Hause. Wie so viele andere, freute ich mich jedes Mal, ihn in einer Fraktionssitzung, im Schutzverband oder in einem der Cafés wiederzusehen, wo man zu einer Besprechung in ganz kleinem Kreise zusammenkam. Ich besuchte ihn auch manchmal in Versailles, wo er mit seiner Frau wohnte, die, hieß es, ihn später gehindert haben soll abzuspringen. Das hatte er für den Fall angedroht, daß Stalin es wagen sollte, Bucharin zu vernichten. Kisch sprang nicht ab, schluckte alles und verstummte. Seine Heimatstadt war sein letztes Exil. Als tschechischer Staatsbürger und alter Kommunist war er zurückgekommen, wurde von den Genossen als Fremder behandelt, in eine finstere Ecke geschoben und vergessen. Seinen frühen Tod erfuhr man mit Verspätung.

Als wir in Paris seinen fünfzigsten Geburtstag feierten, sprachen wir auch viel über seine Zukunft, um ihm mit der von jedem wiederholten Versicherung zu schmeicheln, daß er von uns allen der jüngste wäre. Keiner von uns hätte die Einbildungskraft aufgebracht, ein solches Ende des so parteitreuen Egonek in einer kommunistischen Tschechoslowakei zu ersinnen. Was die neuen Herrscher wohl übelnehmen konnten? Vielleicht, daß er deutsch geschrieben hat wie Kafka und Werfel und so viele Prager Juden, die einmal Untertanen Kaiser Franz Josephs gewesen waren.

Ich denke gerne an Egon Erwin Kisch zurück, an ihn und seine Bücher, von denen gewiß mehrere ihren Platz wiederfinden und behalten werden. Er bleibt trotz seiner Treue zur Generallinie in meinen Augen als Zeuge seiner Zeit viel schätzenswerter, fast immer vertrauenswürdiger als so viele namhafte Schriftsteller, die ohne Zwang als Lobhudler der Tyrannen aufgetreten sind, als falsche Sachverständige in der Verteidigung einer Sache, die ihnen im Grunde nicht wichtig und nicht gut genug war, als daß sie sich je der Partei angeschlossen hätten.

Lion Feuchtwanger, ein begabter Schriftsteller, der mit großer Gewandtheit bedeutendes historisches Wissen und Klugheit in seinen Romanen zur Geltung brachte, war keineswegs ein

Kommunist und überdies weder materiell noch literarisch auf eine sowjetische Unterstützung oder auf die Förderung durch die internationale kommunistische Propaganda angewiesen. Außerhalb Deutschlands, vor allem in den angelsächsischen Ländern, hatte er seine größten Erfolge errungen; daß ihm die deutsche Leserschaft unzugänglich wurde, traf ihn wie alle deutschen Autoren, die den Nazis nicht paßten, sehr schwer. Er aber blieb auch in der Emigration ein wohlhabender Mann, den sogenannten rollenden Rubel brauchte er nicht, obschon er gewiß nicht unzufrieden war, daß die russischen Übersetzungen seiner Bücher in großen Auflagen gedruckt und wahrscheinlich verkauft wurden.

Feuchtwanger veröffentlichte in der schlimmsten Zeit der »Jeschowtschina« einen Reisebericht über Rußland, um zu bezeugen, daß es mit den Moskauer Prozessen seine Richtigkeit hatte. Er wußte es ganz genau, hatte er doch persönlich mit Stalin gesprochen. Überdies hatten ihm seine sowjetischen Kollegen, natürlich die berühmtesten unter ihnen, versichert, daß man an der Verwerflichkeit der Angeklagten der Moskauer Prozesse nicht zweifeln konnte. Und sie hatten ihm im voraus dafür gedankt, daß er seine ungeheuere moralische und intellektuelle Autorität nunmehr energisch gegen die Verleumder der Sowjetunion, somit für die Verbreitung der Wahrheit einsetzen würde. Doch als Feuchtwanger aus Frankreich floh, wählte er keineswegs die von ihm so gepriesene Sowjetunion, sondern die USA als Asylland. Das taten auch zahlreiche andere Sympathisanten, unter ihnen Heinrich Mann. Kisch aber und Anna Seghers wie fast alle prominenten Kommunisten der Pariser Emigration flüchteten über Marseille nach dem fernen Mexiko und nicht nach dem viel nähern Rußland.

»Darauf pfeife ich wie auf das Jahr 40« ist eine alte französische Redensart, um Gleichgültigkeit und Geringschätzung gegenüber einer Forderung oder Drohung oder einer prekären Lage auszudrücken. Dieses Wort wiederholte man bis zum Überdruß mit bitterer Selbstverhöhnung nach dem Zusammenbruch im Sommer 1940. Von diesem Jahr werde ich noch sehr ausführlich sprechen, doch greife ich hier vor, weil jener Sommer so wie die Wochen, die auf die Unterzeichnung des Hitler-Stalin-Paktes und den Ausbruch des Weltkrieges folgten, Kommunisten und Sympathisanten auf eine unausweichliche Probe stellte: Sie sollten ihre Aufrichtigkeit sich selbst gegenüber beweisen. In Marseille oder in Lissabon gestrandet, trafen sie, ohne zu zögern, aus Selbsterhaltungstrieb ihre negative Wahl: gleichviel wohin, aber nicht in die Sowjetunion. Sie pilgerten nach dem fernen Amerika, nach Mexiko, sofern ihnen die USA das Visum verweigerten.

Wieder verbringe ich einige Wochen in der Vallée de Chevreuse, da ich hier, so nahe von Paris, leben und arbeiten kann, als ob ich auf einer Insel im toten Arm eines Stroms weilte. Die Waldungen auf den gewellten Hügeln und die roten Ziegeldächer an ihrem Fuße ziehen den Blick an, doch lenken sie die Aufmerksamkeit nicht ab. Im Genusse der Stille verfolgt man die Gedanken, sobald man sich an das Geräusch der an- und abfliegenden Flugzeuge gewöhnt hat. Ja, hier ließe es sich leben, als ob es keine andere Zeit gäbe als eben jene Gegenwart, der sich die Verbannten zumeist feindlich versagen.

In den Emigrationsjahren kam ich nur selten in diese Gegend: zu einem halbtägigen Besuch am Wochenende oder zu einem besonders geheimen, wichtigen »Treff« im Landhaus eines reichen Sympathisanten, der uns aufgeregt, mit überbetonter Diskretion begrüßte, dann verschwand und schließlich wiederkam, um uns in seinem Wagen nach Paris zu bringen, wo wir an verschiedenen Metrostationen ausstiegen. Gleichviel unter welchen Umständen ich seinerzeit hergekommen war, ich fühlte mich in der Fremde. Alle Stationen waren Umsteigestationen und man mußte länger warten, als vorgesehen war. Das von Kafka geschilderte Fremdsein oder Fremdwerden, das Befremden und Befremdetwerden hat immer psychologische oder metaphysische Gründe. Die Fremdheit all dessen, was mich umgab, noch richtiger: die Fremdheit all dessen, in dem ich mich nur peripher geduldet fühlte, hatte mit meiner Situation und den sie kennzeichnenden dominierenden Widersprüchen zu tun.

Nicht das Haus, nichts in ihm und in dem es umgebenden Garten gehört mir. Trotzdem bin ich jetzt hier nicht weniger zu Hause, nicht fremder und nicht heimischer, als Monsieur Dupont aus Paris oder Dumour aus Lyon es hier wäre. Warum, was hat sich seit damals geändert? Daß ich kein Ausländer, sondern ein französischer Staatsbürger bin? Nun ja, doch ist keineswegs dies das Bestimmende, sondern daß ich wie fast alle meinesgleichen seit dem Ende des Dritten Reiches aufgehört habe, unterwegs und in einem Inzwischen eingezwängt zu sein, daß ich, ohne die Vergangenheit zu vergessen, in der Gegenwart lebe, mit ihr bald abgefunden, bald verfeindet, doch jedenfalls mit ihr auf Gedeih und Verderb verbunden.

Trete ich durch das Tor auf die Straße hinaus, dann erblicke ich dörfliche Häuschen, die wohl Villen Platz machen werden, in welchen die Pariser Zuflucht vor sich selber suchen, und die recht hübschen, älteren Häuser der eingesessenen Mittelbürger, die sich hinter den unechten weißen Fassaden einreden möchten, daß sie würdig die Adeligen ersetzen, deren Stühle sie sonntags in der Kirche besetzen, als ob sie Erben der ausgestorbenen oder guillotinierten Noblesse wären. Was habe ich mit diesen Dörflern gemein? Den Himmel, die Aussicht auf die Hügel und die großen leuchtenden Bauten in der Ferne, in die jetzt die berühmte Ecole Polytechnique aus Paris übersiedeln wird. Wir haben die großen und kleinen politischen Zwiste gemein, die gesellschaftlichen, wirtschaftlichen und sonstigen Skandale, von denen auf einmal überall die Rede ist, die aber ebenso plötzlich wieder vergessen werden; schließlich die Krisen und Konjunkturen und die Zukunftsperspektiven, denen gewöhnlich keine Dauer beschieden ist. Auch die Sprache habe ich mit den Einwohnern gemein, aber nur bis zu einem gewissen, wenn auch hohen Grade. Daß ich in diesem Lande zu Hause bin, liegt vor allem daran, daß ich eines Tages, noch während des Krieges, beschließen mußte, niemals zurückzukehren. An diesem Tage erfuhr ich, was in Auschwitz, Treblinka und Belzec, was in Polen, in den baltischen Staaten und in Rußland, in den Städten und in den Städteln meinem Volk angetan wurde. Aus negativen Gründen hörte ich also auf, ein Emigrant zu sein, noch ehe die Zeit gekommen war, eine neue Heimat zu wählen. Fortab konnte es für mich keine Rückkehr mehr geben ... Erst nachher kamen die positiven Gründe zur Geltung, die ich auch vorher gekannt, aber nicht berücksichtigt hatte.

Seit meiner frühen Jugend fühlte ich mich aufs stärkste durch die Werke französischer Schriftsteller, insbesondere der Moralisten des 17. und 18. Jahrhunderts, angezogen; mir schien's, daß ich ganz ähnlich dachte wie sie und genauso schreiben würde, wenn ich die Erfahrung und das Talent eines La Rochefoucauld hätte.

Jahre später, in der Emigration, verwandelten sich die Gespräche mit Malraux, mit dem Soziologen und Geschichtsphilosophen Raymond Aron, der nun seit vierzig Jahren mein Freund ist, aber auch mit so vielen anderen französischen Intellektuellen unversehens in Dialoge, das heißt wir entledigten uns schnellstens des Ballasts der Nebensächlichkeiten. Nicht nur das Leben, auch ein Gespräch, so lang es auch sein mag, ist zu kurz, als daß man dem Beiläufigen mehr Zeit als unbedingt nötig einräumen dürfte. Mit Leuten, die schnell denken und sprechen und so rapid Repliken bringen, als ob sie diese seit langem bereithielten, fühle ich mich seit jeher heimisch. Fast alle meine französischen Freunde sind ausgezeichnete Improvisatoren, ernste Menschen, die ihre Improvisationen seit Jahrzehnten vorbereiten, das heißt: nie aufhören zu lernen. Häufiger als anderswo habe ich unter den Franzosen den »Lerner«, jenen Typus des Städtels wiedergefunden, den ich seit meiner Kindheit bewundere.

Ein anderer jener positiven Gründe ist meine Liebe zu Paris. Ich hege sie unverringert und wohl unverminderbar seit 1929. Meine Leser wissen von meiner intimen Beziehung, der zuerst naiv verherrlichenden, später enttäuschten und schließlich leidenschaftlichen Liebe zu Wien, ebenso von meiner mit einer Spur von Ironie gemischten Bewunderung und Sympathie für Berlin. Und nun die Bindung an Paris. Gleiche ich nicht dem vaterlosen Kinde, das jedem freundlichen Mann »Papa« sagt? Es geschieht nicht selten, daß ich auf Reisen anstatt Paris »Wien« nenne, wenn ich meinen Wohnort bezeichnen soll. Die Spuren einer vergifteten Liebe bleiben länger sichtbar als die einer langsam erschöpften, ausgebrannten Leidenschaft.

Weit mehr als im seinerzeitigen Berlin fühlt man in Paris den unverwechselbaren Rhythmus einer Weltstadt, in der sich Kraftlinien aus allen Weltrichtungen schneiden oder vereinen. In Berlin war ich dessen innegeworden, daß Wien eine kleine Großstadt, viel eher eine sozusagen verwitwete Residenzstadt als eine Hauptstadt war. Berlin war, vor Hitler, nahe daran, eine Weltstadt zu werden, Paris aber, viel kleiner, ist seit Jahrhunderten, was Berlin werden wollte. Oft genug habe ich in diesen Erinnerungen von meinem Heimweh nach dem letzten Dorf gesprochen. Nun, darin zu wohnen fiele mir viel leichter als in einer mittelgroßen Agglomeration. Solch dörfliche Einsamkeit aber bietet auch Paris; ihr ist nicht nur die schon erwähnte Gleichgültigkeit der Pariser förderlich, sondern auch der fast unvermeidliche *Quartierismus:* Wer da wirklich heimisch geworden ist, beschränkt sich immer mehr auf sein Wohnviertel, eben auf das Quartier, auf das sich dann Paris für die meisten Dinge des täglichen Lebens reduziert. Daraus geht, denke ich, deutlich genug hervor, daß diese Stadt der Bilderbuchvorstellung, die man sich gemeinhin von ihr macht, im wesentlichen durchaus unähnlich ist. Nein, die Pariser sind keineswegs die eleganten und leichtsinnigen, erotisch und politisch besessenen Männer; die Pariserinnen sind wahrscheinlich ebenso treu oder ehebrecherisch wie andere Großstädterinnen. Darüber hinaus aber sind sie als Hausfrauen ungewöhnlich tüchtig, selbst wenn sie einem Beruf nachgehen.

In dem Maße, wie ich das Volk im Alltag und bei allen besonderen Gelegenheiten kennenlernte, stellte ich mit Staunen und Bewunderung fest, daß es besser als irgendein anderes in Europa und wohl auch sonstwo den Lockungen der Vulgarität widersteht. Vor dem Krieg wurde ich dessen zum ersten Mal Zeuge: Hunderttausende, Männer und Frauen, feierten den 14. Juli. Sie tanzten in allen Straßen, auf allen Plätzen, füllten die Bistros, wo reichlich getrunken wurde – all dies ohne Überwachung und auffällige Disziplin. Die einzelnen bewahrten auf natürlichste Weise ihre Individualität, sie wurden nicht zum *Vulgus*.

Neben den geschichtlichen Gründen, aus denen man solches Verhalten erklären könnte, gibt es gewiß auch andere, zum Beispiel das Sprachniveau des Pariser Volkes; es ist das höchste – ich glaube nicht, daß die arbeitenden Menschen irgendeiner anderen Großstadt ihre Sprache so gut beherrschen. Gewiß entlehnt man dem Argot dies oder jenes Wort, wenn es witzig oder besonders gewagt erscheint, doch ist das Modesache und bei den »besseren Leuten« häufiger im Schwange als beim Volk, das selbst wortschöpferisch ist. Die Wiener sprechen ein Idiom, die Berliner einen Dialekt, die Pariser das Französisch, das seit mehreren Jahrhunderten zur Schriftsprache geworden ist. Diese Eigenheit mag sich auch daraus erklären, daß die Pariser (seit der Revolution) an die Macht des Wortes, an den Zauber der Rede glauben – ja, fast genauso wie die Intellektuellen.

Mein Paris ist seit jeher – ich sagte es schon – das des linken Ufers, genauer: jener Stadtteil, der von der Seine, vom Pont de Tournelle bis zum Pont du Caroussel die Hügel hinansteigt, deren höchster als Montparnasse berühmt geworden ist. In einigen Cafés und Kinos des nach ihm benannten Boulevard findet man an den Wänden die etwa hundert Namen von Malern, Dichtern, Musikern, Filmregisseuren und Schauspielern, die hier ihren Aufstieg begonnen haben. Nach dem Ersten Weltkrieg trat der Montparnasse die Nachfolge des Montmartre an, der den Touristen überlassen wurde. Ein Emigrant konnte sich auf den Terrassen des Dôme, der Rotonde, der Coupole und des Select heimisch fühlen, selbst wenn er nur die paar Sous hatte, um ein kleines Bier oder einen »Café nature« zu bezahlen. In allen, die da saßen, in den berühmten oder erst gerade bekannt gewordenen Künstlern, konnte er seinesgleichen sehen: Leute, die zumeist gleich ihm die Zustände und die eigene Lage als provisorisch ansahen.

Der Luxembourg-Garten, der das Quartier Latin mit dem Montparnasse verbindet, zog mich vom ersten Tage an, doch wurde er meine Zuflucht erst in jenen Wochen, da ich mich so unglücklich fühlte, daß ich aufhörte, dafür Worte zu suchen, und verstummte. In mehreren Büchern habe ich von diesem Garten ausführlich gesprochen.

Nirgends, in keiner anderen Stadt habe ich das Unglück solchermaßen als Schuld empfunden, als verdiente Strafe, als einen Sturz, der »tiefer als der Abgrund« werden mußte, ehe ein Neubeginnen möglich würde. Doch je unerträglicher mir die Last des Lebens wurde, um so inniger liebte ich die Stadt, ihre Schönheit und die erstaunlich intime Harmonie, in der sich die wechselnden Stile der Jahrhunderte in einem Beieinander der Kirchen, der Paläste, ganzer Straßenzüge zu einem Kunstwerk vereinen, das niemand im voraus geplant hatte. Ja, es geschieht nicht selten, daß ich auf einer Seinebrücke stehenbleibe, den Strom aufwärts und abwärts betrachte, als erblickte ich diese städtische Landschaft zum ersten Mal: den Schiffsbug der Cité-Insel und die zwei zarten Giganten, die Türme von Notre Dame, die Fassaden des Louvre auf dem rechten Ufer und, in der Mitte, die schönen, alten, doch nicht alternden Häuser, auf dem linken Ufer neben der Kuppel der Académie Française die zahllosen Kästen der Bouquinisten und an manchen Tagen den perlmuttfarbenen Himmel über all dem – ja, wenn ich das betrachte, dann übermannt mich Rührung, als wäre es ein nicht mehr erhofftes Wiedersehen nach einer aufgezwungenen, zu langen Trennung.

Nach dem Ende der INFA, im Frühsommer 1935, fuhr ich nach Wien. Während der wenigen Wochen, die ich dort verbrachte, erwog ich, ob ich nicht bleiben und mich wieder ganz der Psychologie widmen sollte. Trotz der elenden Wirtschaftslage, die auch den Lebensstandard der Mittelschichten senkte, waren meine Aussichten zwar nicht verlockend, aber nicht ungünstig.

Dagegen sprach aber, daß Österreich über Nacht unter die Herrschaft der Nazis geraten, zur Ostmark des Dritten Reiches herabsinken konnte. Noch war die Mausefalle offen, aber die Frist verstrich ... Andererseits flößte mir der Gedanke, daß ich auf vielfache Widerstände der orthodoxen Adlerianer stoßen würde, ein tiefes Unbehagen ein. Darauf wollte ich es nicht ankommen lassen. Hatte ich Adlers Honig empfangen, so mußte ich mich mit dem Stachel abfinden, sagte ich mir in Erinnerung an ein altes Gleichnis, das man im Städtel gern zitierte: »Sprich zur Biene und sage ihr: Gib mir nicht deinen Honig und stich mich nicht mit deinem Stachel.«

Fast anderthalb Jahre waren seit dem Februaraufstand und ein Jahr seit der Ermordung des Bundeskanzlers Dollfuß vergangen; das Regime, von der Kirche und von Mussolini offen gefördert, vom Bürgertum mit Sympathie, doch mäßigem Zutrauen gestützt, ließ die paramilitärischen Verbände paradieren, internierte die aktivsten unter den Sozialisten, sobald es ihrer habhaft wurde. In den Kaffeehäusern kursierten Witze, durch die die erbärmliche Schwäche dieses autoritären Regimes entblößt und ohne allzuviel Bosheit verspottet wurde. Überall, in den Straßen Wiens und viel häufiger in der Provinz, stolzierten junge Leute in Kniehosen und weißen Socken – es war die geheime Uniform der Nazis –, deren Zahl sich genau in dem Maße vermehrte, in dem Hitlers Macht in Deutschland sich befestigte und der Widerstand der Großmächte gegen seine Praktiken kraftloser wurde. Österreich war dem Ende näher als im November 1918, sein Wille zur Selbständigkeit wurde täglich schwächer, trotz aller offiziellen Manifestationen einer Stärke, die – das war gewiß – keine echte Probe überstehen konnte.

Einer von den Leuten der jugoslawischen KP, mit denen ich in Wien den Kontakt wieder aufgenommen hatte, drang in mich, illegales Material mitzunehmen. Ich mußte schließlich einwilligen. Er brachte in meinen zwei Koffern einen doppelten Boden an und verstaute soviel Material: Zeitschriften und Broschüren, daß die Koffer etwa zweimal soviel wogen als üblich. Der Träger am Südbahnhof, der mein Gepäck zum Zug brachte, fluchte so laut darüber, daß er die Aufmerksamkeit der Mitreisenden auf mich lenkte. An der Grenzstation, auf jugoslawischer Seite, stieg ich aus, um mit einem Lokalzug in einen slowenischen Badeort zu fahren, wo ich Freunde besuchen sollte, ehe ich nach Zagreb weiterfuhr.

Ich mußte mich sehr beeilen, um die Verbindung nicht zu

versäumen, deshalb verließ ich den Zug, bevor die Kontrolle passiert war. So ergab es sich, daß ich, ohne es zu beabsichtigen, der Grenzkontrolle entging. Erst in Zagreb erfuhr ich, daß mein Zug besonders scharf perlustriert worden war. Polizisten in Zivil ließen alle Koffer aus den Gepäcknetzen herunterholen, ihren Inhalt ausbreiten, um sie darauf zu prüfen, ob sie einen doppelten Boden hatten. Daraus schloß ich, daß ich angezeigt worden war, sei es durch den Träger, der vielleicht ein Agent war, oder durch einen Mitreisenden. Da sie meinen Namen aber nicht kannten, konnte ich, als ich in Zagreb ankam und sofort meine Koffer loswurde, durchaus beruhigt sein.

In einem Gespräch mit Milan Gorkić, den ich da in strengster Illegalität wiedertraf, beklagte ich mich über den »Techniker«; Milan versprach, ihm einen Rüffel zu erteilen. Ein mir unbekannter Genosse, der uns bald wieder verließ, äußerte den Verdacht, daß es sich vielleicht nicht um einen Fehler, sondern um einen absichtsvollen Mißgriff handelte: Wäre ich nicht an der Grenze ausgestiegen, so wären nicht nur die Broschüren und die Exemplare des Parteiorgans der Polizei in die Hände gefallen, sondern Dokumente, deren Geheimhaltung für die illegale Partei von vitaler Bedeutung war. Gorkić, der beeindruckt, aber nicht überzeugt war, erklärte mir, daß in der Illegalität Mißtrauen und nach jedem Fehlschlag erneute Verdächtigungen nicht vermeidbar wären. Und daß in diesem Falle überdies erbitternde Erinnerungen an innerparteiliche Fraktionskämpfe Menschen voneinander trennen, die sonst alles gemein haben: die Treue zur Partei, die Unversöhnlichkeit gegenüber dem Feind, der sie alle gleichermaßen bedroht.

Daß man Milan Gorkić zum Generalsekretär erwählt, das heißt, daß Moskau ihn als Führer der jugoslawischen Partei eingesetzt hatte, war erstaunlich, denn von Geburt ein Tscheche, hatte er mit den Gründern und ersten Organisatoren und Theoretikern der Partei wenig gemein. Er war überdies viel jünger als die meisten und Männern wie Djuka Cvijić oder Moše Pijade durchaus unähnlich. Der hübsche, kräftig gebaute Mann, dessen großzügiges Gesicht nicht nur Frauen gefiel, flößte Zutrauen ein, Vertrauen zu seiner Kraft und seinem guten Willen.

In Paris wandte sich Gorkić häufig an mich, zog mich zuweilen auch den Beratungen der Parteileitung zu, schickte mir, wenn er auf Reisen war, manchmal einen seiner Mitarbeiter, die in kulturellen und internationalen Fragen Auskunft und Rat brauchten. Ich fragte ihn natürlich nie nach seinem wahren Namen – den habe ich erst nach dem Kriege erfahren – noch nach seinen persönlichen Verhältnissen, indes ihm alles Wissenswerte über mich bekannt war.

Die wenigen Monate, die ich in Zagreb und Dalmatien verbrachte, gaben mir neuen Mut. Wieder entdeckte ich, daß es gar nicht so übel ist, glücklich zu sein, sich im Einklang mit vielen zu fühlen und jeden Morgen aufs neue zu erfahren, daß, was einen umgibt, wahrhaft liebenswert ist.

Auf dem Rückweg nach Paris sollte ich über Venedig reisen, um dort einige Genossen zu sehen. Ich fuhr auf einem alten Schiff, das für Passagiere dritter Klasse einen winzigen Raum hatte, der von jungen Bäuerinnen mit ihren Säuglingen und Kleinkindern besetzt war. Am späten Abend wurde es auf dem Deck sehr kalt, der dünne Regenmantel reichte nicht aus, mein Gepäck aber war so verstaut, daß ich nicht herankonnte. Um mich zu erwärmen, lief ich auf dem Hinterdeck auf und ab; schließlich kauerte ich mich in einem Winkel nieder, wo ich vor dem heftigen Ostwind Schutz fand.

Eine bejahrte Frau lag da auf einer Plache. Sie hatte einen Ranzen unter dem Kopf, den sie als Lehne benutzte, wenn sie sich aufsetzte. Jedesmal, wenn ich auf meiner Deckwanderung in ihr Gesichtsfeld kam, fühlte ich den Blick ihrer erstaunlich jungen Augen auf mir ruhen. Es traf sich, daß die bestgeschützte Ecke in der Nähe ihres Lagers war, wo ich, die Arme über der Brust verschränkt, mit geschlossenen Augen auf den Schlaf wartete. Ich versuchte tonlos zu singen und mich so einzuschläfern, aber die Kälte hielt mich wach. Schließlich unterbrach ich den Gesang, legte den Kopf auf die hochgezogenen Knie, »leerte« ihn und zauberte ein stehendes Bild vor das innere Auge: die weißen Treppen, die in der Abenddämmerung von der Bucht zum Hotel hinaufsteigen. Die einschläfernde Wirkung blieb aus, die Kälte in den Knochen riß mich alle paar Sekunden aus dem Halbschlaf. Da berührte jemand mein Knie, ich fuhr zusammen. Vor mir stand ein großgewachsener Junge, einer der Begleiter der alten Frau. »Es ist die Großmutter«, sagte er, »sie kann nicht schlafen, weil Ihr dasitzt, weil Ihr immerfort friert. Steht auf, sie wird es Euch selbst sagen.« Und ohne meine Antwort abzuwarten, griff er mir unter die Achsel und half mir auf. Im schwachen Licht, das zu schlingern schien wie das Schiff, sah ich, wie die alte Frau sich aufrichtete und mich zu sich heranwinkte, als ob ich in der Ferne wäre, indes ich ganz nahe neben ihr stand. Ich mußte den Kopf ihrem Gesicht nähern, dann stieß sie mich mit einer sachten Gebärde zurück, zog unter der Plache eine Decke hervor, die schwer war und breit.

»Das ist um deiner Mutter willen, daß ihr mein Unglück erspart bleibe. Ich fahre meinen liebsten Sohn begraben in fremder Erde«, sagte die Frau und wies mit der Hand in die Ferne, gewiß dorthin, wo sie mit ihrem Mann und dem Enkel den Sohn begraben mußte.

Als ich am Morgen die Decke zurückgab, wollte sie wissen, wohin ich fuhr und warum ich nicht zu Hause blieb bei Frau und Kindern und in der Nähe der Eltern. Ich wußte nicht, was ich ihr antworten sollte, und sagte zögernd: »Es sind meine Ferien, ich fahre nach Venedig, um dort alles Schöne zu besichtigen, und weil dort die Bilder eines großen Malers ausgestellt werden.«

Der junge Mann half ihr, vom Lager herunterzusteigen, zusammen mit ihrem Mann bemühte er sich, das Gepäck zur Landungsbrücke zu schaffen. Schon sah man eine Stadt und davor Schiffe im Hafen; sie gingen an Land.

Seither bin ich dieser alten Frau, kaum merklich verändert, am häufigsten im Süden begegnet. Immer in Schwarz gekleidet, sah ich sie vor ihrer Türe sitzen und Kühlung suchen am Abend nach einem zu heißen Tag. Ob sie nun allein war oder von jungen Frauen und Kindern umgeben, in ihrer Haltung und in ihren Gebärden lag stets eine Würde, die mir Respekt und Scheu einflößte, derengleichen ich selten vor jemandem empfunden habe. Und diesen Großmüttern bin ich auf steinigen Pfaden begegnet, wo sie sich hinter einem Eselchen oder mit einer schweren Last auf dem Rücken bedachtsam fortbewegten auf dem Steg zu einem Hügel zwischen Zypressen und Ölbäumen, oder zwischen niederen Steinmauern, die Weingärten oder Gemüsebeete gegen gefräßige Ziegen schützten. Und immer suchte mein Blick die Augen in ihrem Gesicht, dessen Züge bewahrt blieben, so wie die hohe Reife sie gefestigt hatte – vom Alter angegriffen, doch nicht verwischt und nicht entstellt. Diese Frauen gehen in das Reich der Großmütter, nicht der Mütter ein, was immer Goethe mit deren Reich gemeint haben mag.

Bei vielen Volksstämmen zeigen Farben und Muster der Kleider an, ob eine Frau noch nie geboren oder schon mehrere Kinder zur Welt gebracht hat, ob sie eine Witwe ist und schließlich ob sie aufgehört, vielleicht verzichtet hat, zu empfangen und zu gebären. Damit konnte manchmal ihr Sturz beginnen, aber besonders in der mediterranen Zivilisation beginnt damit ein neues Leben, welches einer reifen Frau erleichtert, die Schwelle zwischen den Generationen rechtzeitig, ja freiwillig zu überschreiten. Fortab dient und herrscht sie im Reiche der Großmütter.

In Venedig, wo ich seither viele Sommer verbracht habe, gehe ich oft in den Vierteln spazieren, in denen man fast nie Touristen begegnet. Da sind die Handwerker zu Hause und das würdevolle Volk, das dem Fremden kaum das Gesicht zuwendet. Hier habe ich manchmal, an späten Nachmittagen, Rendezvous mit jenen Frauen, von denen man lernen müßte, wie man sich mit dem Alter versöhnt.

Im Sommer 1935 stand Venedig wie ganz Italien mitten in der propagandistischen Vorbereitung zum Krieg gegen Abessinien. Der Friseur, der mir die Haare schnitt, hielt mich für einen Franzosen und verlangte daher gerade von mir, daß ich aus »lateinischer Solidarität« der Eingliederung Abessiniens in das italienische Kolonialreich zustimme.

Auf der Suche nach den Genossen kam ich in Volkscafés und billige Weinstuben, überall sprach man von den bevorstehenden Siegen. Auf einem Platz hinter den Markthallen des Rialto fand eine von Schwarzhemden scheinbar improvisierte Versammlung statt, wo Halbwüchsige und ältere Männer sowie beleibte Faschisten Reden schwangen, die wie Muster dramatischer Rhetorik die Zuhörer so in Erregung brachten, daß sie entschlossen schienen, noch bevor es Nacht wurde, Addis Abeba zu stürmen. An diesem Abend erst, also recht spät, entdeckte ich den theatralischen Charakter, der mit jedem politischen Extremismus einhergeht, welcher sich an die Massen wendet. Bis spät in die Nacht suchte ich die Männer, die in bestimmten Lokalen, an bestimmten Plätzen, an dieser oder jener Brücke mich erwarten und mich an meinem dünnen, über die Achsel geworfenen schwarzen Regenmantel, einem zusammengerollten grauen Hut in der Linken und der Pariser Abendzeitung ›Le Temps‹ in der Rechten erkennen und mich mit »Pardon, Monsieur Lagrange?« ansprechen sollten. Endlich, am späten Abend, als ich mich auf den Stufen von Santa Maria della Salute ausruhte, sprach mich eine Frau an. Sie hatte mich, sagte sie, den ganzen Tag gesucht und stets verfehlt. Gerade wollte sie die Suche aufgeben und mit dem Vaporetto nach Hause fahren, da hatte sie zufällig die französische Zeitung erblickt. Es wäre besser, ich reiste sofort ab, ein wichtiger Genosse war aufgeflogen, die anderen hatten Reißaus genommen. Etwas war los, der Boden schien sehr heiß – das wiederholte sie zweimal. Sie wußte augenscheinlich nicht, worum es sich handelte und worüber ich mit den flüchtigen Genossen hätte sprechen sollen. Daher erwähnte ich nichts davon. Ihr Vaporetto näherte sich, sie sprang die Treppe hinunter, kam schnell zurück, um mir gute Reise zu wünschen, und erreichte noch das Boot.

Eine Nacht und einen halben Tag verbrachte ich in der dritten Klasse des Zugs, der mich nach Nizza brachte. Von Venedig habe ich so gut wie nichts gesehen; während langer Jahre sollte ich von dieser Stadt vor allem die Erinnerung an ein vergebliches Suchen bewahren. Ein selbstverblendeter Sucher, sah ich nichts, weil mein Blick fortwährend nach jemand aus war, der sich nicht zeigte: ein Wanderer, der nicht rasten darf, weil vielleicht gerade an der nächsten Ecke jener auf ihn wartet, den er sucht und von dem er in einer Minute und nicht später gefunden werden würde. Mir blieb die Erinnerung von einer Müdigkeit der Füße, die man als Taubheit bezeichnen könnte; sie schienen den Boden kaum zu empfinden, sondern nur noch das Gewicht, das sie trugen. Sie taten mir leid, als wären sie ohne Erbarmen mißhandelte Geschöpfe.

Auch im vollbesetzten Coupé sprach einer vom Krieg, aber da die anderen ihm kein Stichwort brachten und schnell einschliefen, verstummte er resigniert und schlief bald selber ein. Ich blieb wach, dachte an die alte Frau auf dem Schiff: Sie allein, sagte ich mir übertreibend, sie allein war ernsthaft. Alle anderen – ich selbst, dem es gelungen war, in Venedig zu sein und es nicht zu sehen; die sieben Schläfer im Coupé, von denen jeder vor allem darum bemüht war, für sich selbst und sein Gepäck mehr Platz als die Nachbarn zu ergattern; das faschistische Italien, das bombastisch ein politisches Theaterstück aufführte, die Parodie einer Tragödie, die früher oder später furchtbar enden mußte. Und es war möglich, daß all unsere Bemühungen, diesen Krieg, dieses Vorspiel eines neuen Weltkrieges zu verhindern, nutzlos bleiben und daß wir nichts verhindern und nichts erreichen würden. Wir liefen unseren Ohrfeigen nach – unbeachtete Clowns, die sich einbilden, Heldenrollen zu spielen.

Es gelang mir diesmal nicht, mich durch Singen mit geschlossenem Mund abzulenken, ich brachte auch kein stehendes Bild zustande. Ich fuhr nach Nizza, um einige Tage mit meiner

Freundin zu verbringen; es war abgemacht, daß es die Abschiedsfeier sein sollte. Ich würde dann allein nach Paris weiterfahren, wo wir einander im Herbst, aber nur als gute, verläßliche Freunde, wiedersehen würden. Es war kein Bruch, sondern ein gemeinsamer Verzicht. Wir sahen einander noch recht oft, sprachen über vielerlei, aber nicht über unseren Verzicht und nicht über uns selbst. Doch mit der Zeit schrumpften die Themen zusammen, denn sie wollte nichts von meinen politischen Abweichungen, meiner Ketzerei wissen. Sie war nicht sicher, daß sie der Lockung oder der Gefahr widerstehen könnte, meine Worte »weiterzugeben«, das heißt zur Kenntnis der Parteifunktionäre zu bringen.

In Paris stieg ich wieder im Hotel des Sports ab, fast war es eine Heimkehr. Der sommerliche Herbst schien nicht enden zu wollen, ich blieb mit Freunden bis spät in die Nacht auf der Terrasse unseres Stammcafés sitzen. Über den Garten des Luxembourg kam eine frische Brise von der Seine herauf. Wir hatten Gesprächsstoff für ein Jahrhundert, über unser Jahrhundert, das erst fünfunddreißig Jahre alt war, aber bereits überladen mit Geschehnissen und Problemen und mit genug Explosivstoff, um alles dem Erdboden gleichzumachen. Und mit der nicht ausrottbaren Hoffnung, spätestens nach dem Kataklysma alles besser, schöner, neu erstehen zu lassen.

Von dem Geld, das ich in Zagreb verdient hatte, blieb noch etwas zurück, genug um drei Wochen bescheiden zu leben und für eine Monatsmiete. Die Frage, warum ich überhaupt nach Paris zurückgekommen war, vermied ich; war die naheliegende Antwort zwar nicht dumm, so reichte sie doch als Begründung nicht aus. Um sie überzeugender zu gestalten, erinnerte ich mich und meine Freunde daran, daß Professor Lahy, der eine bedeutende Position im psychologischen Lehr- und Forschungsbetrieb innehatte, versprochen hatte, mir eine Arbeit zu verschaffen, die mich materiell und intellektuell befriedigen würde. Es handelte sich nur noch um die Regelung einer Budgetfrage, vertröstete er mich, also um einige Wochen, zwei, drei Monate höchstens.

Ich glaubte daran immer weniger, denn ich hatte inzwischen begriffen, daß in Frankreich mehr als in irgendeinem Lande ein Versprechen keine verbindliche Zusage, sondern eine Höflichkeit, meistens eine hinausgeschobene, nie ausgesprochene Ablehnung bedeutet. Wer es nötig hat, daß eine Zusage erfüllt werde, dem hilft auch seine Klugheit nicht, die so wohlgemeinte und doch so üble Komödie der leeren Versprechen zu durchschauen, und er spielt mit, obschon er endlich zu ahnen beginnt, daß ihm eine bittere Enttäuschung bevorsteht. Ich selbst habe einige Jahre gebraucht, ehe es mir gelang, mir keine Illusionen zu machen und jedes Versprechen als eine irreführende Lockung zu durchschauen.

Niemand darf glauben, daß er sich nie solcher Täuschung schuldig gemacht hätte. Doch handelt es sich bei jenen aus Politesse gegebenen Versprechen zu oft um eine leichtsinnig verschleierte Methode, dem Bittsteller die Hilfe zu verweigern, indem man ihm, ohne zu zögern, noch mehr verspricht, als er erbittet und man ihm jeweils erfüllen könnte. Man sagt zu – nicht erst für übermorgen, sondern bereits für morgen früh, spätestens für den Nachmittag. Und man empfängt mit angemessener Bescheidenheit die sich überstürzenden Dankesworte. Danach wird es dem Bittsteller immer seltener und schließlich überhaupt nicht mehr gelingen, den so großzügigen Helfer zu sprechen oder ihn auch nur ans Telephon zu kriegen.

Diese Helden der Versprechens-Komödie rechneten mit einem Erfolg von fünfzig Prozent, wenn sie nichts taten: Würde dem Ansuchen des Bittstellers von der Behörde stattgegeben, so sollte er nur glauben, daß es das Ergebnis der versprochenen Intervention war; wurde es abgelehnt, so mochte er annehmen, daß dies trotz der Bemühungen dieses Komödianten geschehen war.

Professor Lahy war kein solcher Komödiant, er bemühte sich wirklich, aber ohne Erfolg, weil Frankreich zum Unterschied von den USA und England keineswegs die emigrierten Intellektuellen eingliedern wollte. Die Enttäuschungen, die ich soeben erwähnte, erfuhr ich fast ausschließlich im Zusammenhang mit meinen Bemühungen, für die INFA und ähnliche Institutionen moralische und materielle Unterstützung zu erlangen.

Der Verlag erwartete die Übersetzung meiner ›Menschenkenntnis als soziale Charakterologie‹ im frühen Herbst und plante, das Buch im Frühjahr 1936 zu veröffentlichen. Jedoch war der Übersetzer nicht pünktlich, man mußte mit einer Verspätung von sechs Monaten rechnen. In Wirklichkeit hat er die Übersetzung nie abgeliefert. Ich aber hatte gehofft, daß das Erscheinen des Buchs und dessen wahrscheinlicher, wenn auch mäßiger Erfolg es mir erleichtern würde, meine Berufsarbeit wieder aufzunehmen. Auch das war einer der Gründe, deretwegen ich nach Paris zurückgekehrt war.

Seit dem Ende der Nachkriegswirren und dem Abebben der revolutionären Welle in Europa geschah es zum *ersten* Mal, daß die Kommunistische Internationale, die längst zu einem Instrument der sowjetischen KP und der russischen Außenpolitik geworden war, die sogenannte Generallinie der wirklichen ökonomischen, sozialen und politischen Lage in den kapitalistischen Ländern anpaßte und somit dem »objektiven Faktor« und auch den vielfältigen Strömungen, Regungen und Änderungen der öffentlichen Meinung Rechnung trug. Dies geschah, noch bevor der siebente Kongreß der Komintern gemäß den ihm »von oben« vorgelegten Resolutionen, natürlich einstimmig, beschloß, überall die Politik der Volksfront als die einzig richtige Strategie und Taktik anzuwenden. Daraufhin leiteten die Kommunisten der demokratischen Länder mit den Führern sozialistischer, demokratischer, bürgerlicher und religiöser Parteien und Gewerkschaften Verhandlungen ein, die auf eine sofortige Aktionseinheit abzielten. So sollten die antifaschistischen Parteien sich bei Wahlen, besonders im Falle eines zweiten Wahlgangs, auf einen gemeinsamen Kandidaten einigen, der als Repräsentant der Volksfront gewiß alle antifaschistischen Stimmen erhalten würde. Die KP verzichtete nicht nur auf die Parole »Klasse gegen Klasse«, sondern auch auf die systematische Feindseligkeit gegen die Sozialisten und gegen die linkszentristischen Parteien, etwa gegen die Mittelpartei der seit Jahrzehnten in Frankreich führenden Radikalen und Radikalsozialisten. Die KP ging noch weiter, sie bot »brüderlich die Hand« sowohl den religiösen Arbeiter- und Jugendgruppen wie auch jenen christlichen Parteien, die eindeutig gegen den Nazismus auftraten.

Man durchschaute, daß diese Wendung von der sowjetischen Außenpolitik bestimmt war, welche der Isolierung Rußlands ein Ende machen wollte, da ja das »sozialistische Sechstel« der Erde fortab nicht mehr von den »imperialistischen Kriegstreibern«, sondern von den »faschistischen Aggressoren« bedroht war. Es kam jedoch nicht nur für die Sowjetunion und die Komintern darauf an, alle politischen Kräfte in einer breiten

Front, eben der Volksfront, zum Kampf gegen den inneren und äußeren Faschismus zu mobilisieren. Gerade das hatten wir ja in der INFA angestrebt, das hatte mit sehr bedeutenden Mitteln im Rahmen der von ihm geschaffenen Organisationen Willi Münzenberg schon im Zusammenhang mit dem Dimitrow-Prozeß getan. Bisher hatte es sich jedoch nicht um die anderen Parteien, sondern um einzelne und um sympathisierende kulturelle Gruppierungen gehandelt.

Von meinen ersten Begegnungen mit Münzenberg in Moskau und in Berlin habe ich bereits erzählt*. In Paris, wo er gleich nach Hitlers Machtergreifung mit Babette Groß und seinen Mitarbeitern sein Hauptquartier aufschlug, hatte er inzwischen höchst Ansehnliches geleistet: Im Gegenangriff hatte er die Nazipropaganda außerhalb Deutschlands mühelos mit den in viele Sprachen übersetzten zwei Braunbüchern überrannt. In richtiger Dosierung hatte er Schrecken und Abscheu gegen das Dritte Reich erweckt; er hatte den Lesern nicht etwa Angst vor den Nazis eingeflößt, sondern den Wunsch, sie als ebenso verächtlich wie hassenswert zu enthüllen.

In einem winzigen Sackgäßchen, an dem die meisten Passanten des Boulevard Montparnasse achtlos vorbeigingen, in einem Häuschen, das ein parodistischer Baumeister aus Spaß improvisiert zu haben schien, wurden beinahe mühelos die Fäden gesponnen, mit denen Willi und seine Leute die freie Welt mobilisierten: für Freiheit und Frieden, gegen Krieg und faschistische Unterdrückung, für eine universelle, humanistische Kultur und für die Rettung des kulturellen Erbes – gegen die nazistischen Bücherverbrenner, gegen die Barbarei usw. usw. Daß Münzenberg einer der Führer der von Moskau finanzierten und geleiteten internationalen Bewegung war, das wußten viele Schriftsteller, Musiker, Maler, Professoren aller Fakultäten, Priester aller Konfessionen, Theater- und Filmleute und so viele andere mehr oder minder authentische und jedenfalls namhafte Repräsentanten intellektueller Berufe. Sie wußten es und bewunderten Willi um so mehr: Gab er nicht ein großes Beispiel von Toleranz, unparteiischer Haltung im Kampfe für die Kultur, für Frieden und Freiheit?

Gewiß, es wäre barer Unsinn, Münzenberg als einen verführerischen Tausendsassa zu rühmen oder ihn anzuklagen, den guten Glauben wohlmeinender Philosophen und naiver Poeten

* Siehe: ›Die vergebliche Warnung‹

mißbraucht oder sie durch skrupellose Täuschungsmanöver auf Abwege geführt zu haben. Der einzige Kniff, der stets überzeugende Kunstgriff, den er selbst und seine Mitarbeiter fast gegenüber jedem anwandten, den sie unbedingt gewinnen wollten, bestand darin, ihn davon zu überzeugen, daß man gerade ihn in dem großen und so schweren Kampfe brauchte: ihn als Gewährsmann für die gute Sache; für die Aktion, die gerade notwendig war, um Menschenleben zu retten, um der Verblendung entgegenzuwirken im Angesichte der wachsenden Gefahr für Frieden und Freiheit, schließlich um die Gleichgültigen aufzurütteln. Käme der Aufruf gerade von ihm, dem allgemein geschätzten, bewunderten Mann, so würde das die Zögernden erwecken. Deshalb ...

Ja, auch die Berühmten, die dessen nicht bedürfen sollten, auch sie haben es nötig, daß man ihnen oft, immer öfter in Erinnerung rufe, wie man sie braucht, daß nur dank ihnen alles erst möglich wird, indes ohne sie ... Und die Berühmten, an die sich Münzenbergs Organisationen wandten, hatten das Gefühl, daß man zu ihnen im Namen der Weltgeschichte sprach, ihnen eine verdient bedeutende Rolle anbot, die ihr Ansehen in der Welt nur mehren und ständig reaktualisieren könnte. Um sofort ein Mißverständnis auszuschalten: Hier ging es nicht so sehr um nie ganz befriedigte Eitelkeiten, nicht um den Honigseim der zu süßen und monotonen Schmeicheleien, mit denen die Großen dieser Welt übersättigt werden, sondern darum, im Dienste eines großen Ideals berufen zu werden, um als einer der Besten, Mutigsten, Weisesten für das so schwer gefährdete Gute einzustehen. Als der Erste Weltkrieg ausbrach, sah man, wie diese Angerufenen sich in den Kampf stürzten, Manifeste zu Dutzenden zeichneten, Aufrufe schrieben, die weder zu ihrem Wesen noch zu ihrem Wissen paßten. Zumeist recht unwissend in der Politik, erteilten sie ihrem Volk politische Lehren, die nicht ihre eigenen waren. Damals handelte es sich um den Patriotismus. Die meisten dieser Elite-Manifestanten fanden recht schnell zu ihren Berufen, ihrer wirklichen Kompetenz und ihrem Schaffen zurück, für das allein sie wirklich maßgebend waren. Und sie vergaßen recht bald und hofften auf die Vergeßlichkeit der anderen.

Die Manifeste, Resolutionen, Forderungen und Proteste, die die Münzenberg-Leute unterschreiben ließen, haben den berühmten und erst recht den weniger bekannten Intellektuellen sehr wohl gefallen. So groß der Machtzuwachs des Faschismus war, im Bereiche des Geistigen blieb seine sogenannte Ideologie und seine nationalistische Mythologie trotz aller Propaganda ein fragwürdiges, vor allem provinzielles Phänomen.

Der Volksfront-Antifaschismus, wie ihn Münzenberg, keineswegs allein, aber am energischsten und wirksamsten verbreitete, appellierte vor allem an den Willen zur uneingeschränkten persönlichen Freiheit, die für den Intellektuellen in der Tat eine unabdingbare Voraussetzung für all das ist, was er sein und was er tun will. Die bürgerliche Gesellschaft mochte borniert und zuweilen bis zur Verblendung feindlich sein gegenüber jeder Neuerung, die ihren angestammten Geschmack schockierte – so spottete sie über die Impressionisten und kaufte ihre Bilder nicht, sie blieb wie jede herrschende Schicht immer um Jahre im Rückstand, jedenfalls bis zum Ersten Weltkrieg. Aber sie hatte weder die Macht noch ein sachliches Interesse, die Freiheit der Schaffenden anzutasten. Mussolini förderte die schlechte Kunst, die faschistische Unterdrückung wirkte auf vielen Gebieten hemmend, seltener vernichtend, denn sein Regime war auf halbem Wege zur totalitären Despotie stehengeblieben. Es verbot alle Äußerungen einer offenen politischen Opposition und versagte den Nichtfaschisten die staatliche Förderung, aber ließ sie zumeist ungeschoren. Der Nazismus aber ließ es nicht bei Kontrollen und Verboten bewenden, sondern ging darauf aus, alles zu vernichten, was in Widerspruch zu seiner »Ideologie«, seiner Mythomanie von Größe oder zu seinem Verfolgungswahn geriet. Wer sich ihm nicht unterordnete, war verjudet oder entartet. Die Nazis warfen ihren Gegnern vor, gegen das Dritte Reich Greuelpropaganda zu treiben, aber es genügte tatsächlich, die Texte eines Goebbels und seiner Tintenkulis wörtlich zu zitieren, um bei zahllosen Lesern ein Schaudern über das Unmaß der nazistischen Verblendung und ihres Hasses hervorzurufen und über die Hybris, die sie zu Feinden der Menschheit werden ließ. Als aufmerksamer Leser der Nazipresse mußte ich immer wieder darüber staunen, daß sie nie dem Drang widerstand, sich ihrer Niedertracht zu rühmen – als ob dank ihr den Nazis Deutschland gehörte »und bald die ganze Welt«.

Man hörte Hitler, Göring, Goebbels im Radio, sah und hörte sie in den Wochenschauen im Kino. Am Anfang errangen sie Heiterkeitserfolge, doch änderte sich das mit der Zeit. Man spürte immer bedrohlicher das Gefährliche, das Unberechenbare, das beim Anblick dieser so mächtig gewordenen, wie im

Irrsinn gestikulierenden Komödianten in die Augen sprang. Am Ende glaubte man ihnen nichts als die Ernsthaftigkeit ihrer Drohungen und ihre Selbstvergötterung.

All das erklärt, warum der überwiegende und beste Teil der Intellektuellen überall, wo man frei war, die Wahrheit zu erkennen und auszusprechen, von 1933 an im Antifaschismus ein notwendig gewordenes Bekenntnis zu sich selbst sah und zu allen Werten, die die menschliche Existenz lebenswert machen. Die einen waren Antifaschisten, weil sie seit langem links standen, viele andere gingen zur Linken über, weil sie den Faschismus bekämpfen wollten. Münzenbergs Organisation sowie alle anderen von den Kommunisten offen oder insgeheim geleiteten Vereine, Verbände und Bewegungen fanden so viele Anhänger, weil die Reden und Taten der Faschisten, besonders der zur Macht gelangten Nazis, eine wachsende Zahl von Menschen um ihre Freiheit und um ihre persönliche Würde bangen ließen.

Wenn es somit um die Freiheit und gegen die Tyrannis ging, warum bezogen dann die Antifaschisten nicht die gleiche Kampfstellung gegen die sowjetische Tyrannis? Gab es nicht auch da eine einzige Partei, die sich mit dem Staate identifizierte und sich bedingungslos einer Führung unterwarf, die ihrerseits alle Entscheidungen einem stets und überall gepriesenen Führer überlassen mußte? Diese Frage hätte um so dringlicher werden müssen, als die sogenannte proletarische Diktatur gerade in den Jahren des stürmischen Antifaschismus immer mehr ihren monolithischen Charakter verstärkte und vor aller Augen zur totalitären Despotie Stalins wurde.

Jedoch galt auch hier die schon zitierte Maxime: »Im Kampfe mache Front gegen den Feind, hab ihn, nur ihn im Auge!« So durfte, mußte der Antifaschist bis nach dem Sturz Hitlers den Despotismus Stalins vergessen. Sein Reich war ja das einzige Land auf dem Planeten, das niemals faschistisch werden konnte, weil es die Klassengesellschaft abgeschafft hatte, hieß es, und ein sozialistisches Land geworden war.

So nahmen denn auch die keineswegs kommunistisch gesinnten Intellektuellen in Kauf, daß die von ihnen unterschriebenen Manifeste gegen die faschistischen Missetäter immer häufiger rühmende Hinweise auf den idealen, freiheitlichen Charakter der Sowjetunion enthielten.

Im Herbst 1935 wurde ich ein ständiger Mitarbeiter des von der Jugend-Komintern gegründeten, finanzierten und geleiteten internationalen Comités, das von Paris aus eine Weltbewegung der Jugend gegen Krieg und Faschismus ins Leben rief. In dem Comité sollten Delegierte aus allen Ländern jene Jugendorganisationen vertreten, die sich offen zum Antifaschismus bekannten. Ich gehörte natürlich nicht zur Jugend-Komintern, aber man bot mir diesen Posten an, weil ich mich seit langem nicht nur psychologisch, sondern auch politisch mit Jugendfragen befaßt hatte. War ich somit im wesentlichen ein Berater, so verstand es sich doch von selbst, daß ich bei der Herausgabe von Zeitschriften, Propaganda-Texten und Büchern mitzuwirken hatte. Die Entscheidung über alles, was von Belang war, wurde in Moskau durch die Bürokratie der Jugend-Komintern getroffen, in Wirklichkeit lag sie aber bei den russischen Mitgliedern der obersten Instanz, die ihrerseits die Befehle Stalins und seiner nächsten Mitarbeiter ausführten.

Das Weltcomité wurde von einer großen Zahl weltberühmter Männer und Frauen »patroniert« und moralisch und intellektuell gestützt. Auf den Briefbogen, den Zeitschriften und Propagandabroschüren wurden all die Namen solcher Garanten gedruckt; ich nannte die Häufung dieser überall gruppiert auftauchenden, berühmten Namen die »Münzenberg-Stampiglie«.

Die Mitglieder des Comités, das die Weltbewegung leiten sollte, galten als Repräsentanten jener nationalen und internationalen Jugendverbände, die den Prinzipien der neuen »universellen« Jugendbewegung zustimmten, ohne damit irgendeine materielle oder sonstige Verpflichtung einzugehen. Das Pariser Comité seinerseits zahlte den wenigen permanenten Delegierten jener Organisation ein Gehalt, so daß sie in Paris sorglos leben konnten. Die meisten von ihnen, hauptsächlich Nichtkommunisten, kritisierten nur selten die von den Kommunisten formulierten Vorschläge und lehnten sie damals ab. Mit der Zeit wurden diese katholischen, protestantischen, liberalen und gewerkschaftlichen Delegierten aktive Sympathisanten oder gar Mitglieder der KP; das mußte jedoch geheim bleiben, denn diese jungen Leute waren ja nur brauchbar, solange sie nichtkommunistische Organisationen vertraten. Die einzigen, die sich solcher Maskierung widersetzten, waren die von Ollenhauer, dem Führer der deutschen sozialistischen Jugend und der Jugendinternationale, beeinflußten Delegierten. Ollenhauer hatte seit langem diese Fiktion durchschaut, daher ließ er sich vorsichtig und nur fallweise auf eine Zusammenarbeit im internationalen Maßstab ein.

Die aus Moskau nach Paris entsandten Leute der Jugend-Komintern kontrollierten tatsächlich das Comité und seine Aktionen in jeder Einzelheit. Doch waren auch sie gehorsame Ausführer von Beschlüssen, die nicht sie selbst gefaßt hatten. Alles war bürokratische Fiktion zwischen zwei Realitäten: der absoluten Herrschaft der Stalinschen Clique über alle kommunistischen und para-kommunistischen Bürokraten, und der anderen Realität: Es gab tatsächlich viele junge Menschen in der Welt, die aufrichtig gegen jede autoritäre Herrschaft, gegen jede Form von Unterdrückung kämpfen wollten.

Zweiundzwanzig Monate verbrachte ich in einer täglichen Zusammenarbeit mit gleichaltrigen, aber auch jüngeren Menschen, die zur zweit- oder dritthöchsten Bürokratie der kommunistischen Weltbewegung gehörten. Sie waren scheinbar gewählt, in Wirklichkeit jedoch von oben eingesetzt worden. Ich selbst war nicht einmal fiktiv gewählt und wurde, wie gesagt, als Berater zugezogen, gewiß über Vorschlag einer höheren Instanz. Ich widmete mich voller Hoffnung der neuen Aufgabe, um so mehr, als es galt, eine Volksfront-Politik anzuwenden, obschon sie noch nicht zur offiziellen Linie der Komintern geworden war.

Meine Beziehung zu dieser Elite der Funktionäre gestaltete sich angenehm. Marcel, der permanente Leiter des Pariser Büros, der aus der Tschechoslowakei kam und Gottwald, dem Führer der dortigen Partei, sehr nahe stand, war ein scharmanter, intelligenter Mann, charaktervoll in allen Situationen, in denen er es sein durfte, ohne mit dem Stalinschen Bürokratenkodex in Widerspruch zu geraten. Marcel war lernbegierig und deshalb in jenen Gesprächen besonders aufmerksam, die ihn nachdenklich stimmen konnten. Auch in den schärfsten Auseinandersetzungen bewahrte er gute Manieren. Manchmal fragte ich mich, ob er über die Massenverhaftungen und Prozesse in Rußland anders dächte als ich, aber er und ich, wir vermieden es, über diese Vorgänge zu sprechen.

Marcel kehrte gleich nach dem Kriege heim, rückte, wie vorausgesehen, in sehr hohe Parteistellungen auf, wurde Minister und 1952 eingesperrt und zu einer hohen Kerkerstrafe verurteilt. Nach Stalins Tod war er unter den ersten Freigelassenen, die rehabilitiert wurden. Ich habe triftige Gründe anzunehmen, daß er sich, zum Unterschied von so vielen seiner engeren Genossen, in der furchtbaren Prüfung mit Anstand gehalten hat. Da ich hier nur Gutes über ihn zu sagen habe, nenne ich seinen wahren Namen nicht, um ihm nicht zu schaden. Später einmal, nach einem neuen Prager Frühling von dauerhafterer Wirkung werde ich – oder werden meine Erben – ihn mit seinem wahren Namen bezeichnen. Dies gilt auch für andere, die ich nur mit einem Decknamen genannt habe, weil sie noch in Diktaturländern leben. Anna Seghers hingegen habe ich genannt, weil ihr nicht einmal mein Lob schaden könnte.

Warum schreibe ich über diese Periode so ausführlich und für wen? Für jene, die damals zwanzig Jahre alt waren oder älter? Sie konnten die Wahrheit über die Vorgänge überall in der Welt erfahren und die mit Tücke und Gewalt verhüllten und verkehrten Zusammenhänge schnell genug durchschauen. Das konnten sie, gewiß, aber sie taten es zumeist nicht.

So wie ich im Jahre 1940 in Gedanken an jene zu schreiben begann, die dreißig Jahre später jung sein würden, so schreibe ich dieses Buch in Gedanken an Leser, die jetzt jung sind oder in der Mitte ihres Lebens stehen. Im Angesichte der Gegenwart, dieses letzten Viertels unseres Jahrhunderts, ist es gleichermaßen schwer und notwendig, so klar wie nur möglich den einen und den anderen der Widersprüche darzulegen, um zu zeigen, wie es möglich war zu glauben, daß man die Forderungen des geistigen Anstandes mit eklatanten Widersprüchen versöhnen könnte, ja müßte. Zwei solcher Widersprüche will ich hier ausführlich darlegen; der erste ist auch heute noch so aktuell wie vor vierzig Jahren:

Obschon seit der Französischen Revolution und, in noch höherem Maße seit 1848, Intellektuelle in der Politik, besonders aber in der Arbeiter-Bewegung, eine gewisse Bedeutung erlangten, wann immer es galt, End- oder Fernziele zu bestimmen, hat sich ihr tatsächlicher Einfluß auf die Entscheidungen, abgesehen von kurzen, rhetorisch-dramatischen Episoden, fortgesetzt verringert. Dies galt schon zur Zeit Marxens und für ihn selbst, es gilt in unserem Jahrhundert und hat sich nach der Russischen Revolution, besonders aber seit Lenins Tod, überall verallgemeinert. Zu gleicher Zeit hat sich jedoch der Zustrom von Intellektuellen zur Politik, insbesondere zu revolutionären und in geringerem Maße zu konterrevolutionären Bewegungen vervielfacht. Deshalb konnte der Eindruck entstehen, daß alle Politik von Ideologen und anderen Intellektuellen entscheidend bestimmt, zuweilen von ihnen allein gelenkt wird.

Und eben während dieser Jahre fühlten sich zahllose Intellektuelle überall in der Welt, unter ihnen die besten, charaktervollsten, verpflichtet, mit der Komintern zusammen, gewöhnlich unter ihrer maskierten aber tatsächlich totalen Führung, in den Kampf um die Freiheit zu ziehen. Übten diese Intellektuellen einen Einfluß aus? Ganz gewiß auf ihresgleichen, aber so gut wie überhaupt nicht auf das Volk, nicht auf die damals so oft erwähnten Massen und natürlich nicht auf die Politik der Sowjetunion.

Nun die zweite Feststellung, die gewiß viele nicht zuletzt deswegen vor den Kopf stoßen wird, weil sie so vielen biographischen Behauptungen widerspricht, die der Selbstrechtfertigung dienen und die gar zu große Verspätung bestimmter Einsichten begründen sollen. *Kein seiner Sinne mächtiger Zeitgenosse,* insbesondere *kein Intellektueller,* dem alle Informationen zur Verfügung standen, gleichviel ob er Kommunist oder Sympathisant war, *mußte* an die Wahrheit der in den Moskauer Prozessen abgelegten Geständnisse glauben. Im Gegenteil verboten gesunder Menschenverstand sowie die leicht erlangbare Kenntnis des Vorlebens dieser Angeklagten, ebenso wie die Lektüre der offiziellen Presseberichte, diese Gerichtsverhandlungen auch nur einen einzigen Augenblick lang als authentisch anzusehen. Und niemand wußte es besser als intellektuelle Kommunisten und Sympathisanten, denn ihnen war seit vielen Jahren bekannt, wer und was diese Männer gewesen waren, was sie getan hatten ein Leben lang. *Ich glaube jenen nicht, die erst zwanzig Jahre später, nach Chruschtschows unvollständigen Geständnissen,* die Wahrheit erkannt zu haben behaupten, oder nachdem sie selbst in solchen Prozessen, etwa in Sofia, Budapest und Prag erlitten hatten, was vorher den Opfern Stalins angetan worden war.

Heute wie damals spielten Intellektuelle in der Politik eine weit geringere Rolle, als sie selbst und ihre Anhänger glaubten. Sie waren, sie sind im besten Fall Stimmungsmacher, die im eigenen Milieu Wirkungen ausüben, welche Theatererfolgen nicht unähnlich sind. Aber die politischen Entscheidungen werden von anderen getroffen. Unter diesen mag es Intellektuelle geben, die professionelle Politiker geworden sind, doch dann handeln sie als solche.

Man konnte, ja man mußte wissen, was Dachau war und später Auschwitz; man konnte und mußte wissen, daß Hitler auf Eroberungen ausging und daher den Krieg vorbereitete und ihn entfachen wollte, solange er noch jung genug war, um ihn selbst zu führen. Man wußte, daß die Union der Sozialistischen Sowjetrepubliken nicht von Sowjets regiert wurde und nicht von Arbeitern und Bauern, sondern von der KP, das heißt nicht von der KP, sondern von einer winzigen Gruppe von Männern, satrapischen Bevollmächtigten, die im Kadavergehorsam einem Mann dienten, den man mit der Nation, dem Staat, der Partei identifizierte, so daß er allein am Ende alles sein mußte – und daher die millionenfachen Deportationen, Verhaftungen und Hexenprozesse. All das wußte jeder, das konnte, das mußte jeder erfahren, sofern er es wollte.

Hexenprozesse, sagte ich. Wenn so viele Menschen seinerzeit an die Existenz und das unheilvolle Treiben der Hexen im Dienste des Teufels, ja an diesen selbst glaubten – warum sollte man den Kommunisten und ihren Sympathisanten nicht zutrauen, daß sie bis zum 20. August 1956 aufrichtig geglaubt haben, daß jemand wie Trotzki, Bucharin, Kamenjew und alle anderen, vom Teufel der Konterrevolution besessen, dem Kapitalismus freiwillig oder gezwungen gedient haben?

Nun, die Teufel- und Hexengläubigen ließen in ihrer Gottergebenheit die Irrationalität gelten und sahen in allem Absurden, in allem, was die menschliche Vernunft außer Kraft setzte, den Beweis dafür, daß ihr Glaube in der göttlichen, nicht der menschlichen Wahrheit gründete. Die guten und die bösen Wunder brauchten nicht der Natur des Menschen, sondern dem Göttlichen zu entsprechen. Jedoch so wenig wie auf ein Jenseits und auf eine Ewigkeit kann sich ein Marxist auf die Macht des Absurden berufen, um den teuflischen Zauber zu erklären, der die Majorität der Führer der kommunistischen Parteien und fast alle alten Bolschewiki zwanzig Jahre nach der Revolution in kapitalistische, faschistische Agenten verwandelte, in Todfeinde all dessen, wofür sie seit ihrer frühen Jugend gelebt hatten. Blieb der Marxist sich aber treu, dann mußte er diese grauenhaften Spektakel als alptraumhafte Herausforderungen verwerfen.

Dieser lange Diskurs bereitet die Antwort auf die Frage vor: Wie konnte ich so lange, bis 1937, dabeibleiben – ich, der nicht glaubte und bereits recht früh das Wesentliche der Vorgänge erraten hatte, durch welche die Prozesse ermöglicht wurden?

Ich blieb dabei, weil mir die Volksfrontpolitik als Strategie des Antifaschismus schon lange vorher als die einzig richtige erschienen war. Ja, wir kamen nun aus der Defensive heraus – in Frankreich, in Spanien ging man bald zur Offensive über. Ich hatte, seit ich in dem Comité arbeitete, stets mit Jugend zu tun.

Ich bereiste zweimal die skandinavischen Länder, um alle Jugendorganisationen für die Teilnahme an unserer Weltbewegung zu gewinnen. Bei all diesen Bemühungen war ich durchaus im Einklang mit mir selbst. Erwartete ich zwar von Konferenzen und Kongressen nur einen Bruchteil dessen, was sich die Komintern davon zu versprechen schien, so reichte schon dieser Bruchteil aus, um aus dem Tief der Niederlagen herauszukommen. Fast alle meine Besprechungen in Kopenhagen, Stockholm und Oslo empfand ich als ein Brückenschlagen; in vielen Begegnungen, die nicht nur politisch waren, lernte ich Menschen kennen, die mir gefielen, deren Anschauungen und Zweifel mich interessierten, deren Hoffnungen mir Mut einflößten. Ich denke da zum Beispiel an den norwegischen Dichter Nordahl Grieg, einen besonders schönen, geistvollen Mann, der wenige Jahre später im Krieg sterben sollte.

Was ich von der Geringfügigkeit der Rolle der Intellektuellen gesagt habe, traf natürlich auch durchaus auf mich zu: Selbst wenn ich immer wieder die Meinung dieses oder jenes Kominternmanns in längeren Gesprächen beeinflußt habe, so konnte ich schon deshalb keine nachhaltige, genauer: keine im Endeffekt entscheidende politische Wirkung erzielen, weil jeder von ihnen sich den Moskauer Anordnungen nicht nur unterwarf, sondern von ihrer Richtigkeit blitzartig überzeugt werden konnte. Denn das allein wollte er aufrichtig – das und nichts anderes. Mehr als einmal geschah es, daß Marcel zum Abschluß eines kritischen Zwiegesprächs mir erklärte: »Ich weiß nur eines – jedesmal wenn die russischen Genossen in einer unklaren Situation Stellung nahmen, erwies es sich früher oder später, daß sie recht hatten.«

Ich war noch immer ein Doppelzüngler. Aber nicht mehr wie vorher, denn ich war mit der neuen Politik der Einheitsfront einverstanden: meine Tätigkeit stand in keinem direkten Zusammenhang mit den Geschehnissen in der Sowjetunion. Und ich folgte der schon zitierten Devise und hatte stets »nur den Feind im Auge«.

Ich habe die letzten Seiten mit allgemeinen Betrachtungen angefüllt und nur wenig über die Situation berichtet, in der ich damals lebte, und über die Episoden, die den Alltag artikulierten.

Da ich einen Teil meines bescheidenen Gehaltes für den Unterhalt meines Sohnes in Wien aufwandte, mußte ich mich sehr einschränken, konnte nur eine volle Mahlzeit am Tag einnehmen und das zumeist in den Prix-fixe-Lokalen, wo man für vier bis sechs Francs (weniger als eine Reichsmark) ein Essen von vier bis fünf Gängen bekam, dazu beliebig viel frisches Brot und etwa drei oder vier Deziliter, manchmal sogar einen halben Liter Wein oder ein anderes Getränk. Alles war inbegriffen, »tout compris«, was man genau mit »alles verstanden« übersetzen könnte. Als ich mit den Jahren dieses Essens überdrüssig wurde und mir der Geruch dieser Gasthäuser widrig wurde, so daß ich seinethalben manchmal die Straße überqueren mußte, empfand ich es als unklug, denn da fand man ja die beste Gelegenheit, sich für vierundzwanzig Stunden sattzuessen.

Diese Lokale sind verschwunden und durch Läden ersetzt worden oder bescheidene Reisebüros. Prix-fixe-Mahlzeiten kann man auch heute in fast allen Restaurants serviert bekommen, doch sind sie viel teurer und nicht für bettelarme Studenten, stellenlose Angestellte oder Emigranten, sondern für Touristen bestimmt. Für Leute, die so mittellos sind, wie wir es damals waren, gibt es heute nichts mehr – so billig kann und will wohl niemand mehr essen. Jedesmal wenn ich an einem Hause vorbeigehe, wo ich mich »tout compris« zu sättigen pflegte, stelle ich mit Genugtuung fest, daß der Geruch verschwunden ist und ich selbst ihn mir nur noch abstrakt in Erinnerung bringen kann.

Die Emigration ist, ich sagte es schon, ebenso wie ein Kriegszustand, jenen unbesonnten Ferien ähnlich, die sich trostlos verlängern, weil das einzige Schulhaus abgebrannt ist oder eine gefährliche Epidemie den Alltag durchbrochen hat, so daß die gewohnten Pflichten aufgehoben und die Regeln im Verkehr der Menschen verändert sind. Am hellichten Tage fanden sich viele Emigranten vor den Kinos ein, die für Matineen besonders niedrige Eintrittspreise verlangten. Oder sie sonnten sich in den leeren Parks, während die heimische werktätige Bevölkerung ihrer Arbeit nachging. Sie waren auch zahlreich unter den Gaffern, die vor Kirchentüren auf das Erscheinen von jungen Hochzeitspaaren, von Konfirmanden oder Trauergemeinden warteten.

Die Emigranten hatten einerseits keine Zeit, denn »lange kann es nicht mehr so weitergehen«, wiederholte man: noch einige Wochen, höchstens zwei, drei Monate würden sie diesen sich täglich verschlimmernden Zustand ertragen. Andererseits aber hatten sie weit mehr Zeit, als sie brauchten, da es ihnen ja aufs strengste verboten war zu arbeiten.

Es gab wohl einige, die trotz dem Elend in einer beglückenden Spannung lebten, zum Beispiel Leute, die nur durch die normalen Umstände daran gehindert worden waren, ihre erfinderische Gabe zu entwickeln. Solch ein verhinderter Erfinder lebte nun in einem winzigen Zimmer mit seiner Familie, die sich mit kärglicher Nahrung begnügen mußte, da er all seine Zeit auf die Idee verwandte, welcher er sich dank seiner Misere endlich bis in die späte Nacht widmen konnte. Und natürlich gab es für alle, die nicht zu alt und nicht zu jung waren, die Liebe – das Licht, das auch in der Finsternis leuchtet. Erlosch es wieder, so blieb nur die Finsternis zurück, ein *taedium vitae,* vor dem man in einer neuen Beziehung Zuflucht suchte. Liebe trieb die Heimlosen zueinander und wieder auseinander. Außer dem politischen Kampf und den Illusionen, die ihn begleiteten, konnte nur die Liebe dem einzelnen die Gewißheit vermitteln, daß er noch lebte, daß nichts wirklich verloren und alles noch zu retten war.

Hier drängt sich mir die Erinnerung an ein winziges Erlebnis auf, das mit solcher Tröstung nichts zu tun hat. Im Keller eines billigen Kaffeehauses wurde von Emigranten ein Kabarettabend veranstaltet: Ein Conférencier versuchte, witzig zu sein, Schauspieler rezitierten, Sänger sangen. Dann wurden alle Lichter ausgemacht, auf dem schmalen kleinen Podium erschien ein ganz junges, sehr hübsches Mädchen in einem Trikot, das ihre Formen aufs willkommenste enthüllte. Aus einem Grammophon drang leise eine Musik, die langbeinige Tänzerin sprang hoch, und schon die ersten Schritte ließen das Schlimmste befürchten. Ihre unbeherrschten Bewegungen brachten sie in Gefahr, ins Leere zu stürzen, das merkte sie und wollte es nicht wahrhaben: dieser Auftritt war ihre große, einzige Chance.

Ich habe in jenen Jahren so viele Liebesbeziehungen an den elenden Lebensbedingungen scheitern sehen und täglich für ihren Bestand gefürchtet. Aber um diese junge Tänzerin auf den zu schmalen, staubigen Brettern, auf denen kaum ein Schritt gelingen konnte, habe ich gebangt und einen stechenden Schmerz im Herzen empfunden, als sie ausglitt, fiel und sich verletzte. Wie jener alte Musikant auf der Marienbrücke in Wien, ist sie für mich die Figur eines Gleichnisses geworden, dessen Bild ich bewahrt habe, ohne je zu ergründen, warum.

Die ersten sieben Monate des Jahres 1936 bilden in meiner Erinnerung einen Abschnitt, der, aus dem Zeitlichen ins Räumliche übertragen, mir heute noch wie eine in der Frühsommersonne strahlende und, nächtens, von zahllosen Leuchtkörpern erhellte Insel erscheint. Wir waren Hunderttausende, waren Millionen in Frankreich, Spanien und vielen anderen Ländern, denen jeder Tag das kaum noch Erhoffte zu erfüllen schien: Die zuerst nur defensive antifaschistische Gegenbewegung wurde zu einer echten Befreiungsaktion. Als am 26. April 1936 die in der Volksfront verbündeten Parteien die Mehrheit in der Deputiertenkammer errangen, erkannten alle, daß es sich um weit mehr als um einen Wahlsieg handelte. In Paris, der Hauptstadt der Revolutionen, aber auch in den fernsten Provinzen fühlte man sich wie von einem Mistral belebt, der den fauligen Föhn verjagt. Man wurde immer weiter vorangedrängt, immer näher zum Ziel, das man angestrebt, doch während langer Jahre für beinahe unerreichbar gehalten hatte.

Um jenes im letzten Viertel unseres Jahrhunderts schwer begreifbare Geschehen faßbar zu machen, will ich vorwegnehmend das Unglaubliche feststellen: Das Besondere am Erlebnisse war nicht der Sieg, der sich nach so vielen Niederlagen einstellte, und nicht die Lust, um nicht zu sagen: die Wollust an unserm Triumph, sondern die Freude. Ich mußte immer wieder an die »Agape der Brüderlichkeit« denken, an jenen unabsehbar langen Tisch, um den sich – das träumten die jungen Revolutionäre von 1790 – eines Tages alle zusammenfinden würden, die eine Zukunft aufbauen wollten – eine Zukunft, die mit ihnen anfing.

Über alle Avenuen zogen Männer, Frauen, Kinder zu den Plätzen der Bastille und der Nation, ihre Rufe und Lieder drangen in die Nebenstraßen und wurden von jedem gehört; sie waren selten gegen den Feind gerichtet, es waren Freudenrufe. Alle sollten mitmachen, um mehr Gerechtigkeit, das unverbrüchliche Recht für alle zu erringen.

Mit Hunderttausenden war ich in Wien singend über den Ring marschiert – es war am 1. Mai nach dem Weltkrieg, die festlich kämpferische Stimmung verriet, wie wenig die Demonstranten den Druck des Alltags vergaßen. In Berlin war ich mit verelendeten Arbeitern mitgegangen, deren aufrührerische Rufe den Feind kaum mehr schrecken und sie selbst kaum noch ermutigen konnten. Nun aber, in den Aufmärschen der Pariser Volksfront, klangen die pathetischschsten revolutionären Lieder so heiter, als käme uns das Erwartete auf halbem Wege entgegen.

In den weiten Höfen der Fabriken, in den Werkhallen, in denen »ein starker Arm alle Räder zum Stillstand« gebracht hatte, überall feierten die Streikenden, die die Arbeitsstellen besetzt hatten, die Verbrüderung mit allen, die sich zu ihnen und ihren Familien gesellten. Berühmte Sänger trugen abwechselnd politische Lieder, Arien und Schlager vor, beliebte Kapellen spielten zum Tanze auf. Man dachte nicht an den Feind, sondern an das bessere, schönere Leben, das nun für alle anbrach, die von ihrer Arbeit leben, und an die Freiheit, welche – das wollte man glauben – nun ein für allemal vor jeglicher Bedrohung gefeit war.

An der Spitze der riesigen Züge von Manifestanten schritten Arm in Arm die berühmtesten Dichter, die einflußreichsten Denker und die Künstler von überall, die hier in Paris ihren Weg und ihr Ziel gefunden hatten. Mit ihnen marschierten die Führer der Parteien und Gewerkschaften von zahllosen Fachverbänden und Gilden – alle waren da. Zum erstenmal feierte Paris seinen Aufruhr wie ein Fest, es fiel kein Schuß, niemand mußte sterben. Niemals, seit die Losungsworte: *Freiheit, Gleichheit, Brüderlichkeit* die Schritte von Aufständischen gelenkt hatten – niemals hatte man sich der Brüderlichkeit so nahe gefühlt wie in den Maitagen 1936. Immer hatte mich die Frage der revolutionären Gewalt, ihrer Berechtigung und ihres Wirkens zutiefst beunruhigt. Nun bewiesen die Ereignisse die Wirksamkeit der gewaltlosen Aktion. Nichts wünschte ich sehnlicher, als daß sie nicht nur für die Bewegung und Frankreich, sondern auch später und überall gelte.

Die vor uns lebten, haben manche Worte so verschwenderisch benutzt, daß sie fast unbrauchbar geworden sind. Deshalb muß ich eine ungewohnte Scheu überwinden, um es auszusprechen, daß wir damals Stunden wirklichen Glücks erlebt haben. Ja, ich wiederholte mir manchmal die oft zitierten Worte Hegels über die Französische Revolution: »Eine erhabene Rührung hat in jener Zeit geherrscht, ein Enthusiasmus des Geistes hat die Welt durchschauert, als sei es zur wirklichen Versöhnung des Göttlichen mit der Welt nun erst gekommen.«

Ja, es sah nach einer Versöhnung aus, der Versöhnung aller, die guten Willens waren. Und das geschah mitten in der Zeit der Verachtung, da man nur mit Mühe den Klang des wütenden

Gebells und der höhnischen Drohungen vergessen konnte, die aus Deutschland herüberschallten.

Während der ersten Wochen des gleichen Jahres – ich hatte gerade die dreißig überschritten – tauchte Jenka auf. Während einer öffentlichen Diskussion – ich antwortete gerade Egon Erwin Kisch – bemerkte ich sie vom Podium aus, weil sie schön war, weil sie so zuhörte, als ob es für sie eine besondere Bedeutung hätte, daß ich im Gegensatz zu meinen Diskussionspartnern gegen die Assimilation und für ein jüdisches Palästina eintrat.

Einmal kreuzte sie meinen Weg im Quartier Latin, und einige Tage später erschien sie in einem der psychologischen Kurse, die ich im Rahmen des Bildungsprogramms der deutschen Emigration während zweier Semester abhielt. In unserem ersten Gespräch fragte ich sie, ob sie mit mir leben wollte. Sie erwiderte zurechtweisend, daß dies wohl die verkehrteste Art sei, mit jemand eine Beziehung anzuknüpfen. Das glaubt sie übrigens auch weiterhin; daß wir seither, also seit mehr als vierzig Jahren, zusammen sind, beweist, scheint es, nichts gegen ihre damalige Auffassung.

Dieses verwöhnte lettisch-jüdische Mädchen war keineswegs darauf vorbereitet, ein Leben wie das meine unter jenen besonderen Umständen zu teilen, die sich überdies bald aufs äußerste verschlechtern sollten. Doch vorerst, in der ersten Hälfte des Jahres 1936, stand alles im Zeichen der ungeheuren Aufwallung. Als in den Jahren, die nachher kamen, das Leben zur Bürde wurde, trug Jenka mit ihrer unangreifbaren Lebensfreude weit mehr als ihren Teil mit Mut und Gleichmut. Sonst abgeneigt, dem, was man Glück und Pech nennt, eine nennenswerte Rolle zuzubilligen, weiß ich, daß ich mit Jenka Glück gehabt habe – von Anfang an.

Weder vorher noch nachher fühlten sich die politischen Emigranten in Frankreich so heimisch wie während der ersten Monate der siegreichen Volksfront. Man konnte zeitweise den Blick von Deutschland abwenden und durfte auch Stalins Rußland vergessen oder den Gedanken an die dortigen Geschehnisse zumindest in den Hintergrund drängen. Wie sehr der Westen jeder Auseinandersetzung mit Hitler auswich, hatte er kurz vor den französischen Wahlen, am 7. März, bewiesen, als er die entgegen den frei getroffenen Vereinbarungen erfolgte militärische Besetzung des Rheinlandes widerstandslos zuließ. Eine Volksfront-Regierung würde diese Provokation Hitlers niemals geduldet haben und ebensowenig die Eroberung Abessiniens durch Mussolinis Italien, sagte man und tröstete sich mit der Gewißheit, daß sich dergleichen nicht wiederholen würde.

Der Bürgerkrieg verwandelte Spanien in ein Kampfgebiet, in welchem sich, glaubten wir, das Schicksal der Freiheit schnell und natürlich zu Ungunsten der Diktaturen entscheiden würde. Kaum jemand sah voraus, daß dieser Krieg an die dreieinhalb Jahre dauern, mit dem Triumph Hitlers, Mussolinis und Francos, mit dem Untergang der Republik und der Vernichtung so vieler Menschenleben enden würde. Noch heute, Jahrzehnte nach jenem Sommer 1936, dem Sommer unserer Hoffnungen, verbleibt für alle Antifaschisten, die noch unter den Lebenden sind, die spanische Tragödie eine quälende Erinnerung, eine unauslöschliche Kränkung. Der Name der am 27. April 1937 bombardierten Kleinstadt Guernica wurde damals weit mehr als eine geographische Bezeichnung. Diese drei Silben bedeuteten fortab die flagranteste Herausforderung und mit der Zeit, die uns dem Zusammenbruch immer näher brachte, das aus Trümmern gebildete Denkmal unseres Unvermögens, den Menschenfeind zu besiegen, dessen Macht und Wirkung wir augenscheinlich noch immer unterschätzten. Das »No pasaran!« des belagerten Madrid, das bis zuletzt aushielt, war begeisternd, aber nicht für den Westen, der entschlossen war, nichts zu tun, was ihn in einen Krieg verwickeln könnte. Die Politik der Nichtintervention, welche die Republik an Franco und seine Alliierten auslieferte, mißfiel der Mehrheit der Bevölkerung im noch freien Europa und beruhigte sie zugleich. Denn in Wirklichkeit wollten alle den Frieden bewahren – um jeden Preis. Fast um jeden Preis.

Und da erwies es sich, daß wir recht hatten, wir, die trotz aller Zweifel der Sowjetunion treugeblieben waren. Sie war nicht neutral, sie allein lieferte der republikanischen Armee und den internationalen Brigaden Panzer, Kanonen und Flugzeuge. Konnte man aber darüber die Moskauer Prozesse vergessen, in denen Sinowjew, Kamenjew und andere Bolschewiken selbstverleugnende Selbstanklagen erhoben, deren Haltlosigkeit jedem, der sich nicht verblenden lassen wollte, in die Augen sprang? Gleichzeitig kamen Berichte aus der Sowjetunion darüber, daß täglich zahllose Menschen gegen Ende der Nacht aus ihren Wohnungen geholt wurden und verschwanden: Emigranten, alte deutsche Kommunisten wurden als Gestapospitzel, als Spione und Saboteure »enthüllt«, die gegen Stalin, Molotow und andere Attentate vorbereitet hatten; auch sie verschwanden spurlos.

Wir blieben ohne Nachricht von unseren besten Freunden. Schrieben sie nicht aus Angst, sich durch den Kontakt mit dem Ausland zu kompromittieren, oder waren sie bereits verhaftet, deportiert?

Johannes R. Becher, der aus der Pariser Emigration nach Moskau geholt worden war, aber von Zeit zu Zeit in Frankreich auftauchte, schilderte in einem Anfall von Zynismus, der sich bei ihm zuweilen geistreich mit Galgenhumor verband, Anna Seghers und mir, wie Genossen, insbesondere die Funktionäre der deutschen kommunistischen Partei, im Moskauer Hotel Lux lebten: jeder darauf bedacht, sich nicht durch den Verkehr mit einem Freund zu kompromittieren, den man vielleicht in der Nacht darauf abholen würde. Im übrigen waren alle ständig bemüht, nur ja nicht aufzufallen. »Man hört den Donner rollen, jeder zieht den Kopf ein, macht sich klein bis zur Unsichtbarkeit und hofft, daß es beim Nachbarn einschlägt. Ist es vorbei, dann wagt man wieder frei zu atmen. Doch ist's nur für eine Nacht vorbei ... Man lebt in der ständigen Angst – alle, nur nicht der Genosse Pieck.« Das und weit mehr berichtete Becher von den irrationalen und dennoch begründeten Ängsten, die die Komintern-Gäste im Lux und fast alle anderen Einwohner der Sowjetunion beherrschten. Gleichzeitig wurde in Nazideutschland und in Rußland pausenlos durch Rundfunk und Presse, in Worten und Musik verkündet, daß »das Leben bei uns so fröhlich ist wie nie vorher«.

André Gide, der im Spätsommer von einer langen Reise durch die Sowjetunion zurückgekehrt war, berichtete in zwei Büchern, in ›Retour de l'URSS‹ und ›Retouches au Retour de l'URSS‹, über die enttäuschenden Erfahrungen, die sich ihm während seiner ganzen Reise aufgedrängt hatten. So zum Beispiel: Jedes Mal, wenn er öffentlich oder privat vom Bürgerkrieg in Spanien sprach, antwortete ihm ein betretenes Schweigen oder eine leere Formel. Noch hatte Stalin nicht entschieden, ob er in Spanien eingreifen würde; hätte er es aber sofort, in den ersten Tagen der faschistischen Rebellion getan, dann hätte die Republik siegen können, noch ehe Hitler und Mussolini ihre Flieger und ihre Infanterie einsetzten.

Obschon ich Gide alles glaubte, was er über seine Erlebnisse in der Sowjetunion berichtete – ich ahnte ja Ähnliches seit langem –, so gehörte ich doch zu jenen, die bedauerten, daß er mit der Veröffentlichung dieses Pamphlets nicht gewartet hatte. Es war im Interesse der spanischen Republik, daß ihr einziger Verbündeter nicht angegriffen und seine Waffenlieferungen überall gerühmt würden. Ich lebte im Bewußtsein dessen, daß dies die Zeit der Erpresser war und wir gezwungen waren, uns zwischen ihnen einen Weg zu bahnen. Half Rußland, leider verspätet, den Spaniern, den faschistischen Aufstand schnellstens niederzuschlagen und damit der Intervention Hitlers und Mussolinis, die seit Jahren von Sieg zu Sieg schritten, ein Ende zu bereiten, so mochte von einem sozialistischen, doch nicht stalinistischen Spanien aus eine neue revolutionäre Bewegung ausgehen.

Obschon ich damals das totalitäre Herrschaftssystem des Stalinschen Rußland erkannt hatte, blieb ich fähig zu glauben, daß die russischen Drahtzieher solch eine neue Bewegung dulden würden. Daß rundherum fast alle die Aussichten optimistisch beurteilten und Stalin noch bedingungslos vertrauten, entschuldigt meine Verblendung nicht. Ich wußte, daß Süchtigkeit eine der verhängnisvollsten, die Urteilsfähigkeit und den geistigen Anstand äußerst gefährdenden Krankheiten ist, doch erkannte ich damals nicht, daß das Bedürfnis zu hoffen sich in eine nicht weniger zwingende, gefährliche Sucht verwandeln kann. Ja, ich war *hoffnungssüchtig*, deshalb bewahrte meine Skepsis mich davor so wenig, wie seine Erfahrung im langjährigen Umgang mit Narkomanen den giftsüchtigen Arzt heilt.

Heute noch meine ich, daß die Volksfrontpolitik, sofern sie allseits aufrichtig betrieben wurde, die einzig richtige war, daher verurteile ich keineswegs meine politische Tätigkeit jener Jahre. Seit die Komintern den Parteien diese Politik anbefohlen hatte, hatte ich zwar nicht wieder Zutrauen zu ihr gefaßt, jedoch daraus die Zuversicht geschöpft, daß man nunmehr die furchtbarsten Irrtümer vermeiden und damit aus dem Tief unserer Niederlagen wieder hochkommen könnte. Ich bemühte mich, die Führer freiheitlich gesinnter Jugendorganisationen für die Aktionseinheit gegen den Faschismus zu gewinnen, also auch für das republikanische Spanien, in welchem bürgerlich-demokratische, sozialistische, kommunistische, anarchistische und – besonders im Baskenland – auch katholische Jugendgruppen mit vereinten Kräften die Republik verteidigten.

Ich wirkte bei der Vorbereitung eines Weltkongresses der

Jugend und gleichzeitig bei der Planung eines Jugendpavillons mit, der im Rahmen der Exposition Universelle die verschiedenen Aspekte der antifaschistischen Jugendbewegung in Bild, Schrift und Ton zur Geltung bringen sollte. Überdies nahm ich an den politisch-kulturellen Bemühungen der deutschen, fast ausschließlich von Kommunisten, offen oder insgeheim, vorbereiteten Veranstaltungen der Emigranten teil.

Die Begeisterung des Sommers war bald abgeflaut, doch vergaßen die Millionen Lohn- und Gehaltsempfänger nicht, daß sie zum ersten Mal am Meer, an den Seen und auf den Bergen Erholung hatten suchen dürfen – dies dank den »congés payés«, dem bezahlten Urlaub, von dem sie kaum zu träumen gewagt hätten. Das ist doch keineswegs eine revolutionäre Errungenschaft, sondern nur eine kleinbürgerliche Ablenkung, mäkelten töricht manche Ideologen, zumeist Bürgersöhne, denen Ferien reformistisch, ja konterrevolutionär schienen. Sie ahnten nicht, daß noch vierzig Jahre später auch unpolitische Zeitgenossen mit Dankbarkeit an die Volksfront zurückdenken würden und daran, daß sie vom Sommer 1936 an fern von der täglichen Routine jährlich einige Wochen lang sorglos dahinleben durften wie die Wohlhabenden.

Mit der kalten Jahreszeit kehrten die alten Sorgen wieder. Der durch die Streiks erkämpfte höhere Lohn entwertete sich im gleichen Maße wie die Währung. Man lief noch immer in die Versammlungen und marschierte durch die Avenuen, vor allem, um für Spanien zu demonstrieren und gegen die Nichtintervention, aber man spürte, daß die Einheit nicht mehr so selbstverständlich war wie in den Mai- und Junitagen; die Kommunisten agitierten fast offen gegen Léon Blum, der, hieß es, der Nichtintervention hatte zustimmen müssen, um das Bündnis mit England nicht zu gefährden. In der Tat unterstützte Blum das kämpfende Spanien, soweit es nur möglich war. Er war der quälenden Lage um so wehrloser ausgesetzt, als er nach Jahrzehnten ununterbrochener Opposition nun selber an der Macht war. Seinen Freunden wiederholte er immer wieder, daß ihm vor nichts so sehr graute wie davor, Entscheidungen zu treffen, die bewirken könnten, daß schon wieder junge Menschen auf den Schlachtfeldern töten und sterben müßten: »Alles, nur nicht das, jedenfalls nicht zu meinen Lebzeiten!« Er war nicht nur seinen Anschauungen, sondern auch seinem Wesen nach ein Feind der Diktatur. Blum fühlte sich zutiefst solidarisch mit dem spanischen Volk, jedoch schrak er vor jedem Schritt zurück, der zum Krieg, zu einem zweiten Weltkrieg, führen könnte. Die Macht in seinen Händen forderte sein Gewissen heraus, aber er wich auch der eigenen Macht nicht. Das machte aus ihm im Angesichte eines Hitler einen unzulänglichen, fast wehrlosen Regierungschef.

Das Jahr 1937 begann sehr schlecht, was dann während acht langer Jahre folgte, sollte immer schlimmer werden. Wie einen Kehrreim, der sich einem zwingend aufdrängt, wiederholte ich mir manchmal im Gehen die von Karl Kraus so oft zitierte Shakespearesche Mahnung: »Wer darf sagen, schlimmer kann's nicht werden? Es ist schlimmer nur als je. Und kann nicht schlimmer kommen: Es ist nicht das Schlimmste, solange man noch sagen kann: dies ist das Schlimmste.«

Am 23. Januar 1937, kaum fünf Monate nach dem Sinowjew-Prozeß, der mit der Ermordung von sechzehn unschuldigen Menschen geendet hatte, begann der Prozeß gegen Radek, Pjatakow und so viele der Kampfgefährten Lenins und Trotzkis. Ich streiche andere Namen, die dazugehören, aus, denn was mögen sie Lesern bedeuten, die heute vierzig Jahre alt sind oder noch jünger?

In diesen Schauprozessen klagten sich Unschuldige selber an, indem sie Verbrechen gestanden, die sie nicht begangen hatten, welche überdies nur Fiktionen waren. Die von Stalin und seinen Polizisten phantasielos erdachten Verbrechen büßten sie mit dem Tode und ihre Angehörigen und Freunde mit Verbannung und beschleunigtem Untergang. Im Hinblick auf diesen Sachverhalt geht es gar nicht mehr darum, wie bekannt, wie berühmt diese Opfer waren, ihre Namen tun nichts zur Sache. Und doch kann das Ungeheuerliche jener Vorgänge von jenen nicht ganz ermessen werden, denen diese Namen nichts sagen.

Von delirierenden Antisemiten ist nach dem letzten Kriege die Behauptung verbreitet worden, Adolf Hitler wäre ein Jude, ein Agent der »Weisen von Zion« gewesen und hätte in ihrem Auftrage das Deutsche Reich moralisch, militärisch und wirtschaftlich verwüstet. Nun, die Anklagen und die Geständnisse in den Moskauer Prozessen und in jenen, welche in Sofia, Budapest und Prag folgen sollten, waren nicht weniger hirnrissig, eine nicht weniger schamlose Herausforderung an den Verstand. Nicht nur in der kommunistischen Presse, sondern in zahllosen bürgerlichen Zeitungen der ganzen Welt konnte man

Artikel lesen, deren Autoren bezeugten, daß die Angeklagten schuldig waren und ihre Hinrichtung zur Rettung des Friedens und der Freiheit notwendig war.

Die Linke hatte gehofft, daß der erste Schauprozeß der letzte sein würde. Damals, im August 1936, stand alles im Zeichen des kurz vorher ausgebrochenen Spanienkrieges und der sozialen Errungenschaften der Volksfront in Frankreich. Um so schauerlicher wirkte der neue Prozeß. Es ging nicht um Radek und seine Mitangeklagten– die meisten waren übrigens in einem anderen, entgegengesetzten Sinne als dem der Anklage schuldig geworden, indem sie sich Stalin und seiner Clique immer wieder, bis zur Selbstverleugnung, unterworfen hatten.

Somit fühlte ich mich weniger ihrethalb betroffen als wegen der eigenen Kapitulation, der eigenen Doppelzüngigkeit schuldig und durch dieses grauenhafte Spektakel gedemütigt und entwertet. Natürlich überschätzte ich keinen Augenblick lang die Wichtigkeit dessen, was ich in der Bewegung getan hatte; einer mehr oder weniger, ich oder ein anderer – das zählte kaum. Aber insofern es sich um meine eigene Vergangenheit handelte, die ich fortab als eine ungewollte Komplizität an einer grausamen, wahrheitsvernichtenden Daueraktion einer winzigen Machtgruppe ansehen mußte, welche eine ganze Bewegung wie eine verächtliche, feige Geisel gedemütigt hatte, war mir all dies ein Grund, mich selbst als einen betrogenen und betrügenden Mithelfer und als unschuldigen Mittäter zu verabscheuen.

Wer sich selber feind wird, gerät in Gefahr, jeden Ausblick auf die Zukunft zu verlieren. Damit begann die schwerste, bedrohlichste Phase meines Lebens. Noch hatte ich viele Freunde in der Welt, und seit einem Jahre Jenka. Aber es gab niemanden, dem ich mich hätte eröffnen wollen.

»Als hätte ein Gott seit Jahrtausenden alle Einsamkeit für mich allein aufgespart ... «, so begann ein Text, der eine Tagebuch-Eintragung hätte sein können, wenn ich ein Tagebuch geführt hätte.

Wenige Wochen nach Beginn des zweiten Prozesses, am 9. Februar 1937, wurde Arthur Koestler, der als Korrespondent der Londoner Tageszeitung ›News Chronicle‹, tatsächlich aber im Auftrage Willi Münzenbergs nach Spanien gegangen war, in Malaga von Frankisten verhaftet. Er hätte diese Stadt noch rechtzeitig mit den republikanischen Truppen verlassen können. Das war seine Absicht gewesen, erfuhr man, doch im letzten Augenblick war er aus dem rettenden Wagen abgesprungen und in das Haus zurückgekehrt, wo ihm ein englischer Wissenschaftler Gastfreundschaft gewährte.

Dörte, die noch immer die legitime Gattin Arthurs war, setzte sich in Paris und London unermüdlich für seine Befreiung ein, die jedoch höchst unwahrscheinlich war, da er inzwischen nach Sevilla überführt und zum Tode verurteilt worden war. Durch Dörte, die mich ständig auf dem laufenden hielt, erfuhr ich die spärlichen Einzelheiten, die man über seine Gefangennahme und seine allem Anschein nach aussichtslose Lage in Erfahrung bringen konnte.

Während mehrerer Wochen riß mich die Unruhe um ihn fast jede Nacht aus dem Schlaf. Nein, nicht nur die Sorge, sondern auch die Begier zu verstehen: Warum hatte es Arthur vorgezogen, in Malaga zu bleiben, sich also der tödlichen Gefahr auszusetzen, anstatt wie alle seinesgleichen vor den anrückenden feindlichen Truppen zu fliehen? Warum, wozu war er in der Falle geblieben?

Wer sein Gesicht stets dem Feinde zuwendet, bleibt davor bewahrt, die Schwächen und das klägliche Versagen des eigenen Lagers entdecken zu müssen. Ich habe bereits erwähnt, daß Leute wie Koestler und ich schon seit Jahren in dieser absichtsvollen Ablenkung eine Zuflucht vor Enttäuschungen fanden und einen Grund oder zumindest einen Vorwand, der Auseinandersetzung mit den Eigenen auszuweichen. Daher nahm ich an, daß Arthur Zeuge einer Debandade wurde, in die der Rückzug einer militärischen Einheit sich so häufig verwandelt, wenn sie sich zu schwach glaubt und es jedenfalls ablehnt, sich dem anstürmenden Gegner zu stellen. Koestler mußte sich wohl einen Augenblick lang als einen dieser Ausreißer verabscheut haben. Daher beschloß er, lieber dem Feind ins Auge zu sehen als mit den Ausreißern zu fliehen und die republikanische Bevölkerung in Malaga schutzlos dem Feind auszuliefern. Natürlich war das ein völlig unsinniges, quichottisches Wagnis, das kein vernünftiger Mensch gutheißen konnte, das ich in jenen Nächten jedoch recht gut verstand, obschon ich dauernd an die völlige Einsamkeit denken mußte, in der er seinen nahen Tod erwarten müßte.

In jenen Stunden wurde ich Koestlers Freund. Ich nahm mir vor, ihn allein, kam er mit dem Leben davon, in meinen Plan einzuweihen: mich vom Jugendcomité und von der Partei zurückzuziehen, mit der Partei zu brechen, vorderhand wortlos –

sofern dies möglich war. Und damit es gelinge, hatte ich beschlossen, Paris zu verlassen, nach Wien zurückzukehren und dort, abseits aller Politik, neu anzufangen.

In seinem ›Spanischen Testament‹ hat Koestler alles, was er damals erlitten und worüber er in der Todeszelle meditiert hat, in vorbildlicher Weise dargelegt. Als er nach Paris zurückkehrte, empfand auch er, daß unsere Freundschaft für ihn wie für mich an Bedeutung gewonnen hatte. Was uns verband, waren nicht Erfolge, sondern das Leiden an der Zeit, an der mörderischen Maßlosigkeit von Lüge und Gewalt und schließlich der Wille zum Widerstand gegen alle ideologisch maskierte Niedertracht.

Wir waren beide im 32. Lebensjahr, beide in mehr als einem Sinne heimatlos, überaus empfindlich, doch abgehärtet gegenüber Schlägen und Entbehrungen, gegen die gefährliche Lokkung von Erfolgen sowie gegen die Eingebungen der Einsamkeit. Wir glaubten damals, so gut wie alles erfaßt, insbesondere den Mechanismus der Stalinschen Prozesse durchschaut zu haben. Das traf zu, jedoch nicht ganz. Wir meinten, wir hätten keine Illusionen mehr; das war die letzte oder eine der vorletzten, die langsam schwand und niemals verschwinden sollte, denn »es ist nicht das Schlimmste, solange man noch sagen kann: dies ist das Schlimmste ... « Die Lehrjahre nahmen kein Ende.

In der ersten Hälfte des Jahres 1937 ging ich oft auf Reisen, um für das Comité dauerhafte Kontakte mit Jugendverbänden herzustellen. Ich wußte, daß ich aus dem Gesichtskreis dieser recht interessanten Menschen, denen ich bei dieser Gelegenheit auch persönlich nahekam, bald verschwinden würde. Jedoch hatte ich beschlossen, von dem, was bald meiner kommunistischen Vergangenheit angehören würde, nichts, auch keine persönlichen Beziehungen zu erben. Nach Wien zurückgekehrt, würde ich nur noch ein »politischer Kadaver« sein. Gewiß fiel's mir schwer, mich im voraus damit abzufinden, daß so viele, vor allem junge Genossen, mit denen ich in Paris täglich zusammenkam, mir fremd und, gemäß Parteibefehl, schließlich feindlich werden müßten. Zum Unterschied von vielen, die sich vorher oder nachher zurückzogen, habe ich keineswegs schlechte Erinnerungen an meine Genossen bewahrt. Es ist wahr, die charakterliche Qualität besonders der führenden Funktionäre war medioker. Fast alle hatten schon die stalinistische Umerziehung hinter sich und waren deshalb unfähig geworden, an der *Linie* zu zweifeln, das heißt den Mut zum Zweifeln aufzubringen. So war es unvermeidlich, daß ihre Beziehungen zu Freunden, ja sogar zum Ehepartner so funktionell wurden wie die zu ihren Vorgesetzten und ihren Untergebenen. Trotzdem habe ich bis zu meiner Trennung von ihnen sowohl mit den Leuten der Partei wie den Repräsentanten und Funktionären der internationalen Organisationen zumeist gute Erfahrungen gemacht.

Es gab Ausnahmen, eine von ihnen bildete Michal, so nannte sich der Mann, der später unter dem Namen Farkas als Generaloberst bekannt und als Minister in Rakosis Regierung berüchtigt werden sollte; er war ein Beispiel dafür, was die Stalinsche Dressur aus einem mittelmäßigen Mann machen konnte, dessen Schlauheit, Herrschsucht und egoistische Rücksichtslosigkeit sich als überaus förderliche Eigenschaften erwiesen in dem unaufhörlichen Wettlauf um Positionen, für die man Beweise der Treue, der bedingungslosen Unterwerfung zu erbringen hatte. Diese Eigenschaften brachte er mir gegenüber kaum zur Geltung, denn ich war ja kein »Apparatschik«, kein Rivale, sondern so etwas wie ein »Spez«, ein Fachmann, den man benutzen und gegebenenfalls ausschalten und sogar als Sündenbock für eigenes Versagen büßen lassen konnte – gemäß dem Beispiel, das Stalin seit Beginn seiner Karriere seinen Gefolgsleuten gegeben hatte.

Dieser gleiche Michal aber hat mich vor einer Lebensgefahr bewahrt, von der ich erst später Kenntnis erhielt. Zwar stand für mich fest, daß ich weggehen müßte, aber der Rückzug ins Privatleben erschien mir eine unzulässige Lösung – jedenfalls solange der spanische Krieg nicht beendet war. Deshalb bat ich Michal zuzustimmen, daß ich meinen Posten verlasse und mich einer kämpfenden Einheit der internationalen Brigade eingliedere. Michal ließ einige Wochen verstreichen, ehe er mir einen entschieden abschlägigen Bescheid gab, über den er nicht weiter diskutieren wollte. Wenige Tage später erriet ich, daß irgend jemand »weitergegeben« hatte, das heißt dem deutschen oder russischen »Apparat« die Worte der Überraschung, des Zweifels und schließlich des Entsetzens hinterbracht hatte, mit denen ich die Nachricht von dem sogenannten Putsch der Poumisten in Barcelona aufgenommen hatte. Ich hielt das Ganze für eine Provokation, die die Verfolgung und schließlich das Verbot dieser ultralinken, antistalinistischen Partei rechtfertigen sollte. Eine Sekretärin und zwei junge Mitarbeiter waren Zeugen meines Ausbruchs gewesen. Michal hatte also in Erfahrung gebracht, daß ich fortab kompromittiert war und daß man mich unschädlich machen würde, käme ich in den Bereich der in Spanien tätigen »Apparate«.

Noch etwas später begriff ich, daß es Michal als Chef des Comités darauf ankam, daß mein Fall nicht aufgegriffen würde, da man später auch ihn wegen seiner unzulänglichen revolutionären Wachsamkeit hätte angreifen können. Jedenfalls war mir damit der Weg nach Spanien fortab verschlossen. Ich erwähne diese Episode, weil sie eine Vorstellung davon gibt, wie präsent die GPU und die Moskauer Prozeßmacher weit über Rußlands Grenzen hinaus überall da waren, wo Menschen zusammenkamen, um gemeinsam für die Freiheit zu kämpfen.

Stalin hatte befohlen, im Westen Europas einen Moskauer Schauprozeß der vor allem in Katalonien wohlangesehenen revolutionären Partei zu inszenieren und Männer von hohem moralischen und politischen Mut, die seit ihren frühen Jahren gegen Ausbeutung und Unterdrückung gekämpft hatten, als Agenten Francos zu verleumden und sodann zu vernichten. So mächtig nun die russischen Agenten in Spanien waren, dieser Prozeß mußte ihnen mißlingen – die Angeklagten, treu der revolutionären Tradition, verteidigten sich nicht nur, sondern griffen die Ankläger, Hampelmänner im Dienste der GPU, heftig an. Diese Provokation hatte jedoch die Aufsplitterung der Republikaner zur Folge und das wachsende Mißtrauen des spanischen Volkes, welches zu entdecken begann, daß es keine wahren Verbündeten hatte und als Einsatz verwandt wurde in einem Spiel, das Spanien nur noch verlieren konnte.

Die Bombardierung Guernicas durch deutsche Flugzeuge erfuhr ich aus dem Abendblatt ›Le Temps‹, das ich auf dem Weg zu dem Hotel kaufte, in dem eine etwa zehnköpfige Delegation der sozialistischen Jugend Spaniens abgestiegen war. Santiago Carrillo, dem Führer dieses Jugendverbandes, der wohl schon vorher mit den Kommunisten sympathisiert hatte, war es mühelos gelungen, seine Organisation in die Jugend-Komintern zu überführen. Die Prozedur fand in Moskau ihren offiziellen Abschluß, unmittelbar danach wurde die ganze Delegation in ein von der GPU verwaltetes Erholungsheim gebracht, wo sie einige Tage sehr verwöhnt, üppig ernährt und reichlichst mit Getränken versorgt wurde. In mehr oder minder alkoholisiertem Zustande wurden die jungen Spanier ins Flugzeug verladen; in Paris machten sie halt, ehe sie heimkehrten.

Als ich sie in aufgeräumter Stimmung antraf, mehrere Champagnerflaschen waren bereits geleert worden, andere wurden herangetragen, da zögerte ich, ihnen von dem fürchterlichen Schicksal Guernicas zu berichten. Ich entdeckte jedoch bald, daß sie davon bereits Kenntnis hatten, denn Abendblätter lagen auf den Tischen herum; es schien allen aber selbstverständlich, daß das Fest seinen Fortgang nehme.

Ich erwähne diese winzige Episode, weil sie ganz gewiß dazu beigetragen hat, meinem Schwanken ein Ende zu setzen. An jenem Abend empfand ich's aufs deutlichste, daß ich zu diesen Menschen keineswegs gehörte, obschon ich mit ihnen den Feind gemein hatte. Aber da sie ihm ähnlich wurden, konnte uns die gemeinsame Gegnerschaft nicht mehr verbinden. Ich wollte keinen von ihnen verurteilen, aber jeder von ihnen inkarnierte für mich den vielgerühmten neuen, den Stalinschen Menschen, der zwar weiterhin von der Solidarität mit den Ausgebeuteten und Unterdrückten sprach, aber nur noch auf ausdrücklichen Befehl handelte – je nachdem solidarisch oder erpresserisch und immer häufiger mörderisch.

Ich verließ schnell das Fest und wanderte im kalten Regen durch die Straßen, deren Asphalt unter den Bogenlampen die Oberkörper der Passanten widerspiegelte und zuweilen auch fast leserliche Teile von Plakaten, die in großen Lettern Lebensfreude versprachen. Immer wieder drängte sich mir der zu sentimentale Vers Paul Verlaines auf: »Il pleure dans mon cœur/ comme il pleut sur la ville.« Das war einmal schön gewesen, sagte ich mir, doch wie schnell entleeren sich Symbole, entwerten sich Parabeln. Das Ereignis von Guernica war für Symbole und Parabeln durchaus unbrauchbar, wie jede sinnlose Verwüstung ließ es in dem Überlebenden nur Fragen zurück: »Warum? Wozu? Warum gerade diese Stadt, diese Opfer, diese in ihren Spielen von Mördern überraschten Kinder?«

Wie so viele andere, dachte auch ich in dieser Nacht, daß Guernica wahrscheinlich nur ein winziger Anfang war, der unnennbare Zerstörungen ankündigte. Das verängstigte Kind auf dem von Haubitzen beschossenen Friedhof, das ich zweiundzwanzig Jahre vorher gewesen war, wurde an diesem Abend wieder präsent und sollte in den Jahren, die da folgten, nicht wieder verschwinden. So sind diese Geschehnisse für mich nackt, unverhüllbar, unübersetzbar geblieben. Picasso war ein

Glückspilz, da er für das Unheil kindliche Gleichnisse finden konnte, in denen wohlgeformte Tiere mehr märchenhaften Schrecken als Tod verbreiten.

Als wenige Monate später in der Exposition Universelle zahllose Besucher von nah und ferne das Ausstellungsgelände füllten, begierig, sich zu wundern und zu bewundern, des Lebens Fülle in tausend Formen zu entdecken und sich zugleich als Zeitgenossen gerühmt und verwöhnt zu fühlen, da gerieten manche von ihnen in die Pavillons, in denen von Spanien, vom Bürgerkrieg, vom Ringen um Freiheit, von der friedens- und freiheitliebenden Jugend Worte und Bilder zeugten. Große Mengen drängten sich Sekunden oder Minuten lang vor Picassos ›Guernica‹ und suchten dann schnell den Weg ins Freie, zu dem Platz etwa, wo heroische Figuren voller Jugendkraft den Weg ins Deutschland Hitlers und – gegenüber – den Weg in Stalins Rußland wiesen. Etwas weiter saß ein beleibter Mann nackt auf einem Roß – man hatte Mussolini als römischen Imperator ans Ufer der Seine gestellt. Die Pariser, die gewöhnlich reizvollere Nuditäten zu sehen bekamen, fanden den nackten Duce lächerlich, aber nicht komischer als in den Wochenschauen ...

In jenem Frühsommer erreichte mich eine sehr schlechte, doch nicht überraschende Nachricht: Mein Freund Alex Weißberg war in Charkow verhaftet worden. Man brauchte sich nicht den Kopf über solch ein Ereignis zu zerbrechen. Es war gewiß, daß man gegen ihn, wie vorher gegen so viele russische und ausländische Kommunisten die Anklage wegen Sabotage, Vorbereitung eines Attentats gegen Stalin und Molotow, wegen Anwerbung deutscher Arbeiter für ein deutsches Spionagenetz erheben würde. Während langer Monate hatte ich befürchtet, daß mein Bruch mit der Partei ihm schaden würde. Nun hatte dies nichts mehr zu bedeuten, denn er hatte sich gegen einen Feind zu wehren, der in einem simulierten Wahnsinn Amok lief. Die Untersuchungshäftlinge wurden gezwungen, sich ein Vorleben auszudenken, das mit ihrer Vergangenheit nichts gemein hatte. Ich glaubte, daß von all meinen Freunden Alex jener war, der sich durch seine geistige und eigenartige logische Unnachgiebigkeit retten könnte. Niemand konnte ihm helfen, man mußte abwarten und den Kummer und die Furcht verhehlen.

Ich brauchte nur wenige Wochen, um meine Abreise vorzubereiten und um Abschied zu nehmen. Niemand wollte glauben, daß ich fähig wäre, mich ins »Privatleben« zurückzuziehen. Daß ich aufhörte, ein »Berufsrevolutionär« zu sein, überraschte hingegen niemanden, denn alle wußten, daß es mir stets zutiefst widerstrebt hatte, ein Funktionär zu sein. Ich würde meinen Beruf wieder aufnehmen und völlig unabhängig sein, das schien allen normal.

Ich wußte, daß die meisten nach meinem Bruch mit der Partei sich von mir abwenden würden. Noch bekundeten sie mir unbegrenztes Vertrauen und sprachen von ihren persönlichen Angelegenheiten, von ihren politischen Zweifeln und Gewißheiten mit mir. Aber sehr bald würden sie sich mit Erfolg davon zu überzeugen versuchen, daß ich ihr Vertrauen nie verdient hätte. Es waren unter ihnen recht viele, die ich gern hatte und die ihrerseits an mir hingen. Von ihnen verabschiedete ich mich mit einem Wunsch, den ich noch oft wiederholen sollte: »Vergiß mich nicht«, sagte ich, bevor ich meines Wegs ging. Und so mancher beteuerte, halb im Scherz, daß er mich nicht vergessen könnte, selbst wenn er es wollte.

Ich nahm Abschied von den Gassen und Gäßchen, in denen ich mich stets heimisch gefühlt hatte, von den Bänken in den winzigen Parkanlagen, den sogenannten Squares, und von den Alleen des Luxembourg, in denen die Kastanienbäume ihr überreiches Laub wie schwere Ornate trugen. Ich folgte mit dem Blick bald diesem, bald jenem kleinen Segelboot im Bassin, als müßte ich mir die winzigste Einzelheit einprägen.

In jenen Wochen sah ich auch Milan Gorkić wieder. Vielleicht ist meine Erinnerung an jene Begegnung mit dem Generalsekretär der Kommunistischen Partei Jugoslawiens so deutlich geblieben, weil ich schon damals befürchten mußte, daß sie die allerletzte sein könnte.

Obschon es ein sonniger, nicht zu heißer Sommertag war, saßen wir nicht auf der Terrasse, sondern in einem Winkel des hintern Saals des Café Aux Ministères auf dem Boulevard St. Germain. Es geschah ohne Verabredung, jeder hatte dem andern etwas zu sagen, was fremder Neugier nicht ausgesetzt sein sollte. Ich teilte ihm mit, daß ich alle Funktionen niederlegte und in wenigen Tagen Paris verlassen und mich in Wien der Psychologie, wahrscheinlicher noch der Literatur zuwenden würde. Da dieser neue Anfang im Hinblick auf die Umstände recht schwierig werden mußte, hatte ich beschlossen, mich bis auf weiteres von jeder politischen Tätigkeit fernzuhalten. Ohne daß ich es ausdrücklich sagte, konnte er mit Sicherheit annehmen, daß ich in der Tat von der Partei Abschied nahm, mit ihr lautlos brechen wollte.

Gorkić schien nicht überrascht, blieb aber eine Weile stumm. Wir sahen einander nicht an, sondern richteten unsere Blicke auf die Glastür, auf den Boulevard, die hastenden Menschen, die hellen Kleider der jungen Frauen. Schließlich versicherte er mir, daß er meinen Beschluß zwar bedauere, aber durchaus verstehe. Auch er stand vor einer Abreise: Er war nach Moskau berufen worden. Da er in meinen Augen den Schrecken erspähte, beruhigte er mich: »Nein, es ist nicht, was du meinst. Es handelt sich um eine Beratung, an der ich unbedingt teilnehmen muß«, fügte er auf kroatisch hinzu; wir sprachen gewöhnlich deutsch miteinander. Als ich nicht antwortete, erinnerte er mich daran, daß es in der Sowjetunion nicht nur Säuberungen, Verhaftungen und Prozesse gab, daß das Leben auch dort weiterging, auch die Arbeit der Komintern. Ich tat, als ob er mich überzeugt hätte, doch merkte er, daß dem nicht so war, und legte mir dar, daß er jedenfalls dem Befehl – er verbesserte sich: der Einladung folgen mußte. »Fahr' ich nicht, so wird man mich als Verräter denunzieren, als einen Dieb, der mit der Parteikasse durchgegangen ist, als Agent der Polizei oder von Wallstreet. Und das wäre ein furchtbarer Schlag gegen die Partei; in Jugoslawien würden die Fraktionskämpfe wieder aufleben, gute Genossen würden sich enttäuscht abwenden – nein, ich darf das nicht riskieren.«

Ich hätte ihm erwidern mögen, daß er in Moskau den Tod riskierte und überdies, daß man seine Vergangenheit retroaktiv ins Gegenteil verkehre und ihn zumindest als faschistischen Agenten anprangere. Ich sagte ihm nichts von alledem. Er wußte es zweifellos ohnehin, wollte es aber nicht wahrhaben.

Als wir voneinander schieden, sagte ich ihm nicht »Auf Wiedersehen«, und nicht »Vergiß mich nicht«, und wohl auch nicht, daß er mich, fände er mich nicht anderswo, im Café Herrenhof in Wien suchen sollte oder am Bassin des Luxembourg, in dem Kinder kleine Segelboote schwimmen lassen. Ich wünschte ihm gute Reise und baldige Rückkehr; dann wandte ich den Blick von seinem Gesicht ab.

Einige Zeit danach wurde Milan Gorkić in Moskau umgebracht. Man verbreitete das Gerücht, die GPU hätte herausgefunden, daß seine dort tätige englische Maitresse oder Ehefrau ihn für den britischen Geheimdienst angeworben hatte. In der Tat wurden während jener Wochen fast alle in Moskau anwesenden Führer der jugoslawischen Partei ermordet, etwa zur gleichen Zeit wurde die Führung der KP Polens ausgerottet. Sie alle sollten, das befahl Stalin, Agenten gerade jener Polizei gewesen sein, welche sie verhaftet und gefoltert hatte.

Mit einer Verspätung von vierzig Jahren hat Marschall Tito vor kurzem im Vorwort zur 40bändigen Ausgabe seiner ›Gesammelten Werke‹ seinen Vorgänger, den Generalsekretär der Kommunistischen Partei Jugoslawiens Milan Gorkić, vollständig rehabilitiert und angeregt, daß man dem ermordeten Genossen und seinen Gefährten »in der Geschichte der revolutionären Bewegung Jugoslawiens den gebührenden Platz einräume«.

Ich wollte von jemandem, der schon früher den Ausbruch aus der Knechtschaft gewagt hatte, erfahren, wie es ihm in den ersten Monaten der neuerrungenen Freiheit ergangen war. Paul Fröhlich, ein Freund und Kampfgefährte Rosa Luxemburgs, war einer der Begründer der KPD gewesen. Ich schätzte und mochte diesen klugen Mann, der gleichfalls in Paris lebte, wo er zur Führung der sozialistischen Arbeiterpartei SAP gehörte.

Wir sahen einander nicht sehr häufig, obschon wir beide an den Gesprächen Gefallen fanden, die wir stets so führten, als ob es sich von selbst verstünde, daß alles, was wir einander sagten, zugleich sehr ernst und zur totalen Wirkungslosigkeit verurteilt war. Ich drängte ihn oft, von der Vergangenheit und der revolutionären Bewegung während des Ersten Weltkrieges zu erzählen. Gerade ihn wollte ich am letzten Tag vor meiner Abreise aufsuchen; ich traf ihn aber nicht in seinem Hotelzimmer an, obschon ich einige Male wiederkam.

Jahre später ließ ich eine Romanfigur sagen: »Immer schien es mir gewiß, daß unmittelbar nach dem Bruch ein Gefühl der Befreiung in mich einkehren würde, das alles aufwiegen müßte, selbst die Todesdrohung. Aber das Gefühl ist ausgeblieben. So enttäuschend beginnt die Befreiung nach solcher Sklaverei . . . .«

Ja, wer zu lange eine schwere Last auf seinem Rücken getragen hat, fühlt, wenn er sich wieder aufrichten kann, den Schmerz so lebhaft, als ob ihn nun die Bürde doppelt drückte.

Vierter Teil

Die Eltern empfingen mich in gewohnter Weise: die Mutter mit Klagen über mein schlechtes Aussehen und mit der Befürchtung, daß ich wohl verhungern würde, wenn ich nicht alles äße, was sie mir fortwährend vorsetzte, und der Vater mit beherrschter Rührung. Er wollte erfahren, was ich nun vorhätte, ob ich in Wien bleiben oder wieder verreisen würde. Es war Ferienzeit, also war es nicht ungewöhnlich, daß ich nach Hause kam. Ich sagte ihnen nichts davon, daß ich vielleicht überhaupt dableiben würde, daß ich nun neu anfangen müßte. Welcher ihrer Söhne auch zurückkam, es war für sie das Natürlichste auf der Welt, daß er dann zu Hause blieb. Denn wo immer die Eltern wohnten, da befand sich das Zuhause ihrer Kinder, ob sie nun schon erwachsene Männer waren und in der Fremde lebten.

In der Tat fuhr ich aber bald nach dem sommerlich brütenden Zagreb, das ich jedoch schnell verließ, um erst wiederzukehren, sobald die Freunde aus den Ferien zurück waren. Ich ging nach Dalmatien und fand es schöner als je; als das Schiff in der Höhe von Korčula, »meiner« Insel, hielt, verwunderte ich mich darüber, warum ich nie ernsthaft erwogen hatte, hier Fuß zu fassen, mich mit den ärmlichsten Bedingungen ein für allemal zufriedenzugeben – Amen sela!

Jenka und ich hatten in Paris Abschied genommen. Sie sollte sich fortab frei fühlen, denn es war gar zu ungewiß, wie sich mein Leben gestalten würde. Ich machte den Sprung ins Nichts und durfte daher niemanden an mich binden. Es brauchte nicht vieler Worte, um das klarzustellen, denn von unserer ersten Begegnung an, achtzehn Monate vorher, hatte ich Jenka sozusagen vor mir gewarnt und davor, an eine gemeinsame Zukunft zu glauben. So blieben wir bis zur letzten Minute meines Pariser Aufenthaltes zusammen. Es schien uns beiden unwahrscheinlich, daß dies das Ende sein sollte. Doch gab es wohl keinen Ausweg.

Auf ihrer Heimreise nach Lettland machte Jenka einen Umweg und fuhr nicht nordwärts, sondern nach dem Süden. In Venedig fand sie auf dem Zwischendeck eines Touristenschiffes

Platz und kam schließlich ermüdet, doch von der dalmatinischen Landschaft begeistert in Korčula an. Während der Tage, die sie da verbrachte, nahmen wir voneinander zum zweiten Mal Abschied – mit vernünftigem Verzicht und dem Zweifel daran, daß es wirklich die letzte Begegnung sein könnte.

Es fällt mir schwer, mir mein Verhalten von damals zu jener frühen Nachmittagsstunde eines heißen Tages zu vergegenwärtigen, als ich ganz allein auf der Mole blieb und dem langsam aus dem Gesichtskreis entschwindenden Schiff nachblickte – in einer Trauer, für die ich keinen Ausdruck suchte. Ich verlor, ich würde noch sehr lange in allem ein Verlierer bleiben, das empfand ich wie eine Gewißheit; der Trauer war eine merkwürdige Genugtuung beigemengt, fast eine Schadenfreude, denn alles schien folgerichtig: So tief mußte ich fallen.

Ich führte nun ein Doppelleben. Niemand konnte die gefährliche Mutlosigkeit ermessen, in welcher ich dahinlebte, ich verbarg sie nicht, sie verbarg sich selbst in mir. Jene, in deren Mitte ich auf Korčula und später in Wien weilte, fanden mich manchmal weniger lebhaft als sonst, mitunter auch weniger aufmerksam, wenn sie mir von ihren Sorgen sprachen – ja, das kam noch häufig vor –, und weniger treffsicher in den Antworten, die sie von mir erwarteten. Mancher meiner Freunde in Zagreb mochte das deutlicher wahrnehmen, als ich auf der Rückreise in ihrer Stadt haltmachte. Sie merkten, daß ich mich für ihre Angelegenheiten nicht mehr mit der gleichen Intensität interessierte und überhaupt nicht mehr so für sie da war wie früher. Doch stellten sie keinerlei Vermutung darüber an, was diese Änderung herbeigeführt haben könnte, denn sie hofften, daß sie bald vorübergehen würde.

An einem besonders schönen Abend, in einem Gartenrestaurant, in dem sich zu jener Stunde von Tisch zu Tisch eine fast zu laute Heiterkeit verbreitete, begann ich mit einem sehr nahen Freund ein Gespräch, in welchem ich meine Mutlosigkeit bekannte und eine Trauer, die mir den Wunsch eingab, nicht mehr zu sein. Sobald ich den Bruch mit der Partei und die Gründe erwähnte, die mich zu diesem Sprung ins Nichts gedrängt hatten, vollzog sich ganz plötzlich ein auffälliger Wechsel in Haltung und Gesichtsausdruck meines Freundes. Er setzte sich zuerst straff auf, gleich danach aber kauerte er sich zusammen, als ob er sich unsichtbar machen wollte. Seine Stirn und seine Wangen röteten sich wie im Abglanz einer nahen Flamme. Er wandte den Blick von mir ab, schloß die Augen, nicht nur, um mich nicht zu sehen, sondern um sich in kindlicher Selbsttäuschung zu verstecken.

Ich merkte all das, aber sprach weiter von mir: von meiner nahen Zukunft, von meiner Zukunftslosigkeit. Ich bat ihn nicht um Hilfe, darauf kam es nicht an, aber zum ersten Mal überwand ich eine für mich kennzeichnende neurotische Abneigung: Diesmal zeigte ich mich endlich in meinem seelischen Elend. Erst als ich geendet hatte, faßte sich mein Freund und eröffnete mir, halb im Scherz, daß seine Frau ihn vor diesem Gespräch gewarnt und behauptet hätte, ich wäre ein Trotzkist geworden. Ich reagierte mit einer abweisenden Handbewegung und erwartete, daß er fortfahre. Er sagte: »Nun, nein, ja«, verstummte, wandte den Blick ab und kauerte sich wieder zusammen.

Einen Augenblick lang betrachtete ich, wie um mich abzulenken, die lächelnden und lachenden Gesichter an den Tischen, ich hob die Augen zu dem noch immer grünen Laub des weitverzweigten Baumes über unseren Köpfen. Dann sah ich wieder den Freund an, der kein Wort mehr fand und es wohl auch nicht suchte. Auf einmal fühlte ich Tränen unter den Wimpern, ich holte die Sonnenbrille aus der Tasche, um sie zu verbergen; es dauerte lange, wohl länger als eine Minute, ehe ich mich wieder faßte. Ich fragte ihn nach einer Angelegenheit, die in seinem Berufskreise gerade viel Aufsehen erregte, er antwortete lebhaft und witzig, und ich stellte dann Fragen, die ihn und seine Familie betrafen. Wir verließen das angenehme Lokal, schlenderten wie gewohnt eine Weile durch die Stadt, setzten uns in ein Café, wo wir gemeinsame Freunde trafen, und nahmen erst spät abends Abschied. Er war herzlich wie immer, aber im Unterton zögernd und befremdet.

Ja, er fürchtete mit Recht, daß ich gekommen war, um die Gewißheiten zu zerstören, die ich selbst ihm einmal gebracht hatte. In ihnen hatte er sich eingerichtet, wie fast alle, die mir nahestanden. Sie hatten in dieser Orthodoxie Schutz gefunden, und die Gefahren, die sie mit sich brachte, galten als ein Beweis dafür, daß sie recht hatten.

»Du hast Menschen zur Partei gebracht, ich habe es getan. Sie haben mit ihrer Vergangenheit gebrochen, mit Freunden, mit ihrer Familie – im Namen der Hoffnung, die wir ihnen verkündet haben. Was sollen wir ihnen jetzt sagen, wenn wir sie als Trug oder, schlimmer, als vergiftete, in ihr Gegenteil verkehrte Wahrheit enthüllen? Was sollen wir ihnen anbieten. Deine Einsamkeit? Meine Einsamkeit?« Dies sagt im ersten Band meiner Romantrilogie Dojno Faber. Es ist das Jahr 1937, er selbst wird wenige Monate später auf diese Hoffnung verzichten und damit auf die Freundschaft all jener, denen er sie dargeboten hat.

Ich blieb noch einige Tage in Zagreb, alles verlief wie gewohnt, aber es war das Ende, dem vielleicht später, dachte ich, irgendwann ein neuer Anfang folgen würde. Jedoch schien es mir ungewiß, ob es für meinesgleichen noch ein Später geben könnte.

Einen Tag vor meiner Abreise ließ ich mich von Beno gründlich untersuchen. Die Extrasystole war, wie ich vermutet hatte, psychogen, denn er fand das Herz durchaus in Ordnung. Ich hatte gehofft, daß sie verschwinden werde, sobald ich meiner Komplizenschaft ein Ende gesetzt haben würde. Doch sollte diese nervöse Herzstörung mich noch einige Zeit belästigen.

Im Zug, der mich nach Wien brachte, drängte sich mir wieder eine einzige Episode wie ein Motiv auf, das in einer Komposition entwickelt werden müßte: Im Morgengrauen bleibt ein Zug mitten auf der Strecke stehen. Ein Mann, allein im Schlafwagencoupé, hat die Nacht sitzend verbracht, vom Gedanken beherrscht, daß er nirgends ankommen will, daß alles, was er unternimmt, sinnlos wird, noch ehe es vollbracht ist. Er öffnet das Fenster, beugt sich hinaus: Niemand ist zu sehen, nichts als Stoppelfelder. Er erhebt sich, nimmt seinen Mantel und seinen Hut und geht ganz langsam durch den Korridor. Setzt sich der Zug gleich in Bewegung, so wird der Mann weiterreisen, sonst wird er aussteigen. Er wartet einige Sekunden, ehe er die Türe öffnet, abspringt und sich gemessenen Schrittes entfernt. Wo auch immer er haltmachen wird, wird es das Nirgendland sein. Er hört den Pfiff der Lokomotive, dann das Rollen des sich eilig entfernenden Zuges.

Ich begann zu ersinnen, wie es dem Reisenden dann am Morgen im ersten Dorf ergeht, das er auf seiner ziellosen Wanderung betritt. Drei Jahre lang habe ich diese Episode »im Kopfe« schreibend ausgebreitet, mit zahllosen Einzelheiten ausgefüllt. Erst drei Jahre später, als ich endlich zu schreiben begann, hörte ich damit auf.

Im Herbst 1937 gab es in Wien kaum einen informierten Menschen, der an dem Sieg Hitlers über Österreich, an dem nahen Anschluß ans Dritte Reich gezweifelt hätte. Die Hoffnung, daß die Westmächte diese Wendung verhindern würden, war spätestens seit der Rheinlandbesetzung erloschen, und daß Mussolini sich Hitler entgegenstellen würde, das glaubte man selbst im katholischen Lager immer weniger. Man diskutierte nur noch über das wahrscheinliche Datum des Ereignisses, das jedenfalls für alle österreichischen Juden und die deutschen Emigranten, aber auch für viele katholische Antinazis fürchterliche Folgen haben mußte. Wird es noch in diesem Herbst, im Winter oder erst im Frühjahr eintreten? Darüber stritt man mit jener leicht theatralischen Heftigkeit, die im völlig zweck- und wirkungslosen Meinungsstreit recht häufig die Gemüter so erregt, als ob es um eine endgültige Entscheidung von größter Bedeutung ginge. Nun, es ging um Erniedrigung und Entrechtung, um Folter und Tod. Das wußte man, dennoch lebte jeder so dahin, als ob er es zwar für möglich, aber nicht wahrscheinlich und keinesfalls für gewiß hielte. Zwischendurch erzählte man die neuesten Witze und Anekdoten. »Du lachst? Weh dir und deinem Gelächter«, ist eine oft zitierte jüdische Replik. An sie dachte ich oft mitten in unseren Gesprächen.

Jene Monate verbrachte ich abwechselnd in drei Enklaven. In der einen war ich ein geselliger Zeitgenosse, den man gerne im Café, bei Ausflügen und Parties sah, mit dem man bis zum Morgengrauen diskutieren, durch die nächtlich stillen Gassen schlendern konnte. Schließlich war's, als ob ich Wien nie verlassen und mich seit meiner frühen Jugend – abgesehen von den graumelierten Schläfenhaaren – kaum verändert hätte. Ja, ich suchte damals mit Vorliebe die Gesellschaft von Leuten, die sich weder für meine psychologische noch für meine politische Vergangenheit interessierten. Was während der »Amtsstunden« geschah, war ihnen fad, erst um sechs oder acht Uhr abends begann ihr Leben und das der Leute, mit denen allein sie ihre Abende teilen und sich das Jahrhundert vertreiben wollten. Manche von ihnen glaubten, daß die Existenz nur als eine Art Spiel ernst zu nehmen wäre, alles andere aber episodisch war. In Wahrheit verbarg ihr Leichtsinn eine Resignation, die sich jeder täglich abzwang. Mit ihnen erst, also sehr spät, sollte das längst untergegangene alte Österreich wieder einmal zum so oft wiederholten letzten Mal sterben – in Buchenwald und in ärmlichen Mietshäusern, in verworfenen Bergdörfern und den schäbigsten Hotels des Westens diesseits und jenseits des Atlantischen Ozeans.

In meiner zweiten Enklave fand ich die spröde, unermüdlich verwöhnende Freundschaft jener wieder, mit denen ich in der

Jugendbewegung und außerhalb ihrer meine frühen Jahre verlebt hatte. Rückblickend mochte es ihnen scheinen, daß wir miteinander ein nicht enden wollendes Fest gefeiert hätten, mitten in der Schwere der Kriegs- und Nachkriegsjahre, in deren Elend und unhemmbarer Hoffnungsfreudigkeit. Manche, die gleichen Alters waren wie ich oder um wenige Jahre älter, hatten durch mich den Weg zu Alfred Adler gefunden und waren in seinem Kreise geblieben, bis die Entfremdung zwischen Adler und mir jene, die zu seinem engsten Gefolge gehörten, zu meinen Gegnern machte.

Fast all diese Freunde, vor allem die jungen Frauen unter ihnen, errieten nach der ersten Wiederbegegnung meine Bedrückung. Ihre scheue und um so wirksamere Güte, die ich damals und auch später erfahren habe, auch sie werde ich so wenig, ja noch weniger als das Unglück vergessen, bis man mir Scherben auf die Augen legen wird. Ohne es zu wissen, haben diese Freunde mich in jenen Monaten vor mir selbst gerettet.

In der dritten Enklave – räumlich war sie das Zimmer, das ich in meinem Elternhaus wiederfand – war ich darauf aus, neben der *Freiheit von* die *Freiheit zu* wieder zu erobern. Daher suchte ich, für mich und jene, die mich hören wollten, klarzustellen, wie es mit jener Diktatur bestellt war, die zum Unterschied von der herkömmlichen Despotie die Massen tatsächlich mobilisiert, dank ihnen zur Macht gelangt, um dann die totale, totalitäre Herrschaft über Leib und Seele auszuüben.

Wie junge Schriftsteller ihr erstes Werk schreiben, indem sie wie in einem Rausch ihre intimsten Erlebnisse, die Leiden und Triumphe ihrer ersten Leidenschaften in das Reich des Ersonnenen transponieren, wo alles paradigmatisch oder parabolisch wird – in solch unerwarteter Sturzgeburt brachte ich in wenigen Tagen, will es mir scheinen, aber wohl eher in einigen Wochen, meinen Essay ›Zur Analyse der Tyrannis‹ zu Papier.

Nein, ich fühlte mich danach nicht befreit, und ich erwartete nicht den geringsten Erfolg für den Fall, daß diese Schrift überhaupt je veröffentlicht werden sollte. Dennoch war jener Oktobertag 1937, an dem ich den Essay beendete, der Ansatz zu einem neuen Beginnen, denn ich hatte mein Schweigen gebrochen. Ohne Hitler oder Stalin zu nennen, hatte ich versucht, das Wesen ihrer Regime so deutlich aufzuzeigen, daß der unvoreingenommene Leser die eine wie die andere Diktatur hinter ihrer ideologischen Maskierung identifizieren und sodann deutlich genug durchschauen konnte, was sie konstitutiv gemein hatten.

Aber wo waren meine Leser, sofern es sie überhaupt gab? In Deutschland, wo jeder gefährdet war, bei dem man regimefeindliche Schriften fand? Damit diese Feindschaft nicht einem Polizisten oder einem SS-Mann sichtbar auf den ersten Blick werde, nannte ich, wie gesagt, weder Hitler noch die Nazis. Und ich bezeichnete auch Stalin nicht, damit die Kommunisten ihrerseits es nicht als eine antisowjetische, faschistische Schmähschrift anprangerten, ohne auch nur eine Zeile gelesen zu haben. Es ist wahr, ich glaubte keineswegs daran, daß diese Vorsicht etwas nützen könnte, ebensowenig hielt ich es für wahrscheinlich, daß ein deutschsprachiger Verlag geneigt sein würde, diesen Essay zu veröffentlichen. Darin irrte ich mich. Gerade damals wurde in Wien ein neuer Verlag gegründet, dessen Rechtsberater und Mitarbeiter ein guter Freund aus der sozialistischen Jugendbewegung war. Er las mein Manuskript, der Verlag nahm es sofort an und wollte es als zweiten Band einer anspruchsvollen Schriftenreihe im Frühling 1938 veröffentlichen. Ich bekam die Bürstenabzüge zur Korrektur wenige Tage, bevor Österreich ein Teil des Dritten Reiches wurde.

In meinem Elternhaus ging es, wie immer, lebhaft zu; angemeldet oder unangemeldet stellten sich Gäste zu jeder Tageszeit ein, abends am häufigsten. Wie seinerzeit gab es auch jetzt wieder ein zentrales Thema. In unseren ersten Wiener Jahren war es der Krieg gewesen, nun war's die Herrschaft der Nazis, der drohende Untergang Österreichs. Ich nahm selten an den Gesprächen teil, selbst wenn ich im Hause war, denn ich hatte meinerseits viel Besuch. Manchmal wurden die Stimmen so laut, daß man befürchten konnte, die Auseinandersetzung würde zu Konflikten führen. Ich beruhigte meine Freunde – Eiferer finden Vergnügen nicht nur an der eigenen Heftigkeit, sondern auch an der ebenso herausfordernden Art der Andersdenkenden, ihre Meinung zu vertreten. Seit meiner frühen Kindheit im Städtel kannte ich die ständigen, schnell dramatisch zugespitzten, dann sich besänftigenden Debatten, die den Zablotowern so manches Vergnügen ersetzten, das sie sich weder leisten konnten noch leisten durften. Darüber, ob Gambetta ein Jude gewesen war oder nicht, ob die Familie Montefiore so reich war wie die Rothschilds, ob die Deutschen oder die Franzosen klüger, gelehrter, ob die einen oder anderen bessere Menschen, tapferere Soldaten wären und schließlich, bei welchen Völkern es mehr Judenfeinde gäbe – über diese und ähnliche, zumeist schwer beantwortbare Fragen wurde unermüdlich debattiert, sofern man sich nicht den Kopf über den Ursprung eines Zitats oder über die Klärung einer besonders »herben« Frage zerbrach, die in irgendeinem Traktat des Talmud zwar eine Lösung gefunden hatte, die jedoch nur galt, wenn man sie »tiefschürfend« interpretierte.

Eines frühen Morgens erhielten wir aus Zablotow die telegraphische Nachricht, daß meines Vaters Vater gestorben und wegen des unmittelbar bevorstehenden Sabbaths wenige Stunden nachher bestattet worden war. Der Großvater, der das achtzigste Lebensjahr bereits überschritten hatte, war nach kurzem Leiden verschieden.

Während der Woche, die auf die Todesnachricht folgte, verwandelte sich unsere Wohnung in ein Bethaus. Gemäß der Tradition verließ der Vater nicht das Haus; vom frühen Morgen bis in die späte Nacht saß er auf einem Schemel, Freunde und Bekannte kamen auf Trost-Besuch. Jene, die den Verstorbenen gekannt hatten, sprachen lobend über ihn und versicherten, daß ihm im Jenseits Gerechtigkeit widerfahren, somit nur Gutes geschehen werde. Der Trost wurde von den Anwesenden mit tiefen Seufzern und am Ende mit einem lauten »Amen« begleitet. Bei alledem kam es darauf an, daß der Vater morgens, nachmittags und abends das Totengebet sprechen könnte, ohne das Haus zu verlassen; dazu brauchte man jedoch ein »Minjan«, das heißt zumindest neun Männer, um mit ihm zusammen eine Betgemeinde zu bilden. Es war zumeist nicht schwer, das Minjan zusammenzubringen, da wir, die drei Söhne, zumeist anwesend waren. So kam es, daß ich mich nach Jahrzehnten zum ersten Mal wieder unter Betern befand, die stumm oder mit fast unsichtbar bewegten Lippen leise oder aber recht laut die Texte sprachen, die mit geringen Varianten für die drei täglichen Gottesdienste bestimmt sind. Manche beobachteten mich verhohlen, sie horchten enttäuscht, denn ich blieb stumm. Der eine oder andere hielt mir das offene Gebetbuch hin, stieß sanft meinen Ellenbogen an und sah mir auf den Mund. Ich kannte noch fast alle täglichen Gebete auswendig. Um nun zu beweisen, daß ich nicht ein Abtrünniger, wenn auch ein ungläubiger Jude war, sagte oder sang ich einige Sätze. Es würde meinem Vater guttun, dachte ich, von diesem Mann dafür belobt zu werden, daß sein Sohn einen guten Kopf und eine – trotz allem – jüdische Seele bewahrte.

In jenen Stunden dachte ich oft an das Städtel zurück; an den

Fluß und an die Brücke, an den Urgroßvater Boruch, an seinen Messias, der nicht kommen wollte, und an den meinen, der gekommen war und der falsche wurde, ein Anti-Messias. Ich sehnte mich gewiß nicht nach dem Städtel zurück, obschon es mir einen Augenblick denkbar schien, daß dort Zuflucht finden könnte, wer sich von der Zeit und den Zeitgenossen abwenden wollte. Jedoch wurde es mir sogleich klar genug, daß es nirgends eine Zuflucht gab für jemanden, der noch immer alles ändern und nichts vergessen wollte.

Ich hörte dem Vater aufmerksam zu, wenn er das Todesgebet sprach: gefaßt, jedes Wort klar artikulierend und jedesmal nikkend, wenn die anderen ihn mit »Amen« unterbrachen. Und während er sich dann auf den Schemel setzte und das Gesicht zu den Stehenden emporhob, wurde ich mir dessen bewußt, daß ich bis zu diesem Augenblick es zwar oft gesehen, doch nie bemerkt hatte, daß er gealtert und sein Antlitz das eines sechzigjährigen Mannes war; dreißig Jahre war es für mich somit fast unverändert geblieben. Trotz allem Unglück, allen Enttäuschungen hatte er doch im wesentlichen Glück gehabt: Sein Messias war nicht gekommen.

Ich kam oft am Siller, dem Stammcafé der Individualpsychologen, vorbei; man war schon tief im Herbst, auf der Terrasse wurde nicht mehr bedient; dieses Café hatte ich seit dem Bruch mit Adler nie mehr betreten. Als mich im Mai 1937 die Nachricht erreichte, daß er in Aberdeen einem Herzschlag erlegen war, empfand ich das Bedürfnis, mit Adlerianern über ihn zu sprechen, mit ihnen zusammen um ihn zu trauern. Ich schrieb einen längern Nekrolog, den Groethuysen übersetzte und in der ›Nouvelle Revue Française‹ veröffentlichen wollte. Daraus wurde nichts, denn man fand, daß Adler nicht ausreichend bekannt und somit sein Ableben nicht wichtig genug war, um ihm zwei Seiten der Zeitschrift zu widmen.

Wieder in Wien, dachte ich daran, Adlers Witwe, die sehr bemerkenswerte Frau Raissa, aufzusuchen, aber es gelang mir nicht festzustellen, ob sie in Wien war oder in New York. Mich erschütterte Adlers Ende aus naheliegenden Gründen, aber auch weil ich dachte, daß er sehr lange hätte leben müssen, damit es ihm endlich gelänge, seiner Lehre die Anerkennung, den gebührenden Platz in der Erziehung der kommenden Generationen zu sichern. Ich hatte nicht gehofft, daß er sich je mit mir aussöhnen, mir die abweichenden Auffassungen verzeihen werde, doch war es mir möglich erschienen, daß er eines Tages in mir nicht einen undankbaren Gegner, sondern einen dankbaren, wenn auch ketzerischen Jünger sehen würde. Sein verfrühter Tod löschte diese Hoffnung aus, so blieb es beim Fehlschlag, in den sich die Beziehung zu meinem Lehrer verwandelt hatte. Ich glaubte, glaube noch immer, diesen Fehlschlag nicht verschuldet, nicht verdient zu haben.

Die jungen Menschen, die durch meine Kurse in die Individualpsychologie eingeführt worden waren, hatten sich inzwischen als Ärzte oder Lehrer etabliert. Die veränderte Stellung der Adlerianer zu mir blieb ohne Wirkung auf sie, und sie wandten sich an mich, sooft ich in Wien war, wie an einen Freund, einen Berater oder Psychotherapeuten. Ich erwog nun ernsthaft, ob ich zur psychologischen Arbeit zurückkehren sollte. Gewiß würde ich damit am sichersten meinen Unterhalt verdienen, doch sprachen dagegen zumindest zwei voneinander unabhängige Gründe: Meine skeptische Einstellung gegenüber der Psychotherapie aller Schulen verminderte zwar nicht meine Überzeugung, daß diese Behandlung häufig notwendig, in vielen Fällen hilfreich und von nachhaltiger Wirkung war. Jedoch sah ich darin keinen wahren Heilungsprozeß mehr, sondern nur eine Förderung zur Selbsterziehung. Nach wie vor glaubte ich somit an die heilsame, jedoch nicht an die heilende Wirkung des Wortes. So war es nicht eine Ablehnung der Psychotherapie, die mich zögern ließ, diese eigenartige, halb künstlerische, halb wissenschaftlich fundierte Praxis wieder aufzunehmen, sondern eine Ungeduld, die sich meiner zuweilen bemächtigte, wenn Menschen Hilfe suchten, um Schwierigkeiten zu entgehen, die ihnen wohl Leiden bereiteten, die aber im Hinblick auf das Unheil der Zeit eitel und unerheblich erscheinen konnten. Der Mann, der Stunden daran wandte, sich über seine Gattin zu beschweren, die seine Bemühungen, für sie und ihre Kinder eine komfortable Existenz zu sichern, nicht ausreichend schätzte, dieser Mann überschätzte sein Leiden und das Unrecht, das die Ehefrau ihm antat. Er kam nur, weil er sich den seelischen Komfort der Psychotherapie materiell leisten konnte, ein Vorläufer jener Hunderttausende, die nach dem Zweiten Weltkrieg zuerst in Amerika und dann auch in Europa eine Behandlung beanspruchten, nur weil sie glaubten, daß das Leben ihnen das Recht auf Glück ungerecht vorenthielte. Diese nicht befriedigten Liebhaber des Glücks wünschte ich nicht zu behandeln – die wirklich Leidenden gingen fast nie zum Therapeuten, nicht zuletzt deshalb, weil sie in dieser schweren Wirtschaftskrise gar nicht das Geld hatten, die Behandlung auch nur bescheidenst zu honorieren. Ich gab Beratungsstunden und verdiente damit genug, denn solange ich im Elternhause blieb, brauchte ich nicht viel.

Hie und da wandten sich auch orthodoxe Adlerianer, insgeheim, an mich. Ich empfing sie zumeist in einem bürgerlichen Kaffeehaus, dessen große Kristallüster mittelständischen Gästen den symbolischen Luxus boten, den sonst nur die Reichen bei sich zu Hause genießen durften. Die Stammkunden waren hier Heiratsvermittler, Eltern von Heiratskandidaten beiden Geschlechts; am Samstag und Sonntag nachmittags fanden die vorgeblich einem Zufall verdankten Begegnungen statt, welche die wohlarrangierte Brautschau von Anno dazumal ersetzten.

Wir saßen in einem schlecht beleuchteten, stillen Winkel, ich hörte die Berichte von Therapeuten an, welche mir Probleme darlegten, mit denen sie in diesem oder jenem Fall nicht fertig wurden. Noch immer erspürte und erriet ich recht schnell den »Knotenpunkt« eines Falls, die verräterische Verschränkung von Erlebnis und Fiktion, die negative Übertreibung in der Selbstdarstellung des Neurotikers, das individuelle Ausredesystem in seiner Verschiebung von Ursache und Wirkung, von Provokation und Leiden. Ja, es tat mir gut, das Zutrauen zu mir selbst wiederzugewinnen, aber in Wirklichkeit glaubte ich nicht daran, daß all das eine Bedeutung hatte, solange die Welt aus den Fugen war.

Der zweite, der entscheidende Grund, warum ich mich nicht entschließen konnte, in Wien neu anzufangen, war die Gewißheit, in einer gerade noch offenen Falle zu verharren, indes unaufhaltsam der Augenblick nahte, da die Klappe sich schließen würde. Dies erzeugte in mir eine drängende Unruhe und noch öfter eine Art Verachtung meiner selbst, der so vieles klar durchschaute und voraussah, jedoch nichts dagegen unternahm und sich so dem Feinde in die Hand gab – zum zweiten und wohl letzten Mal.

Ich verbrachte die Abende mit Freunden im Café, begleitete sie manchmal in Cabarets und Nachtlokale, fuhr mit ihnen am Wochenende aufs Land hinaus, war für jede Ablenkung und Zerstreuung zu haben und empfing die Verwöhnung wie ein eben verwaistes Kind. Flauberts ›Frédéric Moreau‹ und Gontscharows ›Oblomow‹ hatten im jugendlichen Leser, der ich einmal gewesen war, nur Zorn und Ungeduld gegenüber ihrem steten Zögern und fatalen Nichtstun hervorgerufen. Und nun wurde ich selbst eine jener Figuren, deren Scheitern keinerlei Mitleid verdient. Jeden Morgen faßte ich den Beschluß, ohne Verzug alles zu unternehmen, um schnellstens wegzukommen – gleichviel wohin, nur hinaus aus der Mausefalle. Wenn ich dann nach Mitternacht unbewegt die Leselampe anstarrte, versuchte ich, meine Gleichgültigkeit zu rechtfertigen, diesen dummen, schlechten Gleichmut, bis ich wieder einmal »im Kopf« zu schreiben begann.

Es war der Roman des Mannes, der mitten auf der Strecke den Zug verläßt und über die von Herbstregen völlig aufgeweichten Felder in die Ferne stapft – zu keinem Ziel hin, nur in die Ferne, die weiteste Ferne. Oder die Geschichte eines kleinen Wiener Bezirksbeamten, der in der Wohnung seiner verstorbenen Eltern lebt – er hat nie anderswo gewohnt. Die Frau hat ihn verlassen, er weiß nicht warum. Mehrere Jahre hat er auf ihre Rückkehr gewartet, in Schränken und Kästen alle Fächer, in denen sie ihre Sachen bewahrt hatte, leer gelassen. Dabei ist es geblieben, obschon er sie nicht mehr erwartet und gar nicht wünscht, daß sie wiederkomme. An Sonn- und Feiertagen und an Abenden, die er einsam verbringt, schmiedet er ohne Unterlaß geheime, gefährliche Pläne, die auf die Vernichtung seiner Nachbarn abzielen.

Und jeden Abend begann ich aufs neue den sehr langen Brief an jenen Freund zu schreiben, dessen Entsetzen angesichts meiner Apostasie und meiner Hilflosigkeit mir solchen Schmerz zugefügt hatte, daß ich die Tränen nicht zurückhalten konnte. Mitten in dem nie vollendeten Brief schlief ich oft ein, erwachte wenige Minuten später und las, bis mir die Augen zufielen.

Jenka war aus Lettland nach Paris zurückgekehrt, wo sie dank ihren Sprachkenntnissen leicht eine Arbeit fand. Wir schrieben einander regelmäßig; sie sah nicht ein, warum ich in Wien blieb, anstatt mich rechtzeitig in Sicherheit zu bringen; sie erwartete mich in Paris.

Ein Mann, der mir von allen meinen neuen Freunden am wenigsten verpflichtet war, bot mir aus eigener Initiative an, während eines halben oder ganzen Jahres statt meiner die monatlichen Beiträge zum Unterhalt meines Sohnes zu leisten, und stellte mir eine Geldsumme zur Verfügung, mit der ich etwa ein Vierteljahr in Paris auskommen könnte. Wir vereinbarten, daß meine Autorenhonorare (für die ›Analyse der Tyrannis‹) an ihn gezahlt werden sollten. Es gab natürlich keine Honorare, aber er erfüllte aufs pünklichste sein Versprechen und ermöglichte so meine rechtzeitige Abreise aus Wien. Der Chemiker Dr. Fritz Lederer, der so mein Leben rettete, emigrierte einige Zeit später mit seiner Familie nach Amerika. Als ich ihn im Jahre 1964 in New York wiedersah und ihn daran erinnerte, war er aufrichtig verwundert, denn sein Gedächtnis schien nichts von all dem bewahrt zu haben, was er für mich getan hatte. Es fiel mir schwer, es zu glauben, aber ich begriff, daß er damals sein Tun als selbstverständlich aufgefaßt hatte. Und weil es solche Menschen gab und solche »Selbstverständlichkeit«, sind manche von uns entgegen aller Wahrscheinlichkeit am Leben geblieben.

Mitte Dezember 1937 kam ich nach Paris zurück, weniger als sechs Monate, nachdem ich diese Stadt verlassen hatte, um allem zu entgehen, was mich mir selbst entfremdet und zum Feinde gemacht hatte. Nun aber war ich von meinem melancholischen Größenwahn befreit, mich schuldig oder zumindest mitverantworlich zu fühlen für das, was im Namen einer Idee geschah, an die ich mich leidenschaftlich gebunden hatte – seit meiner Kindheit, als der messianische Glaube mich in eine weit über das persönliche Geschick hinausgehende Erwartung versetzt hatte.

Jenka holte mich von der Bahn und brachte mich in die kleine Wohnung, die sie in einem Hotel garni für uns gemietet hatte: Schlafzimmer, Wohnzimmer und Küche. Es war da auch an hellichten Tagen recht dunkel, die Fenster gingen auf einen schmalen Hof hinaus, der Himmel war unsichtbar. Hier blieben wir bis zum Sommer; Jenka arbeitete in einem Büro, führte Haushalt; wir empfingen abends häufig Gäste, da dieses Logis dann freundlicher erschien und man die gegenüberliegenden Häuser nicht sah.

Malraux brachte mir seinen gerade erschienenen neuen Roman ›L'Espoir‹, in dem er seine spanischen Erfahrungen verarbeitet hatte. Er war Organisator und Kommandeur der Internationalen Fliegerstaffel gewesen, die in den ersten Wochen des spanischen Krieges eingegriffen hatte. Die Mannschaft dieser hauptsächlich von französischen Sozialisten mehr oder minder konspirativ beschafften Flugkampfzeuge setzte sich vor allem aus antifaschistischen Emigranten zusammen, die in ihrer Heimat militärisch ausgebildet worden waren; einige von ihnen hatten sich im Weltkrieg als Kampfflieger ausgezeichnet. Als die Republik, nicht zuletzt dank russischen Lieferungen, eine Luftflotte aufstellen konnte, wurden die Überlebenden der Malrauxschen Escadrille in die spanische Armee eingegliedert. Malraux selbst wurde nach Amerika geschickt, um für die Sache des kämpfenden Spanien Verständnis und Hilfsbereitschaft zu erwecken. Er bereiste die Vereinigten Staaten von Ost bis West und erzielte bedeutende Erfolge, besonders bei kultivierten bürgerlichen Schichten und bei Intellektuellen.

Heimgekehrt, ging er nicht nach Spanien zurück, sondern schrieb ›L'Espoir‹. Dem ersten Teil dieses umfangreichen Werkes gab er den Titel ›Die lyrische Illusion‹, dem letzten Teil ›Die Hoffnung‹. Als das Buch erschien, war den Spaniern und dem Autor von der lyrischen Illusion kaum mehr als die Erinnerung geblieben, die Hoffnung verringerte sich stetig. Man vermied es, diese Abbröckelung sich selbst einzugestehen. Nicht nur die militärischen Fortschritte der von Hitler und Mussolini tatkräftigst unterstützten Faschisten, sondern auch, wenn nicht weit mehr, die politischen Vorgänge in unserem Lager, die Ausschaltung der spanischen Anarchisten, die überhandnehmende Kontrolle aller Institutionen und Machtpositionen durch die Russen, das heißt durch die NKWD – all das verstärkte den Zweifel am Siege der von den demokratischen Ländern im Stich gelassenen Republik. Jede Nacht hörte ich das Barcelonaer Radio, wartete auf die Meldungen von allen Kriegsschauplätzen. Es tat einem gut, den ausführlichen Berichten über die Rückeroberung einer Position, über eine vielversprechende Offensive der Republikaner zu lauschen. Doch wurde es mit der Zeit klar, daß die Nachwirkung dieser Siege von geringer Dauer war, daß neue Positionen oft schnell verloren wurden, indes die von den Faschisten eroberten Gebiete zumeist in ihren Händen blieben.

In den zahllosen Gesprächen, die Malraux und ich während jener Monate führten, war natürlich von Spanien häufig die Rede, doch glaube ich nicht, daß einer von uns damals je die Befürchtung ausgesprochen hätte, die Republik könnte am Ende besiegt werden. Wir äußerten uns über alles offenherzig, aber das Wort Niederlage kam uns nicht über die Lippen. Ähnlich muß es vielen anderen ergangen sein. Diesen Triumph durften die Faschisten nicht erringen, empfanden wir; neben dem Wesentlichen, das auf dem Spiele stand, würde er für jeden einzelnen von uns eine persönliche Niederlage von unabsehbaren Folgen bedeuten und uns allen eine unheilbare Wunde schlagen.

Ich weiß nicht, ob der heutige Leser diese in der Tat merkwürdige Identifizierung mit einem fremden Land, mit dem Schicksal eines fremden Volkes begreifen kann. »No pasaran!« – das bezog sich nicht nur auf die Front bei Madrid, sondern auf die Lage, in die die Antifaschisten Europas nach zahllosen Niederlagen geraten waren. »No pasaran!« – in Spanien waren endlich alle Voraussetzungen gegeben, aus der Defensive in die Offensive überzugehen, denn die legitime Staatsmacht war auf unserer Seite, da es ja galt, sie gegen die militärischen Putschisten zu verteidigen. Die Volksfrontpolitik wies uns endlich, nach so vielen Jahren der Verblendung, den richtigen Weg. Nicht nur das Proletariat, sondern auch die gesamte Bauernschaft war am Sieg der linken Parteien interessiert, die ihnen endlich zu einem freien Leben auf eigener Erde verhelfen würden. Das aufgeklärte Bürgertum und die Majorität der Intellektuellen, an ihrer Spitze die besten, vornehmsten Geister Spaniens – sie alle waren auf der Seite der Republik. Wenn wir unter solchen Umständen verlören ... Im Jahre 1963, etwa ein Vierteljahrhundert nach diesem unvorstellbaren Ende, schrieb ich:

»Der bittere Geschmack der Niederlage hat uns nie verlassen. Die besiegte Republik hat nie aufgehört, uns heimzusuchen wie eine nutzlose Reue. Als wir im Kriege auf die Hilferufe des aufständischen Volkes von Warschau lauschten, als wir – neun Jahre später – den Appell der Arbeiter von Ostberlin vernahmen und als uns am 4. November 1956 der bange Ruf der ungarischen Revolutionäre in Verzweiflung stürzte – stets erreichte uns zugleich die leidvolle Stimme Spaniens: ein Echo, das die Stimmen rief, auf die es antwortete.«

Malraux ging noch einmal nach Spanien zurück, um eine Episode seines Romans zu verfilmen. Dieser Film, der unter dem gleichen Titel wie das Buch erst nach 1945 in die Kinosäle kam und seither als eigenartiges Meisterwerk anerkannt wird, endet mit einem Leichenzug: Im Kampf gefallene Krieger werden von den überlebenden Kameraden und von Bauern auf holprigen Gebirgspfaden ins Tal getragen. Am Rande dieses langen Weges bilden zahllose Bauern Spalier, in wortloser Trauer um jene, die für sie gestorben sind. So, anscheinend widersprüchlich, endet der Film, der ›Die Hoffnung‹ heißt.

Wir sahen eine Kopie der endgültigen Fassung in einem winzigen Studio auf den Champs-Elysées; ich erinnere mich nicht, ob außer Jenka, Malraux und mir irgend jemand dabei war. Jedoch entsinne ich mich sehr wohl, daß der Film damals, ein halbes Jahr nach dem Triumph der Frankisten, eher tröstlich wirkte. Er besänftigte die Trauer und versöhnte uns Zuschauer wie eine griechische Tragödie mit dem unbarmherzigen Schicksal. Als aber die Lichter wieder angingen, wußten wir, daß die spanische Tragödie uns doch unversöhnt zurückließ und daß sie nur das Vorspiel zu Vernichtungen war, die sich über das ganze Erdenrund ausbreiten sollten.

In den Gesprächen mit Malraux ging es oft genug um die fortgesetzt beschleunigte Schwächung des Westens, seltener um die Analyse des tyrannischen Regimes, das sich sozialistisch und sowjetisch, proletarisch und revolutionär nannte, also zumindest vier Lügen auf seine Fahnen schrieb. Malraux kannte natürlich meine Auffassungen, die ich damals bereits in der ›Analyse der Tyrannis‹ dargelegt hatte. So gerne er selbst sprach und so aufmerksam ich seinen stets brillanten Ausführungen zuhörte, so war er doch im Gespräch zu zweien stets aufmerksam für alles, was ich vorzubringen hatte. Jedoch blieb eine Schranke zurück, die er nicht überschritt: meine scharfe Verurteilung Stalins und all dessen, was seine Anhänger als unübertreffliche Leistung rühmten und ich als gefährlichen Irrtum verwarf – dieser Antistalinismus kam Malraux ungelegen. Es war, als genierte ihn dieser Antagonismus; und ich begriff erst mit der Zeit, daß diese Haltung mit seinem Glauben an »historische Persönlichkeiten«, an »große Männer« zusammenhing, gleichviel worauf ihre »Größe«, das heißt ihr Ruhm, beruhte.

Natürlich war auch er mit Stalins Politik nicht einverstanden und über die Prozesse und Deportationen entsetzt, doch blieb er ein romantischer Bewunderer historischer Helden, wie in seiner frühsten Jugend, als er in Michelets ›Geschichte der Französischen Revolution‹ von der Leuchtkraft der jungen Revolutionäre geblendet wurde. Aus dem Dunkel aufgetaucht, rissen sie im Laufe einiger Jahre, ja manchmal nach wenigen Stunden, mit ihren Reden zahllose Menschen aus der Resignation des kleinen Lebens empor, um sie zu Taten anzufeuern, die noch heute junge Menschen begeistern.

Zu Beginn des 19. Jahrhunderts wandte sich die deutsche Romantik einer zwar in jeder Hinsicht überwundenen, doch von ihr fiktiv verschönten Vergangenheit zu; die französische Romantik war nicht unempfindlich gegenüber dem dunklen Zauber des Gewesenen, doch fand sie in so vielen Wagnissen und

Ereignissen der Jahre zwischen 1789 und 1815 Nahrung für ihre Phantasie und zugleich für die widersprüchliche Auffassung, daß einerseits das Volk der wahre Held der Geschichte ist und daß andererseits die Weltgeschichte nur von großen Männern gemacht wird, deren Genie alles in Bewegung setzt. Diesem Widerspruch begegnete ich fast in jeder Diskussion mit Malraux.

Weit interessanter waren unsere Aussprachen über die Literatur und die bildende Kunst aller Zeiten. Malraux entwickelte damals allmählich jene poetische Kunstphilosophie, die er nach dem Kriege in den ›Stimmen der Stille‹, in der ›Metamorphose der Götter‹ und einer Reihe von Monographien ausarbeiten sollte. So lernte ich sehr viel von ihm, und umgekehrt kamen ihm wohl meine Fragen und Zweifel zunutze. Das Arbeitsprinzip, nach dem ich mich von früh an zu richten pflegte: erst wissen, dann deuten, brachte ich auch in unseren Gesprächen über die künstlerische Schöpfung eindringlichst zur Geltung. Es mag sein, daß er auch deshalb und nicht nur, um mir zu helfen, seinen Verleger Gaston Gallimard dazu bewog, mir die Vorbereitung und Leitung einer neuen Reihe von Kunstbüchern anzuvertrauen. Der Vertrag, den ich abschloß, war für mich finanziell recht günstig, aber ich sollte mein Honorar erst nach dem Erscheinen der von mir ausgewählten, hauptsächlich deutschen, englischen und italienischen Bücher erhalten. In der Kunstbibliothek der berühmten Stiftung Doucet las ich im Hinblick auf diese Reihe unermüdlich die einschlägigen Werke und Fachzeitschriften. Ich empfand jedoch kein Bedürfnis, über dieses erstaunlich reiche Gebiet selber irgend etwas zu schreiben; die methodische Lektüre verstärkte mein Mißtrauen gegenüber der psychologischen Interpretation der Kunst und förderte andererseits meine Absicht, später einmal zu erforschen, warum und wodurch ein künstlerisches oder literarisches Werk seine Wirkung erzielt, warum es häufig sofort und unter Umständen erst viel später starken Anklang findet. Diese sozial-ästhetische Fragestellung, mit der ich mich damals nicht beschäftigen konnte, ist später von vielen aufgenommen worden.

Als ich meine Vorbereitungsarbeiten abgeschlossen hatte, war es spät geworden, zu spät, meinte der Verleger ... Wir waren im Frühling 1939, man mußte bis zum Herbst warten, ehe man daran denken konnte, etwas Neues zu lancieren. Da der gleiche Verlag meine sozialpsychologische ›Menschenkenntnis als soziale Charakterologie‹ veröffentlichen sollte, fragte ich von Zeit zu Zeit nach der längst fälligen Übersetzung. Man ließ durchblicken, daß der Übersetzer mit dem Manuskript verschwunden und vorderhand nicht erreichbar wäre. Allmählich wurde ich müde, mich nach ihm zu erkundigen; alles ging bergab, dieses seltsame Mißgeschick paßte zum Ganzen.

Im Herbst war Koestler wieder nach Paris zurückgekehrt, und wir sahen einander sehr oft. Da er in seinem ›Spanischen Testament‹, diesem »Zwiegespräch mit dem Tod«, seine Erlebnisse nach einer strengen Selbstprüfung mit einer unerbittlichen Entschlossenheit zur Wahrheit wiedergegeben hatte, war er manche inneren Bedrängnisse losgeworden. Er war aus der Todeszelle nicht als ein anderer herausgekommen, er hatte auch keine neuen Gewißheiten, aber den entschiedenen Willen, sich fortab nicht mehr mit Halbwahrheiten zufriedenzugeben. So stimmten wir in allem Wesentlichen überein, obschon wir nach wie vor verschieden blieben in Fragen des Geschmacks und des Lebensstils. Unsere Freundschaft glich der von Felskletterern, die, den gleichen Lockungen und Gefahren ausgesetzt, voneinander nicht weniger erwarten als von sich selbst. So sehr uns die Geschehnisse des Tages bedrücken mochten, der jüdische Witz und der Galgenhumor, den jeder Tag aufs neue herausforderte, bestimmte den Ton, in dem der eine wie der andere Befürchtungen und Hoffnungen äußerte. Ja, wir empfanden mehr Bitternis, als es braucht, um dem eigenen Leben und der ganzen Zeitgenossenschaft feind zu sein, trotzdem amüsierten wir uns ausgezeichnet, wenn wir zusammen waren, und man hörte uns oft und herzlich lachen.

Dank Arthurs Vermittlung wurde ich ein Ghostwriter, ich schrieb Texte, die unter fremden, manchmal bekannten Namen veröffentlicht wurden. Hunderte von Seiten widmete ich psychologischen und pädagogischen Themen; ich schrieb über die Sozialpsychologie der Familie; über Probleme der Biologie; über die Judenfrage; über Kriminalität und jugendliche Delinquenz wie über so vieles andere. Wann, wo und in welcher Sprache diese Arbeiten je erschienen sind, habe ich nie gefragt, es hat mich auch nicht interessiert. Mein Honorar war sehr bescheiden, ich brauchte jeden Franc, denn ich hatte überhaupt kein anderes Einkommen als jenes, das mir solche oder ähnliche Gelegenheitsarbeiten eintrugen. Da ich jedoch seit meiner frühen Jugend ein Vormittags-Hungerkünstler bin, kam ich tagsüber mit sehr wenig Nahrung aus. Wenn es gut ging, reichte es täglich für eine ausreichende Mahlzeit am Abend, und, was wichtiger war, ich konnte die Miete pünktlich bezahlen.

Einmal, in der kalten Jahreszeit, ich fror in meinem schlecht beheizten Hotelzimmer, war ich am frühen Nachmittag zu Malraux eingeladen, dessen Mittagsgäste André Gide und Paul Nizan waren. Ich kam zu früh, das Mahl war noch nicht beendet, ich setzte mich auf die Couch, nahe neben Gide, der, zweifellos auf mein Kommen vorbereitet, sofort ein Gespräch begann. Im wohlig warmen Zimmer merkte ich erst, wie sehr mir die Kälte in den Knochen stak, daher nahm ich besonders gerne ein Glas Cognac an und leerte es hastig, um mich schneller zu erwärmen.

Die Konversation mit Gide, dem ich zum ersten Mal privat begegnete, war nicht sehr belebend. Er wurde erst lebhaft, nachdem er die Sprache auf die Tagebücher von Delacroix gebracht hatte. Obschon ich diese aufmerksam gelesen und aus ihnen mancherlei gelernt hatte, fand ich nichts Besonderes darüber zu sagen. Ich erwartete, daß Gide, der seit Jahrzehnten seine Tagebücher den Lesern der ›Nouvelle Revue Française‹ hemmungslos darbot, über diese intime Literatur und über den ungewöhnlich scharfsichtigen Maler etwas Wesentliches äußern würde.

Ja, und da geschah es: Ich fuhr auf und merkte, daß Gide etwas ungeduldig, also wohl zum zweiten oder dritten Mal eine Frage wiederholte, die mit dem Maler nichts zu tun hatte. Ich begriff, daß ich eingenickt war – von der Wärme und dem auf fast leeren Magen getrunkenen Cognac eingeschläfert. Ich antwortete hastig, geniert, aber auch amüsiert; daß irgend jemand, daß ich bei der ersten persönlichen Begegnung mit André Gide einschlafen könnte, war damals unvorstellbar, besonders in Frankreich, wo man kaum eine Zeitung öffnen konnte, ohne auf seinen Namen, auf Artikel, Glossen, Polemiken und Elogen zu stoßen, die seine Person, sein Werk, seine Vergangenheit und seine politische Stellung betrafen. Ich hatte Mühe, das blöd-genierte Lächeln von meinen Lippen wegzuwischen, denn ich empfand zu deutlich, daß dieser winzige, kaum bemerkte Zwischenfall vorbildlich zur Lage eines intellektuellen Emigranten paßte. Auch zu der eines Verarmten, der um so seltener zu Mahlzeiten eingeladen wird, je dringender er ihrer bedürfte. Um jedoch keinen falschen Eindruck aufkommen zu lassen – gerade die Malraux' haben mich damals häufig zum Essen eingeladen, aber selbst sie ermaßen nicht, wie schnell jemand verelenden mußte, der in einem zweifachen Exil nirgends dazugehört und im Niemandsland des Ketzers sein Leben fristen muß.

»Wer dürfte sagen, schlimmer kann's nicht werden ...« Am 2. März 1938 begann in Moskau der dritte jener Schauprozesse, mit denen Stalin alte Kommunisten, die irgendeinmal seine Gegner oder Rivalen gewesen waren oder die es später hätten werden können, zur Selbstverhöhnung zwang und dann umbringen ließ. In diesen Erinnerungen, in meinen Romanen und Essays habe ich von diesen Prozessen so viel gesprochen, daß ich den Prozeß Bucharins und seiner Mitangeklagten nur deshalb erwähne, weil er in vielen Hinsichten der schändlichste war und weil er gleichzeitig den Beweis dafür erbrachte, daß es keine Grenzen gibt für die Verblendung jener, die die Wahrheit nicht kennen wollen. Wer das in Moskau veröffentlichte, in vielen Sprachen und überall verbreitete Prozeßprotokoll las, konnte feststellen, daß Bucharin ebenso wie Rykow keinerlei Geständnis abgelegt hatte oder nur abstrakt und im allgemeinen, um dann im einzelnen deutlich genug dessen Nichtigkeit zu proklamieren. Trotzdem erklärten Juristen und Priester, Schriftsteller, Diplomaten und Politiker, daß sie tief bestürzt wären über die abscheulichen Verbrechen der Angeklagten. Sie boten sich als Zeugen an dafür, daß Stalin mit diesen Prozessen den Frieden der Welt rettete. Einen von der Gestapo und den Stalinisten verfolgten deutschen Arbeiter ließ ich es aussprechen: »Wenn man das einmal geschluckt hat, dann gibt es keine Grenzen mehr, dann wird man alles schlucken und als eigenes Todesurteil wieder auskotzen.«

Noch ehe der Prozeß zu Ende war, am Freitag, den 11. März, abends, trat das vorausgesehene und dennoch für die meisten Betroffenen unwahrscheinliche Ereignis ein: Österreich fiel, es fiel Hitler zu. Ich blieb lange Stunden vor dem Radioapparat, es war eine jener Nächte, da man mit überwachem Sinn wahrnimmt, wie das ins Maßlose wachsende Unglück auf allen Wegen unaufhaltsam näher kommt und wie jenen, die ihm entfliehen müßten, kaum noch ein Pfad offen bleibt. Als ich spät nach Mitternacht dem »Sieg-Heil«, das aus dem Lautsprecher in mein Zimmer drang, ein Ende machte, beherrschte mich die Furcht für die Meinen, meine Familie und meine Freunde. Ich wußte nicht, ob ich die Kraft aufbringen würde, mich zu erheben. Ich hoffte auf den Schlaf und das Vergessen, doch fürchtete ich ihn, denn ich durfte ja nicht vergessen. Jetzt war ich heimatlos, mein Exil vervielfachte sich in jenen Stunden. Und das Gefühl der Hilflosigkeit wurde abgrundlos – die bedrängende Empfindung, sofort helfen zu müssen, und die täglich wiederholte Erfahrung, daß man ins Leere greift, da die Antwort auf die Hilferufe ungehört und jedenfalls ohne Wirkung bleibt. In diesem mit offenen Augen geträumten Alptraum ist die Welt entzweigespalten: Ursachen überall, nirgends die erstrebte Wirkung.

Auch das gehörte zur widerspruchsvollen Logik meines Lebens: Ich liebte eine Stadt, deren Bewohner sich singend und grölend ihres goldenen Herzens rühmten und zugleich auf ihren hemmungslosen Judenhaß stolz waren. Es war vorauszusehen, daß die Nazis da leichter als in irgendeiner deutschen Stadt zahllose eifrige Komplizen finden würden, um Juden zu erniedrigen, und niederträchtige Schergen für die Konzentrationslager und später für die Vernichtungslager.

Das französische Konsulat in Österreich trug seinerseits ohne Zögern zur Diskriminierung der Juden bei: Diese sollten, um ihr Einreisegesuch einzureichen, nur zu besonderen Stunden erscheinen, in langen Reihen auf den Straßen warten, wo die Feinde ihren Spott mit ihnen trieben. Die Zeitungen brachten Photos von den wartenden Juden und erklärten deren Wunsch, Österreich zu verlassen, mit ihrem schlechten Gewissen und der jüdischen Feigheit.

Mirjam suchte für sich und das Kind um ein Visum an; auf meinen Rat hin gab sie als Referenz einen französischen Intellektuellen an, der mir versprochen hatte, beim Innen- oder Außenministerium zu intervenieren, sobald das Gesuch in Paris angelangt sein würde. Die Angelegenheit zog sich sehr lange hin, schließlich bekam Mirjam einen negativen Bescheid. Sie und Vladim flüchteten daher nach Jugoslawien.

Erst als alles vorüber war, im Jahre 1946, erfuhr ich, daß mein Bekannter völlig versagt, auf Befragen der Pariser Behörden zuerst nicht reagiert und schließlich erklärt hatte, daß er nicht verstünde, wieso man sich auf ihn berufen hätte. Seine Frau, eine besonders intolerante Kommunistin, hatte ihn daran gehindert, die Familie eines Renegaten zu retten. Nein, sie war kein niederträchtiger Mensch, aber sie nutzte die Gelegenheit aus, einen Parteifeind zu strafen. Dabei hatte sie nicht nur kein schlechtes Gewissen, sondern die Genugtuung, mit reinem Herzen der Partei und der Revolution einen Dienst erwiesen zu haben.

Ich kam oft mit jungen Menschen zusammen, unter ihnen Polo und Judith, jungen Wissenschaftlern, die aus Jenkas Heimat stammten; auch einige Individualpsychologen traf ich oft, am häufigsten Edmund und Frida Schlesinger, die im Kreise der emigrierten österreichischen Sozialisten einen Mittelpunkt bildeten. Trotz seiner Zugehörigkeit zum engsten Adler-Kreise war Edmund, ein besonders charmanter und herzensguter Mensch, mir ein lieber Freund geblieben. Zu welcher Tageszeit auch immer ich bei Schlesingers vorbeikam, immer traf ich da interessante Leute. Dank Malraux gewann ich auch immer mehr Kontakt mit französischen Intellektuellen; mit Raymond Aron, dem schon erwähnten Philosophen und Soziologen, verbindet mich seither nicht nur herzliche Freundschaft, sondern auch die Erfahrung, daß wir unabhängig voneinander gegenüber dem Geschehen unserer Zeit, gegenüber allen Herausforderungen der Mächtigen gleichermaßen standhaft bleiben können.

Willi Münzenberg wurde damals nach Moskau berufen. Obschon er wußte, was ihm dort drohte, zögerte er lange, ehe er sich dazu entschloß, nicht zu gehorchen. Er trat von der Führung der weitverzweigten Propaganda- und Agitationsagenturen und aller Organisationen, die er geschaffen hatte, zurück. Wenn er die Hoffnung gehegt hatte, daß ihm die Intellektuellen folgen würden, die er für die Sache gewonnen hatte, so fand er sich schnell damit ab, daß ihn fast keiner seiner gestrigen Weggefährten mehr kennen wollte. Politische Kinder, folgten sie gern einem Rattenfänger, aber nur, wenn er von Moskau erwählt und ermächtigt war. Der Mann, der Willis engster Mitarbeiter gewesen war, Otto Katz, wurde sein Nachfolger und blieb es, bis der Ausbruch des Krieges dieser Aktivität ein Ende setzte. Die gegen ihn vierzehn Jahre später im Slansky-Prozeß erhobenen Anschuldigungen und seine Geständnisse übertrafen an Abscheulichkeit fast alles, was man in diesen Schauprozessen sonst an mörderischen Lügen und absurden Bekenntnissen zu hören bekam. Otto Katz, der unter dem Pseudonym André Simone bekannt geworden war, ist wie Slansky und so viele ihrer Gefährten schändlich umgebracht worden.

Willi scharte einige Getreue um sich, unter ihnen Koestler und andere Männer, die schon früher mit der Partei gebrochen hatten. Schnell reifte der Plan, eine Wochenzeitung herauszugeben. Sie sollte ›Die Zukunft‹ heißen, Koestler der Chefredakteur sein und Münzenberg selbst als Herausgeber zeichnen. Ludwig Marcuse übernahm den Kulturteil, ich selbst wurde

Berater und ständiger Mitarbeiter. Wie erwartet, organisierte Willi alles mit Erfolg, gewann die Unterstützung französischer Sozialisten, brachte das nötige Geld zusammen und mietete schließlich im Herzen der Stadt eine Wohnung, die nicht nur der Sitz der Redaktion, sondern auch ein Versammlungslokal wurde. In langen Diskussionen wurde das politische Programm der Zeitung festgelegt. Während jener Monate sah ich Willi öfter als je vorher; er erzählte mir von seiner Kindheit und Jugend, ich verlor die eher mißtrauische Zurückhaltung, die ich in all den Jahren gegenüber dem »Macher«, den ich in ihm sah, gehegt hatte – nicht ohne Neugier und nicht ohne zögernde Bewunderung. Er seinerseits fand es interessant und nützlich zu erfahren, wie ich die Ereignisse analysierte und auf sie reagierte.

Koestler gab bald die Leitung der Zeitung auf, denn der große Erfolg seines ›Spanischen Testaments‹ bestimmte ihn, die literarische Laufbahn zu wählen und nur noch fallweise Artikel und Reportagen zu schreiben. Er arbeitete nun mit äußerster Spannung an einem Roman, der die polizeilichen und politischen Hintergründe der Moskauer Prozesse aufdecken und die Beweggründe der selbstverleumderischen Angeklagten analysieren sollte.

Die politische Linie der Zeitung war natürlich antifaschistisch, insbesondere dem Nazismus und allen Manifestationen des Dritten Reiches feindlich; sie trat entschieden für die spanische Republik ein, für die Einheitsfront, für Aktionseinheit im Kampf gegen alle Formen des Faschismus. Da wir alle davon überzeugt waren, daß Rußland unser verläßlichster Verbündeter wäre, beschlossen wir einstimmig, daß die ›Zukunft‹ die Sowjetunion und ihre Herrscher nicht angreifen, über sie wenig und nichts Negatives veröffentlichen dürfte. Die Kapitulation der Westmächte in München, die Nichtinterventionspolitik in Spanien, die zur Annexion Österreichs führte, mußte uns in diesem Entschluß bestärken. Ich glaube auch heute noch, daß diese Haltung damals begründet war. Bereits ein Jahr vorher hatte ich es öffentlich ausgesprochen, daß die Zeit der Erpresser angebrochen war, daß wir stark genug sein mußten, um nicht ihre Komplizen zu werden, aber zu schwach blieben, um beide Erpresserdiktaturen gleichzeitig zu bekämpfen.

Als Daladier und Chamberlain die Tschechoslowakei zwangen, das Sudetengebiet bedingungslos aufzugeben, stand es für uns fest, daß damit der Friede verloren war. Ich erwog keineswegs, Europa zu verlassen, aber ich fand, daß jene klug handelten, die unverzüglich alle Schritte unternahmen, um ein amerikanisches Visum zu erlangen und rechtzeitig, spätestens im Frühjahr, den Kontinent zu verlassen.

Auch im Jahre 1914 wollten die Völker nicht den Krieg, aber es war erstaunlich leicht, in ihnen mit patriotischen Schlagworten eine Kriegsbegeisterung zu erwecken, die sie während einiger Tage oder Wochen wahrhaft berauschte. Da glaubten sie alles, was man ihnen einhämmerte: daß der Feind heimtückisch, neidisch und eroberungssüchtig war und daß der Sieg über ihn ganz gewiß nur eine Frage von Wochen wäre. Diese überwältigende Stimmung beeinflußte auch die sozialistischen Parteien in kriegführenden Ländern und riß manche ihrer Führer mit, unter ihnen auch jene, die Kriegsgegner blieben, aber nachgaben, um sich dem Volke nicht zu entfremden.

Im frühen Herbst 1938 aber, kaum zwanzig Jahre nach dem Ende des Kriegs, graute dem Volk vor einem neuen Massenmord; es hatte vielleicht seine wahnwitzige Begeisterung von 1914 vergessen, jedoch nicht die Millionen Männer, die für einen Sieg gestorben waren, dessen Nutzlosigkeit gerade durch die neue Kriegsgefahr aufs traurigste bewiesen wurde.

In der überwiegenden Mehrheit waren Franzosen und Briten antifaschistisch, sie verabscheuten Hitler, den gefährlichen, allmächtigen Komödianten, aber sie wollten keinen Krieg mehr, weil sie nicht mehr daran glaubten, daß ein Krieg irgend etwas dauerhaft regeln könne. Sie wollten nicht um der Tschechoslowakei willen sterben und auch um keines andern Landes willen, vielleicht auch nicht für Elsaß-Lothringen. Viele empfanden es als schändlich, daß man zurückwich, daß man einen Alliierten im Stich ließ – ja, sie erkannten es nun eindeutig, daß ein Erpresser am Werke war, und gestanden sich heimlich ein, daß sie sich von ihm erpressen ließen: »Alles, nur keinen Krieg!« Und weil die Politiker diese Stimmung kannten und zumeist ebenso empfanden, gaben sie nach.

Offiziell waren mehrere Parteien in Frankreich gegen das Münchener Abkommen, aber ihre Führer, insbesondere die der Kommunistischen und Sozialistischen Partei, wußten, daß ihre Anhänger, die als Antifaschisten entschieden die Kapitulation ablehnten, in ihrem Herzen froh darüber waren, daß sie auch weiterhin in Frieden leben und bei ihren Frauen und Kindern bleiben durften.

Dieser Widerspruch charakterisiert die Lage der Erpreßten. Jedesmal, wenn sie nachgegeben haben, sind sie glücklich, der

Gefahr entgangen zu sein, zugleich aber beschämt und gedemütigt durch ihr eigenes Verhalten. Der Erpresser seinerseits folgert aus seiner Erfahrung, daß die Erpreßten immer nachgeben, wenn man sie nur rücksichtslos genug bedroht; er beschließt daher, das nächste Mal noch viel mehr zu verlangen. Er verachtet die Erpreßten und hört auf, ihren Widerstand zu fürchten. So ist denn Hitler ein Opfer der Alliierten geworden, deren Nachgiebigkeit ihm spätestens im Frühling 1939, nachdem er Prag besetzt hatte, endlich die falsche Gewißheit eingab, daß der Westen für keinen seiner Verbündeten auch nur einen Fingernagel riskieren würde.

In jeder Tragödie stößt man auf diese verführerische falsche Gewißheit und eine durch sie geförderte Hybris: den dünkelhaften Wahn der Unbesiegbarkeit. Wir jedoch hatten es nicht mit »der Macht des Schicksals« zu tun, nicht mit gekränkten Göttern und ränkesüchtigen Göttinnen, sondern damit, was man abgekürzt »Weltgeschichte« nannte. Auf sie berief sich jeder, als ob sie die Nachfolgerin der Parzen, das Weltgericht und zugleich die Architektin der kommenden Welt wäre. Schon im ersten Viertel des vorigen Jahrhunderts erfuhr man, daß die Geschichte der Philosophie nur ein präliminärer Beitrag zur Philosophie der Geschichte war. Doch erst im zwanzigsten Jahrhundert, nach dem Weltkrieg und den Revolutionen, die ihm folgten, wuchs eine Generation heran, die von Gottesglauben und Metaphysik frei, von der Geschichte aber so besessen war, daß sie aus ihr eine Sinngebung und eine Zielsetzung für die Zukunft ableiten wollte.

Wir zweifelten fast an allem, aber nicht daran, daß die Geschichte einen Sinn haben mußte und daß wir berufen waren, gleichzeitig diesen Sinn von ihr zu übernehmen und ihn ihr unsererseits zu geben. Auch das erklärt, warum ich mich während der Jahre, in denen ich mich von der Bewegung entfernte und mich schließlich radikal abwandte, fast ununterbrochen dem Studium bestimmter geschichtlicher Phasen zuwandte. Die Französische Revolution, deren dramatischer Verlauf mich schon immer passioniert hatte, versuchte ich nun, auf eine andere Weise zu verstehen als vorher. Bei dieser Gelegenheit las ich Georg Büchners ›Dantons Tod‹ wieder und schrieb »im Kopf« gewisse Szenen dieses Stücks um, welches mich fünfzehn Jahre vorher im Wiener Deutschen Volkstheater tief beeindruckt hatte. Nun erschütterte mich die stupende Unvorhersehbarkeit der

Ereignisse, die die gescheiten jungen Revolutionäre über den Königsmord, die Massaker des September und den Sieg von Valmy zur verderblichen Fraktionsbildung, zur gegenseitigen Vernichtung und schließlich zum Thermidor und zum Bonapartismus führten. Wer hatte das im voraus gewollt, wer von ihnen hatte solchen Verlauf auch nur geahnt, wer hatte etwas getan, um ihn zu fördern, ihn zu verhindern oder auch nur aufzuhalten? Damals geriet mein scheinbar wohlgeordnetes Geschichtsbild in Gefahr, zerschlagen, ein Puzzle zu werden, das selbst zusammengesetzt keinen Sinn mehr, sondern gleichsam Sinnfetzen ergab. Viel später, in der ›Achillesferse‹, habe ich es in einem Gleichnis ausgedrückt: »Ein Schauspiel, von dem keiner weiß, wie und warum es begonnen hat. Ein Tauber und ein Blinder wohnen ihm bei, bald schläft der eine, bald der andere ein. Als sie erwachen, staunen sie zunächst darüber, daß sich während ihres Schlafes alles verändert hat, und gleich danach darüber, daß sich im Grunde alles gleichgeblieben ist. Die Gebärden, die nur der Taube wahrnehmen kann, stehen in schreiendem Gegensatz zu den Worten, die sie begleiten. Diese aber vernimmt nur der Blinde, jedoch kennt er die Sprache kaum, in der sie vorgebracht werden – es ist die Sprache des Tauben.«

Nach dem Münchener Pakt waren wir davon überzeugt, daß der Krieg nunmehr unvermeidlich geworden war und daß der von Erpressern und Erpreßten geschändete Friede nur noch einige Monate, jedenfalls weniger als ein Jahr dauern könnte. Unsere ehrlichen Gegner sagten: »Die Einwohner des Sudetengebiets wollen deutsche Staatsbürger werden. Soll Frankreich in den Krieg ziehen, um dies zu verhindern? In einen Krieg für eine Sache, die nicht einmal gerecht ist? Es geht nicht darum, sagen Sie? Also ein Präventivkrieg gegen Hitler, weil er Hitler ist? Ein Volk, das den Frieden so bedingungslos liebt wie die Franzosen von 1938, führt keinen Präventivkrieg mehr. Und unternimmt es ihn, so wird es besiegt. Wir haben guten Grund, für den Frieden einen hohen Preis zu bezahlen. Butter oder Kanonen – wir haben die Butter gewählt.«

Nach dem 30. September sagten unsere ehrlichen Gegner: »Hätte man nicht nachgegeben, so hätte Hitler seine Truppen in Böhmen einmarschieren lassen, im Zugzwang hätten die Tschechen und ihre Alliierten zurückschlagen müssen – dies hätte den Krieg unvermeidlich gemacht. Schließlich hat ja Hitler vor aller Welt erklärt, daß die Angliederung des Sudetengebiets an das

Reich seine allerletzte Forderung ist. So steht der Tatsache, daß wir jetzt Frieden haben, die unbewiesene, unbeweisbare Behauptung gegenüber, daß eben deshalb in einem Jahr der Weltkrieg ausbrechen wird. Welcher Narr sollte eine Gewißheit gegen eine Eventualität eintauschen?« Solche Einwände hörten wir alle Tage von den »Munichois«, den Verteidigern der Münchener Kapitulation. Sie hatten unrecht, das versuchte ich ihnen zu beweisen, doch in meinem Innern war von allem, was ich je in meiner Geschichtsbesessenheit geglaubt hatte, nur die Gewißheit geblieben, daß es keine Gewißheit gibt, sondern bestenfalls Wahrscheinlichkeiten und vernünftige Annahmen.

In den Tagen und Nächten, die dem Münchener Abkommen vorangingen, lebten die Pariser in einer zwar beherrschten, doch um so bedrückenderen Angst. Wehrpflichtige wurden einberufen, die Straßenbeleuchtung wurde so abgeschirmt, daß die Straßen im Dunkel lagen, als ob man im nächsten Augenblick von einem Luftangriff überrascht werden könnte. Die illustrierten Abendblätter brachten jeden Tag mehrere Sonderausgaben, mit Balkenlettern erweckten sie Hoffnungen und vernichteten sie eine Stunde später. Das Land fragte nicht: »Was werden wir tun?«, sondern: »Was wird Hitler tun, was wird geschehen?« So verliert man eine Schlacht, einen Krieg, den Frieden.

Nun war's Oktober. In der Stadt und über ihren Dächern glühten wieder millionenfach die weißen und die farbigen Lichter. Den Liebespaaren war es nicht mehr wie in den verdunkelten Straßen einige Tage vorher zumute, als ob ein Dritter zwischen ihnen stünde, der sie im nächsten Augenblick auseinanderreißen könnte. Nun schien's wieder gewiß, daß es ein Morgen geben würde, zahllose Morgen für jedermann. Was war ich, dem allmählich das Wort vom nahen Unglück im Mund gefror, wenn nicht ein Unglücksrabe? Und wer sollte Unglücksraben länger als eine Minute ertragen können?

Ich logierte damals in einer hübschen Wohnung, die mir Freunde für die Dauer ihrer Sommerferien überlassen hatten. Sie lag in Vanves, einem nahen Vorort, am Rande eines Parks, in dem das Laub noch immer leuchtend grün blieb. Mit dem Blick auf den Park, einige Blumenbeete und Bäume und auf die spielenden Kinder hatte ich über »das Unglück, begabt zu sein« lange nachgedacht und dann den Essay unter diesem Titel recht schnell abgefaßt. Er sollte in einem Band mit der ›Analyse der Tyrannis‹ im späten Herbst erscheinen. Ich erwog nicht, ob dies überhaupt noch einen Sinn hätte, ob es für dergleichen nicht bereits zu spät wäre, und vereinbarte mit Ernst Heidelberger, dem Besitzer einer Buchhandlung und des an ihn angeschlossenen Verlags »Science et Littérature«, die Herausgabe meines Buchs. Stand dieser Beschluß nicht im Widerspruch zu unseren Kassandra-Rufen? Ja und nein. Denn wir hatten eine unerschütterliche Gewißheit: Hitler muß, wird diesen Krieg verlieren. Die Maginot-Linie wird die deutschen Truppen hindern, in Frankreich einzudringen, wie sie es im Ersten Weltkrieg getan hatte. Und andererseits würden mit dem Ausbruch der Feindseligkeiten alle Illusionen bezüglich der jedesmal »allerletzten« Forderung der Nazis und ihres Friedenswillens endgültig zerstäubt werden. Es stand fest, daß abgesehen von der Roten Armee, deren Stärke schwer abzuschätzen war, die französische Armee die stärkste, die bestausgerüstete war: *la plus belle armée du monde,* hieß es überall.

In der ›Zukunft‹ schrieb ich nur selten politische Artikel, häufiger kurze Essays über historische, ideologische und psychologische Themen, unter verschiedenen Pseudonymen, häufig unter dem Namen Jan Heger (dem Familiennamen meiner Mutter). Es stand in meinem Belieben, Gegenstand und Länge meiner Beiträge zu wählen. Mit Ludwig Marcuse, dem zuständigen Redakteur, verstand ich mich sehr gut, obschon wir einander durchaus fremd blieben. Erst viel später, als ich seine Autobiographie las, erfuhr ich, daß ich ihm damals sehr streng erschienen war und überdies in ihm ein unbegründetes schlechtes Gewissen hervorgerufen hatte. Obwohl wir einander in den sechziger Jahren, wenn sich die Gelegenheit ergab, gerne trafen, habe ich ihn nie danach gefragt, womit ich diesen Eindruck bei ihm erweckt hatte. Wie in der Gegenüberstellung der Reklame: vorher – nachher, lag soviel zwischen den letzten Vorkriegsjahren im Exil und der Zeit, da wir einander in Deutschland wieder begegneten. Wir saßen auf der besonnten Terrasse des Domhotels in Köln, hatten links und rechts den Blick frei auf den Rhein und den Dom. Die Sprechweise des Berliner Bildungsbürgers, der seine Worte ohne Komma und Punkt in fertigen Absätzen bündelte, amüsierte mich um so mehr, als ich alles, was er witzig und streitbar, jedoch tief besorgt vorbrachte, sehr ernst nahm. Ein bejahrter Mann mit fahrigen Gesten und einem körperlichen Unsicherheitsgefühl, nahm er immer so mutig Stellung, wie es ihm sein unfehlbarer geistiger Anstand gebot. Wo es darum ging, die Wahrheit gegen Lüge und Verdrehung, Gedanken gegen Klischees zu setzen, da fürchtete Ludwig Marcuse nichts und niemanden. Sein letztes Werk heißt ›Nachruf auf L. M.‹. Es ist ein Buch von maßvoller und zugleich kühner Klugheit, ein Buch der Trauer, in die ihn der Tod der geliebten Frau versetzt hatte. In der Widmung nannte er mich einen der »seltenen nahen Freunde, die ich nie erreichte«. Ich schrieb ihm, daß er mich sehr wohl erreicht hatte und daß ich seinen Mut um so mehr bewunderte, als er ihn im Kampfe gegen jede Hirnvernebelung verwandte.

Ludwig Marcuse war übrigens einer der ersten, wahrscheinlich der einzige unter uns, der unmittelbar nach dem Münchener Abkommen Europa verlassen wollte. Es gelang ihm auch recht bald, nach Amerika auszuwandern; wir alle bedauerten seinen Abgang.

Obschon der Einfluß der ›Zukunft‹ auf die Emigration und außerhalb ihrer nicht leicht festgestellt werden konnte, erwog keiner von uns, sie aufzugeben. Es gab in Paris eine deutsche Tageszeitung, die als liberal bezeichnet werden konnte, aber jedesmal, wenn es der KP darauf ankam, brachte dieses Blatt den kommunistischen Standpunkt, nur leicht verbrämt, zur Geltung. Fast alle anderen deutschen Publikationen waren, mit nur seltenen Ausnahmen, zum Beispiel das von Leopold Schwarzschild geleitete ›Neue Tagebuch‹, offen oder getarnt kommunistisch. Man wußte, daß die ›Zukunft‹ von Münzenberg herausgegeben wurde, deshalb wurde sie von gewissen Leuten verdächtigt, kommunistisch zu sein, aber die meisten begriffen, daß es sich im Gegenteil um das Organ einer lose verbundenen Gruppe früherer Kommunisten handelte, die gegenüber der Komintern nur so lange neutral bleiben wollten, als der Faschismus nicht besiegt war.

Schon in den ersten Monaten des Jahres 1939 wurden hie und da schwache, nicht hörenswerte Stimmen laut, die ankündigten, daß es zu einer Verständigung zwischen der Hitlerschen und der Stalinschen Diktatur kommen könnte. Man zuckte einen Augenblick zusammen, beruhigte sich jedoch schnell damit, daß der Antagonismus zwischen der Sowjetunion und dem Dritten Reich das unanzweifelbare Faktum war, von dem man bei jeder Erwägung der internationalen Lage ausgehen mußte. Als im Frühjahr deutsche Truppen Prag besetzten und ein Statthalter Hitlers sich im Hradschin etablierte, zerfiel in Frankreich und in England der Block der »Münchener«. Widerwillig gaben die »Appeasers« zu, daß jede Forderung Hitlers sich, kaum erfüllt, in die vorletzte verwandelte – es war immer die gleiche Taktik, die des Erpressers.

Noch bevor die Nazis an der Macht waren, sagten wir voraus, daß ihr Sieg über Deutschland sie in wenigen Jahren zum Krieg gegen die Welt verführen würde. In den sechs Jahren, die seither verstrichen waren, wurden die Exilierten den Gastländern in dem gleichen Maße immer lästiger, wie ihre Warnungen sich bestätigten. Die ersten Monate des Jahres 1939 brachten das Ende der spanischen Republik und der Tschechoslowakei, Mussolinis Handstreich in Albanien und eine ganze Reihe von Positionsverlusten der freien Welt. Die Ahnung, daß der Friede trotz allem nicht erhalten werden könnte, beunruhigte die friedliebenden Menschen, aber sie verscheuchten den Gedanken an den Krieg.

Das war der Sommer 1939, nicht zu heiß, nicht verregnet. Ganz Frankreich schien sich verschworen zu haben, zur gleichen Zeit in Ferien zu gehen. Nie hatte man solche Massen an den Ufern der Meere, der Flüsse, in den Bergen, in den Tälern, in den verschlafenen Dörfern gesehen. Das stand ja fest: Kriege brechen nicht vor dem Herbst aus, also brauchte man nicht an eine unmittelbare Gefahr zu denken. Außerdem gab es ja die Sowjetunion mit ihrer riesigen Armee; alle Zeitungen und Wochenzeitschriften brachten Reportagen mit Illustrationen, man konnte die Fallschirmregimenter bewundern, die Tanks und die wunderbar kräftigen, so verläßlich wirkenden jungen Burschen, wie sie da gleichermaßen friedlich und siegessicher über den Roten Platz marschierten. Und noch viel interessanter war, daß man im Louvre ein Bild von Watteau gestohlen hatte. Die Suche nach dem Meisterdieb, dem solch ein Streich gelungen war, hielt die Sommerfrischler in Atem. Das war eine merkwürdige Angelegenheit, erfuhr der Zeitungsleser, denn vor dem Ersten Weltkrieg war auch ein Meisterbild aus dem Louvre verschwunden, die Mona Lisa, die jedem zulächelt – man wußte noch immer nicht, warum. Ja, es gab Gesprächsstoff für alle, man brauchte nicht nur an Adolf und seinen Schnurrbart zu denken.

Wir waren mitten drin, Wissende in diesem frivolen Spiel des scheinbar schützenden Nichtwissens, oft genug angelockt von dieser Lebensfreude und ihr immer wieder entrissen durch die zudringliche Gewißheit, daß Furchtbares bevorstand. Es geschah manchmal, daß ich in Gesprächen mit Franzosen mir verbot, die nahende Katastrophe selbst in Anspielungen zu erwähnen, um so zumindest für einige Augenblicke die Stimmung nicht zu verderben. Was nützte uns oder sonstwem unser Wissen? So nahm ich lebhaft Anteil an dem nicht enden wollenden Geplapper über die jungen Leute, die den Watteau gestohlen und zurückgebracht hatten, über die falschen Diebe, die nur Reklame für sich und für ihre eventuelle Schauspielerkarriere machen wollten.

Ich war damit beschäftigt, die kunstphilosophische Schriftenreihe vorzubereiten, aber im Wettlauf mit dem Kriege würde ich verlieren, dachte ich. Der Übersetzer meiner ›Charakterologie‹ war noch immer nicht aufgetaucht, bald würde ich gar nicht mehr daran denken. Zu Beginn des Jahres war mein Buch ›Zur Analyse der Tyrannis‹ erschienen, und die Partei hatte unverzüglich dafür gesorgt, daß es totgeschwiegen würde. Ich ärgerte mich, aber nicht zu sehr, denn es kam nicht überraschend. Und es handelte sich nicht um mein Pech: Das mit dem Übersetzer verschwundene Manuskript, das totgeschwiegene Buch – das hing mit einem Sachverhalt zusammen, der weit über mich hinausging. Ich überlegte: Entweder ich überlebe den kommenden Krieg, den wir sicher gewinnen werden, dann werde ich alles aufholen können – in fünf, in zehn Jahren. Oder ich überlebe ihn nicht, dann wird all das, was mich betrifft, sowieso unerheblich gewesen sein.

Eines Tages tauchte August Cesarec bei mir auf. Er hatte sich längere Zeit in Moskau aufgehalten und war für einige Monate nach Spanien gereist; auf der Rückreise machte er halt in Paris. Er wußte, daß ich ein Abtrünniger war, aber er überging meinen Bruch mit Schweigen, selbst als ich meinerseits zuerst heftig, dann traurig in ihn drang, zuzugeben, daß, was in Rußland im Namen des Kommunismus geschah, unvereinbar war mit den Gründen und Zielen, die uns zum Kommunismus gebracht hatten. Er, der weit besser als ich wissen mußte, was insbesondere den Führern der kommunistischen Partei Jugoslawiens, Polens, Deutschlands in Moskau angetan worden war, er, der all dies wußte, wollte er wirklich schweigen?

Ja, auch so könnte man auf ein relativ langes, bewegtes Leben zurückblicken: wie auf eine fast endlose Reihe von Gesprächen; solchen, mit denen unabsehbar Wichtiges begann, und anderen, die den Anfang eines Endes und schließlich dieses selbst bedeuteten. Und natürlich weist jedes inhaltsschwere Gespräch weit über sich hinaus – in die Vergangenheit, in die geahnte, gewünschte oder gefürchtete Zukunft.

Wir aßen zuerst das Abendbrot, das uns Jenka mit grenzenlos gutem Willen, aber begrenzten Mitteln und spärlicher Kochkunst bereitet hatte. Dann blieben wir allein, und schließlich begleitete ich ihn in sein Hotel, das in der Nähe des Jardin des Plantes lag. Dem Anschein nach war alles wie seinerzeit: Ich brachte ihn bis vor sein Haus, dann gingen wir den gleichen Weg wieder zurück, wie es junge Leute gern tun, wenn sie miteinander Klarheit suchen oder eine Entscheidung, die für des einen oder andern Zukunft bestimmend werden könnte.

Ein kalter Nordwind hatte sich spät am Abend erhoben. Cesarec fror in seinem Mäntelchen, wollte aber meinen Mantel nicht annehmen und lehnte es ab, in ein Bistro einzutreten – vielleicht weil er vorhatte, sehr bald Abschied zu nehmen. Doch verschob er es immer wieder, ihm war wohl bange vor der Trennung, der – das wußte er so gut wie ich – kein Wiedersehen folgen würde.

Er bestritt nichts von dem, was ich vorbrachte, und versuchte auch nicht, die russischen Zustände zu rechtfertigen. Aber er bestand darauf, daß er mit der Partei nicht brechen könne, jedenfalls nicht solange sie in Jugoslawien illegal war und verfolgt wurde, aber auch weil es nichts anderes gab, weil es für ihn nirgendwo etwas anderes geben könnte.

Schließlich, es war spät nach Mitternacht, wir froren nun beide erbärmlich, da nahmen wir Abschied. Er kam mir einige Schritte nachgelaufen und ermahnte mich mit einer merkwürdigen, flehentlichen Eindringlichkeit, auf mich gut aufzupassen.

Etwa zwei Jahre später, wenige Wochen nachdem Ante Pavelić, der Führer der Ustaschi, von den Nazis zum Diktator Kroatiens erkoren worden war, wurde Cesarec zusammen mit einigen anderen Intellektuellen verhaftet und bald danach hingerichtet.

Er gehört nicht zu den vom Tito-Regime auserwählten Märtyrern. In einigen Städten sind Gassen nach ihm benannt und einige seiner Bücher sind neu aufgelegt worden, aber als ich im Jahre 1960 in Jugoslawien nach ihm fragte, erhielt ich niemals ausführliche Antworten. Es gab nichts zu verbergen, sein Tod war völlig desaktualisiert, im Kalender des Regimes wurde seiner nicht gedacht, Cesarec war kein Heiliger der Partei geworden. Er hat nie viel Glück gehabt . . .

Rufe ich ihn mir ins Gedächtnis zurück, so taucht er unter

dem kalten Regen jener Nacht auf, da wir beide mit Beklommenheit die gefesselten halbnackten Ustaschi über den Jelačić-Platz dahinwanken sahen. Oder ich erblicke ihn und mich, wie wir im Nordwind frierend durch Pariser Gassen gehen, verstrickt in eine Auseinandersetzung, die hätte heftig werden können, aber immer leiser wurde und traurig wie eine Trennung, die man immer wieder hinausschiebt, weil man weiß, daß sie die allerletzte sein wird. Wer so Abschied nimmt, dem ist's, als ob das Alter plötzlich über ihn hereinbräche. Solches Altern wurde mir in jenen Jahren ein häufiges, ein typisches Erlebnis, doch selten hatte ich es so schmerzlich empfunden wie in jener Nacht.

Die Nachrichten aus Wien wurden täglich schlimmer. Für meine Familie und meine Freunde gab es nur eine Frage: Wie das Land verlassen und wohin gehen, das heißt, wie ein Einreisevisum in irgendein Land bekommen? Zagreber Freunde halfen Mirjam, nach Jugoslawien einzureisen, das Kind hatte sie vorausschicken können, Freunde brachten es inzwischen in einem sehr guten Kinderheim unter. Es gelang mir, den Eltern ein englisches Visum zu besorgen, aber sie verzögerten ihre Abreise. In Österreich hatte mein Vater seine Pension, ihn schreckte die völlige Mittellosigkeit ab, die in der Fremde sein Los sein würde. Daher verließen sie Wien erst am 2. September, dem zweiten Kriegstag, einem Sabbath. Das erste Mal hatten sie diesen Tag im Frühsommer 1915 entweiht, unter dem Kanonendonner der schnell vorrückenden Russen. Nun fuhren sie über Deutschland und Holland nach England, wo meine Brüder sie erwarteten.

Die Briefe, die ich von meinen Wiener Freunden erhielt, berichteten in zumeist ungeschickt verhüllenden Worten von Demütigungen und ausgeklügelten Schikanen, denen sie fortwährend ausgesetzt waren, und von den Leiden der in Konzentrationslagern, besonders in Buchenwald, Internierten, deren Befreiung nicht zu erhoffen war, bevor ihnen ein gültiges Visum die Ausreise ermöglichte. Also ging es darum, von irgendeinem Staate, und wäre er der obskurste südamerikanische oder asiatische Staat, eine Einreisebewilligung zu erlangen; in den meisten Fällen konnte, mußte man sie erkaufen.

Manche von den Befreiten kamen durch Paris, wo sie einige Tage bleiben durften. Von ihnen erfuhr ich in allen Einzelheiten, wie sehr die schlimmsten Befürchtungen übertroffen wurden. Die Flüchtlinge erinnerten sich sehr wohl, daß sie gewarnt hatten und selbst gewarnt worden waren; sie hatten gewußt und es nicht glauben wollen. Solch vernunftwidriges Verhalten war wohl auch daraus zu erklären, daß fast jeder gar zu prompt die Augen vor allem verschließt, was seine Liebe zu einem Menschen, zu einem Volk, zu einer Stadt vermindern oder verhindern könnte. Nun, sie liebten Wien zu sehr, als daß sie die unleugbare Wahrheit hätten glauben mögen. Ihre Einbildungskraft versagte, sooft sie sich vorstellen sollten, daß sie anderswo heimisch werden, zu Hause sein könnten. Das ist das Kennzeichen einer schlimmen Epoche, daß man in ihr an dem Besten des eigenen Wesens zugrunde geht – so an der Liebe und der Treue und an ihrer bindenden Kraft.

Nicht selten versuchte ich mir auszumalen, wie ich Wien wiedersehen würde – nachher, nach der Sintflut. Es gelang mir nicht, die Kränkung war zu groß.

Im Bewußtsein der stetig wachsenden Gefahren genoß ich alles, was Museen, Galerien, Theater und Kino zu bieten hatten, mit noch größerer Intensität als sonst. Jedes Mal, wenn ich an Notre Dame de Paris vorbeiging, blieb ich auf dem Platz vor dem Hauptportal stehen, betrachtete jede Einzelheit der Fassade, als sähe ich sie das letzte Mal und müßte sie deshalb aufs genaueste meinem Gedächtnis einprägen. Manchmal überwältigte mich ein Gefühl sonderbaren Mitleids mit der Kathedrale, dem Louvre und den anderen alten Bauten, die das Seine-Ufer säumen, als wär's gewiß, daß sie alle tödlich gefährdet waren. Menschen konnten fliehen oder sich unter der Erde verbergen, indes die Türme unbeweglich emporragten, als ob sie die Zerstörung seit langem erwarteten und geduldig ertragen wollten.

Wir gingen häufig in die kleinen Kinos der Nachbarschaft, die gewöhnlich zwei Filme zu mäßigen Preisen zeigten. Wir lachten über alles, was heiter war, aber auch über alles Unrechte, das unsern Spott herausforderte. Wir bewunderten Charlie Chaplin, Buster Keaton, die Regisseure Pudowkin und Eisenstein, Wildwestfilme und große Reportagen, und von der neuen französischen Filmkunst erwarteten wir mehr als die übliche Unterhaltung. Jouvet, Fresnay, Raimu und Gabin überwanden das Theatralische, die Natur des einzelnen drang durch, machte das Spiel glaubhaft und erzeugte ein schwer definierbares Einverständnis zwischen ihm und dem kritischen Zuschauer, den die reife Kunst überzeugt, weil sie nicht die schwindelhafte Fiktion des Echten darbietet, sondern das Sein als eine Abfolge von Varianten und Nuancen. Louis Jouvet blieb stets der fast karikaturale, herausfordernde Jouvet; dennoch glaubte man, daß er jener sein konnte, den er jeweils inkarnierte. Wie die Pirandellosche Fiktion sich selbst entblößt, indem sie bekennt, daß sie nicht die Wirklichkeit ist, sondern das »als ob« einer Wirklichkeit, so spielten in jenen Jahren die besten Schauspieler, ohne sich zu »verstellen«.

Zwischen den beiden Weltkriegen, besonders aber gegen Ende der dreißiger Jahre, wurde es augenfällig, daß in Paris eine hohe Kultur ihren Reifegrad erreicht hatte und nun zu überschreiten begann. Das war unter anderem daran zu erkennen, daß die Frage: »Wie?« hundertmal häufiger gestellt und in zahllosen Varianten beantwortet wurde als die Frage »Wozu?« und daß man über das »Was?« scheinbar leichtfertig hinwegging. Wer von Frankreich nur sah, was sich oberflächlich dem Blick bot, mußte glauben, daß in der Haute Couture und den von ihr jeweils als »letzter Schrei« lancierten Moden eine überalterte, auf unerhebliche, modische Varianten reduzierte Zivilisation sich am deutlichsten widerspiegelte. In den Sprachrubriken der Tageszeitungen wurden regelmäßig Fragen behandelt, die das *Wie* des Sagens und Schreibens betrafen, aber selten den Inhalt selbst. Und der sportliche Wettstreit, der alljährlich während mehrerer Wochen die Gemüter von Millionen erregte und ihre Gespräche ausfüllte, war die Radfahrer-»Tour de France«. Die Reporter wetteiferten in der Erfindung von Worten und Phrasen, dank denen dieser simple, in der Ausübung keineswegs abwechslungsreiche Sport zu einem gigantischen Kampf der »Helden der Straße« und der »Märtyrer der Berge« wurde. So verwandelte sich die Berichterstattung in ein Epos, das die kärglichen Tatsachen metamorphisierte – wieder einmal verschlang das Wie das Was.

Gleich so vielen, die nach dem Ersten Weltkrieg jung waren, hatte ich Spenglers ›Untergang des Abendlandes‹ gelesen; später rief Edward Gibbons ›Niedergang und Fall des Römischen Reichs‹ in mir die Begier hervor, genauer zu erfassen, wie sich der Niedergang einer Zivilisation ankündigt, wer ihn wohl vorantreibt und schließlich den Sturz unvermeidlich macht. Am meisten interessierte mich der Jahrzehnte, ja Jahrhunderte währende Niedergang, beziehungsweise die gegenläufigen Prozesse von Fäulnis und Blüte, von Entkräftung bis zur Willenlosigkeit und ungeahnten Energien, von Selbstvernebelung und Bewußtwerdung. Alles bezog ich auf unsere Zeit, auf diese Welt, in der sich niemand mehr auszukennen schien. Ich mußte verstehen, um das Unerträgliche ertragen zu können, ich suchte Aufklärung in der Geschichte der Antike.

Der Hellenismus breitete sich unaufhaltsam in den Jahrhunderten aus, die dem Niedergang Griechenlands folgten. Als freie Angestellte oder als Sklaven vermittelten Griechen den Römern neben den Raffinements der hellenischen Lebensweise ihre Sprache und Literatur; römische Bildhauer kopierten die griechischen Vorläufer, selbst wenn sie Standbilder oder Köpfe von Zeitgenossen formten. Hellas war besiegt, der Hellenismus, einige Zeit noch schöpferisch, sodann ein geschäftiger Nachahmer seiner selbst, bereicherte die Geister und façonnierte die Mode. Der Niedergang hatte bereits begonnen, als Platon noch lehrte; er beschleunigte sich, als Aristoteles die Grundlagen schuf, auf denen das Mittelalter seine eigene Philosophie zu begründen suchte. Unterstellt man, daß die erste, zuweilen lang andauernde Phase des Niedergangs zwar nicht die Zeit der Blüte, sondern der Reife, der Überreife und des beginnenden Alters ist, so hat man damit anerkannt, daß die regste geistige Tätigkeit, der zuweilen weit über seine Grenzen hinausragende kulturelle Einfluß eines Volkes sich im Lichte der Nachmittagssonne entfaltet – bis zu jener Stunde der Minerva, der Stunde des Übergangs, mit dem der Untergang beginnt, dem später der Anfang, das Neue und die Wiedererstehung folgen werden.

Das Wort dekadent war einige Jahrzehnte lang, vor 1914, ein Modewort gewesen; man bezeichnete damit bestimmte Strömungen in Kunst und Literatur und die übertriebene Kläglichkeit einer Lebensweise, deren man sich gern rühmte. Die Deutschen, in deren Bilderbuchvorstellung Frankreich die Heimat der Dekadenz war, erfuhren vor Verdun, daß die »dekadenten, entmännlichten und vernegerten« Franzosen so gut standhalten und sterben konnten wie sie selbst. Doch gab es einen fast nie deutlich hervortretenden Grund zu glauben, daß Frankreichs Niedergang begonnen hatte: Diese Nation, die 1918 ihren Sieg feierte, als sicherte er die Zukunft für immer, verlor nach und nach den Glauben an den Sieg, an seine Dauer und somit an seinen Sinn, an den Wert kriegerischer Tugend und an die »Gloire«.

Zwar sah man täglich alte Frontkämpfer zum Grabmal des Unbekannten Soldaten ziehen; zwar waren so viele Reden und Zeitungsartikel voll von Erinnerungen an jene »Gloire«, aber der Stolz auf die ferne und nahe Vergangenheit und die Erinnerung an die Toten verhinderten nicht die Schwächung jener Energie, ohne die man keine Schlacht gewinnt.

In den Kinos folgte man den Wochenschauen mit größerem Interesse als je, lachte man laut über Mussolini, aber gar nicht mehr über Hitler, ob er nun die uniformierten Massen am Nürnberger Parteitag hinriß oder im Reichstag die freie Welt herausforderte: Diesen grotesk aussehenden, starr blickenden, bellenden Mann nahm man im Jahre 1939 ernst, tödlich ernst. Wenn es absolut unvermeidbar war, wollte man, mußte man gegen Deutschland in den Krieg ziehen, schon wieder, nur zwanzig Jahre nach dem Ende des großen Schlachtens. Und dies warum, wozu? Um zu siegen? Welch ein Unsinn, dieser Mann da mit dem vorgestreckten Arm in dem offenen Wagen, von zahllosen Deutschen umjubelt, war ja der lebendige Beweis dafür, daß es nichts mehr nützte, einen Krieg zu gewinnen.

Wer so denkt, ist im voraus besiegt, das bedachte ich oft, aber ich wollte es nicht glauben. War Frankreich, war unsere Kultur in der Zeit ihrer vollen Reife, das heißt im ersten Stadium ihres Niedergangs begriffen, so war doch der Wille, in Unabhängigkeit und Freiheit zu leben, so stark, daß er rechtzeitig den Glauben an den Sieg als Mittel, wenn auch nicht als Ziel, wiederherstellen mußte. Überdies gab es Rußland. Die Verhandlungen, die zum Abschluß des Bündnisses zwischen England, Frankreich und der Sowjetunion führen mußten, hatten begonnen; es war nur noch eine Frage von Tagen, dann würden die Nazis und ihre Führer wissen, daß eine mächtige Triple-Alliance den kleineren Ländern Mittel- und Osteuropas zu Hilfe eilen würde.

Über diese Gefahren, Befürchtungen und Hoffnungen schrieb man überall, die Zeitungen waren voll davon; sie widerspiegelten und erzeugten das manisch-depressive Auf und Ab, das nicht nur die öffentliche Meinung des Westens, sondern auch die verantwortlichen Politiker – mit seltenen Ausnahmen – schwanken ließ zwischen dem Entschluß, auf die Herausforderung mit Härte und Entschlossenheit zu reagieren, und der Zuversicht, daß Hitler durch einige Zugeständnisse beschwichtigt werden könnte.

Von 1938 an kamen Koestler und ich wöchentlich, zumeist nach dem Abendbrot, mit Alfred Döblin in dessen Wohnung zusammen. Der Dichter hatte das sechzigste Lebensjahr bereits überschritten, war aber wandelbar geblieben. Seit meinen Berliner Begegnungen mit ihm und Brecht hatte er die Judenfrage neu entdeckt und wollte eine neue jüdische Bewegung schaffen, war aber inzwischen wieder davon abgekommen. Ein großangelegtes Werk nahm ihn in Anspruch, dennoch interessierte er sich leidenschaftlich für die Politik, die mehr als je das Schicksal der Zeitgenossen bestimmen mußte; das galt für alle, ob sie es wußten oder nicht, doch waren die Emigranten dessen am deutlichsten, am unglücklichsten bewußt.

Unsere Diskussionen zu dritt waren jedoch keineswegs nur der Politik gewidmet, wir sprachen oft über Literatur, über die europäische Geschichte, über die Weimarer Republik und über Persönlichkeiten, die gerade im Mittelpunkt des allgemeinen Interesses standen. Döblin hatte über alles viel zu sagen, manchmal Weises und Tiefes, oft Gescheites, zuweilen aber Skurriles. Wir hörten ihm, der siebenundzwanzig Jahre älter war als wir, stets aufmerksam und mit Zeichen des Respektes zu. Nun geschah es fast an jedem dieser Abende, daß Koestler oder ich irgend jemanden, etwa einen ältern Dichter, mit Bewunderung nannten und eines seiner Werke zitierten. Damit lösten wir manchmal Zornausbrüche aus: Das Gesicht unseres Gastgebers verwandelte sich plötzlich, die Züge seines länglichen, eher lieblos geformten Antlitzes gerieten in Unordnung, gleichsam in Widerstreit miteinander, der Mund aber lenkte von ihnen und allem ab – Bitternis und Hohn entstellten ihn, der wie im Widerwillen Worte hervorbrachte, die den zitierten Dichter und sein Werk herabsetzten. Der hämische Angriff, der wie ein Schrei des Triumphs begann, endete zumeist unversehens im Ton einer ebenso unwilligen wie traurigen Resignation. Döblin fühlte sich verkannt, von Unwissenden oder Gegnern in den Schatten jener abgedrängt, denen er sich keineswegs unterlegen fühlte. (Als ich im Jahre 1946 meine Verlagsarbeit in Paris begann, wählte ich einen Roman von Alfred Döblin als erstes Werk in der Reihe ausländischer Romane, die ich ins Französische übersetzen ließ.)

Die Münchener Kapitulation, die Niederlage der spanischen Republik und die Besetzung Prags drängten immer mehr die Politik in den Mittelpunkt unserer Gespräche. Wir saßen in einer friedlichen Straße des vierzehnten Arrondissements, manchmal vor offenen Fenstern, kein Geräusch drang in die Wohnung herauf; so lebhaft wir auch diskutierten, völlig auf unser Thema konzentriert, das Bewußsein eines jeden von uns begleitete die Worte mit einem Kommentar über die Machtlosigkeit der Worte und die Unvermeidlichkeit von Taten, die in ihrer Wirkung länger dauern als die Handelnden, als wir alle, die lebten, die *noch* lebten.

Jeder erwachsene Mann wüßte sich an Ereignisse und Nachrichten zu erinnern, die ihn selbst und seine Zeitgenossen so »vor den Kopf gestoßen hatten«, daß dieses phraseologische Bild tatsächlich einen vergewaltigenden Vorgang bezeichnete. Man geriet ins Torkeln auf bebender Erde, der Boden unter den Füßen stürzte in den Abgrund. Sofern das Wort Urangst irgend etwas bedeutet, trifft es am ehesten auf jenes Gefühl zu, das sich mit einer unvorstellbaren Heftigkeit all jener bemächtigt, die ein Geschehnis so unvorbereitet trifft, wie es sonst nur in Angstträumen geschieht.

Die Nachricht, daß die Unterzeichnung eines Paktes Hitler – Stalin unmittelbar bevorstehe, wurde von den französischen Radiostationen und Zeitungen zuerst als Gerücht und dann als eine »Ente«, als eine von Goebbels lancierte Falschmeldung bezeichnet, als ein letzter Querschuß gegen den stündlich erwarteten Abschluß der Allianz zwischen der Sowjetunion und den Westmächten. Die kommunistische Morgenzeitung ›Humanité‹ und die Abendzeitung ›Ce Soir‹ wußten sogar genau, wo man die faschistischen Brunnenvergifter finden konnte, die, durch ihre eigene grenzenlose Menschenverachtung irregeführt, der Öffentlichkeit solch einen Bären aufbinden wollten. Schließlich wäre der erste April noch sehr ferne, sagte man, man war im August 1939.

Wenige Stunden später erwies es sich, daß das Unglaubliche wahr war, denn die gleiche Nachricht kam aus Moskau. Darauf erklärte man den verstörten Kommunisten, den Sympathisanten und Volksfront-Anhängern, daß, selbst wenn Stalin tatsächlich einer Verständigung mit Deutschland zustimmte, diese ihn keineswegs hindern würde, das Bündnis mit den demokratischen Staaten sofort oder einen Tag später endgültig abzuschließen. Das war so selbstverständlich, daß die französischen Kommunisten wiederholten, daß sie selbst an der Spitze aller Kämpfer gegen den Faschismus marschieren, daß ihr Führer Maurice Thorez, ohne eine Minute zu zögern, einrücken und allen ein Beispiel dafür geben würde, daß ein Kommunist immer der erste ist, wenn es gilt, das Vaterland zu verteidigen. Im übrigen, erklärten sie, war der deutsch-russische Pakt ein Geniestreich

Stalins, der damit den Frieden der Welt rettete, denn er band Hitler die Hände.

Am 1. September überfiel die Wehrmacht Polen, der Frieden war also nicht gerettet, und doch fuhren die Kommunisten fort, unbeirrt zu ihrer Politik zu stehen: Die Franzosen sollten nicht nur in Treue zum polnischen Verbündeten, sondern auch im Interesse der von den Nazis bedrohten Freiheit sofort in den Krieg ziehen. Erst einige Zeit später bekamen die Kommunisten endlich eine neue Direktive von Moskau: Es galt, gegen den von Frankreich und England ausgelösten imperialistischen Krieg, gegen die Sozialisten und den verräterischen Léon Blum an ihrer Spitze mit allen Mitteln zu kämpfen. Thorez desertierte, Stalin und Hitler zerstückelten Polen; die Russen beeilten sich zu erklären, daß Polen aufgehört hatte zu existieren.

Und wir, die so lange geschwiegen hatten, um den einzig sichern Verbündeten zu schonen, wir wußten nun, daß wir uns und andere auch darin getäuscht hatten. Daß Stalin alle Profite aus der wohlwollenden Neutralität gegenüber dem Dritten Reich einheimste, wurde von der gesamten bürgerlichen Presse angeprangert, als ob solch eine Wendung eine charakteristische kommunistische Diplomatie kennzeichnete. Dagegen nahm ich sehr entschieden Stellung: Die Außenpolitik bedient sich seit jeher religiöser, ethischer oder ideologischer Vorwände, doch entspricht sie dem – oft völlig falschen – Kalkül einer Real- oder Machtpolitik, die darauf abzielt, den Herrschaftsbereich einer Dynastie oder eines Staates zu erweitern und ein für allemal unangreifbar zu machen. Richelieu hatte sich mit dem Protestanten Gustav Adolf gegen die katholischen Habsburger verbündet, zur gleichen Zeit verbrannte man in Frankreich – auf Befehl dieses Kardinals – Protestanten nur um ihres Glaubens willen. Religion und Moral spielten bei alledem nur eine vorgespiegelte Rolle. So stand es der französischen und englischen Regierung, die das republikanische Spanien hatten verbluten lassen und dann die Tschechoslowakei Hitler ausgeliefert hatten, schlecht an, eine moralische Außenpolitik zu predigen.

Für die gesamte antifaschistische Bewegung aber, für die gesamte Linke bedeutete der Stalin-Hitler-Pakt die größte politische und moralische Niederlage, die ihr je zugefügt worden war. In der ›Zukunft‹ entwickelte ich diese Gedankengänge und erwog die Folgen des russischen Vorgehens. In einem ›Der Pakt‹ betitelten zweiteiligen Artikel sagte ich unter anderm voraus, daß ein Sieg Hitlers an der Seine der Wehrmacht den Weg zur Moskwa und Newa freilegen würde. Dies schrieb ich im September; man mußte mit der Zensur rechnen und sich deshalb hie und da mit Anspielungen begnügen. Als auch der bornierteste Parteikommunist nicht mehr daran zweifeln konnte, daß die Rote Armee den Vormarsch der Wehrmacht in Polen nicht behinderte, sondern mit ihr die Beute teilte, bemächtigte sich der Stalinisten ein quälender Zweifel: Wie, wenn sie nicht erst vom 23. August an irregeführt und mißbraucht worden wären – und zwar gerade von denen, an die bedingungslos zu glauben, sie um der Sache willen beschlossen hatten?

In jenen Tagen, da der Himmel über ihnen einzustürzen schien, kamen viele von ihnen zu mir, den sie noch kurz davor wie einen Leprösen gemieden hatten. Sie wollten erfahren, wie das Unfaßliche zu erklären war und was noch zu tun blieb, wenn überhaupt noch irgend etwas unternommen werden konnte. Es kamen solche, die schon vorher zu zweifeln begonnen hatten, aber nicht hatten brechen wollen. Einer von ihnen war Gustav Regler, der begabte Schriftsteller und tapfere Soldat, der in Spanien als Kommissar einer internationalen Brigade unter schwierigen Umständen Beweise von Mut und Führergabe erbracht hatte. Nun endlich war es so weit, er trennte sich von der Partei. Andere wollten davon überzeugt werden, daß das sowjetische Regime nicht sozialistisch, nicht sowjetisch und nicht kommunistisch, sondern despotisch war: eine totalitäre Diktatur nicht des Proletariats, sondern gegen das Volk, gegen Arbeiter und Bauern, gegen alle. Ich redete niemandem zu, die Partei zu verlassen, denn nun erst wurde es ja offenbar, wie sehr die meisten verlernt hatten, selbständig zu denken. Ich verheimlichte niemandem, wie schwer es war, zu sich selbst zurückzufinden, nicht mehr in herzerwärmenden Gewißheiten, sondern in vereinsamenden Einsichten zu leben.

Die Deutschen und Italiener unter diesen Kommunisten hatten sich als Kriegsfreiwillige gemeldet, sie konnten ohne Verzug einberufen werden. Gemäß der neuen Parteilinie galt es nunmehr, sich der inzwischen als imperialistisch abgestempelten französischen Armee zu entziehen. Das war für die bereits registrierten Freiwilligen schwer, ja gefährlich. Die neue Lage brachte manche zur Verzweiflung, lähmte den Mut oder den winzigen Rest von Lebensfreude, den sie bewahrt hatten.

Die französische Regierung, die kaum einen Fehler vermied, befreite sie aus ihrer Ratlosigkeit, indem sie die meisten dieser Männer internierte, zusammen mit den anderen, österreichischen und deutschen Emigranten, da sie ja Angehörige eines feindlichen Staates waren. Sie verbot die kommunistische Partei und ihre Presse, nahm ihre Führer fest und ließ ihre Parlamentsabgeordneten wegen Untergrabung des Wehrwillens und tätiger Sympathie für den Landesfeind verurteilen. Mit diesen Maßnahmen retteten Daladier und seine Minister die kommunistische Partei, die es dank dem Verbot vermeiden konnte, sich öffentlich zu ihrer russischen Politik zu bekennen, die für ihre Mitglieder und Mitläufer eine Herausforderung war. Umgekehrt brachte die Märtyrerposition den Kommunisten allmählich Sympathien zurück, da sie ja von einer Regierung verfolgt wurden, die ihre Armeen nicht gegen den Feind schickte, sondern nur die Polizei gegen Andersmeinende einsetzte.

Am Vormittag des 3. September lief das englische Ultimatum ab, das von Hitler forderte, die in Polen eingedrungenen Truppen sofort zurückzuziehen; am Nachmittag lief das gleichlautende Ultimatum der Franzosen ab. Die Wehrmacht setzte ihren Vormarsch in Polen fort; Frankreich und England, Verbündete des überfallenen Staates, erklärten Deutschland den Krieg. Vor den Rekrutierungsbüros bildeten sich lange Reihen von Ausländern und Franzosen, die sich freiwillig zum Kriegsdienst meldeten. Ich war einer von ihnen und wurde tauglich befunden; das Datum der Einberufung stand noch nicht fest, doch war damit zu rechnen, daß es ganz nahe bevorstand.

In jenen Monaten nahm ich wieder einige Bücher vor, die in den zwanziger Jahren den Abscheu meiner Generation gegen den Krieg geschürt hatten. So las ich auch das ›Feuer‹ von Henri Barbusse, diesmal nicht nur als abschreckende Erinnerung, sondern als Ankündigung dessen, was nun jene erleben würden, die 1914 noch Kinder oder ungeboren waren. Das 1916 erschienene Buch ließ mich nun, im Sommer 1939, erschaudern, denn ich identifizierte mich mit den Frontkämpfern, als ob ich gerade nur auf Urlaub wäre und bald in den Schützengraben zurückkehren müßte. Ja, es flößte mir Angst um mein eigenes Leben ein, aber auch die Befürchtung, daß es mir nicht gelingen würde, gegenüber jenen Vorgängen gleichgültig zu werden, deren Zeuge, Mitschuldiger oder Opfer man im Gemetzel wird.

Meine Eltern und meine Brüder hatten in England ein Asyl gefunden, Mirjam und Vladim in Jugoslawien. Das war beruhigend – jedenfalls bis auf weiteres, bis der Krieg sich zu einem Weltkrieg ausgeweitet haben würde.

Die Erwartung, daß die Franzosen wenigstens durch Angriffe auf die westdeutschen Grenzgebiete der polnischen Armee zu Hilfe kommen würden, wurde enttäuscht. Hörte oder las man die täglichen Communiqués des französischen Hauptquartiers, so gewann man den Eindruck, daß Patrouillengänge und Aktionen von winzigem Ausmaß eine große Offensive vorbereiteten, die in wenigen Stunden oder Tagen einsetzen mußte. Es geschah nichts.

Sobald die Nacht anbrach, lag Paris im Dunkel, die wenigen Straßenlampen, die noch angezündet wurden, verbreiteten ein schwaches, blau-fahles Licht in einem kleinen Umkreis, außerhalb dessen die Straßen finster blieben. So entdeckten die Pariser zuerst erstaunt, dann bewundernd den Himmel, die Sterne und den Mond über ihren Köpfen und die phantastischen Ungeheuer, die gigantische Gliedmaßen aufwärtsreckten: Die Häuser der Großstadt verwandelten sich nächtens in Monstren. Die Bewunderung wich bald dem Ärger, in der Finsternis seinen Weg suchen zu müssen und überdies immer wieder von Patrouillen aufgehalten zu werden, die die Ausweispapiere verlangten.

Vom 3. September an weckte der Fliegeralarm die Pariser mehrere Mal in der Nacht; es genügte, daß von den Grenzen her der Anflug auch nur eines einzigen feindlichen Beobachtungs-Flugzeuges gemeldet wurde, um diesen Alarm auszulösen. Aus dem Schlaf gerissen, mußte man unverzüglich in die Keller hinuntersteigen und dort auf das Entwarnungssignal warten. In den ersten Wochen wiederholte sich dieser Vorgang so häufig, daß die Pariser übernächtig und müde zu ihrer Arbeit gingen, wo sie erneut durch diese törichten, nutzlos angewandten Schutzmaßnahmen immer wieder unterbrochen wurden. Die Regierung ließ nichts ungetan, was die Bevölkerung grundlos in Angst versetzen und um den Schlaf bringen konnte; sie störte die gewerbliche und kommerzielle Tätigkeit und desorganisierte den Schulbetrieb. Um diese Wirkung zu erzielen, brauchten die Deutschen nur ein kleines Flugzeug den Rhein oder irgendeine französische Grenze überfliegen zu lassen.

Wir waren gewiß zahlreich, denen diese unsinnige, in jeder Hinsicht schädliche, demoralisierende Alarm-Politik die Befürchtung einflößte, daß die Kriegführung sich, wie vorher in der Außenpolitik, ängstlich-defensiv verhalten könnte und das Gros der Armeen in den Untergrundfestungen der Maginot-Linie dahinvegetieren lassen würde. Entgegen jeder vernünftigen Überlegung setzte die Heeresleitung darauf, daß der Feind die Neutralität Belgiens und Hollands nicht verletzen würde und somit an die von keinerlei Befestigung gesicherten Nordgrenzen Frankreichs gar nicht herankommen könnte. Daß die französische Regierung tatsächlich ihrer Strategie einen so sträflichen Irrtum zugrunde legen würde, erwogen wir zwar manchmal, doch nur im grimmigen Scherz, wenn uns die großmäuligen Verlautbarungen der Minister und das greisenhafte Hurra-Gepolter der Zeitungen besonders auf die Nerven gingen. Nein, wir glaubten nicht im Ernst daran, daß die alliierten Strategen Hitler für fähig hielten, die neutralen Länder zu schonen und in einem wahnwitzigen Frontalangriff gegen die Maginot-Linie anzurennen.

Daß Polen, von der Wehrmacht und der Roten Armee in die Zange genommen, fallen mußte, ohne daß die Alliierten dem unglücklichen Lande die geringste Unterstützung gewährt hatten, auch das erschütterte das Vertrauen nicht, das wir trotz allem in Frankreich setzten. Wir schlossen nur daraus, daß der Krieg lange, weit länger dauern würde, als man bis dahin angenommen hatte.

In jenen Tagen fiebriger Erwartung, falscher Nachrichten über bevorstehende Offensiven und Siege und wahrer Schrekkensberichte über den Kampf und Zusammenbruch des Landes, dessenthalben man in den Krieg eingetreten war – in jenen Tagen war die französische Polizei hauptsächlich damit beschäftigt, antinazistische Emigranten in Sportstadien zu konzentrieren, wo nichts für ihre Unterbringung vorgekehrt war. Nichts geschah, um die Entrechteten gegen Regen und Kälte, gegen Hunger und Durst zu schützen, bis sie endlich ferne von Paris in improvisierten und schlecht geleiteten Lagern interniert wurden.

In jenen Wochen gab es nur wenig, was uns von dem Gedanken an all das ablenken konnte, was nicht geschah und doch geschehen mußte. Zu diesem wenigen gehörte für mich in erster Reihe ein Manuskript, das mir Koestler überbrachte: Es sollte vor Vernichtung gerettet und schließlich nach England gebracht werden, wo es etwa drei Jahre später unter dem Titel ›Darkness at Noon‹ zu einem der bedeutendsten, erfolgreichsten und wirksamsten Bücher unserer Zeit wurde.

Arthur und ich hatten schon seit Jahren die für uns bedrängende, ja obsessive Frage diskutiert: Warum gestehen die Angeklagten in den Moskauer Prozessen, Männer wie Sinowjew,

Radek, Kamenjew, Piatakow und Bucharin und alle ihre Mitangeklagten, imaginäre Verbrechen, statt im öffentlichen Prozeß umgekehrt die Ankläger und mit ihnen Stalin schärfstens anzugreifen?

In meiner 1937 beendeten ›Analyse der Tyrannis‹ hatte ich die psychisch zermürbende Wirkung des totalitären Unterdrükkungsmechanismus aufgezeigt, wie er von der GPU gegen jeden in Gang gesetzt wurde, den sie, gleichviel aus welchem Grunde, dazu erkoren hatte, ein Schuldiger zu sein. Koestler seinerseits, der die Romanform benutzt hatte, um in ›Spartakus‹ eine Revolte und die mit ihr zusammenhängenden Probleme darzustellen, erwog nach dem ›Spanischen Testament‹, das Schicksal einer Hauptfigur der Moskauer Prozesse so darzustellen, daß der Weg eines Mannes wie Bucharin sich deutlich abzeichne – der Weg, der ihn nach langen Verhören und rücksichtslosen Gewissensprüfungen, denen er sich in der Zelle selbst unterwirft, schließlich zur Kapitulation führt, das heißt zur Teilnahme an der mörderischen Posse, die ihm seine Todfeinde aufzwingen wollen.

Während der vielen Monate, die Koestler an seinem Buch arbeitete, hatten wir über seinen Plan viel diskutiert, besonders über die Schwierigkeit, den absurden Vorgang auch jenen überzeugend darzulegen, die die Wahrheit verkennen wollten. Und nun lag das abgeschlossene Manuskript vor mir. Es war nachmittags, ich begann, es unverzüglich zu lesen, und legte es nicht aus der Hand, ehe ich die letzte Seite gelesen hatte – die Nacht war darüber fast vergangen.

Einige Stunden später kam Arthur; ich versicherte ihm begeistert, daß sein Buch genauso geworden war, wie er es gewollt hatte: Er hatte ein äußerst komplexes Thema, für das die Leser noch nicht vorbereitet waren, so bildhaft und zugleich gedankenreich behandelt, daß auch der verstockteste Stalinist die Wahrheit durchschauen und somit erkennen mußte, daß er Opfer einer Irreführung geworden war. Darin irrte ich mich. Und auch darin irrten wir uns beide, daß wir die Wirkung der psychischen Folter und der körperlichen Mißhandlung nicht in Rechnung stellten, die – das wußten wir damals noch nicht – viel dazu beitrugen, den Widerstand der Opfer so dauerhaft zu brechen, daß nur ganz wenige es zustande brachten, bei Beginn des offenen Prozesses zu enthüllen, daß ihr Geständnis falsch war und erpreßt. Man denke an den alten Bolschewiken Krestinski, der solche Enthüllungen trotz allem gewagt, aber neuen

Erpressungen erliegend, das Geständnis tags darauf wiederholt hatte. Erst nach dem Kriege erfuhren wir von Opfern dieser Prozesse und Insassen des Gulag, daß die Mittel, fiktive Selbstanklagen zu erzwingen, weit zahlreicher, härter, quälender gewesen waren, als wir es uns je vorgestellt hatten. Es mußten noch lange Jahre nach unserem Bruch mit dem sogenannten Marxismus-Leninismus vergehen, ehe wir endlich von allen Illusionen frei wurden und von manchen Bilderbuchvorstellungen, die wir trotz allem fast unbewußt, jedenfalls ungewollt bewahrt hatten.

Schließlich überschätzten wir den Anteil der Ideologie und der politischen Motive im Falle eines Bucharin; wir wußten nicht, daß er um das Leben seiner jungen Frau und seines kleinen Kindes bangte. Dem Tyrannen den letzten, schändlichen Dienst zu erweisen war Bucharin kein zu hoher Preis für die Rettung des Lebens von Frau und Kind. Natürlich wurde er auch um diesen Lohn betrogen.

Am 2. Oktober 1939 wurde Arthur Koestler von der Pariser Polizei verhaftet, mit anderen politisch Verdächtigen eine Woche lang auf einem Sportplatz gefangengehalten und schließlich nach Südfrankreich, in das berüchtigte Internierungslager Vernet, gebracht. Koestler, dessen Austritt aus der kommunistischen Partei und entschiedene Gegnerschaft gegen den Hitler-Stalin-Pakt notorisch war, wurde als kommunistischer Agent verfolgt. Ähnliches geschah Gustav Regler und manchen anderen Intellektuellen, die allesamt zu den unterwürfigsten Stalinisten in Vernet gesteckt wurden. In ›Scum of the Earth‹, seinem Erlebnisbericht aus den ersten Monaten des Zweiten Weltkrieges, stellte Koestler diese Vorgänge und ihre Folgen mit der Präzision eines Beobachters dar, welcher am eigenen Leibe die blöde Arroganz einer brutalen Macht erfahren hat, die gegen Unschuldige und Hilflose wütet und vor der Drohung der größeren Macht widerstandslos und ehrlos zurückweicht.

»Bourrage de crâne« – so nannten die Franzosen im Ersten Weltkrieg die Hirnvernebelung, die bedenkenlos lügnerische, verdummende, chauvinistische Propaganda. Nun, im Herbst 1939, wurde die Verblödung von zwei Seiten mit gleicher Verachtung von Vernunft und Redlichkeit betrieben. In ›Tiefer als der Abgrund‹ habe ich über die Verwirrung der Geister, über den Selbstbetrug der sich überschreienden Betrüger geschrieben:

»Stetten meinte: Es ist nun wirklich unmöglich geworden zu entscheiden, welche Presse verächtlicher ist, die bürgerliche oder die kommunistische. Wenn ich in den Zeitungen, die den Münchener Pakt glorifiziert und den verratenen Tschechen Vorhaltungen gemacht haben, die paroxistische moralische Empörung über den russischen Treuebruch lese, so erinnert mich das daran, daß die Huren das Wort Hure als Schimpfwort benutzen ... Wenn man andererseits in den gleichen bürgerlichen Blättern liest, daß der Stalin den Hitler gezwungen hat, den Kommunismus in Deutschland zu fördern, so wird man versöhnlich gestimmt. So abgrundlos der Zynismus dieser Journalisten ist, ihre Dummheit ist weit größer ... Und was nun Ihre früheren Freunde betrifft, mein lieber Dojno, deren Verlogenheit hat einen höheren Grad erreicht. Die Lüge ist total und totalitärer als bei den Nazis, ihren neuen Bundesgenossen, die Wahrheit ist ein Zwischenfall, ein Unfall.«

Stalins Verrat am Antifaschismus befreite mich und viele andere *endgültig* von der letzten Hypothek, die uns noch an den verrotteten Kommunismus gebunden hatte. Dank jenem Verrat sind wir seit dem 24. August 1939 von ihm so frei, daß wir ihn mit der Objektivität eines Mikroben-Forschers betrachten können.

Auf Münzenbergs Bitte entwarf ich das Programm einer neuen sozialistischen Bewegung und erwog die Bedingungen, unter denen sie nach Hitlers Niederlage in Deutschland entstehen könnte. Keiner von uns zweifelte am Ausgang des Krieges – trotz der Hilfe, die Hitler bei seinem russischen Gevatter fand. Andererseits war es klar, daß Frankreich und England sich nur im Westen ernsthaft schlagen würden. Als Rußland seinen Raubkrieg gegen Finnland unternahm, gestikulierten die Alliierten wild, drohten mit einem Expeditionskorps, das dem kleinen Volk zu Hilfe eilen würde; dieses Geschwätz war verächtlich und lächerlich.

Die ungewollt satirischen Bilder der Wochenschauen, in denen man französische Soldaten an den Grenzen auf Küchenstühlen dösen sah, wurden von einem pathetischen Kommentar begleitet, der die Heldenhaftigkeit dieser tapferen Kämpfer rühmte, die der deutschen Armee solche Furcht einflößten, daß sie es nicht wagte, zum Angriff überzugehen. Ich war im dunklen Saal wohl der einzige, der auflachte, das Publikum aber schien diesen scheußlichen Unsinn widerstandlos zu schlucken. Polen war bereits »abserviert«, des im Stich gelassenen Verbündeten wurde keine Erwähnung mehr getan. Damals wurde mir Polen wichtig; sein Unglück warf es wieder in jene Einsamkeit unter den Nationen zurück, die häufig sein Schicksal gewesen war. Erst nach dieser Aufteilung Polens durch Hitler und Stalin wurde ich dessen bewußt, wie sehr Polens Fall auch stets Unheil für die polnische Judenheit bedeutete.

Malraux hatte sich freiwillig gemeldet und wartete auf seine Einberufung; er sollte einer Panzerbrigade zugeteilt werden. Im übrigen war er davon überzeugt, daß ich am nützlichsten im neu errichteten Propaganda-Kommissariat arbeiten könnte, das unter der Leitung des Diplomaten und Dichters Jean Giraudoux weit über die Grenzen hinaus wirken sollte. Er beabsichtigte, mich Giraudoux zu empfehlen, der meine Mitarbeit, meinte er, sehr schätzen würde. Jedoch gab Malraux zu, daß er an meiner Stelle auch vorziehen würde, ein Frontsoldat zu sein.

Als wir Abschied nahmen – ich wurde vor ihm einberufen –, sahen wir vielerlei voraus, doch keineswegs jene Ereignisse, die im Mai 1940 eintreten sollten. Wir versprachen einander zu schreiben; sollte die direkte Verbindung eines Tages abreißen, so würden Jenka und Josette, so hieß seine Lebensgefährtin, dafür sorgen, daß ein jeder von uns wüßte, wie es um den andern stand. Den Tod erwähnten wir nicht. Er war in allem, was Malraux schrieb, stets mitgedacht und häufig genannt. Ich aber konnte mir leicht vorstellen, daß ich irgendwo eine schwere Verwundung erleiden und ihr wehrlos, hilflos erliegen könnte – von Kameraden allein zurückgelassen, die gegen den Feind anliefen oder vor ihm flüchteten.

Mich begleiteten seit meiner frühen Kindheit Vorstellungen von dem Guten, das mir zustoßen könnte, und von dem Schlimmsten; meine realistische Phantasie hat mich gewiß nicht vor Unerwartetem bewahrt, jedoch bewirkt, daß es, war es eingetroffen, mich selten wirklich überraschte. Andererseits haben meine Kindheitserlebnisse zur Folge gehabt, daß der Anblick von Leichen, von Wunden und Blut mich weder erschreckt noch anwidert. Das Antlitz eines toten Freundes jedoch mag ich nicht betrachten; ich ziehe es entschieden vor, die Erinnerung an den Lebenden unverzerrt zu bewahren. Stehe ich zwischen Gräbern, so stelle ich mir keine Leichen und keine Sterbenden vor, sondern selbst jene, die ein Greisenalter erreicht haben, sehe ich, wie sie in ihrer Jugend oder in der Mitte ihres Lebens gewesen waren.

Nein, ich habe nie etwas aus Kühnheit oder Übermut getan,

sondern nur aus der Überzeugung, daß ich es unbedingt tun müßte – trotz der plastischen Vorstellung von Gefahr, die ich damit auf mich nahm. So erwächst mein Mut aus der Überwindung von Furcht und Angst, er ist ein *Trotzdem* – wie es in der Zeit der Verfolgungen die Glaubenstreue meiner Ahnen gewesen ist.

Bei einer unserer allerletzten Begegnungen gab mir Koestler eine weiße Pille – für den Fall, daß der sofortige Tod der einzige Ausweg wäre. Ich bewahrte sie in einer versteckten Falte meines Portemonnaies auf. Sie ging mir während des Rückzugs verloren, gerade am Ende der Nacht, in der ich befürchtete, daß der anbrechende Tag für mich der letzte sein könnte.

Ich rückte erst im Dezember ein, Jenka begleitete mich bis zur Kaserne, vor dem Tor blieben wir noch einige Minuten stehen. Alles war gesagt. Wir hatten besprochen, was in jedem der vielen möglichen Fälle getan werden müßte, damit die Verbindung niemals abrisse. Nur einen einzigen Fall erwogen wir nicht – gerade dieser trat ein halbes Jahr später ein. Die Kapitulation, die ein allgemeines, grenzenloses Unglück war, brachte uns wieder zusammen.

Ich hatte immer gedacht, daß ich später einmal ausführlich darstellen würde, was ich als Kriegsfreiwilliger in der französischen Armee, in einer Infanterie-Kompanie ausländischer Freiwilliger, erlebt habe, die von Unteroffizieren der Fremdenlegion ausgebildet wurde. Einiges davon habe ich vor langen Jahren im zweiten Band meiner Romantrilogie verarbeitet, in Erlebnisse dritter Personen umgestaltet. Nun aber zögere ich, nicht etwa, weil ich all das, diese ungeheuerliche, sinnwidrige Zeit- und Kraftvergeudung unserer Ausbildung für einen Krieg von 1870 bereits in ›Tiefer als der Abgrund‹ geschildert habe. Nein, aus einem andern Grunde: Was uns während der brutalen und so gut wie völlig unzulänglichen, verfehlten Instruktion in jenem kalten Winter zustieß, das haben auch andere in anderen Armeen mitgemacht. Das den Franzosen nachgerühmte Talent, Lösungen zu improvisieren, versagte in jenen Monaten fast ununterbrochen. Wir wurden in baufälligen Scheunen untergebracht, deren Dächer und Wände löchrig waren; wir froren auf dem verfaulten Stroh, wurden eingeregnet, eingeschneit, da unsere Quartiere natürlich unheizbar waren. Überdies lagen sie so weit von der Küche, daß das Essen immer kalt war, bis es zu uns gebracht wurde. Die Uniformen, die wir trugen, waren schon im Ersten Weltkrieg schäbig und fleckig geworden, ein großer Teil der Gewehre stammte aus dem 19. Jahrhundert; sie taugten hauptsächlich für die endlosen Übungen, die uns auf Paraden, aber nicht auf Kämpfe vorbereiteten.

Es gab unter uns viele Emigranten, die ihre Heimat – Italien, Spanien, Portugal, Rumänien und Polen – verlassen hatten, um ihrem Elend zu entgehen und in Frankreich ein besseres, ja vielleicht das gute Leben zu finden. Sie wurden Freiwillige, weil man es von ihnen erwartete und, wenn sie zögerten, recht deutlich forderte, hauptsächlich aber, weil sie hoffen durften, daß sie dank ihrer Kriegsleistung später für sich und die ganze Familie die französische Staatsbürgerschaft erlangen würden. Überdies gab es in großer Zahl politische Emigranten, die den Faschismus nicht mehr mit Worten, sondern endlich mit der Waffe in der Hand bekämpfen wollten. Zu diesen zählten die Spanier, die nach dem verlorenen Bürgerkrieg Zuflucht in Frankreich gesucht hatten, wo sie gleich bei der Grenze abgefangen und interniert wurden. Sie ergriffen die erste Gelegenheit, aus den Lagern hinauszukommen, und meldeten sich freiwillig, denn der Krieg gegen Francos Verbündeten, gegen Hitler, war auch ihr Krieg. Es gab viele ausländische Kommunisten, die sich, getreu der Parteilinie, bereits während der Sudetenkrise oder spätestens Ende August gemeldet hatten; nun aber hätten sie gemäß der neuen Parteilinie weglaufen sollen, sie blieben aber, weil sie das Schicksal von Deserteuren fürchteten. Überdies hatte die Partei noch nicht den ausdrücklichen Befehl zur Desertion ausgegeben. Die Zahl der bedingungslosen Antifaschisten war nicht sehr groß, es waren in der Mehrheit Intellektuelle aus Italien, Polen und den baltischen Randstaaten. Die Juden waren unter ihnen zahlreich, aber am zahlreichsten unter jenen Freiwilligen, die im Zivil Gewerbetreibende oder Arbeiter der Pariser Konfektionsindustrie waren.

So wenig Zeit ihnen allen der Dienst auch ließ, so müde und unausgeschlafen sie waren, sie alle wurden Briefschreiber. Jene, denen das Schreiben zu schwer fiel, fanden Kameraden, die ihnen diese Mühe abnahmen. Ich selbst verbrachte Stunden damit, Schreiben für jüdische Kameraden »aufzusetzen«, die sich zumeist Schneider nannten und tatsächlich nur angelernte Konfektionsarbeiter waren; und für Ukrainer, die aus dem Norden der Kohlengruben kamen oder aus der Pariser Region, wo sie in der Gemüsezucht arbeiteten. Nichts von dem, was ich so über ihr Leben »im Zivil« erfuhr, war mir neu, trotzdem empfand ich es oft, als ob ich zum ersten Mal Einblick in das wirkliche Leben erhielte. Natürlich stimmte das keineswegs, denn dieses dem Anschein nach so beschränkte Leben ist nicht »wirklicher«, was solcher Komparativ auch bedeuten mag, als die persönlich und gesellschaftlich erweiterte Existenz von Intellektuellen oder wohlhabenden Leuten. Und trotzdem beobachte ich seither mit einer ganz besondern, sachlich nicht begründeten

Aufmerksamkeit Leute, etwa ältere ärmliche Männer, die schwer atmend ihre Koffer selber zum Zug tragen, oder junge Arbeiterinnen, die in der Mittagspause auf Parkbänken ihre Sandwiches verzehren, oder alleinstehende Altersrentner, die sich vor Hunger und Kälte nur bewahren können, wenn sie bei all ihren Einkäufen nur das Nötigste und Billigste kaufen – all das nenne ich für mich selbst das *wirkliche Leben*. Warum? Wie hat sich denn damals, als mir jene halbanalphabetischen Soldaten die Briefe ihrer Frauen zu lesen gaben, damit ich ihnen antworten könnte – wie und womit hat der fremde Alltag bei mir den bleibenden Eindruck erweckt, daß die Authentizität dieser Existenzen gewisser wäre als die anderer? Die seitenlangen Briefe, die ich täglich an Jenka richtete, so wie jene, die ich täglich von ihr bekam, waren gewiß keineswegs weniger authentisch, tatsächlich viel aufrichtiger als jene, die meine Kameraden erhielten oder die sie mich schreiben ließen.

Das Essen war ausreichend und nicht schlecht, der Wein genießbar, die Löhnung jedoch so lächerlich, daß die Männer ihre Frauen um Geldsendungen bitten mußten. Als wir für einige Zeit in einer Kaserne untergebracht wurden, schliefen wir endlich im Warmen; überdies gab es da eine Kantine, in der wir die freien Stunden verbrachten. Man lebte eng beieinander, es war unmöglich, mehr als einige Minuten allein zu bleiben. So gesellig ich immer war, das Bedürfnis nach Alleinsein, das ich schon in der Kindheit gekannt hatte, stellte sich stets ein, sobald ich mehrere Stunden mit anderen zusammen gewesen war. Immer peinlicher empfand ich die Unmöglichkeit, mich auch nur für eine Stunde abzusondern; sie erschien mir unerträglicher als die völlige Isoliertheit in der Einzelzelle. Da entdeckte ich durch einen Zufall, daß es einen Dienst gab, für den man sich freiwillig meldete: Man mußte da ganz allein von Tagesanbruch bis zum Abend »Vedette« sein, das heißt, an der Grenze eines weiten Schießfeldes Wache stehen und ausnahmslos jedem verwehren, sich dem Feld zu nähern. Die Vedette wurde nicht abgelöst und blieb den ganzen Tag allein; es war Winter, nur ganz selten kam jemand vorbei. Von den Schießübungen sah man nichts, man hörte jedoch gedämpft das Geknatter von Gewehren und noch öfter das leichter Maschinengewehre.

Da sich kaum einer zu diesem Dienst drängte, war ich zwei, drei Mal in der Woche Vedette; so verbrachte ich diese Tage in einer Einsamkeit, deren Stille selbst durch die Schüsse kaum gestört wurde. Während dieser Stunden entfernte ich mich von dieser bizarren, in Wahrheit unechten Existenz, die ich nicht als meine eigene erkennen konnte, nicht erkennen wollte.

Ob wir nun in einer Scheune untergebracht waren oder in einer Kaserne, ob wir in langen Märschen mit dem schweren Rucksack auf dem Rücken Kilometer fraßen oder bei den Übungen mit oder ohne Gewehr auf den verschneiten, aufgeweichten Feldern herumstanden – all das wurde uns schnell genug alltäglich und blieb dennoch absurd. Die schlecht sitzenden, schäbigen Uniformen ersetzten nicht die Zivilistenkleidung, sie waren lächerliche Verkleidungen.

Einer von uns, ein polnischer Jude mit blonden Haaren über seinem stets lächelnden Gesicht, trug eine zu enge horizontblaue Uniform und einen gelb-braunen Mantel, der ihn in eine Vogelscheuche verwandelte. Ich setzte mich in den Übungspausen oft zu ihm, weil er gerne und sehr gut sang. Wenn er sich singend erhob und seine viel zu weiten, langen Ärmel fast bis auf den Boden fielen, empfand ich aufs deutlichste, wie eindringlich durch diese Tracht, die ihn bis zur Unkenntlichkeit entstellte, unser aller Entfremdung augenscheinlich wurde.

Ich kannte das vielsprachige Repertoire seiner Lieder und mochte sie alle. Der Schlager, den die französische Armee an den Grenzen und im Hinterland Tag und Nacht sang, war ein Schmachtfetzen, in dem die Frau oder der Mann verspricht, Tag und Nacht zu warten. Das Wort »warten« kam in jeder zweiten Zeile vor – ach, es war eine sentimentale Armee von verkleideten Zivilisten, die nur selten auf die üblichen, knabenhaft gerühmten Abenteuer ausgingen. Da man nicht genug Geld für Zigaretten hatte, wo sollte man die paar Francs für das billigste Bordell hernehmen? Überdies wurde gleich in den ersten Wochen das Gerücht kolportiert und geglaubt, daß dem Wein Brom beigemischt war, um das geschlechtliche Bedürfnis zu schwächen. Jeder sprach davon und bemühte sich, seine Männlichkeit dadurch zu beweisen, daß er kaum einen Satz ohne sinnlos obszöne Worte aussprach.

Mein Sänger kannte hebräische, ukrainische und polnische Lieder, deren Texte uns für Minuten zu einer Welt des Friedens zurückbrachten, zu Frauen, um die man bangte, die man liebte, die einen erwarteten. Doch ich fand auch ohne diese Lieder den Weg aus diesem sonderbaren militärischen Ghetto hinaus, sobald ich auf Wache stand. Manchmal ging ein so scharfer Wind, daß er mir den Atem verschlug, manchmal hüllte mich ein kalter Regen ein, so daß ich kaum die Augen offenhalten konnte.

Doch oft genug war die Temperatur erträglich, die Erde hatte den Nachtregen aufgesogen, ich konnte mich hinsetzen, ohne daß die Feuchtigkeit durch den Mantel drang. So verbrachte ich manche Tage in einer Stimmung, die gar nicht zu meinem Dienst paßte – ich war belustigt, wenn auch nicht heiter: fast alles rundherum und ich selbst mitten drinnen, alles belustigte mich in diesen besten Stunden.

Als sich, vom Frühling 1933 an, immer öfter der Wiederholungstraum einstellte, in dem Worte, immer nur Worte zu solcher Pein wurden, daß sie mich aus dem Schlaf rissen, da wußte ich, daß dieser Traum durch die kampflose Niederlage in Deutschland begründet und eine Reaktion auf die ach so beredte Hoffnungslosigkeit war, in der wir die Dinge hatten kommen und über uns ergehen lassen. Jetzt aber, seit dem 3. September 1939, war es so weit: Die große entscheidende Auseinandersetzung hatte begonnen. Und deshalb war ich ja, ohne die geringste Neigung zum Soldatentum, Infanterist geworden: »Ich glaube nur jenen Zeugen, die sich für die Wahrheit auch umbringen lassen«, so ähnlich heißt es bei Blaise Pascal. Wir hatten genug geredet, genug geschrieben, jetzt galt nur die Tat. Und nun vergingen die Monate, und nichts geschah. Selbst als Kind hatte ich solche Zeitvergeudung nicht gekannt, da ich die vergehende Zeit mit den Fortschritten maß, die ich im Lernen machte. Hier nun lernte und tat man nichts, und es sah nicht danach aus, als ob die französische Armee irgendeine Initiative ergreifen und endlich, endlich zur Offensive übergehen würde.

Ja, wie ich da meine dreißig oder fünfzig Schritte auf und ab machte, war ich ohne Bosheit belustigt über mich selbst. Hatte ich zwischen den Stangen mit den warnenden Fähnchen etwa drei Kilometer zurückgelegt, so blieb ich beim winzigen Hügelchen stehen, auf dem meine zwei Musetten lagen: große Brotsäcke mit dem kalten Imbiß, einer kleinen Thermosflasche mit warmem Kaffee und, in einer geschlossenen Menage-Schale, die Weinration; die Schokolade, die ich im Gehen verzehrte, und die Zigaretten bewahrte ich in der Manteltasche auf. Mein Gewehr war im Jahre 1886 neu gewesen; ich lud es nie, zumeist hatte ich auch gar keine Patronen bei mir.

Im übrigen kam niemand. Die Einheimischen wußten, was da geschah, und hatten hier auch sonst nichts zu suchen. Hie und da tauchte ein Sergeant auf, um zu inspizieren. Er stellte sich gewöhnlich am Nachmittag ein, er war schon besoffen und befand sich in jenem Übergangszustand, in dem er mitleidsbedürftig wurde. Es begann damit, daß er erklärte, daß weder ich noch sonst jemand auf Erden ein Recht darauf hätte, in sein Geheimnis eingeweiht zu werden, zum Beispiel den wahren Grund zu erfahren, warum er seinerzeit zur Fremdenlegion gegangen war. Flugs darauf erzählte er seine Geschichte, eine von den drei Fassungen, trank meinen Wein aus und versprach, mir am Abend eine ganze Flasche zu schenken.

Im Gehen sang ich gerne, so leise wie im Gefängnis und gemäß einem Programm, das ich bereits am Morgen zusammenstellte. Ich verstummte für eine Weile, wenn ich müde war, und begann dann in einer anderen Sprache zu singen. Nicht alle, aber viele meiner Lieder riefen Assoziationen hervor, die weit seltener durch den Text als durch die Melodie ausgelöst wurden und zumeist an eine bestimmte Situation und an ein scheinbar unwesentliches, ja farb- und stimmungsloses Erlebnis gebunden waren, zuweilen aber an eine Person, an die Begegnung mit ihr oder an den Abschied. Damals wußte ich noch, von wem ich die einzelnen Lieder das erste Mal gehört und gelernt hatte.

Während jener Wochen stiegen mir häufig Erinnerungen auf, in denen ich mir mißfallen mußte. Es handelte sich nur selten um etwas Belangreiches, gewöhnlich um Anekdotisches, um Randerscheinungen in meinem Leben. Nachts auf dem Stroh, fragte ich mich manchmal, worauf all das abzielte: dieser Spott, der daneben griff und nie das Wichtige betraf. Bedauerte ich, mich freiwillig gemeldet zu haben? Lenkte ich mich, um so den schweren Vorwürfen zu entgehen, durch eine Selbstentwertung ab, die unernst und vielleicht zutiefst unaufrichtig war? Ich schlief zumeist ein, ehe ich eine überzeugende Antwort gefunden hatte.

Jeden Tag sandte ich Jenka einen langen Brief, in dem ich in wenigen Worten berichtete, was geschah, und dann ausführlicher über anderes schrieb: über uns beide, meine Sehnsucht, über die wenigen Kameraden, die mich interessierten, über die Geschehnisse in der Welt, über Pläne für die nahe und ferne Zukunft. Aber ich bin gewiß, daß ich niemals der merkwürdig zudringlichen Erinnerungen, dieser »Randerscheinungen«, Erwähnung getan habe. Unsere ganze Korrespondenz – etwa 180 Briefe – ist verlorengegangen, und ich kann nicht überprüfen, ob ich mich irre.

Ich war ein mittelmäßiger Soldat, ein schlechter Schütze, doch unermüdlich in den Gewaltmärschen, die zu unserer Ausbildung gehörten. Ich gewann Freunde, nicht nur unter den

Intellektuellen, und als Briefschreiber wurde ich besonders deshalb geschätzt, weil ich keine Entlohnung verlangte. Unter den Kameraden, die meine Dienste beanspruchten, gab es kluge Menschen, zartfühlende und einige, deren Güte mich um so mehr beeindruckte, als keiner von ihnen je vom Glück begünstigt worden war. Der Begegnung mit ihnen verdanke ich die Einsicht, daß absichtslose, natürliche Güte sowohl den, der sie ausübt, wie jene, denen sie zugute kommt, zwar gewiß nicht vor Unglück bewahrt, aber gegen dessen seelische Nachwirkungen besser feit als alles andere. Ich entdeckte in manchen dieser Bedrückten eine seelische Kraft, die sich nicht nur im Erleiden bewährte, sondern auch in ihrer Art, still, doch unbeirrbar dem zu widerstehen, was sie als schlecht oder ungerecht empfanden.

Sofern ich je durch irgend jemand von der Politik abgelenkt worden bin, so ist es durch einige dieser »Briefkunden« geschehen. Was sie mir aus ihrem und ihrer Familie Leben offenbaren mußten, damit ich genau das schreiben könnte, was sie zum Ausdruck bringen wollten, enthielt kaum etwas, was ich nicht schon vorher von jenem armseligen Alltag gewußt hätte, der nicht nur von Nöten, Sorgen und Befürchtungen erfüllt ist, sondern auch von vielen großen und kleinen Hoffnungen, freudigen Überraschungen und erfüllten Erwartungen. Und doch erfuhr ich von ihnen weit mehr als sie von mir – aber was? Ich lernte, daß man sich nie zu weit oder für lange Zeit vom Konkreten entfernen darf, von den Einzelheiten, die einander folgen, sich miteinander vermengen und am Ende eben Inhalt und Form der täglichen Existenz bestimmen. Deutlicher als vorher entdeckte ich, daß sich unter allen Lebensbedingungen ein Ordnungsprinzip entwickelt, ein System von äußerlichen, aber auch von innerlichen Gewißheiten.

In keiner der Organisationen, denen ich je angehört hatte, war ich dem Volk wirklich begegnet – hier aber in dieser seltsam zusammengewürfelten Armee von Freiwilligen, hier begegnete ich ihm wieder – zum ersten Mal seit ich das Städtel verlassen hatte, doch diesmal als ein Erwachsener, der wußte, was Elend ist und Sorge um das tägliche Brot.

Wenn ich mich in tiefster Stille »in mich selber beugte«, schien's mir zuweilen, als ob ich noch eine andere als nur die eigene Stimme hörte – nein, nicht die Stimme des »einfachen« Mannes, sondern eine, die sich wohl seit Jahrtausenden nicht geändert hat: die gepreßte Stimme des schwer atmenden Menschen, der, mit einer zu schweren Last auf den Schultern, geht und geht und niemals ankommt.

Wie in einem Schulinternat bilden sich in einer Kompanie sehr schnell Freundschaften, die durch Mißstimmungen gelockert und dann durch versöhnende Gesten um so enger geknüpft werden. Meine Freunde waren zuerst Intellektuelle ostjüdischer Abstammung, sodann politische Emigranten aus Italien, Polen und den baltischen Staaten. Manche von ihnen boten ohne Einschränkung ihre Gegenwart an, ließen aber kaum etwas von ihrer Vergangenheit oder ihrem Leben im Zivilstand durchblikken. Da war nicht unbedingt Geheimnistuerei im Spiel, doch hatten sie den Entschluß gefaßt, alles, was für sie wesentlich war und es bleiben sollte, für sich zu behalten. Aus Mißtrauen? Vielleicht. Aus der Befürchtung, daß ihre Vergangenheit ihnen angelastet werden könnte, wenn die gewiß reaktionäre Militärbehörde davon Kenntnis erhielte – wahrscheinlich. Es gab unter uns einen Norditaliener, einen stämmigen Mann, dessen Augen immer in die Ferne zu spähen schienen. Dieser Kamerad erstaunte uns nicht nur durch die gleichbleibende Präzision, mit der er alle Befehle ausführte, und durch die Gleichgültigkeit, mit der er heftigen Auseinandersetzungen beiwohnte, ohne je Partei zu ergreifen. Es hieß, er wäre in seiner Heimat Hauptmann gewesen, hätte aus unbekanntem Grunde Italien plötzlich verlassen und sich bei Kriegsausbruch in einem französischen Rekrutierungsbureau freiwillig gemeldet – als einfacher Soldat oder – wie es französisch heißt – als Soldat zweiter Klasse. Er war gewiß kein Faschist und auch kein Jude. Als Mussolini am 9. Juni 1940 dem besiegten Frankreich in »vorweggenommener Notwehr« den Krieg erklärte, meldete sich der Italiener sofort zum Rapport, um dem Kompaniekommandanten zu erklären, daß er niemals gegen sein Vaterland kämpfen würde und deshalb unter keinen Umständen an die italienische Front geschickt werden wollte.

Auch Spartaco kam aus Italien. Er war der Sohn anarchistischer Eltern, was sein Taufname absichtsvoll verraten sollte, und ein überzeugter Antifaschist. Ob er nun sprach oder schwieg, stets spielte um seinen Mund ein gutes Lächeln, so daß selbst Unbekannte ihn freundlich ansprachen. Wir alle mochten diesen großgewachsenen hübschen Mann, der die Blicke der Frauen anzog, sooft wir durch ein Dorf marschierten. Ihn schickten wir vor, wenn wir bei den Bauern etwas kaufen wollten; gewöhnlich steckten ihm die Frauen – die Männer waren zumeist mobilisiert – ein großes Stück Speck oder einige Äpfel oder eine Flasche Wein zu; er teilte alles mit jedem, der in der Nähe war. Er war der einzige Anarchist unter uns und stimmte mit den anderen nicht überein, denn sie waren aktive oder abtrünnige Kommunisten, Trotzkisten, Sozialisten oder politisch unaktive Liberale. Spartaco diskutierte ungern, denn er glaubte, daß erst später, nach dem Kriege, die Anarchisten Gehör finden würden. Inzwischen verlief alles in ungeheuerlichen Widersprüchen, die nur denen zugute kamen, welche die Macht ausüben wollten. Selbst die Staaten, die gegen die Diktaturen Krieg führten, wandten immer häufiger diktatorische Maßnahmen an und wurden dem Feinde ähnlich. Um so notwendiger war es, so schnell wie möglich zu siegen. Auch deshalb war er, ein Pazifist und Antimilitarist, ein Kriegsfreiwilliger geworden. Die aggressive Dummheit, mit der wir es täglich zu tun hatten, störte ihn weit weniger als mich. Er nahm sie mit Gleichmut auf, denn er hatte nichts anderes erwartet. Und ähnlich wie Alfred Adler glaubte er, daß man dem Stinktier nicht seinen Geruch vorwerfen darf.

Auch ich wich dem politischen Gespräch manchmal aus. Die Stalinisten folgten widerspruchslos den Anweisungen der Vertrauensmänner der Partei, die das Propagandamaterial mit einiger Vorsicht, aber ohne Schwierigkeiten verbreiteten und den Treugebliebenen wie den Schwankenden bewiesen, daß der Krieg nichts als ein von Frankreichs und Englands Kapitalisten provozierter, imperialistischer Konflikt war. Im übrigen sollten die Kommunisten keinen Augenblick vergessen, daß alles, was sie in den Zeitungen lasen und im Radio hörten, von A bis Z perfide Lüge war.

Ich gab es auf, mit ihnen zu diskutieren, als einer von ihnen, ein Medizinstudent, der im Spanischen Bürgerkrieg als Sanitäter Beispiele von Kühnheit und Hilfsbereitschaft gegeben hatte, mich darüber aufzuklären versuchte, daß die Russen Finnland gar nicht angegriffen hätten, daß es dort gar keinen Krieg gäbe, daß die gegenteiligen Nachrichten nur Lüge und Erfindung der Sowjetfeinde wären. Was auch immer ich als Gegenbeweis vorbrachte: die offiziellen sowjetischen Informationen, die in deutscher und in französischer Sprache vom Moskauer Kurzwellen-Sender verbreiteten Nachrichten – all das tat er mit einem Lächeln ab. Er hielt mich nicht für dumm, sondern für ein wehrloses, weil naives Opfer der imperialistischen Propaganda. Er klärte mich darüber auf, daß auf den Wellenlängen der sowjetischen Radiostationen sich französische und britische Agenten meldeten, die meisterhaft sowjetische Sprecher nachahmten.

Wir lagen an einem verschneiten Waldrand, mit unseren elektrischen Signalisierungsapparaten sandten und empfingen wir von Zeit zu Zeit Botschaften in Morse. Diese Übungen verlangten nicht viel Aufmerksamkeit und keinerlei Anstrengung. Wenn es nicht zu kalt war, verlief uns die Zeit recht schnell, und am Anfang amüsierten uns diese Übungen wie zur Zeit, als wir noch Pfadfinder waren. Während der junge Mediziner mir bereitwilligst die Weltlage erklärte, spielte ein ironisches Lächeln um seinen Mund – er war nicht nur seiner selbst sicher, sondern auch gewiß, daß er mir die Augen öffnete, so daß mir »die kapitalistischen Schuppen« endlich von den Augen fallen müßten.

Glaubensdogmen, weltliche Erlösungshoffnungen und die sie begleitenden Erpressungen erzeugen die politische Paranoia der totalitären Bewegungen. Ihre Anhänger werden unempfindlich für vernünftige Argumente und taub für die unüberhörbare Sprache der Tatsachen. Das gilt besonders in einer zerrütteten Welt, in der es leichter ist, sich negativ als positiv zu orientieren, und man eher damit rechnet, daß der Feind gefährlich und vernichtenswert ist, als daß der Freund ein verläßlicher Kampfgefährte bleiben wird.

Die Schwierigkeit meiner Position wie der meiner wenigen Gesinnungsgenossen in der Kompanie bestand darin, daß wir den Irrtum, aber nicht den Irrenden bekämpfen wollten. Seit ich meine neue Freiheit erlangt hatte, achtete ich darauf, den Menschen nicht mit seiner Meinung zu identifizieren und den Gegner nicht ohne weiteres als Feind zu betrachten. So unversöhnlich meine Feindschaft gegen die Diktaturen und ihre wahrheitsmordende Propaganda war, ich bemühte mich – oft genug ohne Erfolg – in ihren Anhängern Verführte und nicht unbedingt Feinde zu sehen. Die absolute Negativität ist mir immer ein Greuel gewesen, sie erschien und erscheint mir noch immer als eine Vorankündigung von Mord und Tod mitten im Leben. Vor einer Welt, in der es nur zwei Farben – und diese ohne Nuancen – gäbe, würde mir grauen wie vor einer Krankheit, die ihr Opfer körperlich und seelisch bis zur Unkenntlichkeit entstellt, ehe sie es vernichtet.

Als ich ein Kind war, lauschte ich im Bethaus zwischen den Gottesdiensten dem Singsang, mit dem die Talmudstudenten den Text, seine Übersetzung und den Kommentar halblaut vor sich hinsprachen. In den dunklen Winkeln der Betstube saßen sie vor Pulten, auf denen Folianten lagen, die das Licht einer Kerze schwach erhellte. Obwohl die Melodien des Rezitativs sich voneinander nicht sehr unterschieden, erweckten sie in mir die Stimmung einer seltsam entspannten, geduldigen Erwartung. Häufig wurden aramäische Sätze wiederholt, dazwischen kehrte eine Frage in jiddisch wieder: »Und vielleicht umgekehrt?« fragte der Lernende, nachdem er aus vielen Erwägungen eine Schlußfolgerung gezogen hatte, die ihn jedoch nur einen Augenblick lang befriedigte, und ohne Übergang begann er zu erörtern, ob eine ganz andere, ja diametral entgegengesetzte Folgerung nicht ebenso, ja allein gültig sein könnte.

Da ich in der Darlegung meiner Stellungnahmen gewöhnlich sehr entschieden bin, dürfte kaum einer meiner Leser vermuten, wie oft ich mich im Schreiben unterbreche, um wie jener Talmudjünger zu erwägen, ob eine entgegengesetzte Meinung nicht begründet wäre. Ich bin gewiß kein nachsichtiger Diskussionspartner, aber während ich in einer ernsten Auseinandersetzung dem andern zuhöre oder selber spreche, taucht häufig die Frage auf: »Un thomer fàrkert?« So wäre die Quelle meiner – zuweilen ungeduldigen – Toleranz im Erlebnis des Kindes zu suchen, das, tief beeindruckt, immer wieder jene Jünglinge bewunderte, die, am Ziele angekommen, den Blick zurückwandten, um sich zu fragen, ob sie nicht Weg und Ziel verfehlt hatten.

Als mir der sympathische stalinistische Kamerad beibringen wollte, daß alle Nachrichten falsch waren, suchte ich in seinem ehrlichen Gesicht Gründe, die Diskussion fortzusetzen. Aber wie seinerzeit gegenüber den jungen Nazis in meinen Berliner Kursen verzichtete ich, denn mit Grammophonplatten diskutiert man nicht. Sie verführen aber oft den Gegner dazu, sich stets zu wiederholen: der Platte wie eine Platte zu antworten.

Zu den glaubwürdigsten Ankündigungen des nahen Untergangs gehört die Unfähigkeit der Bedrohten, aus dem Verhalten ihrer Feinde irgend etwas zu lernen. Der deutsche Feldzug in Polen enthüllte denen, die es wissen wollten, wie wirksam die Wehrmacht Panzereinheiten einsetzte und wie die Landarmee dank ihnen zum Bewegungskriege zurückgefunden hatte. Obschon die französische Heeresleitung die Erfolge der meisterhaft geführten deutschen Invasionsarmee in allen Einzelheiten analysiert haben mußte, enthielt sie sich, daraus praktikable Konsequenzen zu ziehen. Dabei blieb es während jener acht Monate, die die »drôle de guerre«, dieser Sitz-Krieg dauern sollte, ehe die Wehrmacht auch im Westen den Blitzkrieg entfesselte. Auch der deutsche Überfall auf Dänemark und Norwegen bewog die Alliierten nicht zu Maßnahmen, die dem Sitz-Krieg rechtzeitig ein Ende gemacht hätten.

Unsere Feldübungen blieben die gleichen, nur wurden die Gewaltmärsche häufiger. Wir sollten aufs äußerste abgehärtet und darauf vorbereitet werden, mit dem schweren Rucksack, mit Waffen und Munition zwanzig oder dreißig Kilometer bis zur Front anzumarschieren. Daß die Truppe infolgedessen dem Feinde in einem Zustand der Entkräftung entgegentreten mußte, störte die Führung nicht, der die Abhärtung der Soldaten als das eigentliche Ziel der Ausbildung, wenn nicht gar des Krieges erschien. Die Verwendung von Motorfahrzeugen, die die Truppe bis zur Kampflinie heranfahren konnten, kam gar nicht in Betracht. Einer unserer Offiziere, der irgendwo gelesen hatte, daß ich Psychologe war, zog mich manchmal ins Gespräch; ihn fragte ich, wie sich Infanteristen zu verhalten hätten, wenn sie sich plötzlich anrollenden Panzerwagen gegenüberfänden. Dieser Oberleutnant, in Zivil ein Hauptschullehrer, fand es natürlich, daß er darauf keine Antwort wußte.

Der Zufall fügte es, daß wir unsern ungeduldig erwarteten Urlaub am Abend des 9. Mai antraten; wir hätten am frühen Morgen ankommen sollen, aber unser Zug blieb während mehrerer Stunden in einem Vorort-Bahnhof stecken. Erst als wir endlich in Paris ausstiegen, erfuhren wir, daß die Deutschen in Holland und in Belgien eingedrungen waren. Die meisten von uns meldeten sich bald nach ihrer Ankunft an der zuständigen Stelle, aber man versicherte uns, daß wir den Urlaub nicht zu unterbrechen brauchten.

Als ich einige Tage später zum Regiment zurückkehrte, ahnte ich trotz der unerfreulichen Nachrichten von der Front nicht, daß ich Paris erst fünf Jahre später wiedersehen würde. Ich war fast immer auf der Seite der Besiegten gewesen, aber diesmal befand ich mich auf der Seite der Sieger – das glaubte ich. Nur wenig später sollte es sich erweisen, daß wir die jämmerlichsten aller Besiegten waren. Und wieder gehörte ich zu ihnen; und auch diesmal, wie 1933, nach einer fast kampflosen Niederlage.

Auch über die Ereignisse und Erlebnisse jenes Frühlings habe ich in ›Tiefer als der Abgrund‹ berichtet und will es nicht wiederholen. Ich zitiere hier nur die einleitenden Absätze jenes Berichts:

»Man suchte ein Wort, die Niederlage zu bezeichnen: Débâcle, Zusammenbruch, Auflösung – keines war gemäß, jedes zu schwach. Das Geschehen war beispiellos, so wollte man in ersonnenen Beispielen, in weit hergeholten Gleichnissen den angemessenen Ausdruck finden: noch vor einem Augenblick hatte er im Sonnenlicht gestanden: jung, spannkräftig, der kommenden Tage so sicher wie seiner selbst. Und nun lag er da, von einem einzigen Schlage gefällt. So starb Achill, so fiel Siegfried – solcher Beispiele gab es viele. An diesem Untergang war neu und fürchterlich, daß der Sterbende mit jedem Atemzug um Ewigkeiten alterte, das Gesicht war pergamenten, das Fleisch verfault, die Knochen vermodert, noch ehe der letzte Atemzug ausgehaucht war. So war die Jugend nur Betrug gewesen, ein falscher Zauber die leuchtende Kraft.«

Als wir endlich eingesetzt werden sollten – viel zu spät, alles schien verloren –, da trat das Bataillon vollzählig an. Man würde von einer noch nicht bestimmten Station aus mit der Bahn an die Front herangebracht werden oder vielleicht mit Lastwagen, denn es war Not am Mann, hieß es. Der Zug war nicht da, deshalb marschierten wir in wechselnder Richtung, mit ganz kurzen Unterbrechungen Tag und Nacht. An einem Morgen entdeckten wir, daß fast alle unsere Offiziere verschwunden waren; unsere Reihen lichteten sich, viele flüchteten auf Lastwagen, die gegen Westen oder Süden fuhren, so dicht mit Soldaten angefüllt, daß alle stehen mußten. In der gleichen Richtung fuhren Personenwagen, die die Offiziere und deren Familien in Sicherheit brachten. Wir sahen sie an uns vorbeiflitzen, wir marschierten gegen Osten oder Norden.

In einem Städtchen machten wir halt, um in einem Wirtshaus die Radionachrichten zu hören. Wir vernahmen die Stimme eines alten Mannes – es war Marschall Pétain; er bot den Deutschen die Kapitulation an.

Wenn es nur irgend möglich war, hielten wir uns von den Straßen fern und marschierten durch Wälder, über Felder. Häufig mußten wir jedoch zur Landstraße zurückkehren, um uns in Dörfern oder kleinen Städten Nahrung zu verschaffen. Sooft wir in eine Stadt kamen, marschierten wir in geschlossenen Reihen und sangen Marschlieder mit so kräftiger Stimme, als ob wir zum Äußersten entschlossen wären, und ganz besonders laut, wenn wir an Café-Terrassen vorbeikamen, wo Einheimische gemächlich ihren Apéritif schlürften. Es war, als hätte sich das Volk, die Bauern so gut wie die Städter, mit der katastrophalen Niederlage abgefunden; sie fanden Trost in der Gewißheit, daß ihre Söhne heil nach Hause kommen würden. Noch einige Tage, höchstens Wochen – alles würde wieder sein wie früher.

Die Erde blieb fest unter ihren Füßen, das Getreide reifte auf ihren Feldern wie die Früchte auf ihren Bäumen, in ihren Kellern alterte wohlgeschützt der Wein. All das war unversehrt geblieben, war unverlierbar. Nur wir, mußten wir denken, nur wir hatten den Krieg und damit Frankreich verloren. Unser Anblick war den anderen lästig, denn er erinnerte sie daran, daß die »grande nation« fast kampflos kapituliert hatte und sich nun dem Willen des Feindes unterwarf.

Die Tage waren heiß, die Nächte regnerisch – wir marschierten. Ich verbot mir das Schlafen, denn ich war entschlossen, nicht lebend in Gefangenschaft zu geraten. Daher mußte ich während der kurzen Ruhepausen, wenn alle schliefen, wach bleiben. Ich schrieb fast ununterbrochen – im Kopf – einen sehr langen Brief an meine Freunde, um zu erklären, warum ich in Frankreich geblieben war und nun in der Falle steckte. Der Brief war ein Vermächtnis voller Hoffnung: Geschlagen, kehrten wir nicht nach Haus, weil wir keines mehr hatten und jeder Flecken Erde, auf den wir traten, für uns, nur für uns Nirgendland wurde. Andererseits aber sollten die Freunde nicht daran zweifeln: »Die Enkel fechten's besser aus.« Und wenn England nicht kapitulierte, dann war auf die Dauer nichts verloren.

Ich schrieb auch eine Novelle, deren Held Georges Danton war. Ich wollte verständlich machen, warum und wieso er, der Initiator der Septembermorde, plötzlich, so schien es, ein Gegner des Terrors wurde und es schließlich vorzog, selbst guillotiniert zu werden als andere guillotinieren zu lassen. Ich hatte die Handlung von Anfang bis zum Ende ausgedacht, aber nun, da ich die endgültige Fassung im Kopf formulierte, wollte das erste Kapitel kein Ende nehmen. Es gelang mir nicht, der Verführung zur übergroßen Ausführlichkeit zu widerstehen. Ununterbrochen drängten sich mir Einzelheiten auf – in der Verschwommenheit des Halbschlafs, in dem ich, die Hand auf der Schulter des Vordermanns, die Augen halb geschlossen, Fuß vor Fuß setzte. Die vielen neuen Details mußte ich dann einfügen und so begann ich immer wieder von vorne.

Abwechselnd mit dem Brief an die Freunde und der Novelle

dachte ich ein Zwiegespräch zwischen Sokrates und einem jüdischen Schiffsreeder aus Tyros aus, der den zum Tode verurteilten Philosophen überreden will, ihm nach Tyros zu folgen und Lehrer seines Sohnes Raphaël zu werden.

Gegen Ende einer regnerischen Nacht erfuhren wir, daß der Waffenstillstand in Kraft getreten war. Wir machten am Eingang eines winzigen Städtchens, nahe dem Rand eines Forstes halt; die Türen und die Fensterläden waren geschlossen, die Einwohner schliefen noch; wir ließen uns auf der steinigen Straße nieder. Diesmal konnte ich endlich schlafen wie alle anderen, wir brauchten nun keine Wache mehr. Alles war zu Ende.

Ein warmer Hauch und flüsternde Stimmen weckten mich; widerwillig, mühsam öffnete ich die Augen. Zwei Frauen, eine ganz junge und eine alte, knieten neben mir, ihre Gesichter berührten fast meine Stirne. Ich begriff nicht recht, was sie wollten, und sagte: »Ich schlafe, ich muß schlafen.« Sie hoben mich sachte vom verregneten Boden, nahmen meine Sachen und führten mich in ein Haus. Die Alte zeigte mir ein Bett, es war sauber. Ich bat, sie sollten mich doch in der Scheune schlafen lassen, denn ich hatte keine Kraft, mich auszuziehen, und meine Uniform war schmutzig und steif vom Regen. Nach einigem Zögern brachte sie mich in einen Kuhstall, es duftete darin wie von frischem Heu, ich ließ mich fallen. Die junge Frau eilte herbei, die Alte half mir und richtete mich halb auf, ich trank die heiße Milch und legte mich wieder hin.

Einige Stunden später fanden mich Kameraden, sie weckten mich, denn wir sollten weitermarschieren. Ein berittener Offizier hatte sich eingestellt, ein Unteroffizier begleitete ihn, wir standen wieder unter Befehl. Ich suchte hastig nach den Frauen, aber sie waren nicht im Haus und auch nicht im Gemüsegarten.

Wenn ich pessimistische Äußerungen über Menschen höre, tauchen diese zwei ungleichen Gesichter manchmal auf, hinter ihren Augen mühsam zurückgehaltene Tränen des Mitleids mit dem Fremden, der auf einer steinigen Landstraße den Schlaf suchen mußte. Sie haben mich, sind sie noch am Leben, wahrscheinlich längst vergessen. Aber seit jenem Morgen sind sie im Zeit-Raum meines Lebens beheimatet und werden darin bleiben bis, ja bis man mir Scherben auf die Augen legen wird.

In einem meiner Romane sagt ein jugoslawischer Partisan: »Grausamkeit ist ansteckend.« Ihm antwortet jemand: »Nicht nur sie, auch Güte, Großmut sind ansteckend. Ebenso der Mut und die Feigheit ... Was die Grausamkeit betrifft, ich glaube nicht, daß sie tiefer ist als Mitleid, und sie ist unwichtiger als die Liebe und selbst als das Bedürfnis nach Gerechtigkeit. Wäre es anders, so würden viele von uns nicht mehr leben, zum Beispiel ich, zum Beispiel du.«

Wir marschierten nun wieder in Reih und Glied, der Hauptmann, abwechselnd leutselig oder grundlos zornig, hatte keinen klaren Marschbefehl bekommen oder ihn nicht recht verstanden. Das ging so zwei Tage, dann wurden wir in einer kleinen Bahnstation einwaggoniert; es hieß, wir würden nach Marseille und von dort nach Marokko gebracht werden. Wir verließen jedoch den Zug in Aix-en-Provence, wo wir in einer großen Kaserne untergebracht wurden, die so überfüllt war, daß man auf den Gängen aller Etagen schlief und im weitläufigen Hof. Versprengte kleine Truppenteile machten hier halt, man wartete ungeduldig auf die Demobilisierung. Wir stellten mit Mißmut, doch ohne Verwunderung fest, daß bei unseren französischen Kameraden das Gefühl der Erleichterung überwog; natürlich bedauerten sie, daß Frankreich nun besiegt war, doch war es für sie wichtiger, daß sie fortab nicht mehr Verwundung und Tod zu fürchten hatten: Den Krieg haben wir hinter uns, sagten sie, die Folgen der Niederlage werden sich unangenehm bemerkbar machen, aber alles ist besser als Krieg.

Ich kam mit einem Alpenjäger aus Grenoble ins Gespräch, er bot mir eine Zigarette an und drängte mir dann das ganze Paket auf. Er hatte erraten, daß mir, dem Fremden, der aus politischen Gründen freiwillig in den Krieg gezogen war, der Anblick der fast freudig erregten Besiegten befremdend war. Deshalb sagte er: »Der Krieg zerstört, der Frieden macht alles möglich. Sorgen Sie sich nicht. Solange die Gefangenen nicht heimkommen, wird es hier Arbeit für jeden geben. Und die Jahreszeiten werden sich nicht ändern, jedenfalls nicht für uns, die wir überlebt haben.«

Einigemal gingen wir in der Stadt spazieren; er kannte sie von früher und mochte sie. Er sprach klug von Cézanne und Zola, die einmal hier zu Hause gewesen waren. Ihm war jeder Gesprächsstoff genehm, sofern er nur nicht die Kapitulation, Hitlers Sieg und die nahe Zukunft Frankreichs betraf. Manchmal tranken wir stehend an der Theke eisgekühlten Rosé-Wein und auf den Café-Terrassen Apéritifs und sahen gelassen den Schatten zu, die sich verlängerten, und der Sonne, die sich nur langsam senkte. Während der zahlreichen Stunden, die wir miteinander in der Kaserne und in der Stadt verbrachten, empfand keiner das Bedürfnis, dem andern irgend etwas über die eigene Person zu erzählen. Solches geschah mir zum ersten Mal. Ich teilte mit ihm Minuten und Stunden, die uns als gemeinsame Gegenwart verflossen, doch blieb die Vergangenheit eines jeden wohlbehütetes Geheimnis; die nahe Zukunft sollte uns für immer trennen, wie die Passanten einer großen Stadt, die einander kreuzen und für immer hinter sich lassen. Eines Morgens verschwand der Sergeant ohne Abschied.

Einige Tage später marschierten wir von Aix nach Fuveau, einem Städtchen, das gegenüber dem von Cézanne häufig gemalten Gebirge »de la Victoire« liegt. Etwa eine Woche später bezogen wir Quartier in einem höher gelegenen Ort, der uns recht gut aufnahm. Alle, auch die Dumpfesten unter uns, empfanden den eigenartigen Reiz der provençalischen Landschaft und träumten mit offenen Augen von dem Glück, sich hier niederzulassen und im Einklang mit den Bergen und Tälern zu leben, mit den roten Dächern der steinernen Häuser, von denen viele im sommerlichen Sonnenlicht wie weißer Marmor leuchteten.

Doch mitten in dieser so wohlwollenden Landschaft konnte man kaum einen Augenblick die Sorge um die Eigenen vergessen, von denen man seit Wochen abgeschnitten und ohne ein Lebenszeichen war. Wann immer wir auf diesen Rückzugsmärschen eine Überlandstraße erreichten, stießen wir auf zahllose Männer, Frauen und Kinder, Hunderttausende waren es wohl, die in einer heillosen Flucht nach dem Süden und dem Westen strömten. Jeder von uns suchte mit den Augen unter ihnen seine eigene Frau, die Kinder, seine Eltern, denn gewiß hatten auch sie, wie so viele Pariser und Bewohner der nördlichen Hälfte Frankreichs, überstürzt ihr Haus verlassen und waren mit Packen auf dem Rücken unterwegs. Doch nun, im Juli, war alles zu Ende, gewiß kehrten viele schon wieder heim, aber es war unwahrscheinlich, daß unsere Frauen sich in das besetzte Paris begeben würden. Wo hatten sie wohl haltgemacht, wo konnte die Nachricht sie erreichen, daß wir noch am Leben waren?

Wir hatten bereits alle Waffen abgeliefert, machten aber, von wieder aufgetauchten Unteroffizieren der Fremdenlegion kommandiert, noch immer Dienst. Am frühen Morgen zogen wir aus unseren Quartieren auf den Hauptplatz des Dorfes, von dort in das nahegelegene Wäldchen, wo wir – immer unter

Befehl – uns die Zeit mit den dümmsten Pfadfinderspielen und derbsten Bauernraufereien vertreiben mußten. Manchmal, wenn wir vergattert auf dem Hauptplatz standen, kam der Hauptmann, der im schönsten Haus logierte, halb angezogen heraus, hielt warnende Reden, die ihn, je länger sie dauerten, um so heftiger erzürnten, so daß er am Ende nur noch Flüche und Schimpfworte gegen uns ausstieß. Gegen uns, ein aus der Fremde in das gutmütige Frankreich eingebrochenes Gesindel, das an Krieg und Niederlage schuld war und das sich nur ja nicht einbilden sollte, bald wieder freigelassen zu werden, denn man würde uns nach Afrika schicken, wo wir hoffentlich schnell genug krepieren würden. Wir kannten natürlich seinen Namen, ich brachte mühelos in Erfahrung, woher er stammte und wo seine Familie wohnte, denn ich wollte es ihm später einmal heimzahlen. Von solchem Nachher träumen wohl Soldaten seit jeher. Nach dem Kriege hätte ich ihn öffentlich anprangern können; ich habe es nicht getan, obschon mein Gedächtnis alles treu bewahrt hatte. Wir nahmen seine Drohungen ernst, denn wir wollten natürlich so schnell als möglich demobilisiert werden; deshalb bemühten wir uns in jenen Wochen, brave, disziplinierte Soldaten zu sein. Freiwillig waren wir gekommen, nun waren wir fast Gefangene; es galt, dieser gefährlichen Situation schleunigst zu entrinnen.

Ich schrieb meinen Eltern nach London, obgleich ich daran zweifelte, daß sie der Brief erreichen würde. Einige meiner jüngeren Freunde hatten sich bei Ausbruch des Krieges in Cagnes sur Mer, in der Nähe von Nizza, niedergelassen, unter ihnen Ingrid, eine Freundin, welche auch Jenka kannte. Sie bat ich, mir eine vom Bürgermeister bescheinigte Erklärung zu schikken, daß sie mich beherbergen wollte; dieses Zertifikat war für die Demobilisierung von Freiwilligen erforderlich. Jenka, die vor dem Einmarsch der Deutschen das zur offenen Stadt erklärte Paris zu Fuß verlassen hatte, war nach dem Südwesten gewandert wie zahllose Schicksalsgenossen, die gleich ihr nur eines im Sinn hatten: sich von Paris möglichst weit zu entfernen, dabei die großen Straßen und Brücken zu vermeiden, die von Fliegern bombardiert wurden. Am Ende fand sie sich in Bergerac mit ihren lettischen Freunden Polo und Judith zusammen; in diesem Falle wie in so vielen anderen hatte ein glücklicher Zufall mitgespielt: Jenka erinnerte sich an die Adresse Ingrids, die ihr postwendend mitteilte, wo ich mich aufhielt. Ohne die damals erforderliche Reisebewilligung fuhr sie los; es war eine abenteuerliche, immer wieder unterbrochene Fahrt, die wegen des völlig zerrütteten Bahnverkehrs zur Irrfahrt wurde, aber sie kam ans Ziel.

Man rief mich in die Bataillonskanzlei, ich vermutete etwas Unwichtiges oder eine Schikane. Als ich eintrat und Jenka erblickte, war's mir, als ob das überraschendste aller Wunder geschähe, doch gleich danach schien es mir durchaus natürlich, daß sie, gerade sie, trotz aller Hindernisse nun in ihrem sommerlich leichten, blauen Kleid mit den großen weißen Tupfen in diesem versteckten Nest der Provence aufgetaucht war.

Jenka mietete sich bei einem älteren Ehepaar ein, dessen fensterlose Garage meinen Kameraden und mir als Quartier diente. Das Treiben der Soldaten, das sie von ihrem Fenster aus beobachten konnte, erschien ihr kindisch, unsere Disziplin lächerlich, unser Dasein grotesk. Sie verstand, daß keiner dieser Männer sein wollte, was er war, daß wir von jeder Stunde die Befreiung erhofften, obwohl keiner wußte, wohin er dann gehen würde und zu wem. Alle empfanden, daß sie in der Mausefalle steckten, doch flößte ihnen diese winzige provençalische Welt ein heiteres Zutrauen zum Leben ein.

Als wir endlich am 16. August demobilisiert wurden, bekamen wir natürlich nicht die Zivilkleidung zurück, in der wir eingerückt waren; sie war in der besetzten Zone geblieben und wahrscheinlich verloren. Nun nahm man uns auch die Uniform weg und entließ uns schließlich in verwaschenen, verblichenen Drillich-Anzügen. Auf dem Entlassungsschein war vermerkt, daß wir kein Recht auf die »Prime de Démobilisation« hätten. Diese von Pétains Leuten beschlossene Ausnahme wurde später rückgängig gemacht mit der Erklärung, die zuständige Militärbehörde hätte in dem Demobilisierungsdekret vergessen, auch die ausländischen Freiwilligen zu nennen, indes allen anderen ein Entlassungssold gewährt wurde. Das erwähne ich nicht nur, weil es keinen unter uns gab, der diese 1000 Francs nicht dringendst benötigt hätte, um die ersten Schritte ins Zivilleben zu tun, sondern um anzudeuten, mit welcher Bitternis die Freiwilligen die Diskrimination empfinden mußten, deren Opfer sie noch lange bleiben sollten.

Jenka und ich machten in Marseille anderthalb Tage halt, vor allem um zu prüfen, welche Möglichkeiten es da gäbe, unser Leben zu fristen oder das Land zu verlassen. Fast an jeder Straßenecke trafen wir nahe und ferne Bekannte, die ausnahmslos aus Frankreich flüchten wollten. Sie gaben bereitwillig Auskunft über die zahllosen Umwege, die man beschreiten mußte, um den Weg zu erreichen, der einen antifaschistischen Emigranten in ein freies Land führen könnte. Alle spielten in einem tragischen Drama mit, das wie ein Vaudeville inszeniert war, in welchem ein jeglicher zur allgemeinen Verwirrung beiträgt, Hoffnungen weckt und vernichtet, die sofort von anderen Illusionen ersetzt werden. Ich habe in meinen Romanen nicht selten Situationen geschildert, in denen die Verzweifelten ihre Ängste und ihre Verlorenheit in einem unbezwinglichen Gelächter ausdrücken und so für einige Minuten desaktualisieren. Am deutlichsten aber empfand ich es an jenem Augusttage in der so leichtlebigen Hafenstadt. Einige Jahre später habe ich es in ›Tiefer als der Abgrund‹ kondensiert wiedergegeben:

»›Die Aussichten sind nicht so schlecht!‹ erklärte ein früherer deutscher Minister. ›Man muß jedenfalls zuerst nach Portugal. Das zu erreichen, sollte keine Hexerei sein ... Also das ist selbstverständlich, die Portugiesen gewähren kein Einreisevisum, sondern nur die Durchreise. Nicht so schlimm. Man kann ein chinesisches Visum kaufen, erschwinglich. Aber die Chinesen wollen ja gar nicht, daß wir hingehen; darum bestehen sie darauf, daß man ein südamerikanisches Visum, wenigstens ein Durchreisevisum besitzt. Da gibt es drei Möglichkeiten ... Wenn man also ein südamerikanisches und ein chinesisches Visum hat, ist man fraglos ein gutes Stück weiter. Aber wie kommen Sie nach Portugal? Über Spanien? Die Spanier sind so übel nicht ... Sie geben ein Durchreisevisum – unter der Voraussetzung natürlich, daß Sie ein französisches Ausreisevisum haben. Und das bekommt man nicht. Und daß Ihnen, einem Kriegsfreiwilligen, die Préfecture einen *Titre de voyage* ausstellt, ist ausgeschlossen.‹ Als Dojno laut auflachte, sah ihm der Minister forschend ins Gesicht und sagte: ›Sie lachen, weil Sie glauben, daß Ihre Lage völlig ausweglos ist. Da sind Sie aber auf einem Holzwege. Denn erstens ...‹«

Es gab in Marseille Comités, von denen man eine Unterstützung erbitten konnte, wichtiger aber war es, ihre Hilfe bei den Bemühungen um ein Visum und Fahrgeld zu erlangen. In meinem Falle ging es um ein »Danger-Visum«, das politisch schwer gefährdeten Emigranten und Franzosen nicht nur die Einreise, sondern auch die Aufenthaltsbewilligung in USA ermöglichte. Ich brauchte nicht viele Gänge zu machen, um mich dessen zu vergewissern, daß ich von diesen Comités nichts zu erwarten hatte. Ich gehörte keiner Organisation an, bekannte mich zu keiner Partei und keiner Gruppe. Auch als Malraux, etwa ein Jahr später, bei dem wichtigsten dieser Comités, das von einem Amerikaner geleitet wurde, für mich intervenierte, erhielt ich keinerlei Zusage.

Mehr als die Aussichtslosigkeit, über deren Ausmaß ich wirklich nur noch lachen konnte, bewog mich zur schleunigsten Abfahrt das tiefe Unbehagen, das mir die Begegnung mit diesen verzweifelten Flüchtlingen einflößte: Ich ertrug ihren Anblick nicht, weil meine Lage der ihren so ähnlich war, ich aber keineswegs einer von ihnen sein wollte. So fand ich mich schnell damit ab, daß es mir keinesfalls gelingen konnte, Frankreich zu verlassen, und daß ich daher so gut wie sicher verloren war. Eine solche Haltung hatte ich mir zum ersten Mal im Gefängnis aufgezwungen und mir damit ein neues Gleichgewicht erobert; ich hoffte nicht und verzweifelte nicht, ich rannte nicht wie die Passagiere auf einem sinkenden Schiff herum, die sich einen Weg zu den wenigen Rettungsbooten durchkämpfen wollen. Wahrscheinlich würde England standhalten und Hitler den Krieg verlieren, sagte ich mir, aber erst nach einem langen Krieg, der für uns jedenfalls zu lang dauern würde.

Während der 36 Stunden, die wir in Marseille verbrachten, trafen wir nur wenige Menschen, die mir näherstanden. Völlig unerwartet, einen Augenblick lang nicht nur überraschend, sondern erschütternd, war die Begegnung mit Arthur Koestler. Er trug genau die gleiche Uniform eines Legionärs, die ich einen Tag vorher endlich abgelegt hatte. Um sich zu retten, hatte er sich zur Fremdenlegion gemeldet und war in einer Kaserne stationiert, von wo er mit anderen Rekruten nach Afrika verschickt werden sollte. Sein Plan war überaus gewagt, doch klug; dank ihm schlug er sich von Afrika über Portugal nach England durch. Als wir uns beim Abschied umarmten, tat er mir unaussprechlich leid. Er seinerseits dürfte für mich das Schlimmste befürchtet haben. ›Arrival and Departure‹, einen noch während des Krieges erschienenen Roman, widmete er mir im Zweifel, ob ich noch am Leben wäre: »To Munio if he is still alive«. Wir sollten einander erst fünfeinhalb Jahre später wiedersehen.

Wenige Stunden nach dieser Begegnung fuhren wir nach Cagnes sur Mer. Es blieb uns gerade genug Geld, um die relativ kurze Reise zu bezahlen und während einiger Tage den Unterhalt zu bestreiten. Wir hatten so gut wie gar kein Gepäck und bescheidenste Hoffnungen, die sich schnell als unbegründet erwiesen. Von der Hand in den Mund zu leben, das sollte möglich sein, im Materiellen gewiß, aber auch im Seelischen. »Wer dürfte sagen, schlimmer kann's nicht werden . . .«

Vielerlei kleine Arbeiten, die sich nicht länger hinausschieben ließen, bewogen mich, während einiger Wochen das Heft beiseite zu legen, in dem ich über ›All das Vergangene‹ bald ausführlich, bald in knappen Zusammenfassungen berichte. Ehe ich dort fortsetze, wo ich mich unterbrochen habe, lese ich die letzten fünfzig Seiten wieder durch und verwundere mich darüber, daß ich manche Gefühlsaufwallungen »herunterspiele«, das heißt keine Vorstellung von ihrer Intensität und Wirkung zu geben versuche. Man könnte es damit erklären, daß mitten in dem alles überwältigenden Geschehen dem Ausdruck persönlichen Gefühls nicht viel Raum gelassen wird. Diese Verknappung des intimen Bereichs gleicht keineswegs einer Entfremdung, sondern entspricht einem Kraftverschleiß, der wie ein besonders heftiger körperlicher Schmerz unsere gesamte Aufmerksamkeit während Minuten, Stunden, ja manchmal während ganzer Tage so absorbieren kann, daß alles andere, sogar ein anderer, aber leichterer Schmerz kaum merkbar wird. Das überpersönliche Geschehen bemächtigt sich eines Menschen, überwältigt ihn, sein Wesen und seine Gegenwart so unwiderstehlich, daß die tiefsten Empfindungen, die es in ihm hervorruft, für ihn selbst im Hintergrund bleiben, daß sie gleichsam gefrieren.

Als ich mit dem Kommunismus endgültig, unwiderruflich brach, gewann ich mühelos die Freiheit des Erkennens und des Urteilens wieder. Es mag prätentiös klingen: Seither habe ich mich mit der Einschätzung der Ereignisse und ihrer Folgen recht selten geirrt. Die Geschehnisse, die die Geschichte der dreißiger Jahre und der nachfolgenden Jahrzehnte markiert haben, habe ich so zu erkennen und zu analysieren versucht, als ob es auf mein Urteil ankäme, obschon ich natürlich von seiner Unwirksamkeit durchaus überzeugt war. Ich habe das Geschehen nicht subjektiviert, sondern mein eigenes Geschichtserlebnis objektiviert, so gut es mir gelingen wollte. Das konnte nur dank einem scheinbar paradoxen Vorgang geschehen: Einerseits kam es darauf an, das Ereignis so aufmerksam, ja so passioniert zu erleben, als wäre man persönlich betroffen, einbezogen oder ausgestoßen, aber andererseits – und fast im gleichen Atemzug – mußte man von sich selbst und dem eigenen Interesse absehen, so als wäre man gar nicht ein Zeitgenosse, als gehörte das Ereignis bereits der Vergangenheit an.

Was in jenen Jahren, besonders in der Zeit geschehen ist, von der ich hier erzähle, hat mir mehr Leid bereitet als die schmerzlichsten all meiner persönlichen Erlebnisse. Es hat mich auch mehr, ausdauernder gequält und gedemütigt. Und dennoch berichte ich hier beinahe gefühllos von jenen Geschehnissen – warum? Eben um den Gefühlen zu wehren, die in meiner Erinnerung zu lebhaft geblieben sind. Im Hinblick darauf, was nachfolgen sollte und was Millionen Menschen, insbesondere meinesgleichen, erleiden mußten, ist auch der leiseste Ausdruck von Sentimentalität fehl am Platze. »Rührt mich nicht an«, schrieb der todkranke französische Schriftsteller Henri Calet in seinen letzten Aufzeichnungen. »Rührt mich nicht an, denn ich bin ein Sack voller Tränen.«

Soeben habe ich vom Zusammenbruch Frankreichs im Sommer 1940 gesprochen. Aber was in der Zeit geschehen ist, die mich von jenem Zusammenbruch trennt, beschattet noch mein heutiges Dasein. Was ich seither geschrieben habe, hat man nicht richtig gelesen, wenn man darin nicht den unauslöschlichen Schmerz entdeckt hat, der die nicht desaktualisierbare Erinnerung an all das durchtränkt, was so vielen unschuldigen Menschen, besonders aber meinem Volk angetan worden ist.

Mit der Stimme des einzelnen spricht niemals er allein, denn Generationen, deren Erbe und Fortsetzer er ist, reden aus ihm – selbst dann, wenn er über die Banalitäten seines Alltags berichtet. Meinesgleichen weiß, daß er im zweiten Viertel dieses Jahrhunderts Erbe eines Unglücks geworden ist, an dem er die Geringfügigkeit dessen ermessen muß, was ihm, der überleben durfte, zugestoßen ist. Niemand vermag sich der Last eines Erbes zu entledigen, das von einem Besitz ergreift, noch ehe man erwogen hat, ob man es antreten soll.

Hauts-de-Cagnes, das Alte Cagnes genannt, liegt auf einem steil ansteigenden Hügel. Die Häuser an seinen Abhängen überraschen den Besucher; wohlhabende Angelsachsen, unter ihnen besonders viele Homosexuelle und Lesbierinnen, hatten sie renoviert, umgebaut und mit Komfort und hübschen Möbeln ausgestattet. Gleich nach dem Ausbruch des Krieges, spätestens nach dem Zusammenbruch, mußten viele dieser Besitzer Frankreich verlassen, daher konnte man solche Wohnungen billig mieten; das taten wir. Im ersten Logis, das einem Maler gehörte, verfügten wir über ein großes Atelier, dessen hohe Fenster den weiten Blick aufs Meer, auf die Bucht von Nizza und Antibes offen ließen. Mich zog's in den ersten Wochen zu diesen Fenstern, dem blauen Meer, dem leuchtenden Himmel. Es bedeutete für mich nicht nur Schönheit, sondern auch die beglükkende Wiederbegegnung mit jener Reinheit, die ich im Schnee entdeckt hatte. So erstaunlich es heute mir selbst erscheint, in den ersten Tagen empfand ich das Leben als ein traumhaftes Geschenk. Eines Morgens überraschte mich Jenka dabei, wie ich vor den Fenstern einen Tanz aufführte und dabei sang: »Ach, wie gut, daß niemand weiß, daß ich Rumpelstilzchen heiß.« Sie überraschte mich dabei, sage ich, weil es sich um eine solch spontane Glücksäußerung handelte, daß ich selbst dessen kaum bewußt geworden war. Es war das Glück im Winkel, das nur eine Weile dauerte, bis ich mich von der nutzlosen und absurden Soldatenknechtschaft völlig befreit, gesäubert fühlte.

Als ich mich gemäß den polizeilichen Anordnungen bei der Préfecture in Nizza meldete und um Aufenthaltserlaubnis ansuchte, wurde sie mir verweigert. Man deutete mir an, ich sollte nicht insistieren, es wäre besser, gar nichts mehr zu unternehmen. Erst später, nachdem Malraux den Präfekten um Aufklärung gebeten hatte, erfuhr ich den Grund der Abweisung: Ich stand auf der Auslieferungsliste. Blieb ich unangemeldet, polizeilich inexistent, so konnte die Polizei meine Anwesenheit ignorieren.

Dabei blieb es. Meine Demobilisierungsbescheinigung genügte, um vom Gemeindeamt registriert zu werden und Rationierungskarten zu erhalten, die sehr bald für Lebensmittel, für Tabak, Seife und fast alle anderen Konsumartikel notwendig waren. Noch ehe der Winter anbrach, übersiedelten wir in das ärmliche Haus einer alten Frau; die Moskitos plagten uns dort bis in die kalte Jahreszeit, aber wir zahlten eine ganz geringe Miete. Doch schon im Frühjahr bezogen wir ein hübsch eingerichtetes Häuschen, das von der Straße aus ebenerdig aussah, aber in der Tat dreistöckig war, mit einem Raum auf jeder Etage und einer Veranda im zweiten Stock.

Die rationierten Lebensmittel waren billig, aber unzureichend, die des schwarzen Marktes für uns unerschwinglich. Wovon lebten wir? Rückblickend erscheint es mir rätselhaft, wie wir die allerdings sehr bescheidene Miete aufbringen und uns, schlecht genug, ernähren konnten. Meine Eltern schickten etwas Geld aus London, das sie sich vom Munde absparten. Der

Vater und meine Brüder waren zuerst als Feindstaatsangehörige interniert und erst nach einer geraumen Weile freigelassen worden. Hesiu, der ältere Bruder, ein Polyglott, gab Sprachstunden, Milo, der Schauspieler, fand Beschäftigung im Theater und im britischen Rundfunk, die Eltern machten Heimarbeit und erzeugten unter anderem Ledergürtel.

In den Nächten und am Morgen lauschte ich auf die Nachrichten der BBC; ich malte mir aus, wie es meinen Eltern in diesen nicht enden wollenden Stunden der Bombenangriffe wohl zumute sein mochte, und hoffte, daß sie und meine Brüder wieder einmal mit dem Leben davonkommen würden. Ich fand es mitten in diesem Unglück tröstlich, daß sie zum Unterschied von den in Ghettos gefangenen Juden das Schicksal eines freien Volkes, dessen Gefahren, aber auch dessen Hoffnungen teilen durften. Sie selbst lehnten es ab, auf dem Lande Sicherheit zu suchen, wie es so viele alte Leute taten. Sie bewunderten die Ruhe ihrer englischen Nachbarn und folgten deren Beispiel. So fiel es ihnen leichter, an die nahende Niederlage Hitlers zu glauben; sie verzagten keinen Augenblick, aber sie bangten um mich, als ob ich eine Geisel im Feindesland wäre.

Ich verdiente etwas Geld mit Deutschstunden, die mir neu gewonnene Freunde in Nizza verschafften. Diese jungen Menschen, denen es materiell recht gut ging, ließen keine Gelegenheit aus, uns zu verwöhnen. Gleiches taten andere Freunde, unter ihnen Polo und Judith, die uns aus der Provinz Lebensmittelpakete und Geld schickten, und schließlich Familien, die wir durch Jetty, Jenkas Schwester, kennengelernt hatten. Wir besuchten sie oft in Nizza, blieben einige Tage und formten mit mehreren Paaren eine Gemeinschaft, die den Notstand und die Gefahren überdauern sollte.

Die etwa vierzig Fremden, die in Hauts-de-Cagnes lebten, waren entschlossen, bis zum Ende des Krieges dazubleiben; sie bildeten keine Gemeinschaft, sondern eine lose zusammengehaltene Fremdenkolonie. Alle kannten einander, Beziehungen jeglicher Art wurden angeknüpft, wurden immer enger und erschütterten Ehen, Liaisons und Freundschaften; dann nutzten sie sich ab und wichen neuen Beziehungen. In dieser Sondersituation schienen die Erwachsenen sich wieder in Halbwüchsige zu verwandeln, der häufige Wechsel der Gefühle glich dem von Knaben und Mädchen in Internaten.

Ein hochgewachsener Mann mit schlohweißem Haar stand eine Zeitlang im Mittelpunkt dieser durch Zufall zusammengehaltenen Gesellschaft: Franz Blei, der alte österreichische Schriftsteller, war eine journalistische Berühmtheit gewesen; er hatte über viele Literaten geschrieben, war ihr Herold oder satirischer Gegner gewesen. Die Fremdenkolonie verehrte ihn, obschon kaum einer je etwas von ihm gelesen hatte. Seine materiellen Bedingungen wurden immer schwieriger, endlich gelang es seiner Familie in Amerika, ihm ein Visum und Fahrgeld zu besorgen. Er war in wenigen Monaten so gealtert, daß er hinfällig wirkte. Von Lissabon schickte er mir einen Brief, einige kaum lesbare Worte und zwei Zigaretten.

Cagnes, der letzte Wohnort von Auguste Renoir, hatte mehrere später berühmt gewordene Maler beherbergt, unter ihnen Modigliani. Nun lebten wieder einige Maler hier, französische und ausländische. Der Holländer Geer van Velde war einer von ihnen. Mit ihm und seiner Frau Elisabeth schlossen wir Freundschaft; sie wird nur enden, wenn keiner von uns mehr sein wird.

Jedesmal, wenn ich mich dem Platz hinter dem Schloß näherte, wo sich die Boulespieler fast zu jeder Tageszeit einfanden, hielt ich Ausschau nach Geer. Der großgewachsene, schlanke Mann mit dem schönen, hochgereckten Kopf zog den Blick aller auf sich. Noch heute betrachte ich sein seltsam kühnes Gesicht mit den die Ferne suchenden jungen blauen Augen so gerne wie vor fünfunddreißig Jahren.

Fast alles, was ich seit dem Kriege geschrieben habe, ist im Anblick eines seiner Bilder entstanden. Wenn ich von meinem Heft aufschaue, sehen mich die Farben und Konturen, die Geer ersonnen und in ein Kunstwerk verwandelt hat, so an, wie manche jener Bilder im Amsterdamer Rijksmuseum, bei denen ich, dreizehnjährig, Zuflucht vor Einsamkeit suchte und die Nähe einer vergangenen, fernen und doch präsenten Welt fand. Es gehört zu den besten Dingen im Leben, das Werk eines Freundes stets vor Augen zu haben, es bewundern zu dürfen.

Manchmal, wenn ich in seinem Atelier vor einem seiner großen neuen Gemälde sitze, die, nicht figurativ, eine unnennbare Welt darstellen, eine Welt für sich, für ihn und für all jene, die sie entdecken können, da denke ich an einen Halbwüchsigen, der in hundert oder zweihundert Jahren vor diesen Bildern in einem Museum stehen wird. Wie von dem Maler selbst sachte geleitet, wird der Junge versuchen, sich eine Vorstellung von dem Mann zu bilden, der das Werk vor langer Zeit geschaffen hat.

Wir schlossen noch einige dauerhafte Freundschaften in Cagnes; wir nahmen an allem teil, was die durch eine ungewollte Schicksalsgemeinschaft vorübergehend gebildete Menschengruppe unternahm, um die »harsche Zeit« mit heiterm oder bösem Trotz zu überdauern oder – wie der Wiener sagt – »zu übertauchen«.

Ich wurde häufig als Psychologe in Anspruch genommen; manchmal ging es darum, jemanden vor einer schweren Depression zu bewahren, die ihn nach einer Trennung bedrohte, welche er selbst herbeigeführt hatte und nun doch nicht ertragen konnte; ein anderes Mal sollte ich den wilden Streit zwischen älteren Lesbierinnen schlichten, die einander eine junge Freundin abspenstig machten. Schwierigkeiten des Zusammenlebens erregten die Gemüter der Paare heftig; Komparsen in einer weltumfassenden Tragödie, wandten sie ihre besten Kräfte daran, ein Vaudeville zu spielen, darin sie ihre Rollen so oft wechselten, daß sie sich nur schwer aus den Wirrnissen befreien konnten.

Inzwischen war der Winter gekommen. Da ich die Kleider, die mir aus Paris nachgesandt werden sollten, noch immer nicht bekommen hatte, konnte ich das Haus nur verlassen, wenn die Sonne schien. Ich wanderte dann durch die Gassen und blieb lange auf dem Platz stehen, um den Boulespielern zuzusehen. In jenem Winter begann ich zu schreiben, nachdem ich alle Bedenken zerstreut hatte, die mich bis dahin davon abgehalten hatten. Als ich das erste Schulheft erwarb, um endlich mit dem Schreiben Ernst zu machen, wußte ich genau, warum ich es tat: Ich wollte eine Zuflucht finden vor dem Dasein, das zwar oft so heiter wie ein satirisches Lustspiel anmutete, mir aber, sobald ich es mit mir allein zu tun hatte, stets aufs neue unerträglich wurde. Mit jedem Federstrich entfernte ich mich von dieser ausgehöhlten, mit vergeblichen Worten nutzlos vertriebenen Zeit und fand zu mir, zur nahen Vergangenheit zurück. Wie der Mann, der seinen Schatten verloren hatte, hatte ich die Zukunft verloren, mir blieb nur die Vergangenheit, ich lebte zeitlich auf Borg, räumlich fern von allen Kämpfen; ein emsiger Hörer von Radioberichten, der darauf wartete, daß der Feind endlich aufhöre, überall dort, wo er angriff, zu siegen.

Wozu, für wen aber schrieb ich? Ich fand mich damit ab, daß mein Tun keinerlei Zweck hatte und daß ich wohl der einzige Leser meiner Texte bleiben würde. Ich verbrachte die Zeit damit, mein Heft mit Worten zu bedecken – eine Flaschenpost-Botschaft, die nie ein Ufer erreichen würde.

Dieses erste Heft liegt jetzt vor mir. Auf dem grau-blauen Umschlag sind vier Landschaften abgebildet: die Bretagne, die Auvergne, die Provence und ein verschneiter Bergrücken. Die Schrift, die die hundert Seiten bedeckt, ist unvergleichlich leserlicher als die meiner letzten Manuskripte. Da ich während der Rückzugsmärsche auch meine Füllfeder verloren hatte, schrieb ich mit einer Stahlfeder, wie ich es als Kind gewohnt war.

Über die drei oder vier Seiten, die ich täglich schrieb, hatte ich kein Urteil und ich versuchte gar nicht, mir eines zu bilden. Je weiter ich kam, um so mehr verzichtete ich auf die Selbstzensur und ließ alles stehen, wie es kam: viel zu lange Schilderungen von geschlossenen Räumen und von Landschaften, von Wanderungen; ausführliche Beschreibungen von unwesentlichen Episodenfiguren, deren Auftreten nicht unlogisch, aber nicht unbedingt notwendig war; lang ausgesponnene Gespräche zu zweit, zu dritt, zu vieren; Unterhaltungen von beschwipsten Gästen eines Geburtstagsfestes, das ein wohlhabender Mann feiert, dem schon im Frühling 1930 vor Europas naher Zukunft graut.

Nein, ich beeilte mich nicht; ich hatte Zeit oder umgekehrt gar keine mehr. Ich glaubte, daß ich gewiß nicht lange genug leben würde, um das, worauf es ankam, zu Ende zu führen; also ging es darum, täglich einige Stunden lang Zuflucht zu finden. »Ich schrieb, wie der einsame Wanderer, verloren in tiefer Nacht, singen oder zu sich selber sprechen mag.« Das erklärte ich zwanzig Jahre später im Vorwort zu der ersten einbändigen Ausgabe der Trilogie ›Wie eine Träne im Ozean‹. Als ich im Sommer 1948 die endgültige Fassung des ersten Romans dieser Trilogie schrieb, kürzte ich den Text jenes Schulheftes beinahe um die Hälfte. Das fiel mir nicht gar zu schwer: Deutlich genug hoben sich nun in meiner Sicht jene Episoden, Seiten und Satzfolgen ab, die psychohygienisch notwendig gewesen, aber fortab überflüssig waren. Es handelte sich eben nicht mehr um eine im voraus verlorene Flaschenpost, sondern um ein Buch.

Malraux, der in Gefangenschaft geraten war, aber noch vor der Überführung nach Deutschland entfloh und sich in der unbesetzten Zone niederließ, fand meine Spur dank André Gide, der sich auch an der Côte d'Azur befand, in einem Haus, in dem er seit Jahrzehnten abzusteigen pflegte; deshalb konnte man ihn während der Monate, die dem Waffenstillstand folgten, leicht erreichen. So kam es, daß Malraux eines Tages bei uns in Cagnes auftauchte, zusammen mit Josette, die ihm mitten in den Wirren einen Sohn geboren hatte. Auch um ihn kennenzulernen, sollten wir bald nach Rocquebrune kommen, einem Dorf, das über dem Cap St. Martin liegt. Das Haus, das ihnen durch Gides Vermittlung zur Verfügung gestellt worden war, gehörte einem Colonel der Bengali-Lancers; alles war auch danach: angefangen von den an den Wänden der Halle hängenden, elegant und dennoch kriegerisch gekreuzten Schwertern bis zu dem zeremoniellen Butler, den der Mieter gemäß dem Wunsch des Colonels behalten mußte. Es kam sehr zustatten, daß Luigi ein Italiener war, da er leicht über die Grenze gehen und manches besorgen konnte, was in Frankreich zu einem erschwinglichen Preis nicht aufzutreiben war. Da Malraux sich weigerte, irgend etwas unter der Herrschaft der Besatzung und der direkt oder indirekt von ihr ausgeübten Zensur zu veröffentlichen, fand er sich häufig in Geldnöten, die er mit großem Gleichmut ertrug, obschon ihm ein hoher Lebensstandard wichtig war – aus Gründen, die wohl mit seiner Kindheit und den zerrütteten Verhältnissen zusammenhingen, in denen er bei der vom Vater verlassenen Mutter aufgewachsen war.

Es geschah nun nicht selten, daß wir an mit Blumen geschmückten Tischen aßen und Luigi mit seinen weißen Handschuhen ein Rutabaga genanntes Gemüse servierte, das viele Wiener gewiß unter dem Namen Wrucken seit dem Ersten Weltkrieg in unangenehmer Erinnerung behalten haben. Auch damals verabscheuten wir dieses Gemüse und aßen es dennoch, selbst wenn es verfroren oder halb verfault war; es gehörte für mich zum »déjà vu«. Doch bei Malraux verspeisten wir das Rutabaga in einem schönen Speisezimmer, durch dessen hohe, breite Fenster man das blaue Meer erblickte: zur Linken die italienische Grenze, zur Rechten Monte Carlo mit seinen vorspringenden Felsen und die Bucht von Monaco, und in der Ferne den östlichen Rand der Engelsbucht von Nizza. Die Absurdität unserer Situation war zugleich lächerlich und tröstlich. Wir lebten in diesen aufgezwungenen, besonnten Ferien an einem der schönsten Flecken der Erde, mitten in einem Kriege, den wir keinen Augenblick vergessen konnten. So diskutierten wir ohne Aufhör über die Probleme, welche die Gestaltung der zukünftigen Verhältnisse nicht weniger betrafen als die Gefahren, Leiden und Hoffnungen, die wir empfanden, als ob sie uns noch mehr angingen als alle anderen.

Malraux, mit seinem Kind auf den Schultern, und ich gingen stundenlang im Garten auf und ab. Über den Ausgang des Krieges gab es für uns, ich sagte es schon, keinerlei Zweifel, besonders nach dem schnell offenbar gewordenen Mißerfolg der deutschen Luftwaffe, die Englands Kapitulation herbeiführen oder zumindest den Erfolg einer Landung sichern sollte. Vordringlich war die Frage, wann in Frankreich die Résistance sich aus einer Bewegung kollaborationsfeindlicher Propagandisten in eine Reihe wohlorganisierter, zusammenhängender Kampfgruppen verwandeln würde.

Malraux wurde von zahlreichen Schriftstellern besucht – von solchen, die ihn dazu bewegen wollten, durch einen Artikel in einer Pariser Revue sein Verständnis für jene zu demonstrieren, die wenn nicht die Kollaboration, so doch irgendeine Form der Koexistenz mit dem Vichy-Regime und der Besatzung akzeptierten oder – wie Drieu la Rochelle – sogar förderten. Malraux ließ nicht den geringsten Zweifel walten an seiner unversöhnlichen Gegnerschaft gegen das Pétain-Regime sowie gegen jede Art von Kollaboration; er erlaubte nicht, daß auch nur eine einzige Zeile von ihm im Herrschaftsbereich der Nazis gedruckt würde. Es kamen andererseits zahlreiche Männer, die in Paris oder Lyon Widerstandsgruppen anführten; diese Résistants, zumeist alte Freunde und Gefährten, warben um seine Mitarbeit, die er jedoch bei aller Sympathie für die Résistance ablehnte. Er wollte von dem Augenblick an zur Verfügung stehen, da es möglich sein würde, den Kampf nicht nur mit Worten zu führen. Wie man weiß, übernahm Malraux die Führung eines »Maquis«, das heißt einer schnell erstarkenden militärischen Widerstandsgruppe, die einige Monate nach der Landung der Alliierten in die »Brigade Alsace-Lorraine« verwandelt wurde. Dieser wortmächtige und ungewöhnlich einflußreiche Schriftsteller hat keine Kampfgesänge und keine Heldengeschichten geschrieben – er hat sich selbst, er hat sein Leben eingesetzt.

Noch war es nicht so weit. Er schrieb an dem Roman ›Die Nußbäume von Altenburg‹, der in der Schweiz und erst nach dem Krieg in Frankreich erschien. Wir diskutierten viel über das werdende Werk, das ich Seite um Seite im Manuskript las. Malraux seinerseits interessierte sich mit nie erlahmender Aufmerksamkeit für mein Buch; da er des Deutschen nicht mächtig war, mußte ich ihm resümierend berichten, wie es sich mir selber fortschreitend darstellte und dennoch ganz anders wurde, als ich es erwartet hatte. Wie Alfred Adler zwanzig Jahre vorher es getan hatte, ermutigte mich Malraux aufs wirksamste, indem er mir unbeschränkt Vertrauen und Zutrauen entgegenbrachte, obschon er nur vermuten, doch nicht wissen konnte, in welchem Maße ich das eine wie das andere verdienen mochte. Diese beiden wahrhaft bedeutenden Männer, die einander äußerst unähnlich waren, haben dieserart das typische Erlebnis meiner Kindheit, das unerschütterliche Zutrauen meines Vaters, ausgeweitet und mir Mut eingeflößt, viel weiter zu gehen, als ich wohl sonst gewagt hätte.

Ich brauche hier nicht an die zahllosen Wendungen zu erinnern, die der Krieg bis zu seinem späten Ende noch nehmen sollte, obschon sie uns damals so angingen, als ob wir selbst auf den torpedierten Schiffen, in den Kampfflugzeugen, an den Fronten in der nordafrikanischen Wüste und den Ebenen Rußlands, in den Wäldern Jugoslawiens, auf den Inseln Griechenlands oder in Asiens Dschungeln gesteckt hätten. Zum ersten Mal erlebten Menschen in weiter Ferne von Kriegsschauplätzen die Ereignisse fast im Augenblick ihres Geschehens – sie brauchten nur einen Knopf zu drehen und wurden Ohrenzeugen. Es ist jedoch nicht nur für die psychologische, sondern auch für die politische Deutung um so belangreicher, daß diese alltäglich gewordene Simultaneität das Vorstellungsvermögen der Menschen kaum gefördert hat. Die Nachrichten riefen in den Hörern Freude oder Mißmut hervor, aber die Vorstellung vom geschilderten Ereignis verblaßte in jedem Falle sehr schnell und machte einer statistischen Feststellung Platz, die die Zahl der versenkten Schiffe, der getöteten und verwundeten Soldaten, der zerstörten Städte betraf. Im übrigen beherrschte ein Thema, immer das gleiche, das Gespräch: Überall in Europa sprach man während dieser gigantischen Katastrophe am meisten über die mangelnden Nahrungsmittel. Der Kontinent vergoß Blut in endlosen Strömen und träumte Tag und Nacht vom Fressen.

Stalin dürfte der einzige Politiker gewesen sein, der nicht daran glauben wollte, daß Hitler beabsichtigte, Rußland anzugreifen, sobald er die europäischen Gestade des Atlantik, die Küsten der Adria und zum größten Teil auch die des Mittelmeers in seine Gewalt bekommen haben würde. Ich erwähnte schon meinen im September 1939 in der ›Zukunft‹ veröffentlichten Artikel ›Der Pakt›, in welchem ich davon sprach, daß die deutsche Armee sich nach einem Sieg an der Seine einige Zeit später an der Newa und Moskwa einstellen könnte. Ein Jahr später glaubten fast alle westlichen Beobachter, daß Hitler den Überfall auf Rußland vorbereite und im Frühling 1941 »schlagartig« mit einem Maximum an Kräften auf breitester Front die Invasion unternehmen werde. Man weiß, daß Stalin die zahlreichen Warnungen in den Wind schlug; überall argwöhnte er gewissenlose Verschlagenheit; jeden verdächtigte er der Neigung zum gleichen schlauen Doppelspiel, das ihn selbst zur Macht gebracht hatte. Daher mißtraute er allen – jedem außer Adolf Hitler. Die besten Führer der Roten Armee hatte er »liquidiert«, zahllose höhere Offiziere in die Gulags deportiert. Daß somit das sowjetische Heer geköpft war, schien dem »größten Genie aller Zeiten« keine Sorge zu bereiten – ihn schützte der Pakt mit Hitler.

Mit Entsetzen, doch ohne Überraschung erfuhren wir, daß ganze russische Armeekorps vor den Nazitruppen kapitulierten, deren Vormarsch erst der Winter schließlich zum Stillstand bringen sollte. Und trotzdem glaubten wir nicht an den Sieg Hitlers, da er mit diesem Überfall eine tödliche Gefahr herbeiführte: eben jenen Zweifrontenkrieg, den er durch den Pakt mit Stalin hatte vermeiden wollen. Diese beiden Männer, die in ihrem Streben nach totaler Macht und in deren verbrecherischer Ausübung wohl von niemand übertroffen werden könnten, waren überdies monströs geltungssüchtig. Sie hegten das unstillbare Bedürfnis, vergöttert zu werden, bis sie unfähig wurden, an der eigenen Unfehlbarkeit zu zweifeln.

Während langer Jahre bin ich kaum eine Nacht eingeschlafen, ohne an Hitler und Stalin zu denken: an des einen wie des andern abgrundlosen Sturz, der doch kommen mußte; ich wünschte, ihn zu erleben – um der Gerechtigkeit und der Wahrheit willen. »Hoffentlich weißt du, daß geschrieben steht, daß der Mensch geformt ist nach dem Ebenbild Gottes. Nun, und da stellst du dir vor, daß Hitler siegen wird? Es ist eine Schande, solch einen Blödsinn über die Lippen zu lassen.« Als ich einen Kameraden meiner Kompanie dies sagen hörte, lächelte ich darüber wie über einen Scherz. Heute, siebenunddreißig Jahre später, nehme ich diese Argumentation recht ernst.

Als Psychologe glaubte ich, beide Diktatoren gleichsam persönlich zu kennen und die wesentlichen Züge ihres Charakters in der ›Analyse der Tyrannis‹ deutlich genug aufgezeigt zu haben. Alles, was bis zum April 1945 bzw. bis zum April 1953 geschah, bestärkte mich in der Überzeugung, daß sie von maßloser Angst angetriebene Amokläufer waren, denen spalierbildende Millionen zujubelten – teils aus echter Begeisterung, teils einem Zwang folgend, oder weil es für sie vorteilhafter, jedenfalls ungefährlicher war, ihre Begeisterung laut zu heucheln.

Zweifellos unter dem Einfluß eines Romans, dachte ich mir in meiner ganz frühen Jugend Zwiegespräche aus, in denen ich einem Herrschenden seine schlimmsten Taten vorhielt und dann seine Rechtfertigungen anhörte. Ich befand mich mit ihm zusammen in einem schmalen Korridor zwischen Leben und Tod, auf der Suche nach Wahrheit, nach einem Rechtsspruch, dem sich der Herrschende in verspäteter Einsicht beugte. Aber in den allnächtlichen Begegnungen mit Hitler und Stalin gab es keine Worte, sondern nur den Blick, der sich bald an den einen, bald an den andern heftete. Verfluchte ich sie, ohne an die Wirkung von Flüchen zu glauben? Flehte ich stumm den Zorn eines Gottes herab, an den ich schon seit langem nicht mehr glaubte? Das wäre, so absurd es klingen mag, nicht auszuschließen. In früher Kindheit lernte ich, daß jeder verloren war, dessen Missetaten und hoffärtige Herausforderungen Gottes Zorn lange genug erregt hatten.

Im tiefsten Grunde, mehr im Empfinden als im wachen Bewußtsein, wurde ich den Verdacht nicht los, daß solch großes Unglück nur möglich war, weil wir, wir alle auf uns Schuld geladen hatten: So unsagbar verbrecherisch Hitler und Stalin und die anderen Diktatoren und ihre Komplizen und Schergen auch waren, sie verkörperten gleichsam nur das Resümee des Bösen, das potentiell in uns allen war und dem wir nicht genug Widerstand leisteten. Ich haßte weder Hitler noch Stalin und führte mit ihnen auch nicht jene fiktiven Gespräche, weil ich sie nur als gigantisch aufgeblähte Parasiten und Profiteure des Verderbens ansah, das wir alle ermöglicht, aber sie dann vollendet hatten.

Als im Dezember 1941 die Vereinigten Staaten von Amerika in den Krieg eintraten, begriffen auch die vorsichtigsten Opportunisten, daß Hitler zwar den Krieg noch verlängern, aber keineswegs je gewinnen könnte. So viele Siege die deutschen Armeen auch errangen, so tief sie in Rußland eindringen mochten, jeder Tag brachte das Dritte Reich der vernichtenden Katastrophe näher. Daran zweifelten wir keinen Augenblick, diese Gewißheit stärkte den Widerstand in Frankreich und in allen besetzten Ländern.

Blieb für mich die Frage des Überlebens. Meine totale Mittellosigkeit beschränkte aufs äußerste meine Mobilität. So fließend und nuanciert mein Französisch war, mein Akzent verriet den Fremden. Ich brauchte eine echte falsche Identitätskarte, die mich als naturalisierten Franzosen auswies, um mich, wie es eine politische Aktivität erfordert hätte, im Lande bewegen zu können. Ich hatte sie nicht. Meine Lage aber wurde besonders durch meine Krankheit erschwert, die mich während langer Perioden daran hinderte, über meinen Körper unbeschränkt zu verfügen. Einige Monate nach unserer Ankunft in Cagnes sur Mer stellte sich nämlich ein Leiden ein, das bald als ein Zwölffingerdarmgeschwür erkannt wurde. Während der einander recht schnell folgenden, überaus schmerzhaften Krisen, die mehrere Wochen andauerten, erlitt ich zwei, drei Mal am Tag und manchmal auch in der Nacht Krämpfe, die mich völlig hilflos machten; ich mußte liegend darauf warten, daß sie nachließen.

Der psychische Anteil an dieser Krankheit war offenbar. In diesem *Organdialekt* äußerte sich, wie Alfred Adler gesagt hätte, die Aggressivität eines aktiven Menschen, der sich den Drohungen des Feindes ausgeliefert weiß, aber durch die Bedingungen seines Daseins daran gehindert wird, sich zu wehren, geschweige denn in den offenen Kampf zu ziehen. Schon zu Beginn des 17. Jahrhunderts erhielt das französische Verbum »ulcérer« (ein Geschwür bilden) in der transitiven Form eine zweite Bedeutung: jemanden aufs äußerste verärgern, kränken. Ohnmächtiges Opfer der Lage, in der sich so viele damals befanden, war ich geradezu der Musterfall eines «ulceré«. Diese Einsicht blieb jedoch ohne irgendeine therapeutische Wirkung, die Röntgenbilder zeigten ein Geschwür, das sich ausbreitete; die häufigen Injektionen halfen mir nicht, mir fehlten die Mittel, mir jene Nahrung zu besorgen, die lindernd hätte wirken können, so zum Beispiel die Milch, die, obschon zugunsten der Kleinkinder rationiert, nur auf dem schwarzen Markt in beliebiger Quantität zu haben war.

Törichterweise war ich auch darüber »ulceriert«, daß mich solch eine Krankheit heimsuchte und mich – zum ersten Mal in meinem Erwachsenenleben – daran hinderte, über mich zu verfügen, und das in einer politischen Situation, in der die Résistance aus ihrer vorbereitenden Phase in die der Aktion übergehen konnte, und in einer persönlichen Lage, in der die körperliche Beweglichkeit eine Frage von Leben und Tod wurde.

War aber eine solche Krise vorbei, so suchte ich mich davon zu überzeugen, daß sie nie mehr oder nicht so bald wiederkehren würde. Um so kränkender war jedesmal die Enttäuschung, wenn die Schmerzen mich wieder überraschten und Krämpfe, die mir den Atem verschlugen, das Stehen und Gehen fast unmöglich machten. Bis dahin hatte ich meinen Körper eher als einen gutwilligen Knecht benutzt, selbst in den Jahren meiner Lungenkrankheit, die weit gefährlicher werden konnte als dieses Ulcus, aber mir nicht solch ein Gefühl der Ohnmacht einflößte. Erst lange nachdem dieses Magengeschwür verheilt war, hörte ich auf, mir seinethalb böse zu sein. In Wirklichkeit habe ich jedoch guten Grund, ihm so dankbar zu sein wie manchen Verirrungen: Es ist dumm, zuweilen gefährlich, Irrwege zu beschreiten, aber aus Irrtümern lernen wir mehr noch als aus anderen Erfahrungen. Das Kranksein hat mich sehr viel gelehrt, ihm verdanke ich manche Einsicht in die wechselreiche Beziehung des Individuums zu seinem Körper. Wie jeder, der ein »Dankbarer des Lebens« ist, wurde ich fast ein Dankbarer der Krankheit, aber erst – das ist wahr – nachdem sie mich endlich vergessen hatte.

Der Mensch, unfähig, sein Wesen dauerhaft zu verhüllen, steht unter dem Zwang, gerade das zu entblößen, was er geheimhalten wollte. Gleiches gilt für die Geheimnisse, die die Machthaber eines Landes vor der Welt bewahren wollen. Gerade die Bemühungen, das Geschehene als ungeschehen, das Ungestehbare als böswillige Erfindung hinzustellen, erregen mit Recht Aufmerksamkeit und Mißtrauen. Die Wahrheit, vollständig oder teilweise entstellt, sickert durch, man weiß zumeist gar nicht, wie. Und jedes neue Dementi beflügelt die Gerüchte, statt sie aus der Welt zu schaffen.

Die Nazis hatten selbst dafür gesorgt, daß jeder, der es wissen wollte, erfuhr, wie sie die Juden in viel zu enge Ghettos einsperrten, sie gleichzeitig ausplünderten und demütigten. Photos in deutschen Zeitungen, von den Nazis überall verbreitet, führten uns vor Augen, wie frommen polnischen Juden der Bart abgerissen oder grausam abgeschnitten wurde, nur um sie jener Verachtung preiszugeben, die die Gewalttäter gegenüber ihren wehrlosen Opfern hegen.

Man erfuhr, daß das Leben in den absurd überfüllten Ghettos unerträglich war und schließlich zur Hölle wurde; die Entwürdigung der verhungernden Opfer ging einher mit der Entwertung ihres Daseins. Gleichzeitig wurden die Internierungslager, die anfangs nur besonders schlimme Konzentrationslager gewesen waren, in Stätten des Massenmordes verwandelt, in Hauptstädte des Todes.

In Frankreich mobilisierte die Collaboration die radikalsten Judenfeinde, besonders innerhalb einer gewissen Lumpenbourgeoisie, einer Intelligenzschicht, die in der Wochenpresse des besetzten Gebietes mit Berufung auf die »heiligsten Güter« das Volk aufzuhetzen suchte.

In seinem Pariser Tagebuch vermerkte Ernst Jünger eine Begegnung mit Céline (den er Merline nennt). Der zweifellos geniale französische Schriftsteller spricht sein Befremden darüber aus, daß die Soldaten die Juden nicht erschießen, aufhängen, ausrotten, sein Erstaunen darüber, daß jemand, dem Bajonette zur Verfügung stehen, nicht unbeschränkten Gebrauch von ihnen macht. Diese Äußerung Célines wurde am 7. Dezember 1941 notiert.

Noch hatten die Deportationen aus Frankreich nicht begonnen, wir kannten die vorhandene Gefahr, glaubten aber nicht an sie. Richtiger: Wir zweifelten nicht an der Möglichkeit, daß Schlimmes, immer Schlimmeres geschehen könnte, sondern daran, daß es unvermeidlich wäre – und dies aus vielen, nicht immer klar genug faßbaren Gründen. Wir hörten nie auf, die Rationalität der Handlungen zu überprüfen: Ja, nach dem Eintritt Amerikas in den Krieg müßte Hitler, meinten wir, alles zurückstellen, was für die Kriegführung nicht unbedingt notwendig war. Also erachteten wir es für gewiß, daß Hitler viele arbeitsfähige Männer, Juden und Nichtjuden, aus den besetzten Gebieten deportieren und anstelle kriegsdiensttauglicher Deutscher überall da einsetzen würde, wo man rastlos tätige Hände brauchte, vor allem in der Rüstungsindustrie und in der Landwirtschaft. Wer sollte da glauben, daß die Nazis Kinder und ihre Mütter, alte Männer und Frauen, Kranke aus Spitälern und Altersheimen durch ganz Europa transportieren würden, um sie sogleich in Lagern zu vernichten. Nun, im Sommer 1942, als die Wehrmacht jeden Waggon für die Vorbereitung der großen entscheidenden Offensive brauchte, durchquerten diese Transporte, von Etappenhengsten zusammengestellt, von frontdiensttauglichen Soldaten bewacht und kontrolliert, Tag und Nacht den Kontinent – von Nizza und Paris, von Saloniki und Athen, von Amsterdam und Brüssel, später von Budapest und Rom. In Auschwitz wurden sie ungeduldig erwartet.

Wir aber brauchten einige Zeit, ehe wir den Gerüchten von solchem Wahnwitz vollen Glauben schenken konnten, denn wir nahmen an, daß Hitler auch in seinem Wahn auf Zweckdienlichkeit bedacht blieb, was er ja auf dem Wege zur Macht hinlänglich bewiesen hatte. Es gab aber auch einen andern Grund für unsere Abneigung, das Grauenhafte für wahr zu halten: die tiefe, unzerstörbare Bindung an die deutsche und an die österreichische Kultur. Hitler durfte man jedes Verbrechen zutrauen, aber wie sollte man es für möglich halten, daß sich Deutsche und Österreicher zu Tausenden bereit finden könnten, diese völlig sinnlose Ausrottung unschuldiger, völlig wehrloser Menschen wie ein Tageswerk zu betreiben. Millionen Deutsche mußten es wissen ... Wogegen wehrte ich mich denn so lange, daß noch viele Monate vergehen mußten, ehe ich imstande war, den Gerüchten von der industriell betriebenen Massenvernichtung zu trauen? *Ich wehrte mich gegen den Bruch mit Deutschland.*

Ich bin in Auschwitz nicht gewesen, aber dort wie in allen Lagern und Ghettos ist meine Beziehung zu alledem, was Deutschland für mich während langer Jahre bedeutet hatte, verhöhnt, zerschlagen, vergast, ausgerottet worden.

Jeder Bruch ist eine Stufe, über die man immer tiefer, immer leidvoller in die fernste Kellerzelle der Einsamkeit hinabsteigt. So verdichtete sich damals meine Einsamkeit mitten in der so ereignisreichen Zeit, in der die Hoffnung notwendiger war als je und zugleich gefährlicher als die verblendendste Lockung. Ich schrieb viele Schulhefte voll und kehrte schreibend um Jahre hinter die Gegenwart zurück: dorthin, wo wir am Werke gewesen waren, die große Entscheidung über die Zukunft vorzubereiten und sie schnell herbeizuführen, gemäß der »Logik der Geschichte«, die natürlich auf unserer Seite war. So sah ich diese zumeist noch jungen Menschen, sooft ich von meinem Heft aufblickte. Der Leser, wenn es ihn jemals geben sollte, durfte es noch nicht vermuten, aber der Schreibende wußte bereits, daß die meisten von ihnen nicht mehr lebten. Mit ihnen bevölkerte ich meine Einsamkeit.

Bis zum deutschen Überfall auf Jugoslawien waren Mirjam und Vladim in Sicherheit; nachher mußte ich lange warten, bis endlich Nachricht von ihnen kam, die relativ beruhigend war. Zusammen mit Freunden hatten sie an der adriatischen Küste Zuflucht gefunden; sie lebten unter italienischer Besatzung, die erträglich zu sein schien. Nach einiger Zeit wurden sie wie viele andere jüdische Flüchtlinge nach Norditalien, in den Friaul gebracht, wo ihnen ein Zwangsaufenthalt in einem Dorf unweit von Udine angeordnet wurde. Unter anderen Umständen hätte diese Verschickung in mir Befürchtungen erregt, aber daß sie nicht deutscher Gewalt überantwortet waren, war ein Glück im permanenten Unglück, dessen Folgen noch lange unvorhersehbar blieben. Ich kannte den italienischen Faschismus recht gut, aber ich glaubte, daß das italienische Volk trotz der aggressiven chauvinistischen Hochstapelei und den Erpressungen der ruhmredigen Faschisten sich doch im wesentlichen, in seiner »gentillezza«, in seiner Menschlichkeit, treu geblieben war.

Jüngere Leser können sich gewiß nicht recht vorstellen, in welch steter, nur zu sehr begründeter Beunruhigung man in jenen Jahren lebte – jeder Augenblick konnte jene vernichten, ohne die das eigene Dasein schwer denkbar war, ohne die es verkrüppelt, sinnlos zu werden drohte. Die seit Jahrtausenden zur *conditio judaica* gehörenden, das nackte Dasein gefährdenden Lebensbedingungen erschütterten nun das Dasein aller Europäer und so vieler Bewohner anderer Kontinente. In diesem besonderen Sinne verjudeten auch die Deutschen, in deren Namen Europas Juden ausgerottet wurden; es »verjudeten« zahllose Bewohner des Planeten, die im Bewußtsein der eigenen Hilf- und Wehrlosigkeit nichts tun konnten als verzweifelt hoffen. Die Beruhigung, die eine Nachricht brachte, war stets von kurzer Dauer, denn im Augenblick, da sie einen erreichte, mochte sie nicht mehr begründet sein.

Gewiß, auch in diesem Ausnahmezustand setzte sich der Alltag durch. Selbst der größte Kummer widerstand nicht dauernd den kleinen Sorgen, die sich zu Bergen häuften. Ich werde nie aufhören, die elendigen Zauberkünste zu bewundern, mit denen der Alltag seine Herrschaft selbst in der Hölle täglich aufs neue antritt. Es wäre unmöglich gewesen, ein verhältnismäßig stabiles Gleichgewicht zu bewahren, hätte der Alltag nicht allen sein Gesetz aufgezwungen. »Es genügt, daß ein jeglicher Tag seine eigene Plage habe«, heißt es in der Bergpredigt.

Am 20. Juni 1942, um halb zwei Uhr morgens, kam Dan zur Welt, siebeneinhalb Jahre nach Vladim, meinem ersten Sohn. Natürlich war ich davon überzeugt, daß es unter den Umständen unserer höchst gefährdeten und bis auf weiteres auch wirtschaftlich hoffnungslosen Existenz absurder Leichtsinn, wenn nicht gar Irrsinn war, ein Kind in die Welt zu setzen ... Ermüdet von der nicht zu langen, doch schmerzlichen Entbindung, schlief Jenka bald ein; ich blieb noch einige Zeit, in die Betrachtung des Kindes versenkt, das die Augen weit offen hielt, scheinbar auf die weiße Wand gerichtet, die sich langsam rosig färbte. Endlich schlief das Baby ein. Ich verließ die Klinik, die auf einem der Hügel lag, über die die Seealpen sich ins Meer herabsenken. Ich stieg über Bergpfade an dem Haus vorbei, in dem der alte Renoir bis zu seiner Sterbestunde gemalt hatte, den Pinsel an die kranken Finger festgeschnürt, den Blick auf die Bäume rundum gerichtet oder auf die junge Magd, die ihm Modell saß.

Es war die früheste Morgenstunde des längsten Tages des Jahres. Die weißen Wellenkämme des blauen Meeres färbten sich rosig, ehe sie sich in den ersten Sonnenstrahlen röteten oder wieder silbrig wurden. Nein, es war nicht Wahnsinn, in die Welt einzutreten, die so schön blieb, selbst wenn sie Schauplatz ungeheuerlicher Missetaten wurde.

Siebenundzwanzig Jahre war es her, fast auf den Tag genau, da hatte ich meinen Vater in ein Dorf begleitet, um einen Sack Mehl zu holen, den wir im Schubkarren heimbrachten. Es hieß, daß man bald wieder flüchten müßte, da sollte es uns zumindest nicht an Brot fehlen, erklärte mir der Vater. Der Schein der noch unsichtbaren Sonne färbte die weißen Birken in jenem fernen Land; wandte ich den Blick von ihnen ab, so nur um zum Himmel aufzuschauen, der weiter, höher schien als sonst. Daher meine ständige Neigung, von dem Licht des Junihimmels zu sprechen, wenn ich jemanden um der Helligkeit seines Geistes und um der Klarheit seines Ausdrucks willen rühme.

Gewiß ahnte ich, glücklicher Vater im Morgenrot, nicht, daß Dan noch vor Ende seines dritten Lebensmonats in einem Blumenkörbchen auf dem Rücken eines Grenzschmugglers in tiefer Nacht flüchten würde müssen. Hätte ich es aber gewußt, so hätte ich trotzdem jenen Morgen unübertrefflich schön gefunden und das Leben sinnvoller als alles, was nicht Leben ist.

Einige Wochen später begannen die Festnahme und die Verschickung der nicht in Frankreich geborenen Juden. Pétain und Laval befahlen diese Deportation in den Tod wenige Wochen, nachdem die Deutschen die »Aktion« im besetzten Teil des Landes mit äußerster Energie in Gang gebracht hatten. In den dunkelsten Kellern, in den verstecktesten Winkeln der Dachböden suchte man Juden, besonders ihre Kinder, die sich da versteckt hielten. Laval bestand darauf, daß man diese gleichzeitig mit ihren Eltern deportiere. Außer den deutschen Spezialisten beteiligten sich französische Milizionäre und Polizisten an dieser Jagd auf die wehrlosesten aller Opfer. Da das Vichy-Regime der lokalen Polizei mißtraute, setzte es die sogenannte Staatspolizei ein, die darauf achtete, daß die Gemeindepolizisten keine Gelegenheit fänden, die Gesuchten zu warnen. Die Namenslisten waren vorher in den Präfekturen angefertigt worden, alle waren im Netz gefangen, es galt nur noch, sie zu holen. Wer Geldmittel und falsche Papiere hatte, versuchte, sich über die spanische oder die Schweizer Grenze zu schmuggeln. In Spanien riskierte man Gefängnis oder Internierung, aber nicht die Auslieferung. In der Schweiz jedoch wurden Flüchtlinge an die Grenze zurückgebracht und den Franzosen oder der Gestapo übergeben. Das dauerte aber nur einige Monate, so lange bis sich angesehene Schweizer, unter ihnen viele gläubige Christen und sozialistische Abgeordnete, empört gegen dieses Vorgehen wandten und bei einem recht bedeutenden Teil der Bevölkerung Zustimmung fanden. Ihnen war es zu verdanken, daß die Maßnahme der Auslieferung gegen Ende des Sommers sehr gemildert wurde und Flüchtlinge, die außerhalb des engeren Grenzgebietes aufgegriffen wurden, nicht mehr zurückgejagt, sondern in sogenannten Auffanglagern interniert wurden.

Im Garten unterhalb unseres Hauses in Cagnes gab es einen Pavillon, der seit Ausbruch des Krieges verschlossen geblieben war. Dort verbrachte ich die Nächte, denn die Polizisten kamen gewöhnlich vor Tagesanbruch. Man konnte hoffen, daß diese Menschenjäger, fanden sie mich nicht im Haus, mich nicht im unbewohnten Pavillon suchen würden. Jenka schien durch das Baby geschützt; in der sogenannten »freien Zone« Frankreichs deportierte man damals die Mütter von Kleinkindern noch nicht. Fragte man sie nach mir, so sollte die Antwort lauten, daß ich mich seit Wochen davongemacht und alles im Stich gelassen hätte. Daß diese Auskunft die Häscher befriedigen würde, war wenig wahrscheinlich, aber ich hatte keine bessere Möglichkeit, mich ihrem Griff zu entziehen.

In Nizza hätte ich mich leichter in Sicherheit bringen können, aber da hätte ich die Freunde, die mich aufnehmen wollten, in Gefahr gebracht; überdies mochten sie selbst auf der Deportationsliste stehen. Und die Reise nach Nizza im Autobus wie im Zug war schon gefährlich, denn die Identitätskontrollen waren sehr häufig. Ich aber hatte keine falschen Papiere, ich saß in der Mausefalle.

Von den Wochen, die ich im Pavillon nicht nur nachts, sondern später auch tagsüber verbringen sollte, habe ich eine Erinnerung bewahrt, die während vieler Jahre peinvoll blieb. Mit der Gefangenschaft in der Gemeinschafts- und der Einzelzelle hatte ich mich trotz der undurchsichtigen und um so unerträglicheren Bedrohlichkeit der Lage abgefunden. Damals, etwa neun Jahre vorher, kam alles darauf an, daß ich mich auf das Schlimmste vorbereite, mich endgültig damit abfinde. Ich selbst konnte nichts entscheiden, gar nichts tun, sondern mußte in der Hand des Feindes abwarten, was er über mich beschließen würde. Hier im Versteck aber war ich wie ein Hund an einer zu kurzen Kette. Meine Freiheit reichte so weit wie sie, also konnte ich manches entscheiden: zum Beispiel, ob ich unten oder oben im Atelier schlafen sollte. Blieb ich unten, so würde ich leichter überrascht werden – also oben. Drangen sie jedoch unten ein, wie konnte ich da entschlüpfen? Ich konnte eine Leiter an das Fenster des oben liegenden Schlafzimmers lehnen. Kamen sie zu mehreren, dann stellten sie auf jeder Seite eine Wache auf; ja selbst wenn sie mich nicht suchen kämen, sondern nur mit beruflich geübtem Mißtrauen durchs Viertel streiften, würde eine Leiter ihre Neugier erwecken. Also keine Leiter, und im schlimmsten Fall aus dem Fenster springen. Dabei würde ich mich kaum schwer verletzen, aber fast sicher einen Fuß verstauchen – in diesem Fall konnten sie mich mit Leichtigkeit einfangen, noch bevor ich mich in irgendein Haus flüchten konnte.

Es war nicht leicht, die einander im Kreise jagenden Erwägungen auszuschalten, selbst wenn ich schrieb. Ich konnte das nur noch »im Kopfe« tun, da ich es nicht wagte, die Hefte bei mir im Versteck zu behalten. Jenka und, ein anderes Mal, unsere Freundin Dela hatten Roger Martin du Gard, den Nobelpreisträger, aufgesucht, der über Malraux' Empfehlung meine Manuskripte aufbewahren sollte. Der Dichter empfing sie sehr freundlich und fand sich ohne Umschweife bereit, mir, von dem er nur wußte, daß ich ein Freund André Malraux' und ein Verfolgter war, diesen Dienst zu leisten. Natürlich begriff er, daß dies auch für ihn selbst schlimme Folgen haben konnte.

Das Schreiben in Gedanken ging nur sehr langsam vonstatten, es wurde immer wieder durch eine jener entnervenden Fragen unterbrochen, auf die ich rechtzeitig, bevor ich den Nazis in die

Hände fiel, eine Antwort finden mußte: Sollte ich im Verhör gestehen, daß ich schon seit mehr als fünf Jahren mit der KP gebrochen hatte, also nur als Jude und Antifaschist und nicht für Stalin und seinen Kommunismus sterbe? Ich wiederholte mir unzählige Male, daß diese Frage im Ernstfall so unerheblich wäre wie die sozusagen ideologische Motivation unserer Mörder. Doch konnte ich mich dieser Bedenken nicht entledigen, da ich zu deutlich empfand, in welch falsche Situation ich geraten würde, wenn ich mich vor den Nazis zum Antistalinismus bekennte. Blieb das Schweigen, gewiß. Aber auch in der Folter? Aus Treue zu Stalin, Hitlers Gevatter und Rivalen?

Ich zögere heute noch, diese innere Auseinandersetzung als Gewissenskonflikt zu bezeichnen, obschon sie mich in jenen Wochen weit mehr gequält hat als alle Selbstvorwürfe, die ich mir je vorher gemacht hatte. Ich lasse den kroatischen Dichter Djura, den die Ustaschi in den Kerker geworfen haben, einem Mönch, der ihn retten will, erklären: »Die Rangordnung in Haß und Verachtung ist anderes, ist mehr als eine Nuance.« Und wie so oft frage ich mich, wie junge Leser das wohl verstehen und ob sie es überhaupt begreifen können. Djura war kein Hasser und, obschon er die Menschen gut kannte, auch kein Menschenverächter. Aber es war unsäglich schwer, nicht zu hassen und nicht zu verachten in jenen Jahren, da Hasser und Menschenverächter die totale Macht ausübten.

Freunde, junge Menschen, die mir in keiner Weise verpflichtet waren, griffen ein. Sie verschafften mir eine falsche Identitätskarte, mit der ich mich gegebenenfalls als Elsässer ausweisen konnte. Sie konnte zwar im Ernstfall kaum nützen, reichte aber für eine oberflächliche Kontrolle aus, die oft in Zügen und Autobussen ausgeübt wurde. Mit diesem Personalausweis in der Tasche fuhr ich als Bergsteiger mit einem leichten Rucksack am Wochenende in eine savoyische Bergstation, wo mich ein junger Mann namens Henri ansprechen und in eine Hütte zu einem Häusler bringen sollte, der Flüchtlinge über einen Bergpaß in die Schweiz schmuggelte. Henri, der von meinen jungen Freunden in Nizza engagiert worden war, mich so zu retten, war ein Trotzkist, der wußte, daß ich mit der Partei gebrochen, aber mich seither weder den Trotzkisten noch sonst irgendeiner Gruppe angeschlossen hatte. Ohne daß ich es merkte, fuhr er im gleichen Zug wie ich, und danach im gleichen Autobus bis zu jenem Ort, von dem aus wir die Bergwanderung in die Schweiz antreten sollten. Es war nicht das erste Mal, daß er solche Reisen unternahm, er hatte bereits mehreren Männern und Frauen in dieser Weise uneigennützig geholfen. Das Geld, das er dafür bekam, ging an den Hilfsfonds seiner politischen Kampfgruppe.

Wir faßten sofort Zutrauen zueinander und diskutierten über vielerlei, als ob wir frühere Gespräche fortsetzten. Wir blieben mehrere Stunden in der unbeleuchteten Hütte des Schmugglers, der sich anbot, uns inzwischen ein gutes Abendbrot zu servieren, das wir auch sogleich bezahlten. Er vergaß jedoch das Abendessen, vielleicht weil er zuviel trank, und schlief ein. Wie verabredet, weckten wir ihn knapp nach Mitternacht, der Vollmond stand hoch am nur teilweise bewölkten Himmel. Wir folgten ihm, der immer eiliger ausschritt, auf den Fersen, dann nahm ich Abschied von Henri, der sich in keinerlei Gefahr begeben sollte. Ich ging hinter dem Schmuggler einher, oft entschwand er meinem Blick und tauchte unvermutet wieder auf; wir verließen den Pfad und stiegen steil auf. Nach einer Weile blieb er stehen und verlangte seinen Lohn. Er versteckte ihn in den Schuhen, machte noch einige Schritte und dann plötzlich halt. Weiter wollte er nicht gehen, sagte er, ich könnte auch ohne ihn die Grenze finden und müßte nur genau die Richtung beibehalten. Sobald ich auf einen Wald stieß, sollte ich rechts abbiegen und in das Tal hinabsteigen. Er hatte schon das Geld, ich besaß kein Argument und keine Mittel, ihn zur Erfüllung unserer Abmachung zu bewegen.

Da es bekannt war, daß die Grenzwache in diesem Gebiet häufig patrouillierte, horchte ich angestrengt auf jedes Geräusch, gab es jedoch bald wieder auf. Jedenfalls würden die Wächter mich viel früher erspähen als ich sie. Ich hatte die Nacht vorher im Zug verbracht, seit dreißig Stunden beinahe nichts gegessen – ich war völlig wehrlos und unfähig zu laufen, überdies wußte ich gar nicht, wo ich war. Das Mondlicht hob alles, was scheinbar zum Greifen nahe war, deutlich hervor und machte es zugleich fast unkenntlich; was ferner lag, schwamm in einem hellen Schein, verlor seine Konturen, die ineinander übergingen. Den Wald gab es nicht oder ich hatte ihn nicht rechtzeitig erkannt; vielleicht war ich nun wieder in Frankreich; ich achtete nicht einmal mehr auf den Steinschlag, den ich selbst immer wieder auslöste.

Als der Tag zu grauen begann, der Himmel hatte sich inzwischen völlig bedeckt, erblickte ich ein Wäldchen; es brauchte noch einige Zeit, bis ich es endlich erreichte. Ich stolperte häufig über Baumstümpfe, dann stürzte ich zu Boden. Ich lehnte meinen Rücken an einen Baum, schob die Hände unter die Achseln, schloß die Augen und schlief ein.

Ich träumte, daß ich tot war. Im Traum wiederholte ich ohne Bedauern: »Nun bin ich tot. Endlich. Ich tu' nichts mehr, ich muß nicht mehr, ich muß *nichts* mehr. Endlich!« Als ich erwachte, mit dem Ende versöhnt, aber frierend, da erblickte ich durch die sich verdünnenden Nebelschwaden hindurch in der Ferne ein Tal und drüber eine Kirchturmspitze. Ich lebte also noch und mußte wieder vieles tun: sofort aufstehen zum Beispiel. Einen Augenblick lang fühlte ich es wie einen schmerzlichen Verzicht, weiterleben zu müssen.

Ich fand mich jedoch wieder zurecht, erhob mich mühsam, schob den Rucksack auf die Schulter und zog los; ich hatte ja vor mir die Richtung, die Kirchturmspitze, und wollte hoffen, daß das Tal in der Schweiz lag.

Jetzt bin ich zweimal so alt wie in jener Nacht; dem Tod begegne ich nicht selten in meinen Träumen, den Träumen eines Menschen, der sich nie über die Jahreszeit seines Lebens täuschen wollte. Ich erkenne aber den Tod gewöhnlich erst nachher, wenn ich erwachend meinen Traum zu deuten versuche. Das Sterben und das Totsein der Menschen, die mir besonders nahestanden, und mein eigenes, das der Träumer vorwegnimmt, sind fast immer verhüllt, verraten sich jedoch dem Suchenden schnell genug. In jener Nacht aber war der Tod unverhüllt – ein Un-Wesen, dem die Worte erst eine nichtige Wesenheit verliehen. Ich hatte die erste Hälfte des Lebens erreicht und, glaubte ich, zugleich sein verfrühtes Ende.

Es bedurfte nur einiger Stunden – und ich war gerettet. Ohne zu wissen, wohin ich ging, erreichte ich eine Eisenbahnstation, ein direkter Zug brachte mich ohne Zwischenfall nach Zürich. Im Telephonbuch fand ich die Adresse eines Freundes, seine Frau antwortete am Telefon; ihr Mann hatte sie verlassen. Eine halbe Stunde später war ich in ihrem Haus. Rührende Freundschaft erwartete mich da, Speise, Trank und Zigaretten nach Belieben, ein warmes Bad und ein gutes Bett.

In Zürich bestand keine Gefahr mehr, daß man einen illegal über die Grenze gekommenen Flüchtling nach Frankreich überstellte. Ich meldete mich gleich vormittags bei der kantonalen Polizei, wo ich keineswegs rüde aufgenommen, aber wie ein Delinquent registriert wurde. Man photographierte mich im Profil und en face, fertigte Fingerabdrücke an, anthropometrische Kennzeichen wurden notiert, ebenso meine Antworten auf vielerlei Fragen.

Ich hatte Telegramme ausgesandt, spätestens am frühen Nachmittag mußte Jenka wissen, daß ich gut angekommen war, ebenso meine Familie in London. Nun schlenderte ich durch die belebten Straßen Zürichs zur Brücke, von der aus man das Großmünster erblickt und den Limmatquai. Rechts breitete sich der See aus, auf dem Segelboote kreuzten und kleine weiße Schiffe schwammen. Die zahlreichen, sommerlich gekleideten Passagiere an Deck ließen mich an die Amateurvorstellung eines russischen Theaterstücks, etwa von Tschechow denken, der gerne Feriengäste auf der Veranda einer Datscha vorführte. Wenn der Vorhang aufgeht, ist alles friedlich, man wartet zuversichtlich auf den kühlenden Abend und die Ankunft eines besonders interessanten Gastes oder auf die sehnsüchtig erwartete Heimkehr einer dem Autor besonders wichtigen, von einem nicht mehr ganz jungen Mädchen vergeblich geliebten Person.

Ich spielte nicht mit. Ich war kein Sommergast, kein Tourist, sondern ein ungebetener Zaungast, der nur einen Blick in fremdes Leben werfen durfte, das ganz nahe und von ihm dennoch so ferne war, als ob er selbst in einem ganz anderen, unzugänglich gewordenen Zeit-Raum beheimatet wäre.

Farbige Plakate warben für ein Erntefest, andere für den reichen Konsum von Weintrauben. Auf Litfaßsäulen fand man detaillierte Konzert- und Theaterprogramme. Das Schauspielhaus präsentierte Stücke, die ich gerne gesehen hätte; mit einigen der Hauptdarsteller war ich übrigens gut bekannt, denn sie stammten aus Österreich und aus Deutschland.

Ich war in Zürich einigemal gewesen und kannte die Stadt recht gut; sie hatte sich nicht verändert. Aber als ich versuchte, das Erinnerte mit dem neu Wahrgenommenen zu vergleichen, wollte mir die Identifizierung nicht gelingen. So begriff ich, daß ich mich aus der Selbstentfremdung, in die ich während jener Wochen im Versteck und während der fünfzig Stunden der Flucht geraten war, noch nicht gelöst hatte. Auf einer Bank neben der Landungsstelle blieb ich lange sitzen. Ich achtete auf meine Atemzüge, sie sollten sich verlangsamen und in wohlabgemessenem Rhythmus wiederholen, ich wollte mich im zuständlichen Sein wiederfinden und dem Boden unter den Füßen wieder trauen. So galt es nur noch, das Vertrauen zu mir selbst wiederzugewinnen, den Traum vom Gestorbensein zwar nicht zu vergessen, aber ihn zu desaktualisieren. Das gelang erst einige Tage später, als mich endlich die Nachricht erreichte, daß Jenka mit dem Kind die Schweizer Grenze überschritten hatte, in Lausanne von der Polizei aufgefangen und in einem Heim der Heilsarmee untergebracht worden war. Ich erhielt die Erlaubnis, sie dort aufzusuchen, und blieb zwei Tage. Kurz nach meiner Rückkehr wurde ich wie alle Flüchtlinge, die sich in Zürich aufhielten, einer Militärbehörde übergeben, die uns in einem sogenannten Auffanglager internierte und so scharf überwachte, als bestünde die Gefahr, daß wir ausreißen und nach Frankreich zurückkehren wollten.

In diesen Lagern, in denen die Internierten völlig rechtlos waren, wurde ihnen selbst der Versuch, sich zu beschweren, strengstens verboten, als ob die Beschwerde ein Akt der Meuterei wäre. Jene, die diese Lager so gewollt und geleitet haben, handelten im Sinne Adolf Hitlers. Die zivilen Arbeitslager hingegen, in denen die Flüchtlinge etwa ein Jahr später untergebracht wurden, waren ungleich besser, die Internierten hatten bestimmte Rechte und genossen einige Freiheiten; sie wurden nicht mehr wie Parias oder entlaufene Sträflinge behandelt. Noch bevor der Krieg zu Ende war, begann die Schweizer Öffentlichkeit sich mit ihrer Verantwortlichkeit auseinanderzusetzen und die Schuld jener abzuwägen, die für die Flüchtlingspolitik während der schwersten Jahre zuständig gewesen waren.

Eine stillgelegte Textilfabrik diente im Dorf Gierenbad bei Hinwil als Lager für einige hundert Flüchtlinge, ausschließlich Männer, deren Frauen und Kinder aus untriftigen, uneingestandenen Gründen in anderen, zumeist gemischten Lagern untergebracht waren. Wir lagen auf Stroh, das wir manchmal auf den verschneiten oder verregneten Hof hinaustragen mußten, um es zu lüften; war es ausreichend feucht geworden und schmutzig, so trugen wir es wieder in die Schlafräume hinauf, wo kaum eine Armlänge die Schläfer voneinander trennte. Der Rest war ganz danach: die Nahrung, die Waschgelegenheiten, die Latrinen im Hof, am schlimmsten aber der auf Geringschätzung, auf brutale Verachtung der Flüchtlinge abgestellte Ton der Soldaten, der Unteroffiziere und der meisten Offiziere; zweifellos war der Mannschaft anbefohlen worden, uns wie Aussätzige zu behandeln.

Im Stroh lag zu meiner Linken Franz Fein, ein hervorragender Übersetzer der angelsächsischen Literatur; ihn kannte ich schon aus Cagnes, wo er mit Maria Fein, seiner Schwester, fast Tür an Tür mit uns gewohnt hatte. Zu meiner Rechten lag ein anderer Wiener, Dr. Saxl, ein Jurist und passionierter Kunsthistoriker – ein Mann von Geist, Bildung und Witz, ein Lungenkranker, für den die Lagerbedingungen lebensgefährlich werden konnten. Er ertrug alles mit einer unverhohlenen, arroganten Ungeduld. Ihm konnte nichts mehr geschehen, er hatte nichts mehr zu verlieren; was er hingegen, um seine Zigaretten bezahlen zu können, gewinnen mußte, war die tägliche Bridge-Partie.

Vom Morgen bis zum Zapfenstreich wurde im Eßsaal mit kurzen Unterbrechungen gespielt, es war der Zeitvertreib der Lagerinsassen. Die Leser, hauptsächlich junge Menschen, bildeten eine winzige Minderheit, für die ich allabendlich Vorträge hielt, denen lange Diskussionen folgten. Da der Lärm im Saal betäubend war, versammelten wir uns an seinem äußersten Ende. Als die Spieler sich darüber beklagten, daß sie unserethalb enger zusammenrücken mußten und daß sie auch sonst durch die Vorträge gestört wurden, wies ich sie aufs entschiedenste zurück. Dies nun hatte eine völlig unerwartete Wirkung: Einzeln und in Gruppen begannen sie, sich an mich um Rat zu wenden, und häufig auch, um ihre Zwistigkeiten zu schlichten. Am Ende leitete ich das von den Internierten geschaffene Wohlfahrtscomité, welches die von außen kommenden Gaben – Kleider, zusätzliche Nahrungsmittel und bescheidene Geldunterstützungen – verteilte.

Mit einigen meiner Gierenbader Hörer, die inzwischen ihren Weg gemacht haben, bin ich in Kontakt geblieben. Mitten in der ebenso grotesken wie demütigenden Misere hatten diese Jungen begriffen, daß es hier mehr als unter gewöhnlichen Bedingungen darauf ankam, Haltung und Würde zu bewahren: täglich aufs neue die Freiheit zu erringen, eben da man sie uns versagte. Doch gab es unter den Internierten andere junge Menschen, die zumeist aus Österreich stammten und die in Konzlagern, in Buchenwald oder in Dachau, gewesen waren, ehe sie sich nach Frankreich durchgeschlagen hatten. Von ihren Eltern getrennt, die daheim geblieben und seither gewiß nach Polen deportiert worden waren, verließen sie sich auf niemanden und handelten in allem so, als ob sie nur mit List und Gewalt überleben könnten. Gegenüber den Stärkeren müßte man schmeichlerisch ergeben tun, glaubten sie, und gegenüber den Schwächeren rücksichtslos die Ellenbogen anwenden, um irgendeinen Vorteil zu ergattern. Manche meiner Strohlager-Nachbarn waren solche Kraftmeier, in Wirklichkeit aber kindlich sentimentale, von Unsicherheitsgefühlen geplagte Jungen, die, kaum der Kindheit entwachsen, sich um jeden Preis behaupten mußten. Einer von ihnen lauschte immer unseren Worten, wenn Franz Fein, Saxl und ich diskutierten. Besonders gerne war er dabei, wenn ich die militärische Lage erörterte. Manchmal nun wurde ich, ohne daß er es merkte, Zeuge dessen, wie er seinerseits einigen seiner »Spezis« die Kriegslage erklärte. Er gebrauchte meine Ausdrücke, wies souverän auf große Zusammenhänge hin und ließ durchblicken, wie ungewiß alle Vorhersagen waren und daß man daher stets mindestens zwei Möglichkeiten in Betracht ziehen mußte. Zuerst amüsierte mich diese sonderbare Szene, aber plötzlich begriff ich, daß mein Nachbar, ohne es zu wissen, meine »Strategie« parodierte und, ohne es zu wollen, ihre Lächerlichkeit enthüllte.

Wir lebten am Rande eines Dorfes, Tag und Nacht von militärischen Einheiten so bewacht, als ob sie den Ausbruch besonders gefährlicher Verbrecher verhüten müßten; wir standen überdies unter Schreibverbot. Der Kommandant, ein maßlos eitler, herrschsüchtiger Mann, hatte es verhängt, weil angeblich Verdacht bestand, daß irgendeine ansteckende Krankheit bei uns ausgebrochen sein könnte. In der Tat befiel sie einen einzigen Mann: den Kommandanten selbst. So abgeschnitten von der Außenwelt, ohne ein Rundfunkgerät und nur durch eine Tageszeitung informiert, schrieb ich in unseren Gesprächen dem Krieg seinen Verlauf an all seinen Fronten vor. Daß ich mich hierbei nicht gar zu sehr irrte, änderte nichts an der Lächerlichkeit dieser rein verbalen Kriegführung. Und als ich nun dem jungen »Galeristen« – so nannte man spöttisch die jungen Flüchtlinge dieser Art – zuhörte, fühlte ich mich dem eigenen Spott ausgeliefert. Statt am »Webstuhl der Zeit« zu weben, war ich einer jener zahllosen Kiebitze geworden, die in Kneipen oder im Familienkreis geschwätzig Schlachten gewannen, welche andere schlugen. Ich nahm mir vor, fortab stets zu erwägen, wie sich wohl mein Tun, mein Schreiben und Reden in der Karikatur ausnehmen könnte. Ich hörte nicht auf, die Ereignisse zu analysieren und ihre Folgen zu erörtern, aber ich hörte mir dabei so zu, wie ein Karikaturist das Gesicht eines wichtigtuerischen Redners betrachtet, ehe er es entlarvend zeichnet. Nach dem Krieg habe ich während langer Jahre immer wieder zu erfahren versucht, was aus jenem Jungen geworden ist – vergeblich! Ich bewahre ihn dankbar in Erinnerung, weil er mir bei der noch immer nicht abgeschlossenen Selbsterziehung geholfen hat.

Mein Geschwür war wieder aufgebrochen, die Schmerzen hinderten mich an jeder Tätigkeit. Schließlich wurde ich in ein Spital überführt, wo ich diätetisch ernährt und mit Injektionen eines damals vielgerühmten Medikaments behandelt wurde. Nach etwa vier Wochen war die Krise vorüber, vielleicht dank dieser Therapie oder aber aus dem gleichen Grunde, aus dem auch früher jede Krise geendet hatte.

Das Evangelische Hilfswerk für Flüchtlinge, das man auf meinen Fall hingewiesen hatte, nahm sich meiner an und erwirkte die Verwandlung des Paria-Status, unter dem ich als *Flüchtling* lebte, in den eines *Emigranten*. Der Zürcher Pfarrer Dr. Adolf Maurer verbürgte sich für mein Wohlverhalten und nahm mich in sein Haus auf, wo ich etwa ein Jahr blieb, bis

Jenka und Dan die Aufenthaltsbewilligung im Züricher Kanton erhielten. Wir mieteten uns dann in einem abgelegenen Haus am Fuß des Ütliberges ein, wo wir bis zur Rückkehr nach Frankreich blieben.

Die Begegnung mit Adolf und Luise Maurer gewann eine ungewöhnliche Bedeutung für mich – und dies nicht nur, weil sie mich, den Fremden, den ungläubigen Juden, vom ersten Augenblick wie einen lieben Gast aufnahmen und sich auch später unser Wohl angelegen sein ließen. Diese Beziehung sollte zu einer dauernden, bedeutungsvollen Freundschaft werden, weil der Pfarrer und seine Frau wie Christen der Bergpredigt lebten und handelten. Ich hatte immer gedacht, daß es wohl solche Christen geben müßte, und nun entdeckte ich sie im Pfarrhaus in der Haldenstraße. Solche Menschen rechtfertigen nicht nur ihr eigenes, sondern unser aller Dasein auf Erden; ihretwegen leuchtet das Licht selbst in der Finsternis.

Der Pfarrer Adolf Maurer war auch ein Dichter, der vielen Gläubigen in der Seelennot Mut und Hoffnung eingeflößt hat. Zweifellos hätte seine Dichtung einen beträchtlichen Tiefengang erreicht und ungewohnte Ausdrucksformen gefunden, wenn seine Beziehung zu Gott weniger harmonisch gewesen wäre und er den Konflikten mit ihm nicht ausgewichen wäre. Manchmal will's mir scheinen, daß Christen zuweilen davor zurückscheuen, mit Gott zu hadern, weil sie befürchten, damit Jesu Christo wehzutun. Lieber erklären sie, wie es heute in gewissen Kreisen geschieht, Gott für tot. Mein Pfarrer aber liebte Gott um Gottes willen und war sein treuer Knecht bis zu dem letzten Tage seines 93. Lebensjahres.

Während einiger Jahrzehnte war er der Herausgeber des Zwingli-Kalenders; in diesem Almanach druckte er drei jüdische Anekdoten von mir ab. So begingen wir zusammen ein Vergehen gegen die Verordnung, die ausländischen Schriftstellern, vor allem aber den Emigranten, jede Publikation verwehrte. Der schweizerische Schriftstellerverband erinnerte die Polizei immer wieder öffentlich an ihre Pflicht, aufs strengste darüber zu wachen, daß diesem Verbot nicht zuwidergehandelt werde. Es gab allerdings Schriftsteller im Lande, die ebenso öffentlich ihre Scham über die Haltung ihrer Kollegen bekundeten.

So jämmerlich und schändlich das Verhalten mancher Instanzen auch war und blieb, bis sie unter dem Eindruck der deutschen Niederlagen allmählich aufhörten, die Flüchtlinge als den

Abschaum der Erde zu behandeln, so machte meinesgleichen auch in der schlimmsten Zeit mit Schweizer Männern und Frauen Erfahrungen, die äußerst ermutigend waren und uns vergessen ließen, daß wir häufig nur ungeduldig geduldet waren.

Um das Lager für einige Stunden verlassen und nach Zürich fahren zu dürfen, mußte man die Notwendigkeit der Reise begründen, etwa mit einem unerträglichen Zahnschmerz, der das Eingreifen eines Dentisten sofort erforderte. So kam ich zu dem sehr angesehenen Dr. H. Leisinger. Wir wurden bald Freunde, und als ich aus dem Spital entlassen wurde, nahmen er und seine Frau Trudi mich in ihrem schönen Hause in Küßnacht auf. Jene ersten Tage der wiedergefundenen Freiheit sind mir in jedem Detail unvergeßlich geblieben. Mir schien alles großmütiges Geschenk, mit dem man mich verwöhnte: der Garten, die Waldung hinter dem Haus und die Hügel jenseits des Sees; Beethovens Symphonien, die am frühen Morgen in mein Zimmer heraufdrangen, die so wohlgeformten Dinge, zwischen denen ich mich wieder bewegen durfte, und vor allem die Freundschaft, die seither unverändert fortdauert.

Auch Franz Fein war endlich aus dem Lager entlassen worden und lebte im Hause seiner Nichte Maria Becker, deren Mutter Maria schon vorher glücklich über die Grenze gekommen war. Sie und ihre Tochter hatte ich in Cocteaus ›Höllenmaschine‹, einem Ödipus-Drama, bewundert – das war in Wien, kurz bevor es zur Hauptstadt der Ostmark wurde. Maria Feins Jokaste war so schön und verführerisch zugleich, daß ich an diesem Abend vergessen konnte, daß Ödipus sie aus Ehrgeiz und nicht aus Liebe geehelicht hatte. Ihre Tochter und mein Bruder Milo spielten mythische Lebewesen; von Milo wußte ich, daß er Worten und Gesten in jeder Rolle eine ungewöhnliche Intensität verleihen konnte; zu meinem Staunen entdeckte ich, daß auch seine jüngere Partnerin in einer eigenen Art so präsent war, daß man gebannt auf sie blicken mußte, als ob nur Unvorhergesehenes von ihr kommen könnte. Nun, sechs Jahre später, war sie die vielbewunderte Tragödin des Zürcher Schauspielhauses geworden, in dessen Ensemble Emigranten recht zahlreich waren. Dank ihnen und einigen ausgezeichneten Regisseuren, die gleichfalls in Zürich ein Asyl gefunden hatten, wurde das Schauspielhaus das bedeutendste deutschsprachige Theater.

Ich bewunderte beide Marien; mit Maria Fein verband mich eine Freundschaft, die fast so seltsam war wie diese ungewöhnliche Frau, eine große Schauspielerin, eine höchst liebenswerte, aber ebenso schwierige Person. Sie ist nun schon seit Jahren tot, aber ich denke oft an sie zurück. Es geschieht nicht selten, daß ich mir im Theater oder im Kino vorzustellen suche, wie sie wohl diese oder jene Hauptrolle gespielt hätte, und es genügt, daß ich die Augen schließe, um sie zu erblicken: ihre recht schlanke Figur, die groß wirkte, ihr Gesicht, das auch im Altern die Züge einer nicht immer hübschen, aber stets schönen, sensiblen und zuweilen herausfordernd herrischen Frau bewahrte. Ihre Stimme erinnerte mich an die Stimme der Burgtheater-Schauspielerin Hedwig Bleibtreu, der ich auch deshalb ein dankbares Gedenken bewahre, weil ihre geflüsterten Worte selbst auf den hintersten Stehplätzen der vierten Galerie deutlich hörbar waren. Wenn mir Maria Fein in einem Kino oder Café eine kritische Bemerkung über eine gerade eintretende Person zuflüsterte, vernahm es der ganze Saal.

Nur einmal war ihr Flüstern fast unhörbar, besonders für mich, der darauf mit Herzklopfen lauschte. Das geschah, als sie endlich im Schauspielhaus auftreten konnte: In Tschechows ›Kirschgarten‹ spielte sie Ljuba Andrejewna. Der Dichter bereitet den ersten Auftritt der nach einem fünfjährigen Aufenthalt in Paris endlich heimkehrenden Gutsherrin so vor, daß nicht nur die Personen auf der Bühne, sondern auch die Zuschauer äußerst gespannt ihr Eintreffen erwarten. Endlich war es so weit, Ljuba erschien im Türrahmen, sah sich um, hob zögernd den Schleier vom Gesicht und fragte: »Wie war's doch? Laß, ich will mich erinnern ...«

Seitlich in der vierten Parkettreihe erlebte ich an jenem Abend zum ersten und einzigen Mal das Lampenfieber eines Schauspielers – mir stockte der Atem. Als Maria die ersten Worte zögernd, bebend über die Lippen gebracht hatte, wurde es besser, denn nun war alles wieder da: ihre Stimme und Tschechows Ljuba, die unser Mitgefühl auch dann erweckt, wenn sie entschlossen ist, heiter zu sein und leichtfertig in ihrer wohlbegründeten Unruhe.

Seit meiner frühen Jugend hatte ich Schauspieler gekannt, und mit einigen von ihnen verband mich Freundschaft. Aber erst an jenem Abend erfuhr ich an mir selbst, was ihr Lampenfieber bedeutet. Und noch viel später begriff ich, warum Maria trotz ihrer Erfolge in Deutschland und Österreich früh damit begonnen hatte, ihre Karriere zu gefährden, zu unterbrechen und schließlich zu zerstören. Sie, die mit jedem Zoll ihres Wesens eine Schauspielerin war, fand daran nicht ihr Genüge. Sollte sie in einem Stück von Jean Giraudoux spielen, so überarbeitete sie die Übersetzung oder stellte selbst eine her; im Streit um die richtige Auffassung des Stückes verwandelte sie sich in eine »reißende Leopardin«. In den schweren Jahren, als sie völlig unbeschäftigt blieb, malte ich ihr aus, wie wunderbar sich alles für sie nachher, nach Hitlers Niederlage, gestalten würde – in Berlin so gut wie in Wien. Endlich bot sich ihr die Möglichkeit eines neuen Beginnens, Maria ging nach Berlin, spielte dort, aber es hielt sie nicht. Aus New York schrieb sie mir dann seitenlange Briefe, ganze dramaturgische Traktate, detaillierte Erinnerungen an Max Reinhardts Regiearbeit, ausführliche Urteile über Leute; zwischendurch erwähnte sie neue Aussichten, sichere Hoffnungen. Sie alle verblaßten schnell genug. Was zwischen den Zeilen ihrer Briefe stand, wurde mit den Monaten, die ihr in einem wahrscheinlich wenig heimeligen New Yorker Hotelzimmer entschwanden, immer trauriger. Es war so herzzerbrechend wie die Briefe, die die seinerzeit berühmte Schauspielerin Miss Patrick Campbell aus New York an Bernard Shaw schrieb, der ihr so viel zu verdanken hatte und ihr nicht im mindesten half. Auch sie war eine ungewöhnliche Persönlichkeit, so stolz und erwartungsvoll zugleich, daß ihr jeder Ort fremd, zum enttäuschenden, feindlichen Exil wurde.

Maria sah ich in Paris wieder. Sie erzählte mir, was sie alles versucht, erreicht und verfehlt hatte. Sie war so klug und neugierig auf die Einsichten, die man mit ihr teilen wollte, aber unfähig, Ratschlägen zu folgen, die ihr Kompromisse nahelegten. Sie blieb auf ihrem holperigen Pfad, der nirgends hinführte.

In einem alten Theatersaal, im Vieux Colombier, las sie einen Abend lang ›Der Schwierige‹ von Hofmannsthal vor. Sie spielte alle Rollen, ohne vom Stuhl aufzustehen. Diesmal hatte ich kein Lampenfieber, sie war ja ihrer Sache sicher, wir alle bewunderten ihre vollendete schauspielerische Leistung. Nachher im Café, von Freunden und Verehrern umgeben, bezauberte sie die ganze Runde. Mir schien's, ich entdeckte an ihr das Gesicht der jungen Frau, die ich gar nicht gekannt hatte.

Sie starb zu früh an einer schweren Krankheit. Ihrethalb hätte ich zeitweilig ein Theaterdirektor, ein Regisseur, ein Bühnendichter sein mögen – um ihr in allem nachzugeben. Auch im Hinblick auf sie hatte ich ein Sokrates-Stück zu schreiben begonnen. Sie schwebte mir als Darstellerin der Xanthippe vor, der einzigen Person in dieser Tragödie, welche klug genug ist, nicht weise sein zu wollen gegenüber Sokrates. Sie ist die einzige, die ihn wirklich liebt und auch deshalb ahnt, warum er der rettenden Flucht den so leicht vermeidbaren Tod vorzieht. Mit Marias Stimme im Ohr habe ich in abweichenden Fassungen die große Klage erdacht, mit der Xanthippe den Tod des Sokrates beweint. Ich hörte damit auf, als Maria starb.

Maria Becker sehe ich – viel zu selten – auf der Bühne. Sie ist all das geworden, was man für sie erhofft hat. Wenn wir zusammen sind, sprechen wir viel von ihrer Mutter, der sie ähnlich ist und doch ganz anders: Sie weiß sich vor jenen Unklugheiten zu bewahren, zu denen ungewöhnlich begabte Menschen sich selbst manchmal verführen.

In Zürich kannte ich, wie bereits erwähnt, mehrere Schauspieler. Einer von ihnen, ungewöhnlich begabt und eigenwillig, war mir von Wien her ein naher Freund gewesen, so fand ich ihn auch in meinem neuen Exil wieder. Eines Tages aber zerbrach er diese Freundschaft: Im Namen der kommunistischen Zelle, der er angehörte, drohte er, daß mir Schlimmes passieren würde, falls ich nicht aufhören würde, meine parteifeindliche Gesinnung in Gesprächen zu äußern oder in einer Gruppe zu verbreiten, die ich, das wüßten sie, gründen wollte. Sein Gehaben bewies, daß er kaum ahnte, welch üble Rolle er da spielte und wie er mit diesen Drohungen unsere Freundschaft vernichtete. In den Jahren, die folgten, sollten mir Kommunisten noch viel Übles antun, fast niemals offen, sondern hinterrücks, mit schlauen Schlichen. Das konnte mir zwar schaden, doch tat es nicht weh, indes diese Drohung eines Freundes noch eine lange Zeit anhaltend schmerzlich blieb.

In den frühen zwanziger Jahren lernte ich Manfred Inger kennen, seither sind wir Freunde. Und er ist einer der seltenen Schauspieler, die nicht theatrozentrisch sind. Die Bühne ist für ihn eine Welt, aber er weiß, daß die Welt unermeßlich weiter und vielfältiger ist. Sein zeichnerisches Talent mußte er während langer Jahre vernachlässigen, aber die bildende Kunst bedeutete ihm nicht weniger als das Theater. Die großen Erfolge haben sich für ihn erst seit seiner Heimkehr aus dem amerikanischen Exil eingestellt; jetzt bewundert ihn das Publikum als Künstler und jene, die ihn persönlich kennen, schätzen seine menschlichen Qualitäten so hoch ein, wie es seine Freunde seit jeher tun.

Ich habe Manfred Inger von unserer ersten Begegnung an

besonders gemocht, weil er in jeder Hinsicht echt war – von einer Authentizität, die bei einem so jungen Menschen und gar bei einem noch nicht ganz flügge gewordenen Schauspieler äußerst selten ist. So ist er mit siebzig Jahren jenem Jungen unverwechselbar ähnlich – ein Mann von vornehmer Diskretion, völlig ohne Pose, aufmerksam für die anderen, deren Anderssein er mit Sympathie anerkennt und beobachtet. Als Charakterdarsteller hat er zahllose Wesen inkarniert und jedem seine eigene Echtheit verliehen, aber er hat nichts von ihnen angenommen. Sein Gesicht ist nicht zur Maske geworden, er spielt nicht den Schauspieler, er ist es wirklich – aber nur auf der Bühne.

Wenn ich mit Manfred Inger durch die Wiener Gassen oder Pariser Straßen streife oder in Venedig unermüdlich spazierengehe, dann sind wir nicht draußen, sondern drinnen, in einer seit Jahrhunderten sich formenden Welt. Wir vernehmen das Zwiegespräch zwischen Vergangenheit und Gegenwart und beziehen es in unsere Gespräche ein, denn wir fühlen uns in alledem mit einbezogen. Nicht das Pittoreske und Kuriose suchen wir, nicht das monströs Häßliche und nicht das ans Wunder grenzende Schöne. Das Unechte ist unwichtig, bestenfalls eine Kuriosität; nur das Echte ist das werdende oder das gewordene Wesen.

Gehen wir durch die Herrengasse, dann starren wir einen Augenblick lang das Haus an, in dem einmal das Café Herrenhof seine Gäste bis um 1 Uhr 15 nach Mitternacht mit unwandelbarer Freundlichkeit empfing. Inger war immer dabei, ein aufmerksamer Zuhörer, stets bereit, uns mit seinen Parodien zu erheitern oder ernsthaft über Malerei, Graphik und Bühnenbildnerei zu sprechen, doch nur sehr selten über sich selbst und seine Erfolge im Theater. Nun sind wir bejahrte Männer, Inger spielt noch immer, hat aber mehr Zeit zu malen. Das kommt spät, doch nicht zu spät – in jenem Alter, das einen lehrt, dem Leben am dankbarsten für all das zu sein, was man ihm selber gibt.

Pfarrer Adolf Maurer führte mich in die Museumsgesellschaft ein, eine altehrwürdige, im besten Sinne des Wortes respektable Vereinigung, die nach wie vor ihren Mitgliedern angenehme Lesesäle bietet, in denen man alle nennenswerten Periodica und eine ganz ausgezeichnete Leihbibliothek findet. Dank ihr habe ich viel nachholen, einige Wissenslücken schließen und überdies manche Werke wiederlesen können. So las ich Jacob Burckhardt wieder und fand mich weit mehr im Einklang mit ihm als fünfzehn Jahre vorher; besonders taten es mir seine damals gerade neu aufgelegten ›Weltgeschichtlichen Betrachtungen‹ an. Ich begriff nun weit besser, warum Nietzsche von Burckhardt so hingerissen war, und andererseits, warum Burckhardt es vorzog, sich Nietzsche mit all seinen Geschichtsinterpretationen vom Leibe zu halten. Ich las viele historische Werke, Memoiren aus dem 17. und 18. Jahrhundert und überdies in Sammelbänden fast alle Theaterstücke, die in Paris zwischen 1919 und 1930 aufgeführt worden waren.

Was mich an ihnen interessierte? Da ich zwischen 1919 und 1939 in Wien, beziehungsweise in Berlin fast allen sehenswerten Aufführungen beigewohnt hatte, wollte ich – mit Verspätung – erfahren, welche Stücke die Pariser Bühnen zwischen den beiden Kriegen beherrscht hatten. Doch war dies nicht der einzige Grund: Ich wollte mir bei der Lektüre eines Dramas eine bildhafte Vorstellung von den Bühnenvorgängen und den handelnden Personen machen. Ich hatte beinahe alle klassischen Stücke des deutschen Theaters gelesen, ehe ich eines von ihnen auf der Bühne sah; auch später blieb die Bühnendichtung eine vom Theaterbesuch unabhängige wichtige Lektüre. Der fortgesetzte Kontakt mit Schauspielern war gewiß auch ein Anstoß zu dieser Lektüre, ebenso meine häufige Begegnung mit Fritz Hochwälder, dessen ›Heiliges Experiment‹ ich im Manuskript mit größtem Interesse, ja mit Bewunderung gelesen hatte. Dem jungen Wiener Emigranten wollte es nicht gelingen, dieses Stück, das bald nach Kriegsende ein Welterfolg werden sollte, in Zürich zur Aufführung zu bringen; eine Zeitlang stand er sogar unter polizeilichem Schreibverbot – und dies nicht aus politischen Gründen, sondern nur weil er ein Emigrant war.

Auch Fritz Hochwälder war ein steter Gast der Museumsgesellschaft, wie viele andere emigrierte Intellektuelle, die in diesen Sälen vergessen durften, daß sie unwillig geduldete Fremde waren, denen die Polizei nicht nur das Publizieren, sondern sogar das schwer kontrollierbare Schreiben untersagen wollte.

Ich fuhr, sooft es mir die Mittel erlaubten, nach Lausanne, wo Jenka und Dan in einer billigen Pension untergebracht waren, die hauptsächlich Flüchtlingsfrauen mit Kleinkindern beherbergte. Alles wurde für mich anders, als wir endlich vereint waren. Nun erst lernte ich Dan, der über anderthalb Jahre alt war, wirklich kennen. Er sprach bereits recht gut, hatte Spaß an allem, was er im Spiel allein zuwege bringen konnte; ebenso an alledem, was wir zusammen unternahmen: auf einer Rodel den schneebedeckten Hügel hinunterrasen, durch den Schnee stapfen, ein Liedchen auswendig lernen oder der Vorlesung aus einem Bilderbuch lauschen. Er wachte am frühen Morgen auf und wartete geduldig darauf, daß auch wir den Tag begannen. Unterdessen vertrieb er sich die Zeit, indem er, kaum hörbar, Gedichtchen aufsagte und seine Bilderbücher betrachtete. Er zeigte eine Vorliebe für mehrsilbige Worte, auch diese wiederholte er leise vor dem Einschlafen und nach dem Erwachen und benutzte sie häufig in Gesprächen, bis er endlich sicher war, daß er sie richtig anwandte.

Alle Kinder leisten in den ersten Jahren, besonders aber in der Phase, in der sie das Sprechen erlernen, als Entdecker und Erfinder weit mehr als die meisten Menschen in der Zeit ihrer Reife. Das Kind verbindet das Lernen, den Prozeß der Anpassung durch Nachahmung und Aneignung, mit der schöpferischen Erfindung der eigenen Persönlichkeit.

Ich mußte mich sehr zurückhalten, um im Gespräch über Dan den väterlichen Stolz, so gut es ging, zu verhehlen, daher sprach ich von ihm wie von einem Erwachsenen und bezeichnete ihn als »einen besonders angenehmen Zeitgenossen«; das war er überdies wirklich und ist es mir geblieben. In Wirklichkeit war diese »Zeitgenossenschaft« in jenen schweren Jahren für Jenka und mich eine unversiegbare Quelle von Glück.

Wie mein Vater ein fast unbegrenztes Vertrauen in mich setzte, so tat ich es gegenüber Dan. Ich vergaß nicht, daß ich dieses erwartungsvolle Zutrauen als eine Last empfunden hatte, und bemühte mich, solche Wirkung bei meinem Sohn zu vermeiden; ich wüßte nicht zu sagen, ob und in welchem Maße es mir gelungen ist. Erst später, als er schon erwachsen war, ging's mir auf, wie oft ich, ohne es zu merken, dem Beispiel meines Vaters gefolgt war, bemüht weiterzugeben, was ich von ihm empfangen hatte. Doch hatte ich mehr Glück als mein Vater, sein Enkel gehörte von Anbeginn der gleichen Welt an wie ich. Der Generationskonflikt wurde von uns beiden als eine natürliche, durchaus überwindliche Schwierigkeit erlebt, denn uns trennte nicht die Kluft zwischen einer in allen Eigenheiten rigoros religiösen Kultur, die die Lebensführung eines jeden in ihrer geringsten Einzelheit bestimmte, und einer humanistischen Zivilisation freier Individuen, die aus eigener Verantwortlichkeit ihr Ziel wählen und die Wege, die zu ihm führen mögen.

Im Jahre 1943 gab es sicher noch viele Nazis und faschistische Mitläufer, die an Hitlers Sieg glaubten. Allen anderen aber war es gewiß, daß die große Wendung eingetreten war. Man fragte viel seltener: »Was wird die Achse tun?«, sondern: »Wo werden die Alliierten endlich angreifen und siegen?« Das Jahr brachte den Sturz Mussolinis und die gleichsam plötzliche Verwandlung einer Bevölkerung, die während vieler Jahre dem Duce mit einem ungeheuren Aufwand an Stimmkraft und theatralischen Komparsengebärden ihre Bewunderung bewiesen hatte. Nun waren die Straßen und Plätze der italienischen Städte von Männern und Frauen überfüllt, die ebenso lautstark ihren negativen Enthusiasmus, das heißt ihre unbändige Feindschaft gegen Mussolini und die Faschisten demonstrierten.

Im gleichen Jahr bekam der Name eines winzigen Ortes einen erschreckenden Klang in der ganzen Welt: Katyn bezeichnete den Ort der Massengräber, in denen die Leichen mehrerer tausend polnischer gefangener Offiziere gefunden wurden, die 1939 in russische Gefangenschaft geraten waren. Hitler und Stalin, beiden konnte man solches Massaker zutrauen, jedoch wiesen alle Umstände darauf hin, daß Stalin noch vor dem deutschen Überfall diese Tausende Genickschüsse anbefohlen hatte. Die Nazis ihrerseits hatten in Polen die Vernichtung der Intellektuellen und der politischen Elite systematisch betrieben, gleiches taten die Mordknechte Stalins und Berijas in Katyn und gewiß auch anderswo. Kein Zweifel, die Nazis benutzten die Massengräber von Katyn als Propaganda-Waffe, aber das durfte die polnische Exilregierung nicht daran hindern, eine Untersuchung über diese Ausrottungsaktion von dem Internationalen Roten Kreuz zu verlangen. Man weiß, daß Stalin daraufhin die diplomatischen Beziehungen zur polnischen Regierung abbrach, ohne daß die Alliierten, auf deren gigantische Waffenlieferungen die Russen angewiesen waren, zugunsten der Polen und der Erforschung der Wahrheit eingegriffen hätten. Daraus mußte man folgern, daß Polen, um dessethalb die Alliierten in den Krieg gezogen waren, seine Selbständigkeit nicht wiedererlangen würde. Den Krieg werden wir gewinnen, aber schon sind wir im Begriff, den Frieden zu verlieren, schrieb ich in einem Artikel, der natürlich nicht veröffentlicht wurde, obschon ich ihn mit einem Pseudonym gezeichnet hatte.

Da Churchill und Roosevelt befürchteten, daß Stalin bei der ersten Gelegenheit einen Sonderfrieden mit Hitler schließen könnte, machten sie ihm Konzessionen, sooft es auf Kosten der kleinen Verbündeten geschehen konnte. Sie begingen fortab Stalin gegenüber den gleichen Irrtum, der die Politik des Westens gegenüber den steigenden Ansprüchen Hitlers bestimmt hatte: Sie gaben nach, weil sie glaubten, damit die Befriedung des Diktators erreichen zu können. Roosevelt war überzeugt davon, daß Mr. Stalin, dieser gute »Uncle Joe«, gar keine neuen Grenzen, sondern nur die Sicherung der Vorkriegsgrenzen Rußlands anstrebte. Die dreißiger Jahre hatten im Zeichen fortgesetzter Zugeständnisse an Hitler gestanden, in den vierziger Jahren würde die Welt vor Stalin kapitulieren. Ließ man Polen jetzt im Stich, schrieb ich im Jahre 1943, so ermutigte man Stalin und bereitete Kapitulationen vor, die ganz Europa gefährden würden.

Im gleichen Jahr erfuhr ich aus dem Munde eines Augenzeugen, was in Polen geschah. Der junge Mann, der mir an einem verregneten Nachmittag in unaufhaltsamem Wortschwall mit quälender Genauigkeit berichtete, was er in mehreren jüdischen Städten und in Treblinka erlebt hatte, war dem Tode durch gute und üble Wunder entkommen. Er glaubte, daß er gerettet war, doch war es offenbar, daß er fortab sich selbst nur noch ein Überlebender sein würde.

Mir wurde es in jenen Stunden gewiß, daß Deutschland für mich fortab nie mehr das bedeuten könnte, was es mir bis zu diesem Augenblick, bis zu meinem siebenunddreißigsten Lebensjahr trotz allem gewesen war. Der Bruch ist unheilbar geblieben. So lebte ich von dieser Zeit an im Bewußtsein, daß ein Großteil Europas am Tage des Sieges nur ein Trümmerhaufen sein würde, daß die Welt meiner Kindheit vernichtet war, daß ihre Bewohner nicht mehr auf Erden weilten. An Europas Wiederaufbau zweifelte ich nicht im mindesten, ebensowenig an der Entschlossenheit der Amerikaner, dem alten Kontinent großzügig zu helfen. Jedoch befürchtete ich, daß die Sieger mit dem nach so ungeheuren Opfern errungenen Sieg nicht das Rechte würden anfangen können. Unsere Feinde verdienten tausendfach ihre Niederlage, ihren totalen Zusammenbruch, aber die Sieger, glaubte ich, verdienten nicht den Sieg. Sie hatten den Aufständischen des Warschauer Ghettos nicht beigestanden, ihnen nicht einmal symbolisch ein Zeichen der Solidarität oder der Bewunderung gegeben. Sie griffen die Vernichtungslager nicht an, obschon ihre Kampfflugzeuge es leicht hätten tun können. Und ein Jahr später kamen sie den Aufständischen

Warschaus nicht zu Hilfe; sie blieben tatenlos vom Augenblick an, da Stalin ihnen die Benutzung der russischen Flugplätze untersagte.

In den Nächten vor dem Einschlafen unterbrach ich oft meine Gedanken an die Tyrannen, ich stand unter dem Zwange, die Bitternis mitzuempfinden, welche die völlig vereinsamten Insurgenten im Warschauer Ghetto erfüllte, nachdem sie die letzten Patronen verschossen hatten. Sie dachten an die Juden in der freien Welt, die mit ihren kleinen Sorgen und ihren Freuden dahinlebten, als ob alles seinen rechten Gang ginge. »Wie hat dir dein Bruder geholfen?« fragte man den verhungernden, obdachlosen Mann. »Mit einem Seufzer nur, aber mit welch' tiefem Seufzer«, war die Antwort. Ach, wie der Mangel an realistischer Phantasie die Gleichgültigkeit fördert, die Tatenlosigkeit und das Vergessen.

Im Warteraum des Züricher Polizeibüros, das für Ausweis- und Reisepapiere zuständig war, fiel mir eine etwa fünfunddreißigjährige Frau auf, deren Worte und Tonfall im Gespräch mit einer Begleitperson mich an das Deutsch der Zagreber erinnerten. Da sie mich von Zeit zu Zeit prüfend ansah, nahm ich an, daß sie mich vielleicht gesehen, einem meiner Vorträge beigewohnt hatte. Ich sprach sie an und fand meine Vermutung bestätigt: Sie kam tatsächlich aus Jugoslawien, hatte Zagreb in den letzten Tagen des furchtbaren Jahres 1941 verlassen und sich mit ihrer Familie nach Mussolinis Sturz über Italien in die Schweiz durchgeschlagen. Sie kannte mich vom Hörensagen und wußte, wer meine Freunde in der Stadt gewesen waren. Als ich nach ihnen fragte, zuckte sie die Achseln und erwiderte im Ton einer zu Unrecht gekränkten Person: »Was soll ich Ihnen sagen? Bei uns ist ja alles geschehen, was nur geschehen konnte.« Ich fragte sie nach Beno Stein. »Er ist unser Familienarzt gewesen«, antwortete sie freundlicher, ehe sie wieder abwehrend, wie beleidigt hinzufügte: »Was soll ich Ihnen sagen? Alle sind tot. Dr. Stein war eingerückt; er ist von den Deutschen gefangengenommen worden, nicht er allein, alle. Er ist tot, natürlich!« Nach wem auch immer ich fragte, jedes Mal leitete sie die Todesbotschaft mit dem törichten »Was soll ich Ihnen sagen?« ein. Nur einmal blieb die Formel aus. Sie berichtete, daß die Ustaschi eine größere Anzahl von jüdischen Jungen verschleppt und an die adriatische Küste gebracht hatten. Dort stellten sie aus den Jungen kleine Gruppen zusammen, banden

Stacheldraht um sie und stürzten die Wehrlosen von einer überhängenden Klippe ins Meer. Manche dieser Jungen hatte ich seit ihrer frühen Kindheit gekannt.

Sie verstummte für einen Augenblick und begann dann wieder von den Verbrechen der kroatischen Faschisten mit armen, verbrauchten Worten zu erzählen. Ich hörte nicht mehr zu. Das Bild von diesen mit Stacheldraht aneinander gefesselten jungen Menschen, die rettungslos im Wasser untergehen, wurde zu einem neuen Alptraum. So tief die Trauer auch war, sie sollte noch lange überschattet werden von dem Schauder, der mich erfrieren ließ im Eis, das sich auf die Brust legte und das Herz fast zum Stillstand brachte.

Frau Luise Maurer, die Gattin des Pfarrers, betete zu gewissen Stunden an bestimmten Tagen für diesen oder jenen besonders unglücklichen Menschen, verbündete sich mit ihm im Gebet um Gottes Hilfe. Auch ich hätte beten mögen um jene, die in der Macht der Ausrotter auf Wunder hoffen mußten, weil sie keine menschliche Hilfe erwarten konnten – von niemand mehr! Und niemand – das waren wir alle; niemand, das war auch ich, der in das graue Dunkel starrte und sich vergebens abmühte zu glauben, daß noch Wunder geschehen könnten. Die sicherste Zuflucht vor solcher Demütigung war das Schreiben.

Ich beschrieb einen Aufstand, den schnell besiegten Aufstand der österreichischen Sozialisten im Februar 1934. Einem jüdischen Sozialistenführer wird vorgehalten:

»Die Juden hatten die Tragödie immer um deren fünften Akt betrogen, sie hatten sich nie mit dem Tode abgefunden. Wo immer wer rebellierte, sie waren dabei, getrieben von dem Glauben, sie könnten ein happy end auf Erden erzwingen.« Diese Erwägung ließ ich Professor von Stetten äußern, sonst legte ich zumeist Dojno Faber, einer andern Romanfigur, meine Gedanken in den Mund.

Das Schreiben war mir Zuflucht, weil ich so viele Stunden mit diesen ersonnenen Menschen verbringen konnte. In den Finsternissen waren sie mir die nächsten Freunde. Wir drei – Dojno, Stetten und ich – hatten keinerlei Macht, um mit irgendwelcher Wirkung einzugreifen, wir waren keine Partei, keine Mahner, sondern nur *Erinnerer.*

Damals faßte ich einen Beschluß, der ebensowenig rational war wie die Zuversicht eines Hasardspielers: Fand ich meine Manuskripte wieder, die Roger Martin du Gard für mich aufbewahrte, so würde ich sie, zusammen mit dem, was ich inzwischen im Dachstübchen des Pfarrhauses schrieb, veröffentlichen. Waren aber die Manuskripte verlorengegangen oder vernichtet worden, so würde ich mich damit abfinden, daß mir das Schreiben immerhin geholfen hatte, das Geschehen der Zeit um einiges besser zu ertragen, und es damit bewenden lassen. Gewiß, die Welt brauchte Erinnerer, ohne es zu wissen und ohne sie herbeizuwünschen; überdies war es ungewiß, ob sie jemanden wie mich als Erinnerer gelten lassen würde. In Wirklichkeit fragte ich nicht sehr danach, denn das Schreiben war Trost für den Untröstlichen – das genügte bis auf weiteres.

Obwohl ich seit der Begegnung mit dem aus dem Ausrottungslager entflohenen polnischen Juden nicht mehr in Betracht zog, mich je wieder in Deutschland niederzulassen, wurde ich von einem Wiederholungstraum geplagt, der im Jahre 1944 auftauchte. Ich befand mich in einem Zug, der gerade Basel verlassen hatte und langsam über die deutsche Grenze rollte. Man erwartete eine alliierte Militärkontrolle, statt ihrer erschienen SS-Männer. Wahrscheinlich geschah dies zum letzten Mal, denn die amerikanischen Tanks nahten. Noch waren sie aber nicht da, zum letzten Mal holte die SS Passagiere aus dem Zug, die ihr nicht gefielen. So wußte ich, daß ich um einen Tag, vielleicht um einige Stunden zu früh zurückgekommen war. Die Wut gegen mich selbst und über die wahnwitzige Ungeduld, die ich mit meinem Leben bezahlen würde, wich einer schmerzlosen Resignation, einer vollkommenen Ruhe: Sie glich einer völlig betäubten Qual, die bald mit dem Tode enden würde.

Dieser Traum kam, mit kaum merklichen Varianten, auch nach dem Kriege wieder und verschwand erst im Jahre 1949, nachdem ich den ›Verbrannten Dornbusch‹ veröffentlicht hatte.

Im überfüllten Repatriierungszug, der uns von Genf nach Paris zurückbrachte, gab es keine Kontrolle. Ich blieb während der Fahrt im Gang, vor dem Coupé, in dem Dan und andere Kinder schliefen. Der Gedanke an das Wiedersehen mit Paris erregte mich sonderbar, rief in mir eine Bangnis hervor wie vor einem Wiedersehen nach einer zu langen Trennung. So mag man einer Frau begegnen, die man nicht mehr geliebt hat und die wieder zu lieben man gleichermaßen fürchtet und erhofft. »Erst nach einiger Zeit merkte er, wie seltsam ihn das Gefühl in die Irre führte, denn er schrieb, als wäre nicht er, sondern Paris zurückgekehrt – ein leichtsinniges, leicht verführbares Wesen, das sich mit den Fremden herumgetrieben hatte ... denn es ist mir manchmal schwer geworden, dich zu lieben, es ist mir noch immer unmöglich, dich nicht zu lieben.« So war ich beklommen vor der Wiederkehr, die ich bald als eine Heimkehr empfand und bald als eine Rückkehr ins Exil.

Wenige Wochen zuvor hatte eine neue Ulcus-Krise begonnen, die noch andauerte, als wir die Reise antraten; das war ein schlechtes Beginnen. Ich stand am Korridor-Fenster, sang mit geschlossenen Lippen ein Lied nach dem anderen, während ich Ausschau hielt nach den ersten Zeichen des grauenden Morgens. Die Lieder waren nicht dazu angetan, mich vergessen zu lassen, daß ich im vierzigsten Lebensjahr keinen Boden unter den Füßen hatte und nicht das mindeste Vermögen, nicht einmal genug Geld, um in den ersten Wochen mit Frau und Kind durchzukommen. Gewiß, Freunde holten uns vom Zug ab, sie wollten ihre Wohnung mit uns teilen, andere wünschten, uns auf andere Weise beizustehen. Doch mich bedrängte der Zweifel, ob ich noch genug Mut aufbringen könnte, alledem entgegenzustehen, was mir seit Jahren als verderbliche Lüge erschien, als Usurpation, als schändlicher Mißbrauch von Ideen, die es gegen ihre Verderber zu schützen galt. Ich bekannte schon, daß ich nie ein Don Quichotte sein wollte, obwohl ich manche seiner Narreteien bewunderte. Bedachte ich jedoch, was ich tun müßte, um mir selber treu zu bleiben, so entging es mir nicht, daß ich gar nicht die Mittel und kaum noch den Mut hatte, auf dem eingeschlagenen Weg weiterzugehen. Noch hegte ich die Hoffnung, daß jene, die dachten wie ich, zahlreich sein würden und daß meinesgleichen sich endlich der Einsamkeit würde entwinden können.

Sechs Jahre waren vergangen, seit ich Paris verlassen hatte. Die Stadt, die ich wiederfand, sah gleichsam abgenutzt aus und so verwahrlost, daß man sich fragen mußte, ob ihre schlecht angezogenen, abgemagerten Bewohner es überhaupt noch merkten. Mehr als irgendeine andere Weltstadt war Paris die Heimat der Heiterkeit gewesen, die man in den Straßen, in der Métro und in den Parks weit mehr spürte als die Müdigkeit der arbeitenden Menschen und die Mühsal des alltäglichen Lebens, die vor allem die alten Leute ertragen mußten. Nun aber stieß man überall auf griesgrämige Menschen, die ungern die Nähe der anderen ertrugen, ob sie nun vor Läden oder Postschaltern Schlange standen oder sich zusammenpferchten in den überfüllten Wagen der Züge, deren Zahl unzureichend war, so daß die

Plattformen der Station von Wartenden überfüllt waren. Alle drängten sich, stießen einander, als ob jeder dem andern im Wege stünde.

Überall begegnete man den nach vier Jahren heimgekehrten Kriegsgefangenen und den Männern und Frauen, die in den Konzentrationslagern erfahren hatten, wie abgrundtief man sinken kann und wie wenig ein Menschenleben wert ist. Aus dem Reiche der Menschenvernichter heimgekommen, auferstandene Lazarusse, fanden es viele von ihnen zu schwer, die unsichtbare Grenze zu überschreiten, die sie von all jenen trennte, welche vor solcher Erfahrung bewahrt geblieben waren.

Man stieß auf Leute, die ausführlich erzählten, wie sie mit dem Gewehr in der Hand die Deutschen aus Paris verjagt hatten. Zu ihrer Prahlerei wurden sie durch nationalistische Legenden ermutigt: Frankreich hatte von Anfang an, hieß es, aktiven Widerstand gegen die Besatzung und gegen das Pétain-Regime geleistet, hatte stets in de Gaulle seinen legitimen Repräsentanten anerkannt und dessen Anweisungen aller Gefahr zum Trotz treu befolgt.

In den wenigen Briefen, die ich mit Malraux wechselte, ehe ich nach Paris zurückkam, hatte ich von der moralischen Gefahr gesprochen, daß sich in Frankreich eine falsche Einmütigkeit um diese riesenhaft aufgeblasene Lüge bilden könnte und daß dies eine Verwirrung der Geister herbeiführen würde. De Gaulle, der im Namen aller Franzosen zu sprechen und zu entscheiden behauptete, hatte an dieser Entstellung der noch überprüfbaren historischen Wahrheit ein Interesse, ebenso wie die Kommunisten, die im September 1939 auf Stalins Befehl die antifaschistische Bewegung verlassen und 1940 zur Verbrüderung mit den deutschen Soldaten aufgerufen hatten, ehe sie, gleich nach Ausbruch des deutsch-russischen Krieges, aufs energischste wieder antifaschistisch und patriotisch wurden. Auch die anderen Parteien und die Gewerkschaften hatten Grund, einer solch wahrheitswidrigen Glorifizierung zuzustimmen und so ihre Schwächen und ihr Versagen in den entscheidenden Phasen der Tragödie vergessen zu lassen.

Um jedoch Frankreichs Trauma des demütigenden Zusammenbruchs zu heilen, wäre umgekehrt die Suche nach der Wahrheit notwendig gewesen. Daß man die Niederlagen willkürlich ungeschehen machen und die Vergangenheit dadurch sozusagen sterilisieren kann, wenn man nur energisch genug von ihr abrückt, ist eine alte Halbwahrheit und eine von manchen Psychologen geförderte Illusion. Ohne Bewußtsein kann man nicht »aus sich herausgehen«, genauer: nicht über sich selbst hinauskommen. Aber auch dies genügt nicht, solange man nicht fähig wird, die eigene Verantwortlichkeit zu erkennen. Unter dem Einfluß der Psychoanalyse sind Worte wie Schuldgefühl, Schuldkomplex und Kulpabilisierung unvermeidliche Bestandteile einer zeitgenössischen Phraseologie geworden, dank der man sich melodramatisch schuldig und zugleich absolut unverantwortlich fühlen kann.

Nach dem Krieg hätten Millionen Deutscher, nach der Destalinisierung hätten Millionen von Kommunisten ein quälendes Gefühl der Verantwortlichkeit, zumindest der passiven Komplizenschaft empfinden müssen: Dem einen wie dem andern begegnete man in Deutschland hauptsächlich bei jenen, die niemals Nazis oder früh genug Antinazis gewesen waren; und in Rußland bei den Opfern des Gulag, die vorher an Stalin und deshalb an die Schuld der von ihm Verfolgten geglaubt hatten. Die Schuldigen, die Mitschuldigen und Verantwortlichen aber klagten überall, daß man sie mißbraucht hatte und ihnen nun unrecht tat, ja ein Unrecht zufügte, wenn man sie an ihre nahe Vergangenheit erinnerte.

Zwei Tage nach unserer Rückkehr traf ich Malraux; er empfing mich in einem relativ kleinen, aber sehr hübschen, mit antiken Möbeln ausgestatteten Salon, der ihm als einem nahen Mitarbeiter de Gaulles zugewiesen worden war. Seine Funktion war nicht klar genug definiert, doch war alles ja noch provisorisch, de Gaulle, Chef der provisorischen Regierung, amtierte noch immer im Kriegsministerium, wo er sich gleich nach seinem Einzug in Paris installiert hatte. Es bedurfte keiner Worte, um unsere Wiedersehensfreude auszudrücken, wir empfanden sie beide in gleicher Weise. De Gaulles Büro lag auf der gleichen Etage, Malraux brauchte nur einige Räume zu durchschreiten, um dem General gegenüberzustehen, den die kommunistische Presse als den ersten Résistant Frankreichs rühmte, ehe sie ihn – nur wenige Monate später – einen Faschisten schimpfte. »Le général«, so nannte ihn auch Malraux in unserem Gespräch, das wir so führten, als ob wir es tags zuvor unterbrochen hätten. Erst am Ende informierten wir einander in wenigen Worten über unsere persönlichen Angelegenheiten und die seit unserer Trennung eingetretenen Veränderungen.

Dem Rufe de Gaulles hätte er erst Folge geleistet, nachdem er zuvor Léon Blum um Rat gefragt hatte, informierte mich Malraux. Der alte Sozialist, dessen Autorität damals auf dem Höhepunkt stand, meinte, es könnte nur von großem Nutzen sein, wenn Malraux diese Gelegenheit ergriffe, in vertraulichen Gesprächen dem General den Standpunkt der Linken nahezubringen und ihn vielleicht dadurch zu beeinflussen. Ich war nicht überzeugt davon, daß Blum recht hatte, betrachtete es aber keineswegs als kompromittierend, daß Malraux in der Nähe des Chefs einer Regierung blieb, an der alle linken Parteien teilnahmen.

Das Land stand vor den bedrohlichsten Problemen; die Ernährungsfrage war ungelöst, angesichts der Geldentwertung waren die Löhne viel zu niedrig, besonders da die rationierten, billigen Lebensmittel quantitativ nicht ausreichten und die Preise des schwarzen oder parallelen Marktes unerschwinglich waren. Es gab das Wohnungsproblem und schließlich die »Epuration«, das heißt die Bestrafung verwerflicher kollaborationistischer Handlungen und die Beseitigung der Kollaborateure aus staatlichen und städtischen Ämtern. Malraux war optimistisch, ihm schien die endgültige Lösung dieser zum Teil höchst komplizierten Probleme nicht nur möglich, sondern in kurzer Frist erreichbar; er rechnete mit einigen Monaten, ich mit mehreren, sehr schwierigen Jahren. In dieser Einschätzung stimmten wir nicht überein, im übrigen aber stellten wir mit Genugtuung fest, daß wir während der Zeit unserer Trennung die Ereignisse, insbesondere die politischen und militärischen Entscheidungen der Alliierten, in gleicher Weise beurteilt hatten. Ähnlich erging es mir mit Raymond Aron, der 1940 nach London geflüchtet war und dort in einer Monatsschrift die Probleme des Krieges und der erhofften Zukunft mit seiner gewohnten, durchaus ungewöhnlichen Luzidität behandelt hatte. Die Freude, sich im Einklang mit Freunden zu wissen, besonders wenn man, ferne von ihnen, gegen den Strom schwimmt, kennt jeder, der erfahren hat, wie die Einsamkeit den Mut ermatten kann.

Malraux bestand darauf, daß wir unser Gespräch ungestört anderswo fortsetzten; am Abend brachte er uns im Dienstwagen in die sehr geräumige Villa, die einmal dem Komponisten Vincent d'Indy gehört hatte. Nach Josettes Tod – sie war ein Jahr vorher bei einem Eisenbahnunfall verunglückt – war er mit den zwei Kindern Gauthier und Vincent zurückgeblieben; seine beiden Brüder waren in der Deportation umgekommen, Roland, der ältere Bruder, hinterließ eine Frau mit einem Baby. So tat sich Malraux mit seiner verwitweten Schwägerin Madeleine, einer schönen jungen Frau, zusammen, die drei Knaben sollten gemeinsam, nicht als Waisenkinder aufwachsen.

Wir verließen Malraux erst spät nach Mitternacht. Er hatte so viel zu erzählen – von der Partisanentruppe, die er im Südwesten Frankreichs angeführt und 1944 in die »Brigade Alsace-Lorraine« umgewandelt hatte; in den schweren Kämpfen um das Elsaß blieb er an ihrer Spitze. Zwischendurch, während kurzer Urlaube in Paris, nahm er an politischen Kongressen teil und bewahrte eine der aktivsten Résistance-Bewegungen davor, sich von der KP kolonisieren, im Namen einer sogenannten Nationalen Front verschlingen zu lassen.

Gemäß den Befehlen von Moskau waren die Kommunisten inzwischen die unduldsamsten französischen Nationalisten geworden; auf ihren Plakaten sahen einen die wohlwollend retuschierten französischen Generale an, die sich im Ersten Weltkrieg hervorgetan hatten; auf sie berief sich die stalinistische Partei, deren Führer selbst im Parlament nicht davor zurückscheuten, den Schimpfnamen »Boche« zu benutzen, den die äußerste Rechte für die Deutschen erfunden hatte. Die von den Kommunisten dirigierte Nationale Front sollte vorgeblich die anderen Résistance-Gruppen und die Parteien »überparteilich« miteinander vereinigen. Es handelte sich überall um eine Machination, aber dort, wo die Rote Armee eingreifen konnte, diente sie den sogenannten Volksdemokratien zur Vernichtung aller, die sich nicht bedingungslos der stalinistischen Diktatur unterwarfen. André Malraux, dessen Ansehen am Ende des Krieges unübertrefflich war, hatte diesen Schwindel natürlich durchschaut und durch sein Eingreifen bewirkt, daß viele Widerstandsgruppen nach langem Zögern schließlich davon Abstand nahmen, dieser Front beizutreten. Die Kommunisten führten daher eine Verleumdungskampagne gegen ihn, in der die Blödheit zuweilen der Niedertracht den Rang ablief.

Nach wenigen Tagen fühlte ich mich in Paris wieder zu Hause, doch anders als früher, denn ich lebte nicht mehr im Wartestand. Ich war kein Emigrant mehr; nach allem, was geschehen war, gab es für mich keine Rückkehr mehr. Die provisorische Existenz hatte zwölf Jahre gedauert – Jahre, die in meinem Leben die besten hätten sein müssen. Europa war für mich, wie ich befürchtet hatte, auf einige westliche Länder zusammengeschrumpft, vor allem auf Frankreich. Und das Rumpf-Europa schien gefährdet und im Ernstfalle nur durch die Atombombe geschützt. Zwar bedachte ich, daß es gewiß am vernünftigsten wäre, nach Übersee, nach Kanada oder den Vereinigten Staaten, auszuwandern und dort meine psychologische Tätigkeit wieder aufzunehmen, doch wußte ich, daß ich das Vernünftigste diesmal ebensowenig tun würde wie seinerzeit im Jahre 1933 in Berlin und 1939 in Frankreich – und aus dem gleichen Grunde. Der Kampf war nicht zu Ende, der Faschismus war zwar erledigt, aber es gab ein anderes, mächtigeres totalitäres Regime, das sich anschickte, die Länder, um deren Befreiung man gekämpft hatte, rasch in unterjochte Satelliten zu verwandeln.

Wer sich nicht täuschen wollte, der durchschaute die Zustände jener Zeit, die sich wie in einem Vexierbilde präsentierten, in dem fast nichts und niemand an seinem rechten Platze war. Panikartig liefen manche, die sich an das Vichy-Regime angeschlossen und der Besatzungsmacht gedient hatten, auf die Seite der Kommunisten über. Sie warben um deren Gunst, indem sie sich ihnen genauso anpaßten, wie sie sich vorher den Nazis und den Pétainisten untergeordnet hatten. Leute der Rechten, die im Sommer 1940 die Niederlage der Republik als ihren eigenen Triumph gefeiert und daher ihren chauvinistischen Deutschenhaß vergessen hatten, sprachen nun wieder von der Notwendigkeit, Deutschland ein für allemal zu zerstückeln und völlig zu entmachten. Sie wetteiferten darin mit einem Aragon, der alle Werke französischen Ursprungs, die sich in deutschen Museen oder Bibliotheken befanden, »dem verbrecherischen Volk« entreißen wollte. Der Gedanke, daß irgendwo das Bild eines Nicolas Poussin in deutschem Besitz bleiben könnte, war seinem Nationalgefühl unerträglich.

Nicht nur in Frankreich, überall stieß man auf die »Nichtaberiten«. Diese Bezeichnung wandte ich in den dreißiger Jahren, vor Hitlers Machtergreifung, auf jene Deutschen an, die sich langsam den Nazis näherten und ihre Selbstentwaffnung in Sätzen ausdrückten, die sie wie unter einem neurotischen Zwang mit den Worten einzuleiten pflegten: »Ein Nazi bin ich natürlich *nicht, aber* ...« Psychologen wissen, daß man die ersten Worte eliminieren muß, will man erfassen, was wirklich gemeint ist, denn was dem »aber« vorangestellt ist, dient nur als Tarnfarbe und ist nichtig, aufschlußreich ist nur, was folgt. Spätestens seit 1945 hieß es: »Ein Kommunist bin ich *nicht, aber* Stalin hat recht, wenn er sich Estlands, Lettlands, Litauens, Polens, Rumäniens, Bulgariens, Jugoslawiens und Ost- und Mitteldeutschlands direkt oder indirekt bemächtigt, denn schließlich muß er ja Rußland gegen einen neuen Invasionskrieg sichern ... Das ist sein gutes Recht«, fügten die Nichtaberiten mit einem Seufzer hinzu, der gleichzeitig großmütiges Verständnis und Selbstentschuldigung bedeutete. Die so sprachen, waren zumeist Groß-, Mittel- oder Kleinbürger, brave Leute, aber *prä-okkupiert*, das heißt: Sie bekannten sich zu denjenigen, auf deren Gunst sie im Falle einer neuen Okkupation angewiesen wären. So verliehen manche literarische Jurys die Preise am liebsten Schriftstellern, die Kommunisten oder deren Sympathisanten waren, um sich für den Fall der Fälle eine Protektion zu sichern.

Die Nichtaberiten der dreißiger Jahre beteuerten, wie gesagt, daß sie keineswegs Nazis wären, bekannten sich aber immer entschiedener als Anti-Antinazis; zehn Jahre später versicherten sie ebenso aufrichtig, keine Kommunisten zu sein, nahmen jedoch bei jeder Gelegenheit gegen die Antistalinisten Stellung, obschon diese fast ausschließlich Männer und Frauen waren, die der Linken angehörten und ausnahmslos gegen alle Formen des Faschismus gekämpft hatten. Es waren hauptsächlich sozialistische Publikationen, die den von allen Kommunisten und Sympathisierenden bewunderten Stalinismus enthüllten und bekämpften – in Frankreich wie in Deutschland, in Skandinavien wie in England und den Vereinigten Staaten. Die internationale Gewerkschaftsbewegung hatte sogar schon in den frühen zwanziger Jahren die Existenz der sowjetischen Konzentrationslager enthüllt.

›Combat‹ war eine von der Résistance gegründete Tageszeitung, die Albert Camus einige Zeit leitete. Dank ihm und seinen wichtigsten Mitarbeitern wurde sie das Blatt der Intellektuellen, die dem Kampf für Freiheit, für die individuelle, nationale und soziale Freiheit, keinerlei geographische oder ideologische Grenzen setzten. Wenige Jahre später sollte Camus in ›L'homme revolté‹ die Grundsätze formulieren, welche seine Position in der antagonistischen Welt bestimmten; er wurde von den Kommunisten und ihren Mitläufern, in der Tat von fast all jenen bekämpft, die sich um keinen Preis mit den Antistalinisten solidarisieren wollten; sie wußten, warum. Es gab allerdings auch die Naiven, die der Einladung zum Intellektuellen-Kongreß in Breslau, das nun Wroclaw hieß, Folge leisteten und dort fast gläubig und beschämt die Botschaft empfingen, daß sich der Westen kulturell in der letzten Phase seines unaufhaltsamen Niedergangs befinde: daß seine Literatur wie seine anderen Künste dekadent und steril seien, daß zum Beispiel Malraux, aber auch Sartre, der damals noch kein Sympathisant war, und so viele andere Intellektuelle »Hyänen mit Schreibmaschinen im Dienste von Wallstreet« wären. Ich erinnere mich nicht, davon gelesen oder gehört zu haben, daß die Teilnehmer dieses Kongresses, daß diese Biedermänner aus dem Westen gegen solch ebenso schändliche wie lächerliche Herabsetzung protestiert hätten. Übrigens verbreitete man ähnliches in zahllosen Zeitungen und Wochenschriften, deren Leser indes jeden Tag aufs neue feststellen konnten, welch reiches geistiges Leben sich im Westen entfaltete, wie die bildenden Künste in Formen und Farben fruchtbarer und erfindungsreicher wurden als je zuvor, ebenso die Musik, das Theater und die Filmkunst. Ganz Frankreich lachte über die Reportagen, in denen den Lesern der sowjetischen Presse der Alltag der Franzosen so lügnerisch dargestellt wurde, daß sich die kommunistischen Blätter Frankreichs davor hüteten, auch nur ein Wort davon zu erwähnen.

Auf dem von Nazis und Faschisten aller Art unterworfenen Kontinent hatte die Lüge geherrscht. Zahlreichen Menschen wurde sie so unerträglich wie eine haßerfüllte Demütigung, und sie erhoben sich gegen ihre Erfinder und Verbreiter. Nun aber, da das Recht auf Wahrheit allen wieder gewährleistet war, zogen ihr so viele die Lüge wieder vor, die sinnlos prahlende, nationalistische Lüge und die mörderische Fiktion der neuen Moskauer Prozesse, die in Sofia, Budapest und Prag, die überall dort in Szene gesetzt wurden, wo die Stalinisten im Namen der »wahren«, der Volksdemokratie ihre Herrschaft errichtet hatten.

Als de Gaulle im November 1945 die neue Regierung bildete, vertraute er Malraux das Informationsministerium an, das kaum noch irgendeine Zensur ausüben durfte, jedoch auf andere Weise die Macht besaß, die öffentliche Meinung zu beeinflussen. Von diesem Ministerium hing nicht nur der Rundfunk ab, sondern auch die Zuweisung von rationiertem Druckpapier, das lächerlich billig war. Es war ein Kinderspiel, nicht nur für große Parteien, sondern auch für kleine Gruppen, mit Berufung auf ihre Verdienste in der Widerstandsbewegung große Papierzuteilungen zu bekommen. Man gab zahllose neue Zeitungen oder Wochenschriften heraus, die man in kleinen Auflagen druckte und zumeist nicht an den Mann bringen konnte. Auf dem schwarzen Markt verkaufte man den Rest des angewiesenen Papiers und finanzierte mit dem Erlös nicht nur die Zeitung, sondern auch die eigene politische Gruppe. Daher war die Kontrolle des Verbrauchs eine der wichtigen Funktionen des Informationsministeriums, dank der es indirekt auf die öffentliche Meinungsbildung einwirken konnte, ohne Zensurmaßnahmen zu ergreifen.

Für Malraux und Raymond Aron, seinen Kabinettsdirektor, und ihre nächsten Mitarbeiter waren andere Aufgaben vordringlicher. Der Rundfunk hatte während des Krieges eine ganz ungewöhnliche Bedeutung erlangt, besonders in einem Lande wie Frankreich, dessen Bevölkerung weder der eigenen, pétainistischen Presse noch dem vom Regime strikt kontrollierten Radio Glauben schenkte und daher den Sendungen des BBC lauschte, als ob nur diese der Wahrheit dienten. Nun galt es, den französischen Rundfunk nicht nur technisch, sondern auch intellektuell und moralisch auf ein hohes Niveau zu heben, auf das höchste, wie es den Franzosen anstand. Ähnliches war auch in anderen Bereichen notwendig: für die Musik, das Theater und die Filmproduktion. Überall ging es um den Wiederaufbau, um mutige Initiativen, die dem Neuen überall zur vollsten Entfaltung verhelfen sollten.

Ein Projekt, das uns in der Euphorie der ersten Volksfront-Jahre sehr interessiert hatte, konnte nun, glaubten wir, endlich realisiert werden. Es handelte sich um die besonders von Malraux selbst lancierte Idee, in jeder Stadt, unter Umständen auch in den Kleinstädten, ein *Haus der Kultur* zu errichten, darüber hinaus in den großen Fabriken Ausstellungsräume, Bibliotheken und Lesesäle zu schaffen, mit einem Wort: den *Massen*, deren kulturelle Bedürfnisse wir qualitativ gewiß weit überschätzten, leichten Zugang zu allen Kulturgütern zu bieten. Endlich war die Zeit gekommen, damit zu beginnen. Nach den Schrecken und Entbehrungen des Krieges wollte sich jeder der materiellen Güter versichern, doch kam es nicht weniger darauf an, den arbeitenden Menschen endlich auch die kulturelle Gleichberechtigung zu erringen: das Recht, die Freiheit und somit die praktischen Möglichkeiten, den Wert aller Schöpfungen des menschlichen Geistes zu erkennen und ihnen im eigenen Leben Raum zu schaffen.

In Wien hatte ich von meiner Familie im Dezember 1937 Abschied genommen, nun ergriff ich die erste Gelegenheit, sie in London zu besuchen. Das Schiff brauchte etwa zwanzig Stunden, um den Ärmelkanal zu durchqueren, denn es mußte ganz langsam einem Minensucher folgen; das stürmische Wetter zwang zu noch größerer Vorsicht. Als wir endlich übernächtig und hungrig in Dover an Land gingen, wo man fast nur uniformierte Männer und Frauen sah, machte ich eine Entdekkung, die mich sehr beeindruckte. Die Freundlichkeit, mit der alle Leute dem Fremden entgegenkamen, brachte mir plötzlich zu Bewußtsein, wie rüde Ton und Gehaben der Leute in Frankreich geworden waren. Mich stimmte nachdenklich, daß ich nun hier in England die Höflichkeit wiederfand, die vor dem Krieg in Paris allgemein gewesen war, und daß ich erst in dieser Stunde das Ausmaß der Veränderung entdeckte, die Krieg und Okkupation in Frankreich bewirkt hatten.

Auf dem Bahnsteig, wo der Zug nach London bereits wartete, boten Soldaten hinter langen Tischen Sandwiches und Tee an.

Ich hatte keine Münzen, sondern nur Pfundnoten; als ich das den Soldaten erklärte, verwandte ich das französische Wort »monnaie«, das im täglichen Sprachgebrauch Kleingeld bedeutet. »Was«, rief einer der jungen Männer, »Sie haben kein ›money‹?« Und er nahm einen großen Papiersack und warf anstatt des einen Sandwichs, den ich verlangt hatte, so viele hinein, wie der Beutel fassen konnte. Er und seine Kameraden lachten mich an, schenkten mir Tee ein und wünschten mir viel Glück in England.

Für die Eltern, die mich so oft tot geglaubt hatten, war es erschütternd, mich so wiederzusehen, wie sie mich in Erinnerung behalten hatten. Ich meinerseits hatte am meisten Mühe, den Eindruck zu verhehlen, den mir das durch eine Operation entstellte Gesicht meines Vaters machte. Nach einer gelungenen Operation hätte ein zweiter, harmloser chirurgischer Eingriff die Senkung des unteren Augenlides beheben können, aber der von den Nazis eingesetzte Direktor des Rothschild-Spitals war dagegen. Gerade in diesem alten Wiener jüdischen Spital wollte er beweisen, daß, was man zugunsten eines Juden tat, jedenfalls zu viel, also überflüssig war; im Herbst 1939, als meine Eltern endlich in England ankamen, war es für diese Operation zu spät. Ich gewöhnte mich an die verletzte Wange; die böswillige Verhinderung einer notwendigen und möglichen Heilung hätte genügt, mir die Erinnerung an das Dritte Reich auch in Augenblicken aufzuzwingen, in denen es möglich gewesen wäre, jene Vergangenheit zu vergessen, da die schwindenden Jahre uns von ihr zu entfernen begannen.

Obschon mein älterer Bruder inzwischen geheiratet hatte, war in der Familie alles beim alten geblieben. Wenn man nicht hinausblickte, konnte man sich einbilden, noch in Wien in der Lilienbrunngasse zu sein. Wieder hatte man einen Krieg überlebt und wollte glauben, daß fortab alles besser werden mußte. Jedoch wußte man diesmal, daß man den Rest des Lebens Trauer tragen würde, denn man vermutete, daß von der so zahlreichen Familie, die in Polen geblieben war, zwei, höchstens drei Personen überlebt haben könnten. In der Tat tauchte nur ein einziger auf, ein Arzt, der in der russischen Armee gedient hatte, denn Ostgalizien war 1939 von den Russen annektiert worden. Ehe sich dieser Cousin in den Westen »absetzte«, hatte er überall Verwandte gesucht und keinen von ihnen gefunden, sondern nur hie und da die Spuren des Untergangs.

Die Mutter vergaß es keinen Augenblick, das merkte ich ihr

an; sie war eine tapfere Frau. Milo, der jüngere Bruder, lebte mit den Eltern zusammen. Er wußte, daß er mit seinem Beschluß, nie mehr nach Österreich zurückzukehren, die so vielversprechende schauspielerische Karriere äußerst gefährdete; er fand sich schweren Herzens damit ab und hoffte, sich im englischen Theater durchzusetzen.

Als ich meine Eltern wieder verließ, empfand ich deutlich, was mich an sie band, wie all das, was mich vierzigjährigen Mann seit langem von ihnen trennte. Und ich war dessen gewiß, daß sie das eine wie das andere ahnten. Der Vater brachte mich zur Victoria-Station. Ich versprach, recht bald wiederzukommen, und er erwiderte, daß er gerne auf mich warten wollte, wenn man ihn nur warten ließe. Das wiederholte er bei jedem meiner späteren Besuche. »Man«, das war Gott, das war der Tod; er stellte sich früh genug ein.

Das Wiedersehen mit Koestler, den ich während dieses Aufenthaltes fast jeden Tag traf, war höchst erfreulich. Wir hatten es geschafft, waren mit dem Leben davongekommen. Mit Genugtuung entdeckten wir, daß sich uns die zurückliegenden Ereignisse ebenso wie die Nachkriegssituation und die Gefahren, die sie heraufbeschwören mußte, in gleichem Licht darstellten. Dieses Gefühl der Übereinstimmung brauchte ich stets dringend, besonders aber seit meinem Bruch mit dem Kommunismus. Dennoch bin ich nach wie vor unfähig geblieben, eine Überzeugung aufzugeben oder zu verschweigen, selbst wenn sie diese Eintracht stören könnte. Jeder bestimmt aus eigener Machtvollkommenheit den Preis, den er für das Leben zahlen oder verweigern darf; jeder bestimmt ebenso das Sacrificium intellectus, das er für die Erhaltung der so wertvollen Eintracht mit seinen Freunden bringen darf. Der Einklang des einzelnen mit sich selbst bestimmt seine Echtheit; wer aber auf diese verzichtet, entwertet nicht nur sich selbst, sondern alle Freundschaft.

Da Frankreich gewisse Provinzen in Deutschland und in Österreich verwaltete oder jedenfalls kontrollierte, mußte der Informationsminister auf die Gestaltung der dortigen Presse, des Rundfunks und des Verlagswesens entscheidend Einfluß nehmen. Damit ich ihn darin berate, nahm mich Malraux als »Chargé de Mission« in sein Kabinett auf. Da Aron und ich auch in diesen Fragen die gleiche Auffassung vertraten, bedurfte es keiner besonderen ministeriellen Richtlinien für meine Tätigkeit. Dennoch ließ ich einige Wochen verstreichen, ehe ich die erste Reise nach Deutschland antrat, weil ich vorher über alle Maßnahmen informiert werden mußte, die von den militärischen und zivilen Instanzen getroffen worden waren. Ich war keinesfalls überrascht, festzustellen, daß die französische Okkupation, wie jede andere vor ihr, in ihren Entscheidungen von Auffassungen geleitet wurde, die dank einem Gemisch von Uninformiertheit und Einsichtslosigkeit so wirklichkeitsfremd waren, daß am Ende selbst richtige sachliche Feststellungen zu praktischen Folgerungen führten, in denen das Grade krumm wurde, das Krumme sich aber bis zur Unkenntlichkeit entstellte.

Was mich überdies meine Reise nach Baden-Baden hinauszögern ließ, hatte mit mir selbst zu tun, mit meiner Vergangenheit und meiner Stellung zu den Deutschen. Ja, mir bangte vor der Begegnung mit ihnen. Einerseits lehnte ich ganz entschieden die Anklage wegen einer kollektiven Schuld ab, gegen welche Nation auch immer sie erhoben werden sollte. Die Bestrafung der Schuldigen war notwendig, die des Volkes aber, argumentierte ich, wäre ebenso ungerecht wie unausführbar. Andererseits vergaß ich keinen Augenblick, daß ich in Deutschland Männern und Frauen begegnen würde, die meinesgleichen verhöhnt, verfolgt, in Konzentrationslagern gequält und umgebracht haben. Wie soll ich sie erkennen und wie von den anderen, vom Volk unterscheiden?

Jahrelang hatte mich der Wunsch beherrscht, die Niederlage Hitlers und seiner Armeen, somit der Deutschen, zu erleben. Sie waren nun endlich – nach welchem Leiden, um welchen Preis! – besiegt worden. Ich wünschte, war ich in Deutschland, keinerlei Mitleid mit den Besiegten in mir aufkommen zu lassen, doch wollte ich nicht vergessen, daß jede Okkupation hassenswert wird, selbst wenn sie milde ist. Deshalb zog ich gar nicht in Betracht, im besetzten Gebiet jeweils länger als einige Tage zu bleiben, und lehnte es entschieden ab, eine Uniform zu tragen.

Die Lynch-Szene in Berlin, die die SA bei der Verhaftung von Intellektuellen auf einem offenen Platz organisiert hatte, vergaß ich nicht. Mir schien's, daß ich, wollte ich es nur, die Gesichter der Männer und Frauen wiederfinden könnte, die mit Fäusten und Stöcken auf uns einschlugen, während wir wehrlos auf dem Lastwagen saßen. Ich erinnerte mich an ihre Beschimpfungen und an ihre speienden Mäuler. Jedoch viel deutlicher hatte mein Gedächtnis die Begegnung mit den Mitgefangenen bewahrt, die alle Deutsche waren; war Hitler besiegt, so sollten sie zu den Siegern gehören. Ihresgleichen wollte ich finden, ihnen meine Solidarität beweisen, von ihnen erfahren, was sie, die Antinazis, von uns Antifaschisten nun erwarteten, was für eine Presse sie haben, was für Bücher sie lesen und wen sie hören wollten – nun, da sie alles nachholen konnten, was sie hatten versäumen müssen.

In Baden-Baden erwartete mich ein Wagen vor dem Bahnhof; es war noch recht früh am Morgen, die Schneeschaufler waren an der Arbeit, die Stadt war weiß. Schulkinder stapften mühsam durch den Schnee, der am Rand der Fahrstraße noch unberührt war. Der Unteroffizier neben dem Chauffeur, der mich ins Hotel begleitete, bemühte sich ungebeten, mir eine Idee von den Deutschen zu geben, die er ohne Feindseligkeit nur »Boches« nannte. Ihm fiel es leicht zu glauben, daß er alles über sie wußte, denn er war dumm und unwissend. Das Hotel lag über der Stadt, französische Orientierungstafeln, die es umzäunten, konnten den Eindruck erwecken, daß man in einem französischen Ferienort wäre. Die Gäste des vollbesetzten Hotels trugen Uniformen, zumeist waren es Zeitungskorrespondenten, aber auch Offiziere und Verwaltungsbeamte; einige von ihnen kannte ich oberflächlich. Sie hatten nur mit solchen Deutschen Kontakt, die für die Okkupation arbeiteten, mit Journalisten, Rundfunkredakteuren und Musikern.

Der Zufall fügte es, daß ich Alfred Döblin am Tage meiner Ankunft traf; von der Zivilverwaltung angestellt, sollte er in der Kulturabteilung arbeiten, die ihrerseits vom Unterrichtsministerium in Paris abhing. Da er die militärische Uniform trug, erkannte ich ihn nicht sofort, doch seine Frau gab mir ein Zeichen, ich näherte mich ihrem Tisch und wir begrüßten einander, überrascht und herzlich erfreut über diese Begegnung. Ich mußte eine eher ironische Bemerkung über die Uniform unterdrücken, das gelang mir noch rechtzeitig. Auch bei späteren Gelegenheiten unterließ ich es, ihm zu sagen, wie unpassend solche Verkleidung für ihn, einen deutschen Dichter, war. Mag sein, daß er es ahnte oder begriff, aber meinte, daß er, ein naturalisierter Franzose mit fremdem Akzent, sich in Militärkreisen nur akzeptabel machen könnte, wenn sie ihn für einen Elsässer hielten. Den Deutschen stellte er sich natürlich mit seinem wahren Namen vor und machte damit den berechtigten

Anspruch geltend, ein Repräsentant der deutschen Literatur zu sein. Als solcher gründete er eine Zeitschrift, die er nach dem berühmten Kanal von San Francisco ›Das goldene Tor‹ nannte. Die Vorbereitungsarbeiten für diese Revue nahmen weit mehr Zeit in Anspruch, als vorgesehen war; bevor ihr erstes Heft herauskam, hatten bereits andere Monatsschriften in der französischen Besatzungszone eine aufmerksame Leserschaft gefunden.

So sehr sich Döblin seit unseren Vorkriegsgesprächen verändert hatte, sein Ärger über alles, was er als Konkurrenz empfand, blieb ebenso lebhaft und im Ausdruck unbeherrscht wie in den Diskussionen, die wir, Koestler, er und ich, in seiner Wohnung geführt hatten. Die Mischung von Hilflosigkeit und Aggressivität, die ich bei ihm auch bei anderen Gelegenheiten beobachtet hatte, verminderte meine Sympathie für ihn, doch nicht die Gewißheit, daß er ein bedeutender Dichter war, dessen nicht unbegründete Vergrämtheit zuweilen auch jene verstimmen konnte, die ihn aufrichtig verehrten.

Döblin hatte sich inzwischen taufen lassen und war nun ein gläubiger, vielleicht sogar frommer Christ. Dieser sehr intelligente und gebildete Dichter war ein Mann vieler Wandlungen, die er aufrichtig, reinen Herzens, ja fast naiv einander folgen ließ. Er handelte keineswegs aus Opportunismus, sondern gemäß sich wandelnden Überzeugungen, deren jede ihm endgültig erschien, ehe sie einer anderen, ebenso endgültigen weichen mußte. Auch seine unbestreitbar bedeutenden originellen Werke hatten sich in Form und Inhalt mehrfach verändert; sie waren berühmt und, mit Ausnahme von ›Berlin Alexanderplatz‹, fast unbekannt.

Wie ich ihn, diesen in Stettin geborenen Berliner Juden, Arzt und Dichter, nach seiner Rückkehr aus der Fremde als französischen Offizier verkleidet sah – stets unverändert und niemals ganz sich selber gleich –, ahnte ich, daß er fortab in der ihm eigenen Neigung zur Übertreibung einen besonderen Typus des »Menschen auf der Brücke« verkörpern würde: den des deutschen Juden, der seine Heimat verloren hat und sie nun, heimgekehrt, nicht wiederfinden kann, nicht wiederfinden will und zugleich sehnlichst wünscht, von ihr wiedergefunden zu werden.

Über den Dichter Döblin, sein Leben und sein Werk, hat Robert Minder das Wesentliche gesagt und das unwandelbar Wandelbare an ihm tiefgründig erklärt. Auf den Trümmern des

Dritten Reiches präfigurierte Döblin in jenen Tagen so viele Zeitgenossen, die in amerikanischer, englischer, französischer Uniform oder im Zivil durch Deutschland reisten und da zumeist vergeblich die Heimat zu entdecken suchten. Statt dessen erfuhren sie, daß es eine unglückliche Liebe gibt, die so unheilbar ist wie die grausamste Krankheit: die Liebe zum Land, das einen verstoßen hat.

Erst in Mainz befand ich mich zwischen den Ruinen einer entkernten Stadt, auf dem Friedhof von Häusern, die dem Erdboden gleichgemacht worden waren. Ich hatte ähnliches lange zuvor im Städtel gesehen, nach den Bränden, welche die armseligen Häuschen während einer Nacht in verkohltes Holz und Asche verwandelten. Aber das Bild der verwüsteten großen Städte gehört dem Bereich des Unbewußten an, das die Alpträume hervorbringt. Daher empfand ich ein seltsames Gefühl des »déjà vu«, das mich so bedrängte, als sollte diese Zerstörung mich an etwas erinnern, das ich nie hätte vergessen dürfen. Der Major, der mich begleitete, äußerte immer wieder die Genugtuung, die dieser Anblick in ihm hervorrief. Da er wußte, daß ich Jude war, hoffte er wohl auf meine Zustimmung; ich blieb stumm. Dieses Unglück machte den Gedanken an unser Unglück nicht erträglicher, obschon es mit ihm in einem unauflösbaren Zusammenhang stand. Unter irgendeinem Vorwand entledigte ich mich meines Begleiters und streifte durch die verwaisten Straßen. Der schneidende Wind, der sich plötzlich erhob, schien den Geruch der kalten Asche durch die gespenstische Stadt zu tragen. Wie ein riesiger, hochgestreckter Arm mit einer Hand, an der zwei Finger fehlten, ragte über einer Brandstätte eine Mauer bis zur vierten Etage empor. In der zweiten, an einer gelb gestrichenen Wand, schwankte ein Rasierspiegel an einem Nagel hin und her, aber hielt dem Winde stand.

Hier gab es keinen Schnee, alles war grau, auch die wenigen Passanten, die nicht gingen, sondern liefen, wegliefen. Ich hörte Orgeltöne, sie kamen aus einer halb vernichteten Kirche, an deren Dachresten der Wind heftig zerrte. Ich fand die eingemummte Orgelspielerin, eine nicht mehr junge Frau. Sie hörte sofort zu spielen auf und sah mich fragend an. Sie wies mit der Hand auf das zerschlagene Dach über der Orgel und auf die Ruinen des Chors. Ich wollte ihr sagen, daß ich ein Jude war, unterließ es aber, winkte nur wie zum Zeichen eines stummen Einverständnisses und ging.

Ganz in der Nähe des Hauptbahnhofs, in einer winzigen Schenke, hatte ich ein Rendezvous mit Ernst Glaeser. Einige Minuten blieb ich noch vor dem Bahnhof stehen; fast alle, Erwachsene und auch Kinder, trugen Rucksäcke, manche hatten Bergstöcke in der Hand. Vor und nach dem Ende des Ersten Weltkrieges war ich, ähnlich ausgerüstet, mit Kameraden einigemal aufs Land »hamstern« gefahren. Wir wurden von den Bauern zumeist unfreundlich aufgenommen; nicht Geld, sondern Tauschgegenstände wollten sie für ihre Lebensmittel haben, vor allem Schuhe mit echt ledernen Sohlen, gut erhaltene, am liebsten schwarze Anzüge für Sonntage und Feste, sonst Tabak oder Zigaretten. Ach, ich war ein recht erfolgloser Hamsterer und kam oft mit fast leerem Rucksack zurück – wie so viele der jungen Leute am Mainzer Bahnhof, die da plötzlich auftauchten und eilig wieder verschwanden. Nein, es überraschte mich nicht im mindesten, daß der besiegte Feind jenem, den es zu besiegen galt, so selten gleicht und einen oft und eindringlich an das Elend erinnert, das man selbst erlitten hat.

Erst als ich Ernst Glaeser gegenübersaß, empfand ich, daß es nicht so übel war, im Lager jener zu sein, die nach so vielen verlorenen Schlachten die allerletzte endlich gewonnen hatten. Der Schriftsteller Ernst Glaeser war durch seinen ›Jahrgang 1902‹ gegen Ende der zwanziger Jahre über Nacht berühmt geworden. Er wurde viel umworben, schloß sich den linken Intellektuellen an, schrieb günstige Berichte über seine Reisen in die Sowjetunion und emigrierte später in die Schweiz. Knapp vor Kriegsausbruch aber söhnte er sich mit dem Dritten Reich aus und kehrte zurück. Er war einer der wenigen deutschen Emigranten, die solcherart zu Renegaten wurden. Während des Krieges diente er als Journalist in Propagandastaffeln und schrieb in Soldatenzeitungen.

Er war kaum vierundvierzig Jahre alt, als wir einander trafen, sah aber viel älter aus; er trank und rauchte viel zuviel. Ja, hier war ich sozusagen Sieger – meine Genugtuung darüber dauerte aber nur wenige Minuten. Wir waren freundlich zueinander, obschon ich ihn recht bald wissen ließ, daß ich mit Joseph Roth übereinstimmte, der ihn und sein Vorgehen im ›Tagebuch‹ aufs entschiedenste verurteilt hatte. Glaeser, nicht mehr ganz nüchtern, sprach mir von seiner antinazistischen Haltung, besonders ausführlich von seiner Tätigkeit in Italien, wo er – wenn ich ihn richtig verstand – zusammen mit gewissen deutschen Diplomaten sich bemüht hatte, das Schlimmste zu verhindern.

Ich deutete an, daß er am besten täte, zur schriftstellerischen Arbeit zurückzukehren und, ohne Reue-Erklärung und ohne Selbstverleugnung, in einem beliebig langen Text darlegen sollte, was ihn damals zur Solidarität mit den Nazis bewogen hatte; inzwischen würde man ihm materiell helfen. Ich wiederholte am Ende deutlich: »Es geht mir nicht darum, Sie zu beurteilen oder gar zu verurteilen, sondern darum, Sie zu verstehen.« Er wolle sich das noch überlegen, sagte er, und werde wahrscheinlich meinen Rat befolgen.

Mehrere Jahre später traf ich ihn bei Malraux in Paris. Er sah gut aus, machte keineswegs den Eindruck eines Trinkers, der er wahrscheinlich auch nicht war. Da er die Mainzer Begegnung nicht erwähnte, tat auch ich so, als ob ich sie vergessen hätte. Ich sollte noch bei vielen Deutschen auf die gleiche, erstaunliche Vergeßlichkeit stoßen, die gerade jene Periode gleichsam annullierte. Ähnliche Erfahrungen haben übrigens andere Intellektuelle gemacht, die sich in den ersten Nachkriegsjahren für Deutsche eingesetzt haben, die etwa, wie ich, das Verbot einer Zeitschrift verhindert oder zugunsten von Verlegern, von ungerecht zurückgesetzten Professoren und Schriftstellern energisch und schließlich erfolgreich eingegriffen hatten.

Jene, die auch nachher nicht vergaßen, lernte ich kennen, als ich auf die Suche nach Menschen ging, von denen ich wußte, daß sie auch in den schwersten Stunden unbeugsam geblieben waren. Einen von diesen, den ich nur dem Namen nach kannte, besuchte ich während meines ersten Aufenthaltes in Baden-Baden. Es war ein alter, schwerkranker Mann, der von mir wußte und deshalb wünschte, mich zu sehen. Obschon durch Krankheit und gewiß auch durch Entbehrungen sehr geschwächt, war er geistig durchaus auf der Höhe. Es war wie ein Wiedersehen, aber wir waren einander nie vorher begegnet. Zu Beginn unseres Gespräches, das mir aus einem besonderen Grunde deutlich in Erinnerung geblieben ist, erfuhr ich, daß er aus Sicherheitsgründen schon in den ersten Jahren der Hitlerherrschaft Berlin verlassen hatte, um sich in einem Dorf niederzulassen. Da ließ man ihn fast völlig unbelästigt; man wußte, daß er kein Nazi war, aber sein Alter schützte ihn, und man kümmerte sich nicht weiter um seine politische Gesinnung. Er hielt sich vor allem dank den ausländischen Sendungen auf dem laufenden und wartete ungeduldig, oft verzweifelt darauf, daß die Westmächte sich endlich Hitler entgegenstellten, daß sie aufhören sollten, ihn wie einen gekränkten Gentleman zu behandeln.

Als ich ihn in diesem Zusammenhang fragte, wann er es als besonders schwer empfunden hätte, fast allein gegen den Strom zu schwimmen, erwiderte er: »Das weiß ich genau. Es war im Sommer 1940, nach der Kapitulation Frankreichs. Alle, nicht nur in meinem Dorf, sondern überall in Deutschland, jubelten, freuten sich über die Siege der Wehrmacht und das so schnelle Ende des Feldzugs. Ich saß an meinem Radio, hörte den Jubel fast einer ganzen Nation und war so traurig wie nach einem ungeheueren Unglück. Ja, da gab es einen Tag, an dem hat es mich plötzlich überfallen, das Gefühl, daß die Schuld an mir lag, daß ich wohl verrückt war, von einer Geisteskrankheit befallen, denn mein Volk war glücklich und es hatte ja worauf stolz zu sein – ich aber saß da, allein, zum Sterben traurig, als ob ich ein Feind meines eigenen Volkes wäre. Ich war so verstört, daß ich es nicht gewagt habe, das Haus zu verlassen und jemandem in die Augen zu sehen. Gottseidank hat das nicht länger als ein, zwei Tage gedauert.«

Was ich dankbar aus seiner Erzählung lernte, war mir keineswegs neu, aber es bestärkte mich in der Überzeugung, daß es *alle* gar nicht gibt und daß die einzelnen weniger einsam und innerlich bedroht wären, wenn sie wüßten, daß es viele ihresgleichen gibt, die ihrerseits annehmen müssen, daß sie allein seien – gegenüber *allen.*

Ich traf auch einen Mann im besten Alter, einen Studienrat, der das Tausendjährige Reich als Gepäckträger überdauert hatte. Und ich ließ mich in lange Gespräche mit Leuten ein, die, nicht ohne schwer vermeidbare Kompromisse, in ihrer eigenen Stadt wie in einem »innern Exil« gelebt hatten. Nur in seltenen Fällen bezweifelte ich ihre Aufrichtigkeit. In jenen Jahren begegnete ich keinem Deutschen, gleichviel welchen Geschlechts oder Alters, der mir gesagt hätte, daß er aus Überzeugung oder Opportunismus Nazi gewesen war. Auch das mag erklären, warum ich so ungern nach Deutschland fuhr und, nach einem zumeist kurzen Aufenthalt, deprimiert zu Hause ankam.

Ein anderer Grund war der, daß mir die Okkupanten, mit einigen allerdings bedeutsamen Ausnahmen, kaum gefielen und daß mir viele jener Deutschen mißfielen, mit denen sich die Verwaltung am häufigsten einließ: Sie waren zumeist aus dem gleichen Grund alliiertenfreundlich, aus dem sie Nazis gewesen waren: aus einem Opportunismus, dessen Skrupellosigkeit grenzenlos war im Jahre 1933 und im Jahre 1945 grenzenlos blieb. Manche waren sogar aus Opportunismus nie in die

NSDAP eingetreten, aber hatten die allerbesten Beziehungen zu dieser Partei, ihren Unter- und Oberführern gepflegt. Gemäß den unsinnigen Entnazifizierungsgesetzen waren sie politisch »in Ordnung«, genau wie die Geschäfte, die sie mit den übelsten Elementen der Okkupation mitten in der schlimmsten Nachkriegssituation betrieben. Eines dieser Geschäfte, für das man die führenden Repräsentanten der Besatzungsmacht gewonnen hatte, zielte auf die Überführung möglichst vieler deutscher Verlage in französischen Besitz ab. Meine Bemühungen, die zuständigen Instanzen von der politischen und materiellen Sinnlosigkeit einer derartigen Manipulation zu überzeugen, scheiterten. Manche hohe und höchste Offiziere erwiesen sich als unfähig zu begreifen, daß gleichviel wie lange die Besatzung noch dauern mochte, es ihr nie gelingen könnte, ein Land wie Deutschland kulturell dauernd zu beherrschen. Zu den charakteristischen, verdummenden Irrtümern, denen Okkupanten selten entgehen, gehört die Meinung, daß der Sieg nie enden, daß er zuständlich werden wird, indes er – kaum sind die Tage des Triumphs verstrichen – bereits zu vergehen beginnt. Jede Stunde nützt ihn ab, entkräftet ihn, bis auch die Erinnerung an ihn zu verblassen beginnt. Die Niederlage hingegen wird schnell zuständlich und bleibt so, bis die Arbeit der Besiegten die Umstände verändert und neue Zustände schafft. Es gibt eine spezifische Verblendung der Okkupanten, die es den Einheimischen erleichtert, vorerst unmerklich und immer schlauer den eigenen Willen durchzusetzen. Das ist so wenig erstaunlich oder vermeidbar wie die nässende Wirkung des Regens.

Als de Gaulle sich von der Macht zurückzog – in der Hoffnung, daß das dankbare französische Volk ihn stürmisch zurückrufen würde –, verließ auch Malraux das Ministerium und wurde Propagandist der Sammelbewegung, die den von keiner Partei zurückgerufenen de Gaulle wieder an die Macht bringen sollte. Ohne Antigaullist zu sein, beurteilte ich den unaufrichtig begründeten Rücktritt sehr kritisch und noch kritischer Malraux' Entscheidung, am RPF – so nannte sich jene Sammelbewegung – teilzunehmen. Man durfte dem General nicht irgendwelche Putschpläne unterschieben, aber seine unverhüllte Feindseligkeit gegen die Parteien konnte mit der Zeit einen antiparlamentarischen Charakter annehmen und damit zu einer Bedrohung der Demokratie werden. Eben davor versuchte ich Malraux zu warnen, vergebens. Seine Bindung an de Gaulle machte ihn taub gegenüber jedem Einwand, er wurde ungeduldig, ja intolerant gegenüber jeder Meinung, die der gaullistischen entgegengesetzt war oder auch nur von ihr abwich. Und wie gewöhnlich rief die Intoleranz des einen die Unduldsamkeit des andern hervor. Es gelang mir nicht, Malraux davon zu überzeugen, daß er im Begriffe stand, das immense politische Kapital, das er für die nichtkommunistische Linke darstellte, zugunsten einer Bewegung zu vergeuden, die im Falle ihres Erfolges sich als einzige Partei der Regierung bemächtigen, das heißt ein autoritäres Regime errichten könnte.

Nach langem Zögern faßte ich damals den Beschluß, nie mehr aus politischen Gründen auf eine Freundschaft zu verzichten. Ich hörte auf, Malraux meine schweren Bedenken gegen seine politische Tätigkeit zu wiederholen; wir vermieden somit, so gut es ging, von dem RPF zu sprechen, fuhren aber fort, zusammen die weltpolitische Situation, die beunruhigenden Vorgänge, die fast jeder Tag brachte, zu analysieren. Und in diesen Gesprächen stimmten wir fast immer überein.

Als die sensationellen Anfangserfolge des RPF nicht dazu führten, die von allen als kraftlos, ja lebensunfähig erklärte Vierte Republik zu stürzen, verlor die Bewegung ihren Sinn, denn de Gaulle hatte sie geschaffen, um im Sturmschritt das französische Volk zu erobern und eine andersartige Republik zu gründen. Auch die zahllosen Streiks und andauernden Attacken der Kommunisten verhinderten nicht, daß Frankreich, langsam zwar, aber unaufhaltsam, ohne jede Propaganda und ohne jede Ideologie, seine Wirtschaft wieder aufbaute und so die Voraussetzungen für eine nie vorher gekannte Prosperität herstellte. Malraux seinerseits legte das Amt des Propagandachefs des RPF nieder und zog sich bald von der aktiven Politik zurück. Er nahm seine Arbeit da auf, wo er sie nur einige Jahre vorher unterbrochen hatte, um sich am Befreiungskampfe seines Volkes zu beteiligen.

Der RPF hatte viele Anhänger unter den Offizieren und Verwaltungsbeamten der Besatzung. Das erklärte sich einerseits durch den nationalistischen Charakter dieser Bewegung, aber noch mehr durch jene Lockungen, denen Opportunisten selten widerstehen. Man riskierte nämlich nichts, wenn man gegen die Vierte Republik war, und konnte umgekehrt im Falle eines Sieges viele Vorteile, vor allem schnelle Beförderung, erhoffen. Auch die Kommunisten waren damals sehr nationalistisch, denn sie wollten ja – wie sie erklärten – Frankreich von der amerikanischen Fremdherrschaft befreien, die sie der Herrschaft der Nazis gleichstellten. Deshalb erwiesen ihnen viele Besatzungsoffiziere heimlich oder offen ihre Sympathie und sicherten sich auch nach dieser Seite gute Aussichten für eine mögliche Zukunft. Obwohl Gaullisten und Kommunisten einander damals wieder sehr scharf bekämpften, fanden sie sich in der totalen Feindschaft gegen die Vierte Republik vereint; am deutlichsten konnte man diesen paradoxen Sachverhalt in der französischen Besatzungszone feststellen. Obschon der Oberkommandierende der gesamten Okkupationsmacht ein verläßlicher Gaullist war, ließ er sich dennoch von jungen kommunistischen Intellektuellen, die vor allem im Informationsdienst und in verschiedenen kulturellen Departements tätig waren, gerne beraten und ohne Mißtrauen beeinflussen, nicht zuletzt, weil er sich so gegen Angriffe der sehr aggressiven linken Presse am wirksamsten zu schützen glaubte.

In der französischen wie in der amerikanischen Besatzungszone wurde die gleiche politische Posse gespielt: Kommunisten und deren Sympathisanten bekannten sich nicht offen zu ihrer Partei, sondern stellten sich als aufrichtige Demokraten vor. Sie überzeugten nicht nur die als Majore und Obersten verkleideten Babbitts, sondern auch die französischen Okkupanten davon, daß gerade sie als Demokraten die verläßlichsten Mitarbeiter der Besatzung seien – zum Unterschied von den Sozialisten, die ja den sozialen Frieden stören wollten und sofort die politische Freiheit der Deutschen verlangten. So geschah es, daß stockkonservative Offiziere getarnten Kommunisten den Rundfunk und die Presse überantworten wollten, um Deutschland vor dem Sozialismus zu retten. In der französischen Zone galt es eine Zeitlang als Gipfel der politischen Weisheit, keinerlei Partei anzuerkennen, sondern an ihrer Stelle einen Antifaschistischen Kampfbund, der in der Tat gar nicht existierte und als eine kommunistische Tarnorganisation aufgezogen werden sollte.

In vielen Abwandlungen wurde diese Posse immer aufs neue gespielt, bis sie sich, spätestens im Jahre 1948, selber als betrügerisches Manöver enthüllte. Da die Mehrheit des militärischen und zivilen Besatzungspersonals weder kommunistisch noch sozialistisch war, sondern politisch indifferent, sympathisierte sie am ehesten mit Politikern, die sich aus religiösen Gründen dem Nazismus insgeheim widersetzt hatten. Diese schienen die verläßlichsten, nachgiebigsten Verbündeten zu sein, die man in

Deutschland und in Österreich vorfinden konnte. Hingegen wagten es Sozialisten, so zum Beispiel der aus der englischen Emigration nach Wien heimgekehrte Oskar Pollak, Irrtümer, Mißbräuche und Schikanen der Alliierten in der ›Arbeiter-Zeitung‹, dem Zentralorgan der Sozialistischen Partei, offen anzugreifen. Er rief damit bei der Besatzung Ärger hervor, besonders wenn er die Russen kritisierte; der französische Informationsoffizier schlug den Alliierten in einem solchen Falle vor, die ›Arbeiter-Zeitung‹ zu verbieten. Es verwunderte niemanden, daß ich entschieden gegen ein solches Vorgehen Stellung nahm, denn man wußte, daß ich auf seiten der Sozialisten war, obgleich ich weder der SP noch irgendeiner Partei angehörte. Überdies war ich prinzipiell gegen die Zensur und erst recht gegen das Verbot von Publikationen, in denen begründete Kritik an Zuständen und Maßnahmen geübt wurde. So verhinderte ich zum Beispiel das Verbot, das ein schlecht gelaunter Offizier über die ›Gegenwart‹, die von Benno Reifenberg mit geistigem Anstand und Zivilcourage redigierte Zeitschrift, verhängen wollte.

In der Tat ergab sich überall die scheinbar paradoxe, aber psychologisch und politisch leicht erklärbare Situation, daß jene, die den Drohungen und Lockungen der Nazis widerstanden hatten, die staatsbürgerliche Freiheit auch in der Okkupation verteidigten. Da sie kein schlechtes Gewissen hatten, mußten und wollten sie keine Beweise von Dienstfertigkeit erbringen – sie waren zur Mitarbeit bereit, aber nicht zur Unterwerfung. Sie nahmen das Recht in Anspruch, zu kritisieren und in der Besatzung einen notwendigen, aber vorübergehenden und jedenfalls prekären Zustand zu sehen, dessen Härte es zu mildern galt – sowohl im Interesse des Volkes wie des zukünftigen Friedens.

Ebenso aufschlußreich ist die Tatsache, die man überall feststellen konnte: Ein unglückliches Bewußtsein, ein unabweisbares Gefühl der Mitverantwortlichkeit für die im Namen Deutschlands verübten Verbrechen fand man nur bei Männern und Frauen, die immer Gegner des Nazismus gewesen waren und unter ihm selbst sehr gelitten hatten. Sie, die Unschuldigen, haben das Gefühl der Scham über das Geschehene spät oder nie überwunden. Sie waren es auch, die während der Jahre der allmächtigen Besatzung den Mut aufbrachten, für das Wohl des eigenen, leidenden Volkes zu kämpfen und für das Recht und die Freiheit anderer Völker einzustehen.

Mehr als drei Jahrzehnte sind seit der frühen Nachkriegszeit vergangen, in deren Verlauf mich Dienstreisen in Deutschland und Österreich mit zahllosen Menschen in Berührung brachten, deren Sprache meine eigene war. Ganz anders als während meines Aufenthaltes in der deutschen Schweiz, erfuhr ich hier – erstaunt, erfreut und nicht weniger erschreckt – den Zauber der Sprache, der bindet, was ein organisiertes Unheil und nicht die Mode getrennt hat. Am späten Abend von der Gare de l'Est abgefahren, erwachte ich, von deutschen Stimmen geweckt, die mir fast unaufhörlich während der folgenden Tage ans Ohr klingen sollten. Obschon mir das Badische in Dialekt und Tonfall fremd klingen mußte, konnte ich mich kaum des zudringlichen Gefühls erwehren, daß ich mich zwar nicht in der Heimat, aber dennoch im Heimischen befand, weil auf den Straßen, in der Bahn, weil überall deutsch gesprochen wurde und die Schulkinder mit deutschen Rufen ihre Schneeballschlacht begleiteten. Ich war nicht ausgegangen, um zu fluchen, doch gewiß nicht, um zu segnen. Hier aber stand ich nun, las Namen und deutsche Worte auf Ladenschildern und Plakaten, als ob sie an mich gerichtet wären. Eben in der anonymen Sprache, nicht im einzelnen deutsch geführten Gespräch, empfand ich das Heimische, den Reiz und nicht weniger die Gefahr der unerwünschten Heimkehr.

In der ›Zukunft‹ hatte ich vor Ausbruch des Krieges unter dem Titel ›Coriolanuli‹ einen Artikel veröffentlicht, darin ich deutsche Exilgefährten kritisierte, die nicht nur das Dritte Reich, sondern – mit einigen der Geschichte entlehnten Argumenten – das deutsche Volk verurteilten. Ich warnte vor der coriolanischen Verachtung, mit der jene Polemiker von Deutschland sprachen. In meinen ersten Begegnungen mit Deutschen trat ich weder als rächendes Opfer noch als Ankläger oder als Richter auf; ich versuchte, Gesprächswendungen zu vermeiden, die die Gesprächspartner zu beschönigenden Unwahrheiten verführen oder in eine jämmerliche Verteidigungsposition drängen konnten. So stellte ich niemals direkte Fragen nach der Vergangenheit und wollte nur erfahren und am liebsten glauben, was der andere mir von sich aus erzählen wollte. Diese Methode des Umgangs mit Menschen jeder Art, die dem Psychologen die natürlichste ist, hat sich fast in jeder Situation bewährt. Ich wandte sie deshalb auch hier an, wohl wissend, daß der andere ein persönliches, oft vordringliches Interesse hatte, mich zu seinen Gunsten einzunehmen. Ich konnte ihm zu einer Anstellung oder zu einer Lizenz verhelfen, ihn mit Lebensmitteln bevorzugt versorgen lassen, mit ihm meine Zigaretten und Getränke teilen. Die Leute, fast ausschließlich Männer, waren Professoren, Schriftsteller, Journalisten, seltener Politiker, die seit Januar 1933 kaltgestellt, eingekerkert oder in Freiheit unter äußerst schwierigen Bedingungen gelebt und standgehalten hatten. Gealtert, resigniert oder hoffnungsvoll kamen sie aus dem toten Winkel, manche mit dem Gefühl, daß ihr Aufstieg gesichert war. Von ihnen allen, »Angehörigen der gebildeten Stände«, lernte ich jedoch weniger, als ich gehofft hatte.

In der von mir unter dem Pseudonym A. J. Haller herausgegebenen und in Mainz gedruckten internationalen Revue ›Die Umschau‹ spreche ich von »Forschungsreisenden«, die seit Kriegsende nach Deutschland kamen, um beharrlich eine glaubhafte Lösung des Rätsels zu suchen, das sie seit 1933 aufs höchste beunruhigt hatte. Der Reisende fragt: »Wie ist all das möglich gewesen?« Und der Gebildete beklagt sich über das Volk, die Massen, die Dummen, die nicht alle werden. Ja, alle waren schuld, nur er war es nicht.

Der zuständige Informationsoffizier in Mainz – ich will ihn Tisserand nennen – war ein Kommunist, Parteimitglied oder Sympathisant; ich fragte ihn nicht danach. Er wußte sicher, wo ich politisch stand, brachte mir aber trotzdem, wie ich annehmen mußte, Sympathie und Achtung entgegen. Er empfahl mir einen Mainzer – ich will ihn Palm nennen –, der in der Tat ein gebildeter Mann, ein Sozialist und vertrauenswürdiger Mensch zu sein schien. Ihn machte ich zu meinem Mitarbeiter. Er hatte nicht sehr viel zu tun, denn ich wählte die Texte zusammen mit meiner Mitarbeiterin Charlotte Roland in Paris aus und setzte da jede Nummer zusammen. Von ihm erwartete ich nützliche Kontakte mit deutschen Intellektuellen, die als spätere Mitarbeiter der Revue in Frage kamen. In der Publikation traten jedoch nach einigen Nummern unbegreifliche Schwierigkeiten ein: Obgleich die Zeitschrift sich sehr gut verkaufte, war die Kasse leer. Da gestand Dr. Palm, daß er das Vermögen der ›Umschau‹ irgend jemandem, einem Transportunternehmer, geborgt hatte, der inzwischen verschwunden war. Ob wahr oder unwahr, sein Vorgehen blieb ungeklärt. Die Druckerei, die mir von Tisserand empfohlen war, erklärte sich außerstande, die Zeitschrift zu drucken, da eben Tisserand ihr andere Aufträge zugewiesen hatte. Etwa um die gleiche Zeit hatte ein französischer Geheimdienst Telephongespräche des Dr. Palm mit Kommunisten der Sowjetzone abgelauscht, überdies Briefe von ihm und an ihn aufgefangen. Man schöpfte Verdacht, daß ich eben durch ihn Kontakt mit der Ostzone und den Russen angeknüpft hätte. Dr. Palm ließ sich einige Zeit nachher in der Ostzone nieder, wo er sofort einen Lehrauftrag erhielt. Etwas später ging Tisserand nach Leipzig, wo er Lektor war und seine Studien beendete.

Und nun das Merkwürdige: Tisserand habe ich später noch einige Male bei mir zu Hause empfangen und dann aus den Augen verloren. Nach der Entstalinisierung meldete er sich wieder; er bat mich, ihn bei seinem nächsten Aufenthalt in Paris zu empfangen. Und da geschah es: In einer plötzlichen Erleuchtung begriff ich, welch üble, in der Tat verächtliche Rolle er in der ganzen Angelegenheit gespielt hatte. Daß er über Befehl seiner Partei so gehandelt hatte, erstaunte mich natürlich nicht im mindesten. Unbegreiflich hingegen bleibt mir meine eigene Blindheit.

Als ich mit so großer Verspätung die wahren Zusammenhänge dieser Affäre entdeckte, wurde mir mein Verhalten zum Rätsel. Liebe oder sexuelle Hörigkeit und ebenso Fanatismus jeder Art können selbst einen reifen Menschen vorübergehend seiner Intelligenz, seiner Beobachtungsfähigkeit und seiner Menschenkenntnis berauben. Aber hier war nichts dergleichen im Spiel. Meine Beziehung zu allen Beteiligten war eine durchaus nüchterne; ich empfand wie immer Sympathie für jene, die für mich oder mit mir arbeiteten. Trotzdem verrieten sich mir gewöhnlich kleinere oder größere Unwahrheiten, als Gründe maskierte Ausreden und Vorwände ganz von selbst. Um so erstaunlicher, daß ich die Manipulationen in diesem Falle gar nicht in Betracht gezogen habe. Wie ich nun betroffen zurückdachte, wurde es mir gewiß, daß ich das Wesentliche doch vermutet oder rechtzeitig erraten und dennoch nichts unternommen hatte, um alles aufzuklären. Paßte das zu mir, der bereits als vierjähriges Kind die schlauen Schummeleien Bereles, des um wenige Jahre älteren Kameraden, durchschaut hatte, ihn aber glauben ließ, daß ich sie für bare Münze nahm?

Ich erwähne diese Episode vor allem, weil sie Einsicht gibt in die überaus komplexe, in der Tat *falsche Situation,* in die ich dadurch geraten war, daß ich eine Mission annahm, für die ich zwar sachlich geeignet war, die mir jedoch gefühlsmäßig unerträglich blieb. Ich habe schon erwähnt, daß mich jeder Aufenthalt im besetzten Deutschland deprimierte, daß ich mich nicht mit den Okkupanten identifizieren wollte, noch viel weniger mit den Okkupierten. Das Gefühl des Heimischen, das die gemeinsame Sprache erzeugte, stand – von seltenen Ausnahmen abgesehen – im Widerspruch mit der bedrängenden Gewißheit, daß ich nur ein Jahr zuvor in Deutschland wegen meines Judeseins einem grauenhaften Schicksal ausgeliefert worden wäre. Die meisten Männer und Frauen, denen ich begegnete, hätten gleichgültig oder mit Genugtuung das Nötige getan, damit ich diesem Geschick nicht entginge. Und trotzdem war mir ihre materielle und seelische Not nicht gleichgültig, nicht ihr Hunger und nicht ihre Angst um Söhne oder Gatten, von denen sie seit Monaten vergeblich ein Lebenszeichen erwarteten.

Ja, ich war in einer falschen Situation. Am deutlichsten trat das zutage, wenn ich mehrere Stunden in der Gesellschaft der leitenden Beamten und der Kommandanten der Besatzungsarmee verbrachte. Natürlich wurde ich wegen meiner Mission zu offiziellen Diners eingeladen, wo man aus Langeweile zuviel aß und zuviel trank, wie es fast jedesmal geschieht, wenn die so zahlreichen Tischgenossen ständig damit beschäftigt sind, den Anschein zu erwecken, als ob sie wirklich diejenigen wären, als die sie aufzutreten haben. Ohne dessen gewahr zu werden, sprachen die meisten, als ob sie Kolonialherren wären in einem rückständigen Land, in das sie Ordnung, Arbeitsfleiß und Bildung bringen sollten. Ich konnte oft nicht an mich halten, meine Gesprächspartner daran zu erinnern, daß Deutschland in jeder Hinsicht ein kultiviertes Land war und schnell genug seinen Rang wiederfinden würde. Sie aber waren erstaunt darüber, daß jemand von meiner Abstammung nach allem, was geschehen war, von Deutschland so sprechen konnte.

Verbrachte ich einen Abend mit deutschen Intellektuellen, unter denen es nicht wenige Kriegsverletzte gab – fast alle hatten als Offiziere Frontdienst geleistet –, dann gab es zu Beginn gegenseitiges Verständnis, teilten wir doch alle das gleiche Unglück, Hitlers Aufstieg erlebt und unter dessen Folgen gelitten zu haben. Je weiter indes der Abend fortschritt, um so beredter wurden sie. Zwar lasen sie es nicht anders als »vor Tisch«, aber immer eindringlicher wiederholten sie, wie sehr gerade sie gelitten und wie gut es zum Beispiel die Emigranten gehabt hätten, die durch ihre Flucht ja rechtzeitig dem Schlimmsten entronnen waren. Noch ein wenig – und meine Gäste hätten, nicht ohne taktvolles Zögern, angedeutet, daß alles in allem die Juden in ihren Ghettos und Lagern es weniger schlimm gehabt hätten als so viele deutsche Soldaten im russischen Winter, zum Beispiel in den Igelstellungen. Ehe ich antworten konnte, lenkten sie gewöhnlich wieder ein, denn immerhin durfte man die Gaskammern und Auschwitz nicht vergessen ...

War ich aber mit Tisserand und den jungen linken Intellektuellen zusammen, die er häufig einlud, dann schien alles einfach: Ihnen stellte sich das Unglück, dessen Nachwirkungen noch unser aller Sein und Denken beherrschten, genauso dar wie mir. In unseren Gesprächen vergaßen sie gewiß nicht, daß es Sieger und Besiegte gab, aber auch für sie verlief die Grenze nicht so sehr zwischen den Nationen als zwischen den Positionen, die die einzelnen, die Gruppen und Parteien in diesen dreizehn Jahren bezogen hatten. Und eben weil ich immer bei der Begegnung mit den anderen befremdet war, empfand ich das Bedürfnis, denen, die genau so zu denken schienen wie ich, uneingeschränktes Vertrauen zu schenken. Die erstaunliche Schnelligkeit, mit der sich zwischen Soldaten schon in der Mannschaftsstube und erst recht im Kampfeinsatz ein brüderliches Zutrauen einstellt, erklärt sich sicher aus dem gleichen Wunsch, Zuflucht vor einer befremdlichen Lage und damit sich selbst zu finden.

Ich blieb noch lange, nachdem Malraux das Ministerium verlassen hatte, im Amt. Viel länger als ich es getan hätte, wären im Zusammenhang mit der Revue nicht Konflikte entstanden, die ich unbedingt durchfechten wollte. Ich hatte gute Gründe, mich zurückzuziehen: Roger Martin du Gard hatte meine Hefte vor jedem Zugriff bewahrt, sie zeitweise eingegraben, wenn Gefahr drohte. So konnte ich darangehen, das Buch zu beenden. Arthur Koestler, dem ich einige Kapitel vorlas, ermutigte mich aufs entschiedenste und riet mir, keine Zeit mehr zu verlieren.

Ich begann mit dieser Arbeit, noch ehe ich Ende 1948 meine Tätigkeit im Französischen Generalkommissariat für die besetzten Gebiete aufgab. Wollte ich Schriftsteller werden? Das stand noch gar nicht fest, denn ich hielt es nicht für sicher, daß ich damit das Auskommen finden würde; ich war aber entschlossen, den Roman zu veröffentlichen. Zwar ging es hier um ein literarisches Werk, aber noch mehr um eine Art Vermächtnis: 1937 war ich wortlos weggegangen, in der ›Analyse der Tyrannis‹ blieb ich unpersönlich, erst hier, im Roman, erzählte ich die »Geschichte einer Leidenschaft«, die, transponiert, auch die meine gewesen war, und die Geschichte eines Zeitabschnitts. Ich hatte dem Buch von Anfang an den Titel gegeben: ›Doch dieser Tag brach nicht an . . .‹, häufig nannte ich ihn auf englisch ›The Day did'nt dawn . . .‹. Merkwürdig genug, daß ich somit an die unerfüllte Hoffnung dachte und nicht an die vollbrachte Zerstörung. Erst als der Roman in seiner endgültigen Form abgeschlossen war, ersann ich die ›Legende vom verbrannten Dornbusch‹. Doch noch war es nicht so weit. Ich blieb in der falschen Situation, versuchte währenddessen manches Gute zu bewirken, verhinderte manches Dumme und Schlechte; ich reiste alle paar Wochen nach Deutschland und einige Male nach Wien, wo ich einmal mehrere Wochen blieb.

Ja, das Wiedersehen mit Wien. In diesen Erinnerungen habe ich erzählt, wie ich am späten Abend des 11. März 1938 entdeckte, daß Wien mir nicht als eine Stadt erschien, die mir – wer weiß für wie lange – unzugänglich wurde, wie etwa Berlin seit 1933. Nein, mir war, als ob Wien in diesen Stunden von der Bildfläche verschwinden müßte. In jener Nacht verwaiste ich, verlor ich erneut meine Wurzeln.

Als ich nun, acht Jahre später, auf dem Wiener Westbahnhof aus dem Zug stieg, sprach mich ein uniformierter Mitarbeiter des französischen Informationsdienstes an. Auf dem Weg in die requirierte Wohnung, die mir zur Verfügung gestellt wurde, wandte ich kaum den Blick von meinem Begleiter ab, der mir ausführlich darlegte, welche Personen ich wann und wo sehen, an welchen offiziellen Déjeuners, Diners und Partys ich teilnehmen müßte. Er flocht ganz witzige Charakterisierungen der Franzosen und Österreicher ein, denen ich mehr oder minder häufig begegnen würde. Fürs erste schlug er eine Spazierfahrt durch die Stadt vor, die sofort wiederzusehen ich ja gewiß begierig wäre. Ich lehnte es ab, denn ich wollte ohne Begleitung, ohne diesen Zeugen, den gleichen Weg einschlagen, auf dem ich vom Herrenhof nach Mitternacht gewöhnlich nach Hause ging.

Ich stellte mich ans Fenster, die Häuser hatten nicht gelitten, die Fassaden waren genauso schäbig wie 1919, aber die Kleidung der Fußgänger schien weniger abgenutzt als damals, viele trugen farbige Provinztrachten. Die Tramway hatte sich nicht geändert, sie war noch immer rot-weiß, das Knirschen der Bremsen und das ungeduldige Geklingel der Fahrer – all das war wie früher. Ich erinnerte mich, welch Vergnügen ich am Wiedersehen mit Wien immer fand, sooft ich aus Berlin oder aus Paris für einige Zeit zurückkam. Natürlich gab es damals viele Menschen, die meine Heimkehr erwarteten, so daß ich stets das Gefühl hatte, daß ich von der Stadt ebenso wiedergefunden wurde, wie ich sie wiederfand.

Mit alledem war es vorbei. Ich hatte hier keinen einzigen Freund mehr, auch wenn da noch einige Leute leben mochten, die sich an mich erinnerten. Unter den Sozialisten, die aus der Emigration heimgekehrt waren, gab es gewiß nicht wenige, die ich einmal gekannt hatte; mit ihnen wollte ich jedenfalls den Kontakt aufnehmen, ebenso mit einigen katholischen Intellektuellen, die in Konzentrationslagern oder in einer inneren Verbannung tapfer durchgehalten hatten. Sonst blieben nur die französischen Besatzungsbeamten und einige Engländer.

Ich packte meinen Koffer aus, warf einen Blick auf die Dokumente, die mir mein Begleiter zurückgelassen hatte, dann stellte ich mich ans Fenster. Es regnete, alles war grau, die Fußgänger beschleunigten ihre Schritte. Auf dem Trottoir gegenüber schrie ein junger Mann etwas und gestikulierte dabei; es galt wohl jemandem, der über mir wohnte. Endlich wurde er dessen müde oder man hatte ihm geantwortet, er entfernte sich. Da bemerkte ich erst, daß er Lederhosen trug, unter seinen Knien leuchteten die langen, weißen Stutzen.

Endlich verließ ich das Haus; zu meiner Linken erblickte ich die vom Ring aufsteigende Mariahilfer Straße. Ich ging in der Richtung des Burgtheaters, von dem es hieß, daß es sehr beschädigt worden war. Plötzlich blieb ich stehen, ganz deutlich tauchte vor mir ein nächtliches Erlebnis aus dem Ersten Weltkrieg auf: Es war ein Sonntag. Am Nachmittag stellte ich mich vor dem Burgtheater an, um für die Abendvorstellung einen Stehplatz auf der vierten Galerie zu ergattern. Es sollte mein erster Theaterabend sein. Mir ist gewiß, daß man ›Wilhelm Tell‹ spielte, doch könnte es eine jener Gewißheiten sein, die sich dann unbegreiflicherweise als Irrtum herausstellen ... Nach der Vorstellung, es ging auf Mitternacht, war ich vom langen Stehen erschöpft und so schwach vor Hunger, daß ich, nachdem sich alle verlaufen hatten, eine Weile auf den Stufen vor dem Theater sitzen blieb, ehe ich den Heimweg antrat. Ich hatte schon lange den Kaisergarten und die Hofburg hinter mir gelassen, als ich staunend entdeckte, daß ich noch nicht am Stephansdom vorbeigekommen war. Die Straßentafeln lagen im Dunkel, ich wußte nicht, wo ich war. Trotz meiner Müdigkeit lief ich auf eine Laterne zu und entdeckte, daß ich in der verkehrten Richtung marschiert war und mich nun an der Ecke der Mariahilfer Straße befand.

Jene Nacht kam mir plötzlich in den Sinn. So begann ich meinen ersten Gang durch Wien ganz nahe der Stelle, an der ich damals, ganz allein in tiefer Nacht, entdeckte, daß ich in einen fremden Stadtteil geraten war und wieder zum Theater zurück mußte. Den gleichen Weg wählte ich nun dreißig Jahre später.

An der Marienbrücke zögerte ich, ehe ich zum Leopoldstädter Ufer hinüberging, bei den ersten Häusern meiner Gasse machte ich wieder halt. Ich erblickte deutlich genug unser Haus, wandte mich schnell ab und kehrte in die Innere Stadt zurück. Dort setzte ich mich in ein Café, ließ mir einen Gespritzten servieren und alle Zeitungen bringen. Ich wollte kein Gefühl in mir aufkommen lassen: nicht Trauer, nicht Enttäuschung, auch keine Erinnerungen.

Meine Eltern in London erwarteten gewiß, daß ich ihnen ausführlich über den Eindruck berichte, den mir die Stadt, unsere Gasse und unser Haus gemacht hatten, und die Menschen. Nun, darüber, was ich ihnen schreiben durfte, ohne sie zu erschüttern, konnte ich später nachdenken, inzwischen sollte die Erstarrung in mir bleiben. Das Vergangene war jetzt nicht wichtig, nicht darauf kam es an, sondern auf die Erledigung der Aufgaben, die mich hier erwarteten, und darauf, daß ich recht schnell nach Paris zurückfahre.

Ein Kind von drei, vier Jahren empfängt manchmal seine Eltern, die von einer Reise heimkehren, so, als ob es sie kaum noch kennte und jedenfalls nicht kennen wollte. Es braucht Stunden, zuweilen sogar Tage, bis die Widerspenstigkeit des verlassenen Kindes gegenüber denen, von denen es sich verraten fühlt, aufhört und es in ihnen wieder seine Eltern sehen und lieben kann. Nun, ich war dieses Kind, das jene nicht anblicken mag, denen es grollt, von denen es – wie es in der Bibel heißt – sein Gesicht abkehrt. Ich war mit offenen Augen durch die Stadt gegangen, hatte alles gesehen, aber nichts angeschaut, nichts außer unserm alten Haus – und auch das nur einen Augenblick lang. Im übrigen blieb ich während jener Tage im Kreise der zumeist jungen Franzosen, die in den Informations- und Kulturbüros beschäftigt waren.

Erst während meines zweiten Aufenthaltes nahm ich den Kontakt mit Österreich wieder auf, vor allem mit Julius Deutsch und Peter Strasser und manchen ihrer Genossen. Es meldeten sich auch einige wenige Wiener, die ich in meinen ganz jungen Jahren gekannt, mit denen mich zum Beispiel die gleiche Begeisterung für Egon Schiele oder für Nestroy zusammengebracht hatte. Jungen Menschen mag solcher wie durch Zufall entdeckter Einklang das Gefühl einer allumfassenden Gemeinsamkeit einflößen, indes tatsächlich außer der juvenilen Begeisterung für einen Künstler, für ein Werk oder eine Aktion sie nichts verbindet.

Eines Tages suchte mich eine etwa fünfundvierzigjährige Frau auf, die ich im Herbst 1925 das letzte Mal gesehen hatte. Ich erkannte sie nicht, sie erinnerte mich jedoch daran, daß ich mich mit dem jungen Mann, den sie später heiraten sollte, öfters zu treffen pflegte. Er lebte nicht mehr, sagte sie und ließ eine Weile verstreichen, ehe sie hinzufügte, daß er in Rußland gefallen war. Sie sah mir dabei forschend ins Gesicht, sie erwartete wohl, daß ich sie ausfrage, doch ich tat es nicht. Sie und ihr Mann, klärte sie mich auf, waren nie wirklich Nazis gewesen, sondern nur so zum Schein. Als sie endlich ging, wußte ich nicht, warum sie gekommen war. Ich unterließ auch zu fragen, ob ich etwas für sie tun könnte. Schon jenseits der Türe, bestand sie darauf, daß ich ihre Adresse notiere. Auch sie hatte ich während dieser Stunde nur gesehen, aber nicht angeschaut.

Noch am gleichen Tage löste sich die Erstarrung in mir, am Abend ging ich ins Theater und andertags feierte ich Wiedersehen mit dem Wienerwald. Er hatte sich nicht verändert, ich fand die Wiesen, die Kogel, die Abhänge und die Haine wieder – mit welch einer Deutlichkeit erstand das Gewesene in meiner Erinnerung! So viele Gesichter tauchten auf, manche von ihnen blieben in der Ferne, als ob sie bald verschwinden sollten, indes zu meinem Erstaunen die Farben der Kleider mancher Mädchen so lebendig wurden, als ob sommerliches Sonnenlicht sie erhellte. Obschon ich auch in den dreißiger Jahren Ausflüge in den Wienerwald gemacht hatte, brachte mir dieses Wiedersehen die Erlebnisse aus den Jahren zurück, die unmittelbar auf den Ersten Weltkrieg gefolgt waren. Der Selektionsprozeß des Gedächtnisses schaltete fast alles aus, was nicht im Erlebnisbereich des ganz jungen Menschen geschehen war.

Ich betrat schließlich auch die Lilienbrunngasse, blieb vor dem Tor unseres Hauses stehen und wartete darauf, daß jemand herauskäme oder hineinginge; es kam eine ältere Frau, dann ein alter Mann. Ich wünschte gar nicht zu erfahren, wer jetzt da wohnte. Ich blickte zu den Fenstern unserer Wohnung, besonders zu denen meines Zimmers hinauf, niemand zeigte sich. Als ich die Gasse verließ, dachte ich an die alte, in der Mitte abgebrochene Steinbrücke von Avignon. Wer sie vom rechten Rhône-Ufer aus betrachtet, dem scheint es, daß sie in der Mitte des Flusses aus dem Nichts entsteht und dem linken Ufer zustrebt – ein Sinnbild der Verwandlung des Sinnvollen in ein Sinnloses, Absurdes. Das Achterhaus in der Lilienbrunngasse stand noch, aber für mich hatte es aufgehört zu existieren – es war ein Phantom. So wie die Witwe des Schein-Nazis. Und so viele andere, deren Wege den meinen kreuzten.

Mich frappierte in den belebten Wiener Straßen die große Zahl neuer Gesichter: Gesichter von vielen Bauern und Bäuerinnen, die man seinerzeit in der Stadt nur auf großen Märkten gesehen hatte. Wien zog einen wachsenden Strom von Flüchtlingen und Vertriebenen an, in der Mehrzahl Altösterreicher, die aus slawischen Ländern kamen, in denen sie vor Jahrhunderten deutschsprachige Enklaven gebildet hatten, und aus Böhmen und Mähren. Man mochte glauben, die Stadt wäre aus einem ganz besonderen Anlaß von ländlichen Besuchern überschwemmt worden, so selten war in ihrer Mitte der unverkennbare urbane Typus, den jede Stadt im Laufe der Jahrhunderte herausbildet. Es kam vor, daß ich den Schritt verlangsamte, wenn ich ein bekanntes Gesicht zu erkennen glaubte, aber es handelte sich meistens um Leute, die besser als die anderen zur Stadt paßten.

Ich konnte da nur wie ein Fremder leben, daher zog ich vor, in einem Hotel abzusteigen. Wien als ›Stadt ohne Juden‹ hatte der Journalist Hugo Bettauer schon in den zwanziger Jahren in einem geistreichen Roman beschrieben. Jene Fiktion war Wirklichkeit geworden, aber in einer grausamen Weise, die weder Bettauer noch sonst wer jemals auch nur für denkbar gehalten hätte. Im Theater und in den Konzertsälen schienen die Juden durch die »Zuagerasten« ersetzt worden zu sein, doch traf es nicht ganz zu: Wien hatte sich in der Nazizeit provinzialisiert – Wiener, die in Kleidung und Gehaben Provinzlern glichen, bildeten nun die Mehrheit des Publikums. Schon in der Zwischenkriegszeit hatte man von dieser alten Hauptstadt als einem riesigen Dorf gesprochen; nun war sie zwar kein Dorf geworden, aber sie erweckte den Eindruck, die weitaus größte Kleinstadt der Welt zu sein.

Ich sah Deutschland erst im Jahre 1955 und Wien 1962 wieder. Das Schreiben nahm all meine Zeit in Anspruch, es bestimmte von nun ab meine Lebensweise und beherrschte meine Gedanken. Diese brachten mich häufig nach Berlin und Wien zurück, doch war ich nicht begierig, diese Städte erneut wiederzusehen. Über alles, was dort geschah, war ich auf dem laufenden, aber es ging mich nur in dem Maße an, als es allgemein politisch von Belang war – nicht zuletzt wegen der russischen Besatzung von Wien und wegen der Blockade, die das freie Berlin durch Hunger und Kälte zur Kapitulation zwingen sollte. Ich war ohne Rankünе, ich sagte es schon, und wünschte Wien und Berlin Freiheit und uns allen dauernden Frieden.

Seit langem war ich kein Emigrant mehr; die Hälfte des Lebens lag hinter mir, es war Zeit, daß da, wo ich lebte, für mich *hier* werde und jeder andere Ort *dort*. Wer so entwurzelt worden ist wie ich, und dies nicht nur einmal, schlägt nirgends wieder Wurzel, aber er kann sich irgendwo festsetzen, entschlossen, zu bleiben, wo er ist. Das tat ich auch. Doch als ich endlich mit großer Verspätung Schriftsteller wurde, mußte ich eine Frage lösen, die für mein Schaffen und meine Laufbahn von größter Bedeutung war: die Frage der Sprache. Da es mir psychisch unmöglich war, mich ganz vom Deutschen zu lösen, entschloß ich mich notgedrungen, ein zweisprachiger Schriftsteller zu werden – die Romane deutsch, die Essays hauptsächlich französisch zu schreiben. »À cheval sur le Rhin«: mit dem einen Fuß auf dem linken, mit dem andern auf dem rechten Rheinufer – diese Situation mag vorteilhaft erscheinen, sie ist es keineswegs. Wohl dem, der nur in einer einzigen Sprache fühlt, denkt und schreibt, selbst wenn er mehrere Sprachen beherrscht.

Seit 1946 war ich Lektor für deutsche Literatur im alten Pariser Verlag Calmann-Lévy, der mir einige Zeit später die Leitung des gesamten fremdsprachigen Sektors anvertraute. Unter den ersten deutschen Romanen, die ich ins Französische übersetzen ließ, gab es Werke von Alfred Döblin, Hermann Hesse, Hermann Kesten und Heinrich Mann. Während ich die von ausgezeichneten Germanisten besorgten Übertragungen überprüfte, stellte ich mit Staunen, ja mit Entsetzen fest, wie wenig kongenial die beiden Sprachen sind, so daß sie einander hoffnungslos fremd bleiben. Deshalb erstaunte es mich nicht, daß, was immer ich in der einen schrieb, mir selber fremd erschien, sobald ich es in die andere Sprache zu übersetzen begann. Die sprachliche

Bigamie bringt gewiß auch viele Vorteile, aber ich mag sie nicht. Es sind die Vorteile eines schicksalhaften Nachteils: der Entwurzeltheit.

Französisch wurde meine Sprache in jener äußerst schwierigen Situation, als ich darauf achten mußte, kein deutsches Wort auszusprechen, wenn etwa gegen Ende der Nacht Polizei bei mir anklopfen sollte, und keinen Schmerzensschrei in einer andern Sprache als der französischen auszustoßen. Damals, nach dem Debakel und besonders seit 1941 wurde Französisch meine Traum-Sprache. Aber es vergingen noch mehrere Jahre, ehe ich mich entschloß, französisch zu schreiben, da ich bis dahin nur das als authentisch empfand, was sich mir in deutscher Sprache gleichsam aufdrängte. Es dauerte recht lange, ehe es anders wurde.

Die Lebensbedingungen normalisierten sich – zu langsam, glaubte man damals, doch rückblickend wissen wir, daß es recht schnell geschah, trotz den Unruhen, welche die von Gaullisten und Kommunisten fortgesetzt erschütterte politische Lage hervorrief, und trotz dem Vordringen des russischen Imperialismus, der Polen, Rumänien, Ungarn, Bulgarien, Mitteldeutschland und schließlich die Tschechoslowakei in totalitäre Satelliten-Staaten verwandeln sollte. Obschon es drei Jahre nach dem Ende des Krieges aussah, als hätte eine neue Vorkriegsphase begonnen, bewirkte die unübertreffliche Schaffenskraft Europas, durch den Marshallplan tatkräftigst gefördert, einen unerwartet raschen Wiederaufstieg der westlichen Staaten, in denen sich bald eine Konjunktur von Produktion und Konsumtion einstellte, deren Ausmaß und Dauer in der Geschichte hochentwickelter Länder ohne Beispiel ist. Mit einer Verspätung von mehr als dreißig Jahren ergriffen sie endlich die ersten Maßnahmen, die zu einer europäischen Gemeinschaft führen sollten.

Wir alle überschätzten die Unstabilität Frankreichs, weil die Vierte Republik aus einer Regierungskrise in die andere stürzte, weil sie mit der Dekolonisierung nicht schnell genug ernst machte und deshalb sinnlose Konflikte heraufbeschwor. Die Vierte Republik schien nicht imstande, auch nur ein einziges Problem zu lösen, aber sie war es, die das Land, das sich um Jahrzehnte verspätet hatte, schließlich aus dem 19. Jahrhundert herausgeholt und es wirtschaftlich auf die Höhe gebracht hat.

Mein Wirkungsbereich im Verlag Calmann-Lévy erweiterte sich bedeutend, außerdem arbeitete ich während mehrerer Jahre als Redakteur der deutschsprachigen Programme des französischen Rundfunks; die beiden Gehälter erlaubten uns, angenehm zu leben – mitten unter vielen alten und neuen Freunden.

Meine Eltern und die Brüder sah ich mindestens einmal im Jahr; es ging ihnen recht gut, keiner von ihnen beabsichtigte, nach Österreich oder Deutschland zurückzukehren. Sie waren keine Engländer geworden, sondern Briten, das heißt Staatsbürger des United Kingdom.

Mirjam hatte in Rom einen angemessenen Wirkungskreis gefunden, sie arbeitete als Psychologin im amerikanisch-jüdischen Hilfswerk, das die Überlebenden aus den Nazilagern betreute. Vladim, der nun fast ein junger Mann war, hatte sich italianisiert. Seiner Liebe zu Italien ist er treu geblieben, er hat in Rom seine Studien beendet und dort eine Heimat gefunden. Ich besuchte beide in Rom, Vladim kam oft zu uns nach Paris.

War meine Lehrzeit im 43. Lebensjahr endlich abgeschlossen? Nein, nicht abgeschlossen, sondern nur abgebrochen. So provisorisch die Umstände waren, es galt, sich eine Existenz zu schaffen, als ob alles halbwegs wieder in Ordnung wäre, und jeder nun in relativer Sicherheit die Zeit nutzen könnte, die ihm zugemessen war. Seit meiner frühesten Jugend betrachtete ich es als sinnvoll und somit notwendig, daß jeder Mensch *für* etwas lebe. Die Ziele, für die ich von Anbeginn hatte kämpfen wollen, schienen mir auch weiterhin durchaus erstrebenswert, aber seit Jahren war mir offenbar, daß der Weg, den ich wie zahllose andere eingeschlagen hatte, zum Irrweg geworden war. In der Wahl des Übels, das ich bekämpfen wollte, hatte ich mich so gut wie nie geirrt, aber oft genug in der Wahl dessen, wofür ich mich einsetzte, und am schlimmsten war ich in der Wahl jener fehlgegangen, an deren Seite ich in das »letzte Gefecht« zu ziehen glaubte. Natürlich galt dieses Versagen nicht nur für mich allein, sondern für so viele meiner Freunde, die nicht mehr waren, und für die Überlebenden, mit denen ich mich wieder zusammenfand.

Ich habe nie das Gefühl und noch weniger den Wunsch gehegt, ein »Unzeitgemäßer« zu sein. Aber als ich daranging, den ›Verbrannten Dornbusch‹ zu beenden und ihn französisch zu veröffentlichen, wußte ich, daß ich damit zu spät oder zu früh kam. Gewiß wünschte ich, mit diesem Buch einen Erfolg zu erringen; das bedeutete für mich mehr als die Zustimmung meiner Freunde und die Gunst der Kritiker, denn nach wie vor wollte ich *wirken.* Alles sprach dagegen, daß es mir gelingen könnte.

In den ersten Nachkriegsjahren drängte sich jedem die Gewißheit auf, daß den Zeitgenossen die hartnäckig bewahrte Unbelehrbarkeit, dem Totstell-Reflex mancher wehrloser Tiere ähnlich, als Abwehr gegen die moralischen und politischen Gefahren des Wissens diente. Sie waren bereitwillig, dem Druck jeder Macht nachzugeben, soferne diese stark genug war, ihnen Besorgnis um ihr Wohlergehen und Angst vor der nahen Zukunft einzuflößen.

Sie glaubten den neuen Emigranten nicht, die sich aus der Sowjetunion und aus den von den Russen beherrschten Gebieten in den Westen retteten, unter denen viele, Männer und Frauen, Opfer des NKWD geworden waren. Um diesen Flüchtlingen lügnerische Verleumdung vorwerfen zu können, hörte man sie nicht an, las man nicht, was sie schrieben. So schützte sich ein beträchtlicher Teil der gebildeten Schichten vor dem Risiko, von den Kommunisten und ihren Sympathisanten als Faschisten gebrandmarkt zu werden.

Doch eben an diese Gebildeten wandte ich mich mit dem ›Verbrannten Dornbusch‹ – weniger um sie zu überzeugen, als um in ihnen Zweifel und eine beunruhigende Nachdenklichkeit hervorzurufen. Mein Roman, weit mehr interrogativ als demonstrativ, stellte die Möglichkeit totaler Lösungen in Frage, ließ keine Dogmen gelten und keine Gewaltherrschaft. Das Wesentliche und Schwierige an ihm war, daß er die leichtfertige Vereinfachung, die Versimpelung des Komplizierten ablehnte – und gerade das mußte die von den »terribles simplificateurs« verwöhnten Leser befremden. Die Germanistin Blanche Gidon, mit der zusammen ich dieses Buch übersetzte, machte mich häufig auf meine Unnachgiebigkeit gegenüber dem Leser aufmerksam; ich strich manches, was mir zu schwer und dem »Komfort der Seele« besonders abträglich schien, aber niemals einen Absatz, in dem es sich um das Wesentliche handelte.

Im Juni 1949, als das 1940 begonnene Werk unter dem Titel ›Et le Buisson devint Cendre‹ endlich erschien, war ich trotz meiner vierundvierzig Jahre ein Anfänger – nach solch langer Lehrzeit noch immer ein Anfänger. Auch deshalb wartete ich gespannt, mit einer nahezu kindlichen Bangnis auf den Widerhall; jeder gedruckte Hinweis schien mir wichtig. Die ersten Artikel – sie waren beinahe ausnahmslos günstig – las ich, als ob sie mir den wundersamen Erhalt der Flaschenpost bestätigten und mich so verpflichteten, ihr sofort eine zweite nachfolgen zu lassen. Erhob irgendein Kritiker einen Einwand, so antwortete ich ihm – nur in Gedanken – sehr ausführlich. Ich war in meinen eigenen Augen lächerlich, wußte ich doch als Verleger und Freund vieler Schriftsteller, wie begrenzt die Leserschaft der Kritiker ist und wie gering zumeist ihr Einfluß. Interviewer kamen, Einladungen zur Mitarbeit an Zeitungen und Zeitschriften, ich nahm an öffentlichen Debatten teil und wurde mit berühmten Persönlichkeiten bekannt gemacht; es passierte mehrmals, daß man mich in Leitartikeln zitierte. Nein, ich vergaß nicht, daß mein Ahne Salomon mit seinem Ausruf über die Eitelkeit aller Eitelkeiten noch immer recht hatte, aber während einiger Wochen nahm ich Komplimente ernst und stellte mit Bedauern fest, daß es schwer ist, auf sie geistreich zu reagieren, doch entdeckte ich rechtzeitig genug, daß im übrigen niemand das erwartet.

Das wertvollste Ergebnis, das sich gleich nach dem Erscheinen des ›Verbrannten Dornbusch‹ einstellte, war die Freundschaft einer wachsenden Zahl von Menschen, hauptsächlich von Schriftstellern. So glich mein Eintritt in die Literatur der Aufnahme in einen Orden. Um es gleich zu sagen: Ich bin besonders gerne mit Schriftstellern zusammen, am liebsten mit solchen, deren Talent mich beeindruckt, aber auch mit anderen, sofern sie ihre Freiheit als Autoren bewahren, so daß Schöpfer und Werk authentisch bleiben. Doch befinde ich mich am Rande ihres Kreises, was nicht nur daran liegt, daß ich mich recht spät zu ihnen gesellt habe, sondern viel mehr daran, daß die psychologische Vergangenheit an mir klebt wie die Kutte an einem Mönch, der sich ihrer längst entledigt hat.

Ich nehme das Schreiben so ernst wie das Leben und die Drohung des Todes, denn ich bleibe dessen stets gewahr, daß alles künstlerische Schaffen, besonders aber jenes des Dichters, den ganzen Menschen auf die Probe stellt: sein Wesen, sein Wissen und sein Bewußtsein, seine innere Wahrhaftigkeit ebenso wie seine nicht überwundenen Schwächen. Ist dies zu hoch gegriffen oder jedenfalls zu ernst, so wirkt die andere, gleichsam von einem künstlichen Mondlicht erhellte Seite des schriftstellerischen Unterfangens um so frivoler: Hier entdeckt man seine übertriebenen Prätentionen und zugleich das Aleatorische und das Ungefähre, das auf die Dauer auszuschalten niemals ganz gelingt.

In Wahrheit stellt der Autor an sich selbst und an seine Leser den Überanspruch, jedes neue Werk als ein neues Beginnen und gleichermaßen als eine letzte Vollendung anzuerkennen. Dieser maßlose Anspruch verrät, wie wenig er des eigenen Urteils und des Urteils der anderen sicher ist. Denn es ist nicht Selbstsicherheit und nicht das Zutrauen zu einer ererbten oder errungenen Gewißheit, die zum Schreiben drängt, sondern fast immer eine unerträglich gewordene alte oder neue Ungewißheit, die zuweilen schmerzlich empfundene Notwendigkeit, mit sich selbst ins Reine und so endlich zu sich selbst zu kommen.

Unser Leben in den fast dreißig Jahren meiner schriftstellerischen Tätigkeit ist weit besser, sinnvoller gewesen, als ich je zu hoffen gewagt hatte: Wir – Jenka, Dan und ich – haben sie tätig, in intensiver Anteilnahme an Menschen und Ereignissen verbracht, mit Freude am Dasein, am Tun und an Erfolgen, mit der sich stets erneuernden Freude an Freundschaft, die wir so oft geboten und empfangen haben; von alledem brauche ich in diesen Erinnerungen nicht zu erzählen. Über alles, was ich jedoch als Zeitgenosse in diesen Jahrzehnten erlebt und getan habe, geben meine Bücher und Artikel Aufschluß.

Befreit von der Notwendigkeit, in der ersten Person zu sprechen, werde ich den drei Bänden meiner Autobiographie einige Berichte und Essays folgen lassen: über das ›Wiedersehen mit Deutschland und mit Österreich‹, über das ›Wiedersehen mit Israel‹, über meine ›Freunde in der Welt‹ und schließlich über den ›Kongreß für kulturelle Freiheit‹, dessen tätiges Mitglied ich zwanzig Jahre gewesen bin. All das muß ich noch zu Papier bringen und manches andere überdies.

Ich muß? Warum? Darauf habe ich am 18. Oktober 1975 in Darmstadt, bei der Entgegennahme des Georg-Büchner-Preises, geantwortet:

»Ich bekenne, daß ich zu schreiben begann, weil ich es bitter nötig hatte, um die Misere der Zeit, die ständige Bedrohung und mich selbst ertragen zu können. Aber daß ich seither veröffentlichte, was ich schreibe, das geschieht, weil ich auf die Gefühle meiner Leser und – in erster und in letzter Reihe – auf ihr Bewußtsein wirken will. Vielleicht, weil ich erst spät ein Schriftsteller geworden bin, ist mir ›das Lied, das aus der Kehle dringt‹, keineswegs Lohn, der reichlich lohnet, sondern im Sinne des Rabbi Nachman von Bratzlaw ein stets erneuter Ruf, der den Leser wecken soll, den Leser und mich selber.«

Nach wie vor habe ich es »bitter nötig« zu schreiben. Doch

selbst in den Stunden bedrängender Zweifel an mir selbst, an allen und an allem, bleibt es mir gewiß, daß schöpferische Arbeit nicht nur für den einzelnen stetig werdende Freiheit bedeuten kann, sondern daß sie auch die Freiheit in der Welt bewahren und vermehren hilft.

Epilog

»Er wurde geboren, hat gelebt und ist gestorben« – diese kürzeste aller Lebensbeschreibungen ist offensichtlich zu lang. Daß einer, der einmal gelebt hat, vorher geboren worden war, versteht sich ebenso von selbst, wie daß er nachher gestorben ist. Der Autobiograph seinerseits kann allerdings den eigenen Tod nicht vermelden, deshalb muß das letzte Wort seiner Erinnerungen von fremder Hand hinzugefügt werden. »Wie man stirbt, ist unwichtig wie alles, was nicht Leben ist ... Was auch immer der Tod sein mag, ein Argument ist er nicht: nicht für, nicht wider.« Ich war 36 Jahre alt, fast hoffnungslos gefährdet, als ich diese Worte einem Mann in den Mund legte, der geschlagen war, aber unbesiegbar blieb, solange er sich noch wehren wollte. Heute, fast zweimal so alt, denke ich weit seltener an den Tod und mit größerer Gelassenheit als damals: Er ist ein lästiger Gefährte, der sich zwar nicht abschütteln, aber immer wieder leicht vergessen läßt.

Erst als ich an der französischen Übersetzung der ›Wasserträger Gottes‹ arbeitete, fragte ich mich erstaunt, warum ich wohl den Bericht über meine Kindheit mit dem Tod eines kleinen Mädchens begonnen hatte, denn ich hatte ja mit der frühesten Erinnerung anfangen wollen, der Erinnerung an eine weiße, reine Welt: an den Schnee und die Eisblumen auf den Fenstern. Nun, jene Begegnung mit der aufgebahrten Spielgefährtin wirkte auf mich damals wohl wie eine Warnung vor dem Tode, aber weit gewisser noch warnte sie den kleinen Jungen vor den fremden trauernden Frauen, die ihn seinem Glauben, das heißt seiner Welt, abspenstig machen wollten. Auch der verwirrende Gegensatz war da: das Mädchen in den weißen Gewändern, mit den sorgfältig frisierten, leuchtend blonden Haaren – geschmückt für das ewige Leben, eben weil es tot war.

Mit den Jahren bin ich dem Tod, diesem nicht enden wollenden Skandal gegenüber toleranter geworden; ich finde mich ohne Widerstreben damit ab, daß alte Menschen sterben. Hingegen ruft das Ableben junger Menschen in mir eine schmerzhafte Empörung, eine tiefe Trauer und ein stummes Gefühl mißbrauchter Wehrlosigkeit hervor. Auch deswegen bewirkt der Gedanke an die nekrologische Fußnote, die meine Erinnerungen an ›All das Vergangene ...‹ eines Tages endgültig abschließen wird, in mir keinerlei Gemütsbewegung: ich werde als alter Mann sterben.

Noch vor zwanzig Jahren war es mir selbstverständlich, daß ein Schriftsteller nichts so sehr ersehnen kann, wie daß sein Werk ihn während langer Jahrzehnte, ja daß es ihn um eine kleine Ewigkeit überlebe. Das hat sich seit geraumer Zeit geändert, ich denke nicht mehr so. Zwar wünsche ich nach wie vor, auch von späteren Generationen gelesen zu werden, doch hat die Erfüllung dieses Wunsches aufgehört, für mich wirklich belangreich zu sein. Die Vorstellung einer posthumen Präsenz schmeichelt mir kaum noch, weil es mir nicht mehr gelingt, mich als einen Zeitgenossen der Nachfahren zu empfinden. Sollte einer von diesen – sagen wir in fünfzig Jahren – diese Zeilen lesen, so mag er wissen, daß ich recht früh aufgehört habe zu glauben, daß jene, die nach uns kommen werden, nur dank dieser Verspätung ein klügeres, gerechteres Urteil und einen besseren Geschmack haben werden als wir. Auch wir sind ja nicht klüger, als es die Juden oder die Griechen der Antike waren, und obschon wir viel reicher sind an Wissen und Erfahrungen, begehen wir keineswegs weniger Fehler im Denken und Urteilen, im individuellen und im politischen Tun. Weder unsere Philosophie im allgemeinen noch unsere Lebensphilosophie im besondern ist der ihren überlegen. Und die Todesphilosophie? Sie ist – mit geringen Änderungen – die gleiche Mischung von sentimentalen oder stoisch gemäßigten Gefühlsergüssen, von schwachem Protest, von wortreichen Tröstungen und von unkontrollierten Gerüchten, die von der Unsterblichkeit der Seele und von einem ewigen Leben wissen wollen.

Ein Leben im Jenseits war auch mir versprochen, doch habe ich seit dem dreizehnten Lebensjahr daran zu glauben aufgehört. Nur die »Religion des guten Gedächtnisses« ist mir geblieben, der Glaube an die den Werken manchmal beschiedene »kleine Ewigkeit«. In der winzigen Wiener Hafnergasse, in einer Filiale der Volksbibliothek, entdeckte ich vor vielen, vielen Jahren diese Art Ewigkeit, als ich dort Bücher entlehnte, deren Autoren längst vergessen schienen. Die Augen des blutjungen Lesers erweckten die Buchstaben zu neuer Wirkung, in ihnen fand er Spuren, die ihn zu anderen Büchern führten, die ihrerseits wieder andere Erinnerungen weckten – fremdes Leben, dem die Gegenwart eines Jungen Platz machte.

So wurde ich unerwartet zum Erben. Manchmal schien's mir, als ob ich umgekehrt in eine vergangene Welt aufgenommen, von ihr adoptiert würde im Augenblick, da ich sie dem Nichts wieder entriß. Damals schon drängte sich mir die scheinbar so banale, doch in der Tat beunruhigende Wahrheit auf: Nichts hat mit uns begonnen, nichts wird mit uns enden. Ja, und das meine ich, wenn ich von meinem Glauben an die kleine irdische Ewigkeit alles Menschlichen spreche.

Zwischen dem 23. April 1972 und dem 25. April 1977 habe ich – durch andere unaufschiebbare Arbeiten und viele Reisen häufig unterbrochen – meine besten Stunden dem Erinnerungsbuch ›All das Vergangene ...‹ gewidmet. Es gab Wochen und Monate, da mich die Vergangenheit so tyrannisch in Anspruch nahm, daß die Gegenwart zusammenzuschrumpfen drohte. Mehr als sonst wurde mir das Schreiben zum Inhalt des Lebens. Und nun, nun sollte ich mich endlich frei fühlen, frei von der Aufgabe, die ich auf mich genommen hatte, und in einem besonderen Sinne frei von »all dem Vergangenen«. Den schweren Sack, den ich so lange auf den Schultern trug, habe ich geleert und mich seiner endlich entledigt. Noch warte ich vergebens auf das Empfinden, daß ich ihn für immer losgeworden bin ...

Je älter ich werde, um so deutlicher erfasse ich, daß ich »gegen die Uhr renne«. Dieser Ausdruck bezeichnet jene besondere Phase des berühmten Radfahrer-Wettbewerbs »Tour de France«, in der die Konkurrenten einzeln starten und sich daher mit der Uhr messen müssen, die gleichmütig und ohne menschliche Schwäche die Sekunden in Minuten und Stunden verwandelt. Maler, Musiker, Schriftsteller und so viele andere, die sich verloren glauben, wenn sie ihr Schaffen unterbrechen, sie alle laufen – jeder in seiner Einsamkeit – *gegen die Uhr*, um mit jedem neuen Werk ein Ziel zu erreichen, das nicht immer genau bezeichnet ist und oft genug bis zuletzt unerkennbar bleiben kann.

Und wie, wenn solchen Läufer deshalb niemand am Ziel erwartet, weil dieses in Wirklichkeit gar nicht existiert? Somit gäbe es keinen Halt für ihn: Das Ziel, also der Sinn, liegt in seinem Tun und nicht an dessen Ende, das jedenfalls sein eigenes Ende sein wird.

Die ›neue reihe‹ für die neue Literatur

Botho Strauß:
Die Widmung
Eine Erzählung
dtv 6300

Christa Reinig:
Die Prüfung des Lächlers
Gesammelte Gedichte
dtv 6301

Barbara Frischmuth:
Das Verschwinden des
Schattens in der Sonne
Roman
dtv 6302

Helga Schütz:
Mädchenrätsel
Roman
dtv 6303

Jutta Schutting:
Sistiana
Erzählungen
dtv 6304

Udo Steinke:
Ich kannte Talmann
Erzählungen
dtv 6305

H. C. Artmann:
Die Jagd nach Dr. U.
oder Ein einsamer
Spiegel, in dem sich der
Tag reflektiert
dtv 6306

Gabriele Wohmann:
Ich weiß das auch nicht
besser
Gedichte
dtv 6307

Paul Kersten:
Der alltägliche Tod
meines Vaters
Erzählung
dtv 6308

Botho Strauß:
Trilogie
des Wiedersehens
Theaterstück
Groß und klein · Szenen
dtv 6309

Günter Kunert:
Ein englisches Tagebuch
dtv 6310

dtv